本书是天津市 2022年度哲学社会科学规划重大委托项目
"习近平新时代中国特色社会主义思想的世界观和方法论研究"
（TJESDZX22-01）的结项成果

"六个必须坚持"
的世界观和方法论

王新生 等著

天津出版传媒集团

天津人民出版社

图书在版编目（CIP）数据

"六个必须坚持"的世界观和方法论 / 王新生等著.
天津 : 天津人民出版社, 2025. 3. -- ISBN 978-7-201
-20926-5

Ⅰ. D610.4

中国国家版本馆 CIP 数据核字第 202528UY13 号

"六个必须坚持"的世界观和方法论
"LIUGE BIXU JIANCHI"DE SHIJIEGUAN HE FANGFALUN

出　　版	天津人民出版社	
出 版 人	刘锦泉	
地　　址	天津市和平区西康路35号康岳大厦	
邮政编码	300051	
邮购电话	(022)23332469	
电子信箱	reader@tjrmcbs.com	

策划编辑	郑　玥	
责任编辑	王佳欢　佐　拉	
装帧设计	汤　磊	

印　　刷	天津新华印务有限公司
经　　销	新华书店
开　　本	710毫米×1000毫米　1/16
印　　张	23.25
插　　页	2
字　　数	280千字
版次印次	2025年3月第1版　2025年3月第1次印刷
定　　价	89.00元

深刻理解"六个必须坚持"的重大意义

党的二十大报告指出："继续推进实践基础上的理论创新,首先要把握好新时代中国特色社会主义思想的世界观和方法论,坚持好、运用好贯穿其中的立场观点方法。"①如何理解马克思主义世界观和方法论,以及习近平新时代中国特色社会主义思想的世界观和方法论,是我们在理论研究和教学过程中必然面对的问题。

一、世界观和方法论自觉是
理论创新的基础和前提

从世界观和方法论的角度去深入学习和深刻理解习近平新时代中国特色社会主义思想,首先要关注世界观和方法论自觉的问题。这种自觉,是一种理论自觉,是理论创新的基础和前提。对于任何一种系统的理论而言,世界观和方法论都是其根基、纲领和底色。把握住世界观和方法论就把握住

---

① 习近平:《高举中国特色社会主义伟大旗帜　为全面建设社会主义现代化国家而团结奋斗——在中国共产党第二十次全国代表大会上的报告》,人民出版社,2022年,第18~19页。

了理论的立场观点方法,同时也找到了理论作用于现实的根本方法。一方面,就理论本身来说,形成稳固的世界观是理论走向成熟的标志,具有明晰的方法论,理论就能有效作用于现实;另一方面,从我们认识和理解理论的角度来说,掌握理论所具有的世界观和方法论是对理论最深刻的把握,掌握了世界观和方法论就抓住了理论的纲领,而对世界观和方法论理解偏了,一切就都理解偏了。

习近平新时代中国特色社会主义思想的创立和发展过程,就是运用马克思主义世界观和方法论,在深刻把握世界大势的前提条件下,不断认识和解决当代中国社会主义发展中遇到的问题,不断进行理论创新,谱写马克思主义中国化时代化新篇章的理论发展过程。在这一过程中,世界观和方法论的自觉至关重要。众所周知,马克思主义哲学是为整个马克思主义理论提供世界观和方法论的。党的十八大以来,习近平总书记曾两次主持中共中央政治局集体学习马克思主义哲学,一次是历史唯物主义,一次是辩证唯物主义。2013年12月3日,十八届中央政治局就历史唯物主义基本原理和方法论进行第十一次集体学习。习近平总书记在主持学习时强调,马克思主义哲学"深刻揭示了客观世界特别是人类社会发展一般规律","在当今时代依然有着强大生命力,依然是指导我们共产党人前进的强大思想武器","学哲学、用哲学,是我们党的一个好传统"。①针对这次学习的现实意义,习近平总书记强调:"我们党在中国这样一个有着十三亿人口的大国执政,面对着十分复杂的国内外环境,肩负着繁重的执政使命,如果缺乏理论思维的有力支撑,是难以战胜各种风险和困难的,也是难以不断前进的","党的各级领导干部特别是高级干部,要原原本本学习和研读经典著作,努力把马克思主义哲学作为自己的看家本领,坚定理想信念,坚持正确政治方向,提高战略思维能力、综合决策能力、驾驭全局能力,团结带领人民不断书写改革

---

① 习近平:《论党的宣传思想工作》,中央文献出版社,2020年,第30页。

开放历史新篇章"。^① 2015 年 1 月 23 日，十八届中央政治局举行了第二十次集体学习，学习的主题是"辩证唯物主义"。习近平总书记在主持学习时强调，"辩证唯物主义是中国共产党人的世界观和方法论"，我们党"必须不断接受马克思主义哲学智慧的滋养，更加自觉地坚持和运用辩证唯物主义世界观和方法论"，"增强辩证思维、战略思维能力"，^②努力提高解决我国改革发展基本问题的本领。他指出，要"学习掌握认识和实践辩证关系的原理，坚持实践第一的观点，不断推进实践基础上的理论创新"，"要根据时代变化和实践发展，不断深化认识，不断总结经验，不断进行理论创新，坚持理论指导和实践探索辩证统一，实现理论创新和实践创新良性互动，在这种统一和互动中发展二十一世纪中国的马克思主义"。^③

　　这就是世界观和方法论的高度自觉。深刻理解习近平新时代中国特色社会主义思想的世界观和方法论的形成和发展过程，首先要理解这一思想是建立在对马克思主义世界观和方法论高度理论自觉基础之上的。

二、习近平新时代中国特色社会主义思想的立场观点方法

　　习近平总书记在党的二十大报告中提出"六个必须坚持"，即"必须坚持人民至上""必须坚持自信自立""必须坚持守正创新""必须坚持问题导向""必须坚持系统观念""必须坚持胸怀天下"。^④这"六个必须坚持"就是习近平新时代中国特色社会主义思想所持有的新时代党的世界观和方法论，是贯

　　① 习近平：《论党的宣传思想工作》，中央文献出版社，2020 年，第 39~40 页
　　② 习近平：《论党的宣传思想工作》，中央文献出版社，2020 年，第 124、125 页。
　　③ 习近平：《论党的宣传思想工作》，中央文献出版社，2020 年，第 130、131 页。
　　④ 参见习近平：《高举中国特色社会主义伟大旗帜　为全面建设社会主义现代化国家而团结奋斗——在中国共产党第二十次全国代表大会上的报告》，人民出版社，2022 年，第 19~21 页。

穿于整个习近平新时代中国特色社会主义思想的立场观点方法。这一世界观和方法论,是对马克思主义世界观和方法论的坚持和发展,是习近平新时代中国特色社会主义思想的根基、纲领和底色,是其有效作用于现实的方法论。习近平新时代中国特色社会主义思想正是在这一新时代世界观和方法论的基础上推进了马克思主义的理论创新,谱写了马克思主义中国化时代化的新篇章。

我们之所以说"六个必须坚持"是习近平新时代中国特色社会主义思想的世界观和方法论,是因为"六个必须坚持"贯穿于这一思想的全部内容之中,是在新时代中国特色社会主义发展实践中推进理论创新,并将创新的理论成果运用于实践所遵循的最根本的立场观点方法。比如,"必须坚持人民至上"这一理念,就是习近平新时代中国特色社会主义思想鲜明的立场和观点。这个立场和观点来自马克思主义的"人民史观"这一世界观。改革开放以来我们"富起来"之后应当怎样考虑未来的发展和"最广大人民的根本利益"的关系?要不要坚定不移地推进共同富裕?怎样对待那些生活贫困的人口?再比如,"必须坚持自信自立"这一理念。我们要实现现代化,但以前成功的西方现代化道路并不是建立在共同富裕基础之上的,也不是建立在和平发展基础之上的,如果不照搬西方已经走过的路行不行?在过去的十年里,我们自信自立,坚定不移地走共同富裕的道路,坚定不移地做好了脱贫攻坚事业,取得了举世瞩目的伟大成就。试想一下,如果没有"必须坚持人民至上""必须坚持自信自立"的基本理念,我们能否取得今天的发展成就?我们凭什么说自己走了一条中国式的、社会主义的现代化道路?其他几个"必须坚持"也是如此,它们相互关联、彼此支撑,形成了新时代推进中国特色社会主义的立场观点方法。

可以看到,党的十八大以来,我们成功的实践背后有着清醒的理论自觉,而这个理论自觉是建立在清醒的世界观和方法论自觉之上的。这里必须强调的是,无论是理解和掌握习近平新时代中国特色社会主义思想,还是理解和掌握其世界观和方法论,都要从马克思主义基本原理同中国具体实际和中华优秀传统文化的有机结合上,即从"两个结合"过程的创造性转化和创新性发展上去理解。这是一个重大的时代课题,只有理解了这个课题,我们才能深刻理解《中共中央关于党的百年奋斗重大成就和历史经验的决议》关于"习近平新时代中国特色社会主义思想是当代中国马克思主义、二十一世纪马克思主义,是中华文化和中国精神的时代精华"[①]这一重要论断的深刻含义。

三、掌握新思想的方法论,以中国式现代化全面推进中华民族伟大复兴

我们知道,世界观是对世界的总体看法和根本观点,主要解决"是什么"的问题;方法论是指导人们认识世界、改造世界的最一般、最根本的思维方式和思维理念,主要解决"怎么办"的问题。世界观和方法论不可分割,没有离开了世界观的单纯方法论,方法论要通过世界观来体现。方法论需要根据具体的情况进行凝练,并在此基础上形成实践中的思想方法和工作方法。方法论是思想方法和工作方法的基础,因而是我们在实践中推进中国特色社会主义事业、建设社会主义现代化强国的思想武器。思想方法、工作方法需要因时而变、因势而变,需要不断地根据实践的发展进行新的总结和灵活运用。

党的十八大以来,习近平总书记多次强调要努力学习掌握科学的思维方法,防止出现"新办法不会用,老办法不管用"[②]的情况,以科学的思维方法保证各项事业顺利推进。比如,他讲到的辩证思维、系统思维、战略思维、底

---

①　《中共中央关于党的百年奋斗重大成就和历史经验的决议》,人民出版社,2021年,第26页。
②　《习近平谈治国理政》(第一卷),外文出版社,2018年,第403页。

线思维、法治思维、精准思维等,都是在新时代的新形势下如何运用马克思主义方法论解决问题的创新性论述。因此我们可以看到,习近平新时代中国特色社会主义思想的发展过程,既是思想内容在新时代实践基础上不断创新发展的过程,也是在世界观和方法论自觉的基础上,不断总结思想方法、工作方法,从而不断凝练和提升习近平新时代中国特色社会主义思想的世界观和方法论的过程。

"两个确立"意义重大,对于思政课教师来说,就是要在立德树人的过程中讲好马克思主义、讲好习近平新时代中国特色社会主义思想,特别是要讲好它的世界观和方法论,以对世界观和方法论的掌握和理解,统领和深化对整个思想的理解和掌握。回顾过去十年,我们看到,正是由于有了习近平新时代中国特色社会主义思想这一锐利的思想武器,有了以"六个必须坚持"为世界观和方法论的马克思主义中国化新的飞跃,我们才能取得具有伟大历史意义的卓越成就。展望未来发展,我们坚信,有以"六个必须坚持"为世界观和方法论的习近平新时代中国特色社会主义思想的科学指引,我们一定能够在中国式现代化道路的探索中、在推进中华民族伟大复兴的新征程上创造更大辉煌。

目 录

Contents

第一章

"六个必须坚持"及其内在逻辑

党的二十大报告指出："实践没有止境,理论创新也没有止境。不断谱写马克思主义中国化时代化新篇章,是当代中国共产党人的庄严历史责任。继续推进实践基础上的理论创新,首先要把握好新时代中国特色社会主义思想的世界观和方法论,坚持好、运用好贯穿其中的立场观点方法。"①习近平新时代中国特色社会主义思想蕴含的世界观和方法论的核心内容就是党的二十大报告概括的"六个必须坚持",即必须坚持人民至上、必须坚持自信自立、必须坚持守正创新、必须坚持问题导向、必须坚持系统观念、必须坚持胸怀天下。这一世界观和方法论贯穿于我国改革发展稳定、治党治国治军、内政外交国防等各项工作的全过程和各方面,彰显了党领导人民在百余年奋斗历程中淬炼的经验智慧、理论厚度和价值归依;这一世界观和方法论既是当代中国马克思主义、21世纪马克思主义的认识论,也是基于新时代伟大变革的实践论,更是新时代中国共产党自觉践行的价值论;这一世界观和方法论既是深刻理解习近平新时代中国特色社会主义思想必须牢牢把握的基本点,也是继续推进理论创新必须始终坚持的基本观点。"六个必须坚持"作为

———————————

① 习近平:《高举中国特色社会主义伟大旗帜 为全面建设社会主义现代化国家而团结奋斗——在中国共产党第二十次全国代表大会上的报告》,人民出版社,2022年,第18~19页。

各具特点,却又相辅相成的有机统一体,共同构成习近平新时代中国特色社会主义思想的理论精髓。

一、"六个必须坚持"是习近平新时代中国特色社会主义思想的世界观和方法论

辩证唯物主义和历史唯物主义作为马克思主义的世界观和方法论,贯穿于中国共产党治国理政的全过程和各方面。作为习近平新时代中国特色社会主义思想的世界观和方法论,"六个必须坚持"内涵丰富、相互贯通,继承和发展了辩证唯物主义和历史唯物主义,是继续推进理论创新必须始终坚持的基点,具有重要的指导意义和方法论价值。

(一)"六个必须坚持"是当代中国马克思主义世界观和方法论的一次创新性发展

作为逻辑缜密的理论体系,"六个必须坚持"基于世界观和方法论的高度,系统概括了习近平新时代中国特色社会主义思想的立场观点方法,既是对党的创新理论的世界观和方法论的第一次明确概括,也是习近平新时代中国特色社会主义思想的世界观和方法论的集中反映。

"六个必须坚持"系统概括了中国共产党的世界观和方法论,是当代中国马克思主义世界观和方法论的一次创新性发展。马克思主义既是科学性和革命性相统一的理论体系,又是科学的世界观和方法论的集中表达。马克思主义的世界观方法论集中于马克思主义哲学,学习马克思主义的世界观方法论就是学习马克思主义哲学。习近平总书记指出:"我们党自成立起就高度重视在思想上建党,其中十分重要的一条就是坚持用马克思主义哲

学教育和武装全党。学哲学、用哲学，是我们党的一个好传统。"①世界观是人们关于世界的总看法和根本观点，方法论是人们改变世界的根本看法。当人们以一定的世界观去观察问题、思考问题和解决问题时，世界观也就起到了方法论的意义。世界观侧重于"如何看"，方法论侧重于"如何做"；世界观决定怎么去"看"、怎么去"想"，方法论决定怎么去"办"、怎么去"做"。有什么样的世界观就有什么样的方法论。没有完全脱离于世界观的方法论，缺少了方法论，世界观也失去了意义。两者统一于人的历史实践。世界观和方法论作为哲学的基本范式，是任何思想理论体系都要涉及的基本问题，也是人类实践活动与行为选择所必须关涉的理论依据。以"六个必须坚持"为世界观和方法论的习近平新时代中国特色社会主义思想基于中国共产党筚路蓝缕的百余年奋斗历程和与时俱进的理论创新，蕴含着丰富的马克思主义哲学内涵。

党的二十大报告明确提出："中国共产党人深刻认识到，只有把马克思主义基本原理同中国具体实际相结合、同中华优秀传统文化相结合，坚持运用辩证唯物主义和历史唯物主义，才能正确回答时代和实践提出的重大问题，才能始终保持马克思主义的蓬勃生机和旺盛活力。"②辩证唯物主义和历史唯物主义既是马克思主义的世界观和方法论，也是中国共产党一以贯之的世界观和方法论，同时也是我们认识世界、改造世界的强大的思想武器。党的二十大报告指出："我们坚持以马克思主义为指导，是要运用其科学的世界观和方法论解决中国的问题，而不是要背诵和重复其具体结论和词句，更不能把马克思主义当成一成不变的教条。"③我们要坚持和运用辩证唯物

---

① 习近平：《坚持历史唯物主义不断开辟当代中国马克思主义发展新境界》，《求是》，2020年，第2期。

② 习近平：《高举中国特色社会主义伟大旗帜　为全面建设社会主义现代化国家而团结奋斗——在中国共产党第二十次全国代表大会上的报告》，人民出版社，2022年，第17页。

③ 习近平：《高举中国特色社会主义伟大旗帜　为全面建设社会主义现代化国家而团结奋斗——在中国共产党第二十次全国代表大会上的报告》，人民出版社，2022年，第17页。

主义和历史唯物主义的世界观和方法论来解决中国的问题,理解和处理复杂的实际问题。我们在坚持和发展马克思主义的过程中,必须与中国具体实际相结合,摒弃教条主义。马克思主义是变化发展的,不能把马克思主义当成一成不变的教条。习近平总书记指出:"我们要全面掌握辩证唯物主义和历史唯物主义的世界观和方法论,深刻认识实现共产主义是由一个一个阶段性目标逐步达成的历史过程。"[①]"辩证唯物主义和历史唯物主义世界观和方法论,是马克思主义最根本的理论特征,是马克思主义最鲜明的理论特质,也是马克思主义最重要的和最根本的'看家本领'。"[②]新时代新征程,我们必须始终坚持辩证唯物主义和历史唯物主义的世界观和方法论,才能走好中国特色社会主义道路,才能正确认识和把握我国社会发展的阶段性特征,实现中华民族伟大复兴。

马克思主义的世界观和方法论具有多种表现形式,但是贯穿其中的立场观点方法是既一脉相承又与时俱进的。我们要坚持运用辩证唯物主义和历史唯物主义,"六个必须坚持"与辩证唯物主义和历史唯物主义一脉相承。"六个必须坚持"的提出深刻折射了中国共产党对于党和国家发展大局的科学认识和准确把握,坚持和发展了社会存在与社会意识的辩证关系原理;站在改革开放和社会发展的洪流之巅,身处国内经济、政治、文化、社会、生态文明等全面深化改革的旋涡之中,"六个必须坚持"为不断调整上层建筑以适应经济基础提供了方法论的基本准则,坚持和发展了唯物史观社会基本矛盾及其运动的原理。着眼于人民日益增长的美好生活需要和不平衡不充分发展的社会主要矛盾,基于以人民为中心的价值立场,把"必须坚持人民至上"作为"六个必须坚持"的逻辑起点,遵循了马克思主义的本质属性,坚持和发展了马克思主义的人民群众创造历史的观点;"必须坚持自信自立"

---

① 习近平:《在纪念马克思诞辰200周年大会上的讲话》,人民出版社,2018年,第16页。
② 顾海良、刘军等:《党的二十大与中国化时代化马克思主义理论创新》,人民出版社,2023年,第307页。

坚持和发展了马克思主义的社会历史主体观;"必须坚持守正创新"坚持和发展了马克思主义的唯物辩证法原理,在坚持守正创新的过程中处理好继承与发展的辩证关系;"必须坚持问题导向"坚持和发展了马克思主义的矛盾论;"必须坚持系统观念"坚持和发展了世界是普遍联系的原理,同时透过历史看现实、透过现象看本质,以整体性、全局性视角把握事物间关系、把握事物发展规律;"必须坚持胸怀天下"坚持和发展了世界历史理论,世界历史是各民族互相依赖、互相作用而成的整体,世界历史是由全人类共同创造的,整个世界是紧密联系、休戚相关的有机整体。综上所述,"六个必须坚持"坚持和发展了辩证唯物主义和历史唯物主义,是新时代推进理论创新的科学方法,对丰富和发展马克思主义哲学做出了重要贡献。

中国特色社会主义事业的每一步推进都需要马克思主义世界观和方法论的指导,都需要人民的伟大革命实践。马克思主义的世界观与方法论是在实践中不断发展的。马克思主义中国化既是理论认识客观发展的过程,也是对这一客观认识过程开展理论构建和理论概括的过程。在中国化马克思主义理论概括的进程中,从世界观、方法论层面概括和总结不同时期中国共产党的理论创新和理论塑造,是马克思主义中国化时代化历史上的宝贵经验和显著特征。[①]党的十一届六中全会通过的《关于建国以来党的若干历史问题的决议》将"实事求是、群众路线、独立自主"概括为毛泽东思想的"活的灵魂"的三个基本方面。[②]这三个方面凸显了马克思主义的精髓,揭示了马克思主义世界观和方法论的核心要义。以毛泽东同志为主要代表的中国共产党人创造性地坚持和发展马克思主义的世界观和方法论。在探索社会主义建设道路的过程中,中国共产党重提了实事求是的原则,创新了思想方

---

① 沈江平:《准确把握习近平新时代中国特色社会主义思想的世界观和方法论》,《中国社会科学报》,2023年2月23日。

② 中共中央文献研究室编:《改革开放三十年重要文献选编》(上),中央文献出版社,2008年,第208页。

法与工作方法,创造性地分析了事关社会主义社会全局的一系列重大矛盾问题。改革开放的伟大成就,同样是坚持和发展马克思主义世界观和方法论的结果。改革开放初期,以邓小平同志为主要代表的中国共产党人支持并领导了真理标准问题大讨论,强调"一切从实际出发,理论联系实际,坚持实践是检验真理的标准"的思想路线。随后,以江泽民同志、胡锦涛同志为主要代表的中国共产党人,继续以中国化时代化的方式,运用马克思主义世界观和方法论,经过不同阶段艰苦卓绝的努力成功地推进了中国特色社会主义事业。[1]党的十八大以来,国内外形势有了新的变化,也为实践提出了新的要求,迫切需要中国共产党从理论和实践的结合上深入回答关系党和国家事业发展、党治国理政的一系列重大时代课题。以习近平同志为主要代表的中国共产党人勇于进行理论探索和创新,以全新的视野深化了对共产党执政规律、社会主义建设规律、人类社会发展规律的认识,并取得了重大理论创新成果,这一创新成果集中体现为习近平新时代中国特色社会主义思想。习近平新时代中国特色社会主义思想的世界观和方法论发展了中国化马克思主义世界观和方法论。习近平新时代中国特色社会主义思想是马克思主义中国化的最新理论成果,"六个必须坚持"是从不同方面对马克思主义世界观和方法论的阐发,贯穿其中的依然是中国共产党自始至终予以坚持的实事求是世界观和方法论的基本立场。

党的二十大报告指出:"十九大、十九届六中全会提出的'十个明确'、'十四个坚持'、'十三个方面成就'概括了这一思想(习近平新时代中国特色社会主义思想——引者注)的主要内容,必须长期坚持并不断丰富发展。"[2]在对"十个明确""十四个坚持""十三个方面成就"进一步提升凝练的基础

---

[1]　韩震:《深刻理解和把握习近平新时代中国特色社会主义思想的世界观和方法论》,《马克思主义理论学科研究》,2023年第3期。

[2]　习近平:《高举中国特色社会主义伟大旗帜 为全面建设社会主义现代化国家而团结奋斗——在中国共产党第二十次全国代表大会上的报告》,人民出版社,2022年,第17页。

上,党的二十大报告第一次明确完整地概括出习近平新时代中国特色社会主义思想的世界观和方法论及贯穿其中的立场观点方法,即"六个必须坚持"。"'十四个坚持'是以习近平同志为核心的党中央治国理政的基本方略,'十三个方面成就'是以习近平同志为核心的党中央运用'十四个坚持'基本方略治国理政取得的十三个方面的历史性成就、发生的十三个方面的历史性变革,'十个明确'是以习近平同志为主要代表的中国共产党人深刻总结并充分运用党成立以来的历史经验,从新的实际出发,对所创立的习近平新时代中国特色社会主义思想之根本观点所作出的凝练性表达。"①"十个明确""十四个坚持""十三个方面成就"是习近平新时代中国特色社会主义思想的主要内容,"六个必须坚持"的世界观和方法论则是贯穿习近平新时代中国特色社会主义思想的精髓要义。不能脱离"十个明确""十四个坚持""十三个方面成就"来理解和把握习近平新时代中国特色社会主义思想及其世界观和方法论。

中国革命、建设和改革的实践都证明了马克思主义的科学性、真理性。实践证明,"六个必须坚持"作为习近平新时代中国特色社会主义思想的理论精髓,生动体现了马克思主义世界观和方法论的统一。"六个必须坚持"是相互联系、内在统一的有机整体,为我们把握好习近平新时代中国特色社会主义思想的精髓、进一步提高全党马克思主义理论水平提供了有力抓手。

(二)"六个必须坚持"是对党的百余年奋斗历史经验的概括和总结

中国共产党百余年奋斗的历史经验根植于中国特色社会主义伟大实践,是中国共产党和中国人民携手共创的精神遗产和理论成果,必须倍加珍惜、长期坚持。"六个必须坚持"在遵循党的百余年奋斗经验的基础上,升华

---

① 《党的二十大精神专题十二讲》,人民出版社,2023年,第118页。

了马克思主义辩证唯物主义和历史唯物主义的根本方法,在唯物史观和正确党史观的深邃历史视野中,推进新时代党的创新理论的马克思主义中国化进程,既是对百余年党史经验的进一步概括和凝练,也是对中国共产党一以贯之的世界观和方法论的再创新。

1.党的百余年历史是中国共产党以史为鉴自觉掌握历史主动的奋斗史

历史作为一部积淀着人类活动及其结果,承载着一个民族实践智慧和奋斗缩影的教科书,蕴含着民族盛衰兴废和政党生死隆替的历史规律,是启迪一个国家和政党镜鉴历史、见微知著、开创未来的重要遵循。党的十八大以来,习近平总书记反复强调要学好党史,尤其是党的历史经验,强调要"实事求是看待党史上的一些重大问题"①,"从中国共产党的百年奋斗中看清楚过去我们为什么能够成功、弄明白未来我们怎样才能继续成功"②。中国共产党历来具有将历史思考总结为决议的惯例:1945年党的六届七中全会通过了《关于若干历史问题的决议》,总结了建党以后特别是党的六届四中全会至遵义会议的经验教训,使得全党特别是党的高级干部对中国革命基本问题的认识达到了一致,增强了党内团结,为党的七大的顺利召开奠定了稳固基础。1981年党的十一届六中全会通过了《关于建国以来党的若干历史问题的决议》,总结了社会主义革命和建设时期的历史经验,实事求是评价了毛泽东同志和毛泽东思想,纠正了"左"的和右的思想错误,明辨了是非,为团结一致向前看、推进改革开放创造了良好的思想环境。在中国共产党成立一百周年与中华民族全面建成小康社会、迈入全面建成社会主义现代化强国新征程的重要历史节点,党的十九届六中全会审议通过了《中共中央关于党的百年奋斗重大成就和历史经验的决议》。与《关于若干历史问题的决议》和《关于建国以来党的若干历史问题的决议》相比,《中共中央关于党的百年奋斗重大成就和历史经验的决议》着重强调了党的百年世纪征程所

---

① 习近平:《在党史学习教育动员大会上的讲话》,人民出版社,2021年,第24页。

② 习近平:《在庆祝中国共产党成立100周年大会上的讲话》,人民出版社,2021年,第10页。

取得的重大成就和历史经验,重点概括和总结了新时代党和国家所发生的历史性变革、取得的历史性成就和积蓄的历史性经验,深刻提炼出"坚持党的领导、坚持人民至上、坚持理论创新、坚持独立自主、坚持中国道路、坚持胸怀天下、坚持开拓创新、坚持敢于斗争、坚持统一战线、坚持自我革命"十条历史经验,极大地增强了中国共产党和中国人民的志气、底气和勇气,对于凝聚全党共识、顺应历史规律、掌握历史主动、增强历史自信、聚焦新时代发展具有重大意义。知所从来,思所将往、方明所去。"党和人民百年奋斗,书写了中华民族几千年历史上最恢宏的史诗。"[①]回顾党的百余年奋斗史,中国共产党之所以能够带领中国人民不断从胜利走向胜利,实现从苦难到辉煌的历史性涅槃,就在于中国共产党既擅长基于当前认识总结经验,又善于将经验置于特定的历史条件下深化;既善于将各个时期贯通起来把握,又善于对各个时期的历史经验加以提炼;既注重对成功经验的总结,又不失对错误教训的深邃反思。因而,作为中国共产党珍贵的历史积淀和丰厚的精神遗产,党的百余年奋斗历史经验正是中国共产党认识和把握历史规律,不断推进自我革命以实现自我超越的广袤沃土。

"十个坚持"历史经验是中国共产党自觉运用科学的世界观和方法论指导中国实践的智慧结晶。"十个坚持"的历史经验贯穿于中国特色社会主义伟大实践,是百年大党对于百年发展历程总的看法和根本观点的历史性表达。具体而言,唯物史观是正确党史观的哲学基础,正确党史观是唯物史观在研究党史方面的应用,二者共同构成中国共产党百余年征程中科学的世界观和方法论,生动呈现了马克思主义中国化时代化的卓越理论进境。

"坚持党的领导"和"坚持人民至上",既彰显了党在各个历史时期的领导主体地位,也凸显了党执政兴国的底气源于人民历史主体地位的根基和血脉,继承和发展了马克思主义无产阶级政党与群众关系理论;"坚持理论

---

① 《中共中央关于党的百年奋斗重大成就和历史经验的决议》,人民出版社,2021年,第2页。

创新"和"坚持开拓创新"遵循了实践基础上的理论升华和将新理论应用于新实践的马克思主义实践与认识规律,昭示了百年大党不断推进实践革命,深化理论创新的应变力和创造力;"坚持敢于斗争"和"坚持自我革命"是中国共产党以斗争方式不断推进社会生产方式深层次变革的方法论根据,深化和发展了马克思主义社会基本矛盾运动理论,彰显百年大党的自信从容与百折不挠;"坚持独立自主"和"坚持统一战线",为居安思危、自力更生,始终保持精神独立和加强人类团结提供重要的内生动力,丰富和发展了马克思主义社会主义国家理论;"坚持中国道路"和"坚持胸怀天下"坚持了民族性与世界性的辩证统一,彰显中国共产党增强国际交往、推进文明互鉴的国际视野和全球责任,继承和创新了马克思主义世界历史理论。

于是,在对马克思主义这个行动指南和科学真理的历史性诠释中,中国共产党始终坚持辩证唯物主义和历史唯物主义的根本方法,发展了正确党史观。"十个坚持"的历史经验基于中国共产党在新民主主义革命时期、社会主义革命和建设时期、改革开放和社会主义现代化建设新时期、中国特色社会主义新时代四个历史阶段,鉴于大历史观、历史发展长时段、世界发展大视野的战略高度,体现了过程性和阶段性、整体性和连续性的辩证统一;"十个坚持"的历史经验基于中华民族发展史的高度,书写了中国共产党在开辟中国特色社会主义征程中汲取教训、引以为戒的实践篇章,昭示了中国共产党始终坚持实事求是、坚持真理、修正错误的求实精神,彰显实践与认识、主观与客观、联系与发展的辩证统一;总结历史在于映照现实、昭示未来,"十个坚持"的历史经验既注重对历史的概括与总结,更着眼于对未来的规范和引领,体现了镜鉴历史与开创未来的辩证统一。

总之,"马克思主义为人类社会发展进步指明了方向,是我们认识世界、把握规律、追求真理、改造世界的强大思想武器"[①]。一方面,中国共产党作

---

① 习近平:《更好把握和运用党的百年奋斗历史经验》,《求是》,2022年第13期。

为用马克思主义理论武装起来的政党,具有高度的理论自觉,其百余年奋斗历程就是运用马克思主义科学的世界观和方法论立党、兴党和强党的实践历程。另一方面,作为对马克思主义的根本思想方法的继承和发展,正确党史观和大历史观贯穿于中国共产党百余年奋斗重大成就和重要历史经验,中国共产党的百余年奋斗史同时也就是"准确把握党的历史发展的主题主线、主流本质,正确对待党在前进道路上经历的失误和曲折,从成功中吸取经验,从失误中吸取教训,不断开辟走向胜利的道路"①的历史。

2."六个必须坚持"凝练和发展了百余年党史经验,是对党的世界观和方法论的再创新

实践没有止境,理论创新也没有止境,党的二十大报告在总结历史经验的基础上,提出了"六个必须坚持"这一继续推进党的理论创新的世界观和方法论,深刻揭示了党的创新成果的内在灵魂和精神特质,进一步将习近平新时代中国特色社会主义思想升华至哲学方法论层面。"观今宜鉴古,无古不成今","六个必须坚持"在"十个坚持"历史经验的基础上,概括、总结和发展了中国共产党的世界观和方法论:承袭于"坚持人民至上"的百余年党史经验,中国共产党将"必须坚持人民至上"置于"六个必须坚持"之首,进一步突出强调了马克思主义人民性的本质属性和中国共产党群众路线的核心旨归,是对中国共产党人的根本价值立场的重申;"必须坚持自信自立"概括总结了"坚持独立自主""坚持中国道路"等百余年党史经验,昭示了"党的百年奋斗成功道路是党领导人民独立自主探索开辟出来的,马克思主义的中国篇章是中国共产党人依靠自身力量实践出来的"②,是对中国共产党人自尊、自信、自主、自强和志气、傲气、骨气、底气的再阐发;"必须坚持守正创新"在守正与创新、传承与发展的辩证统一中总结了"坚持理论创新""坚持开拓创

---

① 《习近平谈治国理政》(第四卷),外文出版社,2022年,第20页。

② 习近平:《高举中国特色社会主义伟大旗帜 为全面建设社会主义现代化国家而团结奋斗——在中国共产党第二十次全国代表大会上的报告》,人民出版社,2022年,第19页。

新"等百余年党史奋斗经验,揭示了创新必须守正,发展必须传承的正道、正轨与真理,是对中国共产党人顺应客观规律推进理论创新的再诠释;"必须坚持问题导向"在紧跟时代步伐、顺应实践发展的呼声中回应世界变化、中国发展和人民愿望,在抓住真问题、摒弃假问题的矛盾分析中"坚持敢于斗争""坚持自我革命",是对中国共产党始终聚焦时代发展新问题、凝聚改革开放新动力的实践要求的再提炼;"必须坚持系统观念"在当前与长远、局部与整体的辩证统一中总结了百余年党史征程中所发生的历史性变革,在坚持战略思维、历史思维、辩证思维、系统思维、创新思维、法治思维、底线思维的统一中指导推进中国特色社会主义各项事业,是对中国共产党基本工作方法的再凝结;"必须坚持胸怀天下"在世界性与民族性的辩证统一中再现了中华民族胸怀穹宇、虚怀若谷的民族气节,彰显中国共产党既站位世界发展又"坚持中国道路",在"坚持统一战线"的基础上推进五湖四海大团结的高远境界,是对中国共产党百余年奋斗历程中始终"坚持胸怀天下"历史经验的再升华。

"六个必须坚持"与"十个坚持"的历史经验既薪火相传又与时俱进,是对"坚持党的领导"必然性的历史确证,更是对党的初心使命的百年践行。因此,"中国共产党为什么能,中国特色社会主义为什么好,归根到底是马克思主义行,是中国化时代化的马克思主义行"[①]。"六个必须坚持"承接于中国共产党在革命、建设和改革的百年奋斗经验及取得的伟大成就,因袭了百余年党史征程中一以贯之的基本理论、基本路线和基本方略,包含了中国共产党在治国理政、管党治党过程中所遵循的价值立场、精神特质、理论品格、实践要求、工作方法和视野境界,是与中国共产党科学的世界观和方法论一脉相承的马克思主义中国化的百年创新。

"我们党一步步走过来,很重要的一条就是不断总结经验、提高本领,不

---

① 习近平:《高举中国特色社会主义伟大旗帜 为全面建设社会主义现代化国家而团结奋斗——在中国共产党第二十次全国代表大会上的报告》,人民出版社,2022年,第16页。

断提高应对风险、迎接挑战、化险为夷的能力水平。"①以史为鉴、不忘本来，才能矢志复兴、开创未来。在全面建成社会主义现代化强国新征程中，我们只有把握好、坚持好和运用好习近平新时代中国特色社会主义思想的世界观和方法论，不断提高应对重大风险、防范化解重大危机的战略能力，坚持解放思想、实事求是、与时俱进、求真务实，才能在变革中开新局，在创新中谋发展，不断谱写马克思主义中国化时代化新篇章。

二、"六个必须坚持"是内在统一、相互贯通的有机整体

"六个必须坚持"是马克思主义立场观点方法的时代体现，是对马克思主义世界观和方法论的科学把握，是习近平新时代中国特色社会主义思想的精髓要义和"活的灵魂"，为我们把握好运用好这一科学理论的思想精髓、进一步提高马克思主义理论水平提供了"金钥匙"。"六个必须坚持"是立场观点方法的完整融合体，每个"必须坚持"都包含着相应的立场观点方法，构成了相互贯通、内在统一的有机整体，充分展示了坚定的政治立场、深邃的理论观点和科学的思想方法。

（一）人民至上是根本的价值立场

党的二十大报告指出："人民性是马克思主义的本质属性，党的理论是来自人民、为了人民、造福人民的理论，人民的创造性实践是理论创新的不竭源泉。一切脱离人民的理论都是苍白无力的，一切不为人民造福的理论都是没有生命力的。我们要站稳人民立场、把握人民愿望、尊重人民创造、

---

① 习近平:《在党史学习教育动员大会上的讲话》,人民出版社,2021年,第16~17页。

集中人民智慧,形成为人民所喜爱、所认同、所拥有的理论,使之成为指导人民认识世界和改造世界的强大思想武器。"①坚持人民至上是习近平新时代中国特色社会主义思想的根本价值立场,贯彻于中国共产党治国理政全过程各方面。必须坚持人民至上是"六个必须坚持"之首,这表明了坚持人民至上在习近平新时代中国特色社会主义思想中的核心位置,也表明了习近平新时代中国特色社会主义思想是来自人民、为了人民、造福人民的理论。

1."必须坚持人民至上"是对马克思主义人民观的创新性发展

马克思主义人民观认为,人民群众是实践的主体和历史的创造者,是人类社会前进的推动力量。②马克思揭露了唯心史观的弊病,强调社会存在对社会意识的决定性作用,创立了唯物史观。唯物史观立足现实的人及其本质和整体的社会历史过程,从社会历史发展的必然性以及人与历史关系的不同层次,科学地回答了谁是历史创造者的问题,肯定了人民群众在创造历史过程中的决定性作用。人民群众对社会历史发展的决定性作用及在社会历史中的主体地位体现在人民群众是社会物质财富的创造者,是社会精神财富的创造者,是社会变革的决定力量。毛泽东指出:"人民,只有人民,才是创造世界历史的动力。"③人民群众在创造社会物质财富与精神财富的同时创造并改造着社会关系。生产力的发展决定着生产关系的变革与社会制度的更替。人民群众在社会生产和再生产过程中,不断积累生产经验,提高生产技能,改革生产工具,推动生产力的发展,并且在特定的社会环境中,通过推动生产力的发展而不断要求改进生产关系。"必须坚持人民至上"从根本上肯定了人民群众在社会发展中的决定性作用及主体地位,是对马克思

---

① 习近平:《高举中国特色社会主义伟大旗帜 为全面建设社会主义现代化国家而团结奋斗——在中国共产党第二十次全国代表大会上的报告》,人民出版社,2022年,第19页。

② 袁红英:《坚持人民至上方能行稳致远》,《光明日报》,2022年3月16日。

③ 《毛泽东选集》(第三卷),人民出版社,1991年,第1031页。

主义关于人民群众创造历史原理的继承和发展。

中国共产党人立足中华优秀传统文化的民本思想,在社会主义实践中继承发展马克思主义的人民观。传统民本思想包含着"立君为民""民水君舟""民贵君轻"等深刻内涵,强调仁政爱民是君主维护国家稳定和自身统治地位的前提。《礼记·缁衣》有言:"民以君为心,君以民为本","心以体全,亦以体伤。君以民存,亦以民亡"。《荀子·哀公》曰:"君者,舟也;庶人者,水也。水则载舟,水则覆舟。"《孟子·尽心下》中言:"民为贵,社稷次之,君为轻。""以民为本"的思想突出重民、养民、富民、教民的旨意,在保护百姓的基本权益的同时,促进了传统社会的稳定与发展。在中国特色社会主义的建设中,中国共产党坚持唯物史观,借鉴中国传统民本思想的合理内核,提出坚持以人民为中心和必须坚持人民至上的思想,丰富发展了人民主体理念。党的十九大报告明确指出:"坚持以人民为中心。人民是历史的创造者,是决定党和国家前途命运的根本力量。必须坚持人民主体地位,坚持立党为公、执政为民,践行全心全意为人民服务的根本宗旨,把党的群众路线贯彻到治国理政全部活动之中,把人民对美好生活的向往作为奋斗目标,依靠人民创造历史伟业。"①历史唯物主义的基本原理第一次科学地回答了谁是历史的创造者、怎样看待人民群众和个人的历史作用的问题。唯物史观又被称为"群众史观""人民史观",就是因为坚持认为人民是创造历史的真正动力,是历史发展和社会进步的主体力量。承认人民群众的社会历史主体地位、是历史的创造者这一观点是马克思主义最基本的观点之一,是社会历史观的重大问题,同时也是世界观和方法论的问题。习近平新时代中国特色社会主义思想对马克思主义这一世界观、历史观和方法论进行了创造性发展和表述,提出了"江山就是人民、人民就是江山""坚持以人民为中心""坚持人民至上"。以习近平同志为核心的党中央尊重人民群众的首创精神,高度肯定

---

① 习近平:《决胜全面建成小康社会 夺取新时代中国特色社会主义伟大胜利——在中国共产党第十九次全国代表大会上的报告》,人民出版社,2017年,第21页。

人民群众在中华民族历史、中华文明以及中华民族精神发展中的主体地位，体现了对中华优秀传统文化中"民本"思想的继承，体现对"人民是历史的创造者，人民是真正的英雄"①的遵循。

2. 坚持人民至上是中国共产党百余年奋斗的重要历史经验

中国共产党的百余年历史"就是一部践行党的初心使命的历史，就是一部党与人民心连心同呼吸、共命运的历史"②。在新民主主义革命时期，中国共产党人以"全心全意地为人民服务，一刻也不脱离群众；一切从人民的利益出发"③为出发点，始终坚持"一切为了群众，一切依靠群众，从群众中来，到群众中去"④的群众路线，带领中国人民经历北伐战争、土地革命战争、抗日战争、解放战争，以武装的革命反对武装的反革命，建立了人民当家作主的中华人民共和国，实现了民族独立与人民解放，创造了新民主主义革命的伟大成就。在社会主义革命和建设时期，中国共产党高度重视人民的力量，团结带领人民群众消灭在中国延续几千年的封建剥削压迫制度，战胜帝国主义与霸权主义，确立社会主义基本制度，实现了一穷二白、人口众多的东方大国大步迈向社会主义社会的伟大飞跃。在改革开放和社会主义现代化建设新时期，中国共产党人解放思想，实事求是，将工作重心转移到经济建设上，实行改革开放，与人民群众一起战胜各方面的风险挑战，推进社会主义市场经济体制，实现人民生活从温饱不足到总体小康、奔向全面小康的历史跨越，创造了改革开放与社会主义现代化建设的伟大成就。

党的十八大以来，中国特色社会主义进入新时代，中国共产党与人民心心相印、风雨同舟，想人民之所想，行人民之所嘱，将坚持人民至上落实于各项实际工作与决策部署中。中国共产党尊重人民在理论创新与实践创新中

---

① 《习近平谈治国理政》（第三卷），外文出版社，2020年，第139页。
② 《习近平著作选读》（第二卷），人民出版社，2023年，第421页。
③ 《毛泽东选集》（第三卷），人民出版社，1991年，第1094页。
④ 《中国共产党中央委员会关于建国以来党的若干历史问题的决议》，人民出版社，1981年，第48页。

的主体地位。"马克思主义中国化时代化成果,都是党和人民实践经验和集体智慧的结晶。无论是毛泽东思想、中国特色社会主义理论体系,还是新时代中国特色社会主义思想,无不源自于人民的智慧、人民的探索、人民的创造。人民群众身处实践最前沿,对实践变化感知最敏感、感受最深切,也最聪慧,只要走到人民群众中去,很多百思不得其解的问题就能豁然开朗、找到答案。我们的各项工作实践要走好群众路线,推进党的理论创新也要走好群众路线,决不能闭门造车、坐而论道、流于空想。"①中国共产党人坚持党的领导、人民当家作主、依法治国有机统一,健全人民当家作主制度体系,确保人民群众在国家治理中的主体地位。"江山就是人民,人民就是江山,打江山、守江山,守的是人民的心。"②"中国共产党的一切执政活动,中华人民共和国的一切治理活动,都要尊重人民主体地位,尊重人民首创精神,拜人民为师,把政治智慧的增长、治国理政本领的增强深深扎根于人民的创造性实践之中,使各方面提出的真知灼见都能运用于治国理政。"③中国共产党深入贯彻以人民为中心的发展思想,着力保障和改善民生,着力解决人民急难愁盼问题,推进惠民政策落地实施。"脱贫攻坚战取得决定性进展,六千多万贫困人口稳定脱贫,贫困发生率从百分之十点二下降到百分之四以下。教育事业全面发展,中西部和农村教育明显加强。就业状况持续改善,城镇新增就业年均一千三百万人以上。城乡居民收入增速超过经济增速,中等收入群体持续扩大。覆盖城乡居民的社会保障体系基本建立,人民健康和医疗卫生水平大幅提高,保障性住房建设稳步推进。社会治理体系更加完善,社会大局保持稳定,国家安全全面加强。"④中国共产党坚持正确的政绩观,刀刃向内进行自我革命。"中国共产党把为民办事、为民造福作为最重要的政

---

① 习近平:《开辟马克思主义中国化时代化新境界》,《求是》,2023年第20期。
② 《习近平谈治国理政》(第四卷),外文出版社,2022年,第63页。
③ 《习近平著作选读》(第一卷),人民出版社,2023年,第273页。
④ 《习近平著作选读》(第二卷),人民出版社,2023年,第4~5页。

绩,把为老百姓办了多少好事实事作为检验政绩的重要标准。"①中国共产党人清醒地认识到"形式主义、官僚主义是党和国家事业发展的大敌"②,不断推动自省、整治、监督并行,锲而不舍纠"四风"树新风,加强年轻干部教育管理监督,完善权力监督制度和执纪执法体系,严把政治关、廉洁关,扣好廉洁从政的第一粒扣子,将人民作为党的工作的最高裁决者和最终评判者,切实做到为官一任,造福一方。

中国共产党百余年奋斗的重要历史经验证明了坚持人民至上是党永不变质的根基。中国共产党始终保持同人民群众的血肉联系。与人民群众的血肉联系越紧密,越体现出中国共产党的生机和优势。中国共产党只有始终保持同人民群众的血肉联系,始终同人民群众打成一片才能实现中华民族伟大复兴。人民立场是中国共产党的根本政治立场。"必须坚持人民至上"就是坚持人民立场,反映了中国共产党的世界观、方法论和执政理念。习近平总书记指出:"坚持立党为公、执政为民,始终保持党同人民群众的血肉联系,是马克思主义政党与生俱来的政治品质和最高从政道德,是衡量党的先进性的根本标尺。"③

3.坚持人民至上是推进中国式现代化的根本指向

"中国式现代化"的概念是在中国共产党带领人民的实践当中不断形成发展的,正如党的二十大报告指出:"在新中国成立特别是改革开放以来长期探索和实践基础上,经过十八大以来在理论和实践上的创新突破,我们党成功推进和拓展了中国式现代化。"④在以毛泽东同志为主要代表的中国共产党人的领导下,中国式现代化的历史画卷徐徐展开。1945年,毛泽东在党的七大上的政治报告《论联合政府》中明确提出:"中国工人阶级的任务,不

① 《习近平谈治国理政》(第四卷),外文出版社,2022年,第55页。
② 《习近平谈治国理政》(第四卷),外文出版社,2022年,第551页。
③ 《习近平谈治国理政》(第一卷),外文出版社,2018年,第432页。
④ 习近平:《高举中国特色社会主义伟大旗帜 为全面建设社会主义现代化国家而团结奋斗——在中国共产党第二十次全国代表大会上的报告》,人民出版社,2022年,第22页。

但是为着建立新民主主义的国家而斗争，而且是为着中国的工业化和农业近代化而斗争。"①1959年底至1960年初，毛泽东在《读苏联〈政治经济学教科书〉的谈话》中进一步指出："建设社会主义，原来要求是工业现代化，农业现代化，科学文化现代化，现在要加上国防现代化。"②以邓小平同志为主要代表的中国共产党人进一步丰富了"四个现代化"，并且明确提出了"中国式的现代化"的标志性概念。1979年，邓小平在会见日本首相时表明："我们要实现的四个现代化，是中国式的四个现代化。"③在党的理论工作务虚会上，邓小平指出："现在搞建设，也要适合中国情况，走出一条中国式的现代化道路。"④在中共省、市、区自治委员会第一书记座谈会上，邓小平进一步说明四个现代化与中国式现代化的关系："经济工作是当前最大的政治……所谓政治，就是四个现代化。我们开了大口，本世纪末实现四个现代化。后来改了个口，叫中国式的现代化，就是把标准放低一点。"⑤党的十八大以来，以习近平同志为核心的党中央继续探索中国的发展道路，并发展了现代化的理论内涵。2013年，习近平总书记在党的十八届三中全会第二次全体会议上指出："坚持把完善和发展中国特色社会主义制度，推进国家治理体系和治理能力现代化作为全面深化改革的总目标"⑥，这是在"四个现代化"基础上提出的"第五个现代化"。2020年，习近平总书记在党的十九届五中全会第二次全体会议上对中国式现代化的五大特征进行了深刻的总结，并鲜明地指出："我国要坚定不移推进中国式现代化，以中国式现代化推进中华民族伟大复兴，不断为人类作出新的更大贡献。"⑦2022年，习近平总书记在党的二十大中明确提出："中国式现代化，是中国共产党领导的社会主义现代化，既有各

---

① 《毛泽东选集》（第三卷），人民出版社，1991年，第1081页。
② 《毛泽东文集》（第八卷），人民出版社，1999年，第116页。
③ 《邓小平文选》（第二卷），人民出版社，1994年，第237页。
④ 《邓小平文选》（第二卷），人民出版社，1994年，第163页。
⑤ 《邓小平文选》（第二卷），人民出版社，1994年，第194页。
⑥ 《习近平谈治国理政》（第一卷），外文出版社，2018年，第90页。
⑦ 《习近平谈治国理政》（第四卷），外文出版社，2022年，第124页。

国现代化的共同特征,更有基于自己国情的中国特色"①,再次指明中国式现代化的五大特征,充分彰显坚持人民至上的发展理念。

"必须坚持人民至上"贯穿于推进中国式现代化的始终,是推进中国式现代化的重大原则和发展目标。推进中国式现代化要满足全体人民的根本利益,要实现共同富裕,要为人民幸福提供物质文明和精神文明,要为人民提供良好生态环境,要为人民的发展提供和平的世界环境。

第一,中国式现代化是人口规模巨大的现代化。人口规模巨大的现代化突出的是一个也不能少,是以增进全体人民福祉为目标、为绝大多数人谋利益的现代化,凸显了中国式现代化的社会主义性质。中国十四亿多人口规模超过现有发达国家人口的总和,整体迈进现代化社会任务的艰巨性和复杂性前所未有。中国共产党人立足这一特点,从基本国情出发,想问题、作决策、办事情,坚持稳中求进、循序渐进、持续推进,保障全体人民的根本利益和长远利益。

第二,中国式现代化是全体人民共同富裕的现代化。"共同富裕是全体人民共同富裕,是人民群众物质生活和精神生活都富裕,不是少数人的富裕,也不是整齐划一的平均主义。"②共同富裕是中国特色社会主义的本质要求,也是一个长期的历史过程。中国共产党把实现人民对美好生活的向往作为现代化建设的出发点和落脚点,着力维护和促进社会公平正义,着力促进全体人民共同富裕,坚决防止两极分化,充分体现以人民为中心的发展理念。

第三,中国式现代化是物质文明和精神文明相协调的现代化。物质富足、精神富有是社会主义现代化的根本要求,物质或精神任何一方面的贫乏都不是社会主义。中国共产党立足中国特色社会主义事业发展全局,不断

---

① 习近平:《高举中国特色社会主义伟大旗帜 为全面建设社会主义现代化国家而团结奋斗——在中国共产党第二十次全国代表大会上的报告》,人民出版社,2022年,第22页。

② 《习近平著作选读》(第二卷),人民出版社,2023年,第501页。

厚植现代化的物质基础,不断夯实人民幸福生活的物质条件,同时大力发展社会主义先进文化,加强理想信念教育,传承中华文明,推动物质文明与精神文明两手抓、两手硬,促进物的全面丰富和人的全面发展,彰显以人民为中心的价值取向。

第四,中国式现代化是人与自然和谐共生的现代化。中国共产党领导的中国式现代化坚持"绿色"发展理念,守护绿水青山,致力于人与自然和谐共生,努力为人民群众生产生活提供良好的生态环境,以实际的行动来维护广大人民的根本利益,真正贯彻了"人民至上"的理念。

第五,中国式现代化是走和平发展道路的现代化。中国共产党坚定站在历史正确的一边、站在人类文明进步的一边,高举和平、发展、合作、共赢旗帜,弘扬和平、发展、公平、正义、民主、自由的全人类共同价值,努力为人民营造和平的世界环境。

(二)自信自立是内在的精神特质

党的二十大报告指出:"中国人民和中华民族从近代以后的深重苦难走向伟大复兴的光明前景,从来就没有教科书,更没有现成答案。党的百年奋斗成功道路是党领导人民独立自主探索开辟出来的,马克思主义的中国篇章是中国共产党人依靠自身力量实践出来的,贯穿其中的一个基本点就是中国的问题必须从中国基本国情出发,由中国人自己来解答。"①自信才能自立,自立才能自强。自信自立这一精神特质不能凭空产生,源于对马克思主义科学性、真理性的坚定信仰,源于中国共产党百余年奋斗历程的历史经验。新时代新征程必须坚持自信自立,不断谱写马克思主义中国化时代化新篇章。

1.坚持自信自立源于对"马克思主义行"的深刻理解和坚定信仰

"实践告诉我们,中国共产党为什么能,中国特色社会主义为什么好,

---

① 习近平:《高举中国特色社会主义伟大旗帜 为全面建设社会主义现代化国家而团结奋斗——在中国共产党第二十次全国代表大会上的报告》,人民出版社,2022年,第19页。

归根到底是马克思主义行,是中国化时代化的马克思主义行。"①从马克思主义理论本身来说,"马克思主义行"在于其具有高度的科学性,因而"拥有马克思主义科学理论指导是我们党坚定信仰信念、把握历史主动的根本所在"②。

首先,马克思主义是科学的理论,正确反映了自然、社会和人类思维发展的本质和规律。马克思主义从创立之初就积极吸收了自然科学和社会科学发展的优秀成就,又不断在总结实践经验的基础上得以丰富和发展。

其次,马克思主义具有科学的世界观和方法论基础,即辩证唯物主义和历史唯物主义,这是马克思主义的一个突出特征和理论优势,也是马克思主义科学性的重要体现。辩证唯物主义将唯物主义与辩证法统一起来,阐明了辩证的唯物论、唯物主义的辩证法、辩证唯物主义的认识论、唯物辩证的社会历史观,实现了人类哲学思想史上的伟大变革。历史唯物主义第一次科学地回答了社会存在和社会意识的关系问题,使社会主义从空想变为科学,为无产阶级和人民群众认识世界和改造世界提供了强大思想武器,为无产阶级政党制定战略策略提供了理论基础,为各门具体社会科学提供了科学的世界观和方法论。

再次,马克思主义理论具有整体性,是一个逻辑严密的有机整体,是科学性和革命性的统一,是实践性和发展性的统一。它以事实为依据,以规律为对象,并以实践为检验标准。"实事求是,是马克思主义的根本观点。"③马克思主义从变化发展着的客观实际出发,从特定的社会历史条件出发,按照客观世界的本来面目认识世界,从客观存在着的"实事"中找到事物运动变化发展的规律,把事物的客观之"理"转化为人的认识之"理",即真理,并通

① 习近平:《高举中国特色社会主义伟大旗帜 为全面建设社会主义现代化国家而团结奋斗——在中国共产党第二十次全国代表大会上的报告》,人民出版社,2022年,第16页。
② 习近平:《高举中国特色社会主义伟大旗帜 为全面建设社会主义现代化国家而团结奋斗——在中国共产党第二十次全国代表大会上的报告》,人民出版社,2022年,第16页。
③ 《习近平谈治国理政》(第一卷),外文出版社,2018年,第25页。

过实践不断检验与发展真理。

最后,马克思主义的科学性在于马克思主义是一个发展的理论,具有与时俱进的理论品质,在发展中体现出了旺盛的生命力。马克思主义之所以行,在于马克思主义能够及时应对现实中所面临着的新情况新问题。"马克思主义是随着时代、实践、科学发展而不断发展的开放的理论体系,它并没有结束真理,而是开辟了通向真理的道路。"①马克思主义并不止步于既有的结论,并非僵死的教条,而是在新问题的解决中、新经验的总结中随着时代与实践的发展而不断发展的。无论时代如何变迁、科学如何进步,马克思主义依然显示出科学思想的伟力,依然占据着真理和道义的制高点。

从马克思主义在中国的发展进程来看,"马克思主义之所以行,就在于党不断推进马克思主义中国化时代化并用以指导实践"②,因而"中国化时代化的马克思主义行"更显中国共产党人自信自立的精神气质。新民主主义革命时期,中国共产党将马克思主义基本原理与中国革命的具体实践相结合,坚定地带领人民探索适合中国的革命道路,在战争中不断总结经验,形成一系列理论观点与方法,创立了毛泽东思想。"毛泽东思想是马克思列宁主义在中国的创造性运用和发展,是被实践证明了的关于中国革命和建设的正确的理论原则和经验总结,是马克思主义中国化的第一次历史性飞跃。"③社会主义革命和建设时期,中国共产党深入分析社会阶级斗争与社会矛盾,积极探索马克思主义在中国的具体应用,深化对马克思主义理论的掌握与发展,在促进理论本土化的同时不断推动中国社会主义事业发展。改革开放和社会主义现代化建设新时期,中国共产党积极借鉴人类文明的优秀成果,站在时代前沿,在探索与创新中坚持解放思想、实事求是、与时俱进、求真务实,创立了邓小平理论、"三个代表"重要思想、科学发展观,丰富

---

① 习近平:《在哲学社会科学工作座谈会上的讲话》,人民出版社,2016年,第13页。
② 《习近平谈治国理政》(第四卷),外文出版社,2022年,第29页。
③ 《中共中央关于党的百年奋斗重大成就和历史经验的决议》,人民出版社,2021年,第13页。

发展了马克思主义。党的十八大以来,中国特色社会主义进入新时代,中国共产党坚持继承与发展马克思列宁主义、毛泽东思想、邓小平理论、"三个代表"重要思想、科学发展观,用马克思主义观察时代、把握时代、引领时代,坚持把马克思主义基本原理同中国具体实际相结合、同中华优秀传统文化相结合,创立了习近平新时代中国特色社会主义思想,把科学社会主义推向崭新的阶段。作为当代中国的马克思主义、21世纪的马克思主义,习近平新时代中国特色社会主义思想明确中国共产党的领导核心地位,强调中国特色社会主义道路的独特性与成功性,聚焦于具有中国特色的理念与方针,为中国共产党领导中国特色社会主义事业提供坚实的理论基础和行动指南,充分展现了中国共产党的自信自立的精神。

马克思主义的科学性、真理性,是坚持自信自立的精神基础。马克思主义不断中国化的过程进一步证明了马克思主义的科学性和真理性,进一步彰显了"马克思主义行",拥有科学的马克思主义理论是坚持自信自立的根本所在。

2.坚持自信自立是中国共产党百余年奋斗创造历史伟业的重要法宝

自信才能自立,自立才能自强。"中国人民和中华民族从近代以后的深重苦难走向伟大复兴的光明前景,从来就没有教科书,更没有现成答案"①,"我们党在领导革命、建设、改革长期实践中,历来坚持独立自主开拓前进道路,这种独立自主的探索和实践精神,这种坚持走自己的路的坚定信心和决心,是我们党全部理论和实践的立足点,也是党和人民事业不断从胜利走向胜利的根本保证"②。新民主主义革命时期以及社会主义革命和建设时期,中国共产党展示出高度的自信与坚决的决心,始终坚信人民是革命的主力军,保持独立、自主的战略思维,抵制一切对革命的外来干涉,不断探索适合

---

① 习近平:《高举中国特色社会主义伟大旗帜 为全面建设社会主义现代化国家而团结奋斗——在中国共产党第二十次全国代表大会上的报告》,人民出版社,2022年,第19页。

② 《习近平谈治国理政》(第一卷),外文出版社,2018年,第29页。

中国国情的革命路径,最终探索出农村包围城市、武装夺取政权的革命道路,推翻了帝国主义、封建主义、官僚资本主义三座大山,彻底结束了中华民族任人宰割、饱受欺凌的时代,提出具有中国特色的建设方案,推进工业化进程,增强国家的综合实力,提倡各国友好合作交流,提高国际地位,使中华民族重新屹立于世界。改革开放和社会主义现代化建设新时期,中国共产党始终以国情为依托,不断解放思想、勇于创新、锐意进取,推进生产力和生产关系、经济基础和上层建筑领域的革命,破除阻碍国家和民族发展的一切思想和体制障碍,积极应对国际与国内的风险与挑战,开创并发展了中国特色社会主义,促进中国特色社会主义制度与理论体系的形成,向世界展现了独立、自信的大国形象。

党的十八大以来,以习近平同志为核心的党中央坚持独立自主、自立自强,以自己力量为基点促进国家和民族发展,将发展进步的命运牢牢掌握在自己手中,采取一系列战略性举措,推进一系列变革性实践,实现一系列突破性进展,推动党和国家事业取得举世瞩目的重大成就。在经济建设方面,中国共产党"完整、准确、全面贯彻新发展理念,坚持社会主义市场经济改革方向,坚持高水平对外开放,加快构建以国内大循环为主体、国内国际双循环相互促进的新发展格局"①,坚定以高度自信与自觉推动中国经济高质量发展,全面建成了小康社会,消除了绝对贫困的问题,书写了人类发展史上的奇迹;在政治建设方面,中国共产党"落实新时代党的建设总要求,健全全面从严治党体系,全面推进党的自我净化、自我完善、自我革新、自我提高"②,"以党的自我革命引领社会革命"③,体现出敢于刀刃向内、刮骨疗伤的勇气与信心,在不断推进社会主义民主政治和建设社会主义政治文明的同时,走出了一条中国特色社会主义政治发展道路;在文化建设方面,中国共

① 《习近平著作选读》(第一卷),人民出版社,2023年,第23页。
② 《习近平著作选读》(第一卷),人民出版社,2023年,第52页。
③ 《习近平著作选读》(第一卷),人民出版社,2023年,第52页。

产党"坚持中国特色社会主义文化发展道路,增强文化自信,围绕举旗帜、聚民心、育新人、兴文化、展形象建设社会主义文化强国,发展面向现代化、面向世界、面向未来的,民族的科学的大众的社会主义文化,激发全民族文化创新创造活力,增强实现中华民族伟大复兴的精神力量"①,铸就社会主义文化繁荣兴盛,以习近平同志为核心的党中央坚持把文化建设放在重要位置,形成了习近平文化思想,进一步推进了文化自信自强,建设社会主义文化强国;在社会建设方面,中国共产党"坚持尽力而为、量力而行,深入群众、深入基层,采取更多惠民生、暖民心举措,健全基本公共服务体系,提高公共服务水平",充分体现社会主义的本质,彰显始终把人民放在中心地位的自信与底气;在生态文明建设方面,中国共产党"推进美丽中国建设,坚持山水林田湖草沙一体化保护和系统治理,统筹产业结构调整、污染治理、生态保护、应对气候变化,协同推进降碳、减污、扩绿、增长,推进生态优先、节约集约、绿色低碳发展"②,从人与自然和谐共生的高度建设社会主义现代化国家。

总之,中国共产党带领中国人民所取得的历史成就证明了在马克思主义中国化的指导下,中国特色社会主义道路不仅走得通,而且走得好。中国共产党带领中国人民所取得的历史成就让中华民族在道路上、理论上、制度上、文化上进一步自信自立。"站立在960万平方公里的广袤土地上,吸吮着中华民族漫长奋斗积累的文化养分,拥有13亿中国人民聚合的磅礴之力,我们走自己的路,具有无比广阔的舞台,具有无比深厚的历史底蕴,具有无比强大的前进定力,中国人民应该有这个信心,每一个中国人都应该有这个信心。"③

---

① 《习近平著作选读》(第一卷),人民出版社,2023年,第35页。
② 《习近平著作选读》(第一卷),人民出版社,2023年,第41页。
③ 《习近平谈治国理政》(第二卷),外文出版社,2017年,第339页。

3.坚持自信自立是走好中国式现代化道路的必然选择

坚持自信自立才能不断谱写马克思主义中国化时代化的新篇章。中国式现代化是中国共产党领导人民在坚持自信自立中长期探索和实践的成果,进一步推进中国式现代化道路正是马克思主义中国化时代化的新篇章。在推进中国式现代化道路过程中会遇到国内和国际上的各种问题和困难。面对各种新问题新情况,必须坚持自信自立,有定力、有主见,不犹豫、不退缩,积极主动迎接各种风险挑战,敢于涉险阻,只有这样才能坚持中国特色社会主义道路、理论、制度和文化的自信而不动摇。

中国式现代化道路是中国共产党以自己的力量为基点成功走出的,坚持中国特色社会主义道路自信,是中国共产党继往开来、与时俱进的底气和优势所在。"世界上没有放之四海而皆准的具体发展模式,也没有一成不变的发展道路。……人类历史上,没有一个民族、没有一个国家可以通过依赖外部力量、跟在他人后面亦步亦趋实现强大和振兴。"①一个国家的治理体系的选择,是由这个国家的历史传承、文化传统、经济社会发展水平决定的,是由这个国家的人民决定的。然而,资产阶级领导的资本主义现代化是以为资产阶级服务为目的,通过对内剥削、对外殖民的方式来实现的。其现代化的成果由少数人享有,以此构建以西方资本主义国家为中心的格局和秩序。因此,资本主义现代化的发展道路易引发经济危机、生态危机、精神文化危机,影响国际安全甚至导致战争,严重威胁人类的生存和发展。历史与实践充分证明,西方的现代化道路是走不通的,在社会主义制度的基础上探索现代化发展模式,走社会主义现代化建设道路,是近代以来中国历史发展的必然选择。

中国共产党在现代化道路的探索、建设和展望中充分彰显自信自立的精神气度。"实现中国梦必须走中国道路"②,中国共产党自现代化建设的开

---

① 《习近平谈治国理政》(第一卷),外文出版社,2018年,第29页。
② 《习近平著作选读》(第一卷),人民出版社,2023年,第97页。

始就坚定了走社会主义现代化道路的信心和决心。毛泽东曾明确指出："我们的斗争目的是要从民权主义转变到社会主义"①，表明了中国要走不同于西方的社会主义建设与发展道路，为中国式现代化奠定了坚实基础。邓小平提出："我们的现代化建设，必须从中国的实际出发"②，强调立足中国实际探索现代化发展路径的重要性。中国共产党在现代化建设的过程中，始终坚定走自己的路。党的十三届四中全会后，以江泽民同志为主要代表的中国共产党人继往开来、励精图治，在国内外形势十分复杂、世界社会主义出现严重曲折的严峻考验面前捍卫了中国特色社会主义，丰富和发展了中国特色社会主义现代化建设的内容与实践。党的十五大对我国到2010年、建党一百年和新中国成立一百年三段时期改革和发展的任务作出"小三步走"的大体部署，明确"到建国一百年时，基本实现现代化，进入中等发达国家行列，把我国建成富强民主文明的社会主义现代化国家"③，为全党全国人民接续奋斗实现中国式现代化积累了丰富的经验。以胡锦涛同志为主要代表的中国共产党人高举中国特色社会主义伟大旗帜，坚持党的基本路线不动摇，以科学发展观指导社会主义现代化建设，从理论和实践层面深化和拓展了中国式现代化道路。胡锦涛提出了"社会主义经济建设、政治建设、文化建设、社会建设四位一体"④的总体布局，以及"以信息化带动工业化，以工业化促进信息化"⑤，"积极推进农业和农村经济结构战略性调整，大力建设现代农业"⑥，"加快城镇化建设，推动城乡经济社会共同发展"⑦的工业化、信息化、城镇化、农业现代化"四步同化"的路径，为实现中国式现代化提供思想指导和行动指南。

---

① 《毛泽东选集》（第一卷），人民出版社，1991年，第115页。
② 《邓小平文选》（第三卷），人民出版社，1993年，第2页。
③ 《江泽民文选》（第三卷），人民出版社，2006年，第414页。
④ 《胡锦涛文选》（第二卷），人民出版社，2016年，第274页。
⑤ 《胡锦涛文选》（第二卷），人民出版社，2016年，第40页。
⑥ 《胡锦涛文选》（第二卷），人民出版社，2016年，第40页。
⑦ 《胡锦涛文选》（第二卷），人民出版社，2016年，第40页。

党的十八大以来,以习近平同志为核心的党中央对新时代推进社会主义现代化建设作出新的顶层设计。中国共产党"统筹推进'五位一体'总体布局、协调推进'四个全面'战略布局,坚持和完善中国特色社会主义制度、推进国家治理体系和治理能力现代化,坚持依规治党、形成比较完善的党内法规体系,战胜一系列重大风险挑战,实现第一个百年奋斗目标,明确实现第二个百年奋斗目标的战略安排"①,推动党和国家事业取得历史性成就、发生历史性变革,为走好中国式现代化道路提供了更为完善的制度保障、更为坚实的物质基础、更为主动的精神力量。

坚定自信自立走自己的路,是中国共产党带领中国人民走中国式现代化道路的精神特质和实践立足点。中国式现代化要具有鲜明的中国特色,从中国实际出发,不断实现理论和实践上的创新。

中国共产党在充满光荣与梦想的新征程中继续保持昂扬的奋斗状态,以自信自立姿态增强昂首阔步走好自己的路的底气。习近平总书记指出:"以史为鉴、开创未来,必须坚持和发展中国特色社会主义。走自己的路,是党的全部理论和实践立足点,更是党百年奋斗得出的历史结论。中国特色社会主义是党和人民历经千辛万苦、付出巨大代价取得的根本成就,是实现中华民族伟大复兴的正确道路。"②"随着中国特色社会主义不断发展,我们的制度必将越来越成熟,我国社会主义制度的优越性必将进一步显现,我们的道路必将越走越宽广,我国发展道路对世界的影响必将越来越大。"③在向第二个百年奋斗目标进军的新征程上,中国共产党将更加自立自强、意气风发,以中国式现代化全面推进中华民族伟大复兴。

---

① 《习近平谈治国理政》(第四卷),外文出版社,2022年,第6页。
② 《习近平著作选读》(第二卷),人民出版社,2023年,第483页。
③ 《习近平著作选读》(第一卷),人民出版社,2023年,第77页。

（三）守正创新是鲜明的理论品格

党的二十大报告指出："我们从事的是前无古人的伟大事业，守正才能不迷失方向、不犯颠覆性错误，创新才能把握时代、引领时代。我们要以科学的态度对待科学、以真理的精神追求真理，坚持马克思主义基本原理不动摇，坚持党的全面领导不动摇，坚持中国特色社会主义不动摇，紧跟时代步伐，顺应实践发展，以满腔热忱对待一切新生事物，不断拓展认识的广度和深度，敢于说前人没有说过的新话，敢于干前人没有干过的事情，以新的理论指导新的实践。"①守正创新彰显了马克思主义理论不断发展的基本特征，也是对党的思想理论和实践发展重要经验的深刻总结，是在新时代不断推进中国式现代化道路的客观要求。

1.坚持守正创新是发展马克思主义理论的重要品格

所谓守正，就是坚持理论的真理性，坚持正确的立场、原则、观点和方法不动摇。守正保证了马克思主义理论发展不会迷失方向，不会改变旗帜，不会改变品格。马克思主义是科学的理论体系，坚持守正就是坚持马克思主义的科学指导不动摇，坚持马克思主义的真理性不动摇。所谓创新，就是坚持理论上的实事求是，破除与客观事物进程不相符合的旧观念、旧模式、旧做法，不墨守成规，不僵化守旧，与时俱进，不断推进理论上的创新。守正与创新辩证统一，守正不等于墨守成规、故步自封，创新也不是凭空想象。只有在守正的基础上创新，才能坚持正确立场和方向，才能实现真正的创新。只有在创新的过程中坚持守正，才能做到与时俱进。坚持守正创新就是坚持马克思主义与发展马克思主义、坚持马克思主义基本原理与中国具体实际相结合的辩证关系。

守正创新是马克思主义理论的重要品格，马克思主义从创立之日起就

---

① 习近平：《高举中国特色社会主义伟大旗帜 为全面建设社会主义现代化国家而团结奋斗——在中国共产党第二十次全国代表大会上的报告》，人民出版社，2022年，第20页。

始终具有这一品格。马克思和恩格斯在创立马克思主义的过程中始终坚持守正创新。马克思和恩格斯在《共产党宣言》1872年德文版序言中就指出："不管最近25年来的情况发生了多大的变化，这个《宣言》中所阐述的一般原理整个说来直到现在还是完全正确的。某些地方本来可以作一些修改。这些原理的实际运用，正如《宣言》中所说的，随时随地都要以当时的历史条件为转移，所以第二章末尾提出的那些革命措施根本没有特别的意义。如果是在今天，这一段在许多方面都会有不同的写法了。由于最近25年来大工业有了巨大发展而工人阶级的政党组织也跟着发展起来，由于首先有了二月革命的实际经验而后来尤其是有了无产阶级第一次掌握政权达两个月之久的巴黎公社的实际经验，所以这个纲领现在有些地方已经过时了。"①这里的"随时随地都要以当时的历史条件为转移"，说明马克思主义不是必须背得烂熟的重复的教条，这一观点深刻体现了马克思主义在思想观点和思想方法上的品格要求。

后来，马克思和恩格斯逝世后，世界形势发生了很大的变化，面对日益成熟的革命条件，是抱着"本本"不放，拘泥于马克思和恩格斯针对当时情况作出的个别的论断，还是从变化了的实际情况出发，进行理论探索和创新发展马克思主义呢？坚持马克思主义理论，必须坚持守正创新，必须根据变化了的世界不断丰富和发展马克思主义。马克思主义从来不以绝对真理而自居，而是现实历史进程的参与者。列宁以一个真正马克思主义者的态度，在坚持马克思主义基本原理的同时，不断根据变化了的实际进行理论创新，深刻分析了19世纪末20世纪初世界历史条件的变化，列宁认为资本主义发达国家已经发展到帝国主义阶段，出现了马克思和恩格斯生前不曾有的新变化、新特点，出现了资本主义国家经济政治发展的不平衡，面对这样的现实，列宁坚持把马克思主义基本原理同俄国革命的具体实际相结合，揭示了世

---

① 《马克思恩格斯文集》（第二卷），人民出版社，2009年，第5~6页。

界资本主义经济政治发展不平衡的规律,认为社会主义革命可以在一个国家或几个国家首先获得胜利,突破了马克思和恩格斯关于社会主义革命旧有的论断,在创新的基础上,成功领导俄国取得了十月革命的胜利,创立了列宁主义。

马克思主义在19世纪末20世纪初传入中国,在指导中国革命和建设的过程中,逐渐形成了中国化的马克思主义。一部中国的马克思主义理论发展史,就是一部马克思主义基本原理与中国的具体实际相结合的理论史,就是一部马克思主义理论不断守正创新的理论史。中国共产党人是马克思主义的坚定信仰者和实践者,中国共产党人在发展马克思主义的过程中始终坚持守正创新。党的十八大以来,以习近平同志为主要代表的中国共产党人坚持守正创新,坚持马克思主义基本原理不动摇,坚持马克思主义的基本立场、基本观点和基本方法不动摇,并根据中国的具体实际不断发展马克思主义,创立了习近平新时代中国特色社会主义思想,实现了马克思主义中国化时代化新的飞跃。习近平新时代中国特色社会主义思想坚持了马克思主义基本原理,继承和发展了辩证唯物主义和历史唯物主义,又在不断回答中国之问、世界之问、人民之问、时代之问的基础上,提出了一系列原创性的治国理政新理念新思想新战略,谱写了马克思主义中国化时代化的新篇章,实现了马克思主义理论的守正创新。

2.坚持守正创新是中国共产党思想理论创新和实践发展的重要经验和品格

习近平总书记指出:"马克思主义理论不是教条,而是行动指南,必须随着实践的变化而发展。马克思主义能不能在实践中发挥作用,关键在于能否把马克思主义基本原理同中国实际和时代特征结合起来。面对快速变化的世界和中国,如果墨守成规、思想僵化,没有理论创新的勇气,不能科学回答中国之问、世界之问、人民之问、时代之问,不仅党和国家事业无法继续前进,马克思主义也会失去生命力、说服力。"①中国共产党能够战胜无数风险挑战、不断从胜利走向胜利得益于在指导思想上不断地守正创新。

中国共产党的百余年奋斗历史实践表明,中国共产党之所以能够历经考验磨难无往而不胜,关键就在于在坚持真理与正道的同时不断进行理论创新和实践创新。在理论层面,中国共产党坚守马克思主义基本原理,创马克思主义中国化时代化之新。中国共产党自把马克思主义旗帜在中国大地上高高举起的时候,就对理论创新形成了思想自觉和行动自觉。新民主主义革命时期,中国共产党自诞生之日起就将马克思主义作为自己的指导思想,推动马克思主义中国化、时代化,在具体的革命与实践当中创立了毛泽东思想。1945年,党的七大在延安召开,毛泽东思想第一次被明确确立为全党的指导思想,并被庄严地写入党章,标志着马克思主义中国化的第一次飞跃。社会主义革命和建设时期,中国共产党领导人民实现从新民主主义到社会主义的转变,进行社会主义革命,推进社会主义建设,结合新的实际丰富和发展了毛泽东思想。改革开放和社会主义现代化建设新时期,中国共产党把对社会主义的认识提高到新的科学水平,在国内外形势十分复杂、世界社会主义出现严重曲折的严峻考验面前捍卫了中国特色社会主义,开创全面改革开放新局面,形成了中国特色社会主义理论体系。2007年,党的十七大首次提出"中国特色社会主义理论体系"的概念并对其作了概括,标志着马克思主义中国化的第二次飞跃。党的十八大以来,以习近平同志为核心的党中央阐明守正创新的重要性和紧迫性,推进马克思主义基本原理与中国具体实际、中华优秀传统文化的进一步结合,创立了习近平新时代中国特色社会主义思想。这一思想通过总结中国共产党百余年奋斗的历史经验,凝聚中华优秀传统文化蕴含的深厚智慧,并汲取人类文明发展成果,在新时代丰富发展马克思主义哲学、马克思主义政治经济学以及科学社会主

---

① 《习近平谈治国理政》(第四卷),外文出版社,2022年,第30页。

义,实现了马克思主义中国化新的飞跃。习近平新时代中国特色社会主义思想在守正创新中开辟了马克思主义中国化时代化新境界。党的十九届六中全会强调指出:"党确立习近平同志党中央的核心、全党的核心地位,确立习近平新时代中国特色社会主义思想的指导地位,反映了全党全军全国各族人民共同心愿,对新时代党和国家事业发展、对推进中华民族伟大复兴历史进程具有决定性意义。"①

在实践层面,中国共产党守党的全面领导之正,创社会主义建设之新。习近平总书记指出:"中国共产党具有无比坚强的领导力、组织力、执行力,是团结带领人民攻坚克难、开拓前进最可靠的领导力量"②,"坚持党的全面领导是坚持和发展中国特色社会主义的必由之路"③。中华民族砥砺前行的百余年历史充分证明中国共产党是创新型的党,其创新气质与生俱来,中国共产党的领导是中国特色社会主义最本质的特征。新民主主义革命与社会主义革命和建设时期,中国共产党人从革命现实中汲取经验,对武装斗争、农民问题有了淬火后的新认识,并且克服把马克思主义教条化、把共产国际决议和苏联经验神圣化的错误倾向,创造性地开辟了一条以农村包围城市、武装夺取政权的革命道路,建立全民族的抗日统一战线,实行持久战的战略战术,通过延安整风运动,统一全党认识、凝聚全党力量,建立新中国,全面建设社会主义,解决了"中国向何处去"的问题。改革开放和社会主义现代化建设新时期,中国共产党推动以实行家庭联产承包责任制为突破口的社会主义改革开放,突破了"姓资姓社"的持久辩论,推动社会主义经济体制改革,用创新打破市场经济和计划经济的陈旧界限,创造性地完善和发展了人民代表大会制度、多党合作和政治协商制度、民族区域自治制度等一系列重

---

① 《中共中央关于党的百年奋斗重大成就和历史经验的决议》,人民出版社,2021年,第26页。
② 《习近平谈治国理政》(第四卷),外文出版社,2022年,第133页。
③ 习近平:《高举中国特色社会主义伟大旗帜 为全面建设社会主义现代化国家而团结奋斗——在中国共产党第二十次全国代表大会上的报告》,人民出版社,2022年,第70页。

要的政治制度,开辟了中国特色社会主义道路。党的十八大以来,中国共产党人牢记初心使命,秉持守正创新的品格,推动中国特色社会主义建设进入新时代。习近平总书记指出:"五年来,我们坚持和加强党的全面领导和党中央集中统一领导,全力推进全面建成小康社会进程,完整、准确、全面贯彻新发展理念,着力推动高质量发展,主动构建新发展格局,蹄疾步稳推进改革,扎实推进全过程人民民主,全面推进依法治国,积极发展社会主义先进文化,突出保障和改善民生,集中力量实施脱贫攻坚战,大力推进生态文明建设,坚决维护国家安全,防范化解重大风险,保持社会大局稳定,大力度推进国防和军队现代化建设,全方位开展中国特色大国外交,全面推进党的建设新的伟大工程。"①中国共产党在守正创新中形成了中国特色社会主义理论体系,在守正创新中开辟了中国特色社会主义道路。中国共产党在习近平新时代中国特色社会主义思想指引下,在立场、方向、原则、道路上旗帜鲜明,坚持守正的同时,又敢于应对各种挑战,不断创新,形成了一系列新理念新思想新战略,推动了中国特色社会主义伟大事业不断胜利前进。

3.坚持守正创新是探索中国式现代化道路的重要品格

推进中国式现代化事业是一项前无古人的探索性事业,是一个在继承中发展、在守正中创新的历史过程。推进中国式现代化事业必须坚守中国式现代化的本和源、根和魄,坚守马克思主义的基本立场不动摇,同时,要在认识什么是中国式现代化,在实践上如何推进中国式现代化等问题上不断总结历史经验,开拓创新,实现各方面创新发展。中国共产党在守正创新中对中国式现代化进行了一系列富有成果的探索,既体现了中国特色社会主义的本质要求,又展现了不同于西方现代化模式的新图景。

中国式现代化建设的基本目标与实践路径的推进与发展充分彰显守正创新的品格。鸦片战争后,许多仁人志士渴望摆脱积贫积弱的落后局面,以

---

① 习近平:《高举中国特色社会主义伟大旗帜 为全面建设社会主义现代化国家而团结奋斗——在中国共产党第二十次全国代表大会上的报告》,人民出版社,2022年,第2~3页。

实现物质层面现代化为基本目标,提出实业救国、科学救国等方案力求推动富民强国的现代化的实现。但是由于当时提出的诸多方案是不完全符合中国实际全盘照抄得出的,因此关于现代化的一系列探索,诸如官僚资本主义现代化、自由资本主义现代化,均以失败告终。以毛泽东同志为主要代表的中国共产党人将民主革命与国家工业化紧密联系在一起,汲取先前现代化探索的失败经验,以中国的独有国情为依据创新推动现代化的推进路径。毛泽东指出,要使中华民族"由半殖民地变为真正的独立国,使中国人民来一个大解放,将自己头上的封建的压迫和官僚资本(即中国的垄断资本)的压迫一起掀掉,并由此造成统一的民主的和平局面,造成由农业国变为工业国的先决条件,造成由人剥削人的社会向着社会主义社会发展的可能性"[①]。帝国主义、封建军阀是中国现代化进程中的重大障碍,民族的解放与独立是国家现代化的基本前提条件。以邓小平同志为主要代表的中国共产党人基于对社会主义革命和建设时期成就的深刻总结,创造性地提出了"中国式的现代化",将经济建设放在现代化建设的重要位置,结合时代以"三步走"战略扎实推进现代化建设。邓小平指出:"我们采取的所有开放、搞活、改革等方面的政策,目的都是为了发展社会主义经济。"[②]"改革和开放是手段,目标是分三步走发展我们的经济。第一步是达到温饱水平,已经提前实现了。第二步是在本世纪末达到小康水平,还有十二年时间,看来可以实现。第三步是下个世纪再花五十年时间,达到中等发达国家水平,这是很不容易的。"[③]以江泽民同志为主要代表的中国共产党人对国民生产总值、人民的小康生活水平、社会主义市场经济体制、社会生产力都提出了进一步的发展要求,明确现代化建设的阶段任务。以胡锦涛同志为主要代表的中国共产党人充分认识到国家发展中仍存在着小康低水平、不全面、不平衡的发展,国

---

① 《毛泽东选集》(第四卷),人民出版社,1991年,第1375页。
② 《邓小平文选》(第三卷),人民出版社,1993年,第110页。
③ 《邓小平文选》(第三卷),人民出版社,1993年,第266~267页。

家生产力和科技、教育仍较落后等问题,明确指出全面建设惠及十几亿人口的更高水平的小康社会、把中国建设成为富强民主文明和谐的社会主义现代化国家的目标,并制定了社会主义经济建设、政治建设、文化建设、社会建设四位一体与走中国特色新型工业化、信息化、城镇化、农业现代化道路四化同步的实践道路。

党的十八大以来,以习近平同志为主要代表的中国共产党人立足已有的现代化建设经验,结合新时代的新特点创新推动中国式现代化进程,提出了初步构建中国式现代化的理论体系。以习近平同志为核心的党中央提出"五个坚持"的重大原则,即坚持和加强党的全面领导,坚持中国特色社会主义道路,坚持以人民为中心的发展思想,坚持深化改革开放,坚持发扬斗争精神。这五个原则系统阐明了中国式现代化的领导核心、实现道路、价值指向、根本动力与精神品质,既是对中国共产党百余年现代化奋斗进程的深刻总结,也是对新征程推动中国式现代化的路径与原则概括,为中国式现代化行稳致远提供了行动指南。此外,以习近平同志为核心的党中央强调在推进中国式现代化进程中需要处理好守正与创新的关系:"要守好中国式现代化的本和源、根和魂,毫不动摇坚持中国式现代化的中国特色、本质要求和重大原则,坚持党的基本理论、基本路线、基本方略,坚持党的十八大以来的一系列重大方针政策,确保中国式现代化的正确方向。同时,要把创新摆在国家发展全局的突出位置,顺应时代发展要求,着眼于解决重大理论和实践问题,积极识变应变求变,大力推进理论创新、实践创新、制度创新、文化创新以及其他各方面创新,不断开辟发展新领域新赛道,塑造发展新动能新优势。"①

---

① 习近平:《推进中国式现代化需要处理好若干重大关系》,《求是》,2023年第19期。

（四）问题导向是自觉的实践要求

党的二十大报告指出："问题是时代的声音,回答并指导解决问题是理论的根本任务。今天我们所面临问题的复杂程度、解决问题的艰巨程度明显加大,给理论创新提出了全新要求。我们要增强问题意识,聚焦实践遇到的新问题、改革发展稳定存在的深层次问题、人民群众急难愁盼问题、国际变局中的重大问题、党的建设面临的突出问题,不断提出真正解决问题的新理念新思路新办法。"[①]

马克思主义自始至终贯穿着强烈的问题意识,始终关注和回答时代和实践提出的重大现实问题。马克思主义是立足现实的思辨体系,不是高谈阔论、远避问题的书斋学说。坚持问题导向是马克思主义永葆生机活力的奥秘所在,也是对马克思主义矛盾观、发展观、实践观的坚持和发展。每个时代总有属于它自己的问题,只有科学认识、准确把握、正确解决这些问题,中华民族才能够不断砥砺奋进,繁荣发展。

新时代新征程新伟业,要求我们要扎根于中国特色社会主义伟大实践,深刻把握"坚持问题导向"的科学内涵和实践要求,用不断创新的方法解决新时代所提出的新课题、新任务和新要求,用直面挑战的决心、攻坚克难的信心和勇于创新的恒心,不断开辟马克思主义中国化时代化新境界。

1.坚持问题导向是马克思主义的鲜明特点

坚持问题导向充分体现马克思主义矛盾观的观点。问题是事物矛盾的表现形式,增强问题意识、坚持问题导向就是承认矛盾的普遍性、客观性,发现客观现象中的具体矛盾、矛盾各方面的具体地位以及相互关系,善于把认识和化解矛盾作为打开工作局面的突破口。马克思主义认为,矛盾无处不在,无时不有,它是事物前进发展的根本动力。问题是时代的声音,是矛盾

---

① 习近平:《高举中国特色社会主义伟大旗帜 为全面建设社会主义现代化国家而团结奋斗——在中国共产党第二十次全国代表大会上的报告》,人民出版社,2022年,第20页。

的集中体现,发现了问题就等于抓住了事物的矛盾。"问题"作为事物之间以及事物内部诸要素之间的对立体现,是矛盾的表现形式,因而"坚持问题导向"也就是对马克思主义矛盾观的坚持。马克思主义的一个鲜明特征就是自始至终都贯穿着强烈的问题意识,始终关注和回答时代和实践提出的重大现实问题。"坚持问题导向"就是要求我们在理论上认识到矛盾的普遍性和客观性,在实践上做到把认识和化解矛盾问题作为打开工作局面、完成各项工作的突破口。党的十八大以来,我国改革进入了攻坚区和深水区,面临着前所未有的复杂难题和严峻挑战:从世情来看,世界格局正在深度调整,金融危机的影响尚未消弭,霸权主义、强权政治和保护主义有所抬头,不稳定不确定性因素正在与日俱增;从国情来看,我国依旧处于并长期处于社会主义初级阶段,城乡区域发展不协调、城乡居民收入差距较大等不平衡不充分问题依旧突出;从党情来看,党的领导水平和执政能力依旧有待加强,党组织的建设和党员干部的素质、作风等各个方面依旧有待提升……诸多问题和挑战依旧昭示着我国作为发展中大国,大有可为的空间极其广阔。在习近平新时代中国特色社会主义思想的指引下,我们依旧要抓住主要矛盾、分清主次,推动各项工作的协调运行、良性运转,加快实现各领域的系统性重塑、历史性变革和专业化管理,努力克服在推进中国特色社会主义制度更加成熟定型,国家治理体系和治理能力日臻现代化道路上的艰难险阻,不断创造中华民族新辉煌。

坚持问题导向充分体现了马克思主义唯物辩证法的精髓,坚持了世界是普遍联系和发展的原理。恩格斯指出:"当我们通过思维来考察自然界或人类历史或我们自己的精神活动的时候,首先呈现在我们眼前的,是一幅由种种联系和相互作用无穷无尽地交织起来的画面。"[①]从世界是普遍联系的原理出发,把人类社会看作一个有机联系和发展的整体,在认识和改造人类

---

① 《马克思恩格斯文集》(第三卷),人民出版社,2009年,第538页。

社会过程中必须从各种联系出发来发现和解决各种问题。党的十八大以来，以习近平同志为核心的党中央始终坚持问题导向，提出了一系列解决难题的新理念新方法和新思维。其中，新发展理念是党治国理政最主要，也是最重要的智慧锦囊。这一重要战略思想系统阐发了发展的目的、动力、方式、路径等一系列重大理论和实践问题；深刻揭示了如何实现更高质量、更加高效、更为公平和更可持续的发展的必由之路。坚持和贯彻新发展理念，推动新发展理念从理论转向实践，从认识转向行动，才能接续引领中国经济不断突破历史性高度、实现历史性变革、取得历史性成就。

坚持问题导向充分坚持了马克思主义的实践观点。坚持实践观点就是要在掌握实际情况的基础上发现问题，在实践的基础上不断解决问题。坚持问题导向就是要进行全面深入的调查研究。习近平总书记指出："调查研究是谋事之基、成事之道。没有调查，就没有发言权，更没有决策权。"①这为百年大党在实践中分析认识问题、有效解决问题提供了根本遵循。党的十八大以来，以习近平同志为核心的党中央高度重视调查研究，在坚持问题导向，深入调查研究的基础上，推进工作、提升能力、强化思维、完善方法。历史和实践证明，实施调查研究，坚持一切从实际出发，就会把问题摸清、情况找准、对策提实，社会主义建设的各项事业才能蒸蒸日上，繁荣发展。中共中央办公厅印发了《关于在全党大兴调查研究的工作方案》，这一方案就是坚持问题导向，以问题为抓手，通过对问题的梳理排查，来促进全党把习近平新时代中国特色社会主义思想转化为具体的实践武器。

2. 坚持问题导向是中国共产党理论创新和实践创新的宝贵经验

中国共产党的历史，就是一部聚焦于现存矛盾与问题、不断推进理论与实践创新的历史。以毛泽东同志为主要代表的中国共产党人经过艰苦卓绝的革命斗争取得了新民主主义革命的胜利，建立了中华人民共和国，顺利地

---

① 中共中央宣传部：《习近平总书记系列重要讲话读本（2016年版）》，人民出版社，2016年，第288~289页。

完成社会主义改造,建立起社会主义基本制度,在不断发现、解决中国革命和社会主义建设时期出现的问题的过程中,形成一系列独创性经验和正确理论原则,回答了中国向何处去的问题。毛泽东在《反对党八股》中提出:"问题就是事物的矛盾。哪里有没有解决的矛盾,哪里就有问题。"①以邓小平同志为主要代表的中国共产党人,以巨大的政治勇气和理论勇气作出了进行改革开放的重大决策,开启了改革开放和社会主义现代化建设新时期,提出"什么是社会主义、怎样建设社会主义"这个重大理论和实践问题,形成了中国特色社会主义理论、路线、方针与政策,翻开了中国社会主义发展的崭新一页。邓小平指出:"世界上矛盾多得很,大得很,一些深刻的矛盾刚刚暴露出来。我们可利用的矛盾存在着,对我们有利的条件存在着,机遇存在着,问题是要善于把握。"②以江泽民同志为主要代表的中国共产党人,面对严峻复杂的国内外形势,加深了对什么是社会主义、怎样建设社会主义和建设什么样的党、怎样建设党的认识,开创全面改革开放新局面,推进党的建设新的伟大工程,把中国特色社会主义推向21世纪。江泽民指出:"事物总是处在矛盾运动和变化之中的。我们要善于根据客观情况的变化,及时察觉和研究前进中的新矛盾新问题,不断从人民群众在实践中创造的新鲜经验中吸取营养,不断改进和完善自己的工作。"③以胡锦涛同志为主要代表的中国共产党人,抓住重要战略机遇期,聚精会神搞建设,一心一意谋发展,深刻回答了新形势下实现"什么样的发展、怎样发展"等重大问题,坚持和发展了中国特色社会主义。胡锦涛指出:"正确认识和处理面临的矛盾和问题,防止片面性、绝对化,减少主观主义和盲目性。对于面临的新问题,更要悉心研究、积极解决、大胆探索、创造性工作,不断提高自己的领导水平和工作

---

① 《毛泽东选集》(第三卷),人民出版社,1991年,第839页。
② 《邓小平文选》(第三卷),人民出版社,1993年,第354页。
③ 《江泽民文选》(第三卷),人民出版社,2006年,第24页。

能力。"①

以习近平同志为主要代表的中国共产党人统筹把握中华民族伟大复兴战略全局和世界百年未有之大变局,就新时代坚持和发展什么样的中国特色社会主义、怎样坚持和发展中国特色社会主义,建设什么样的社会主义现代化强国、怎样建设社会主义现代化强国,建设什么样的长期执政的马克思主义政党、怎样建设长期执政的马克思主义政党的时代课题,提出一系列新理念新思想新战略,推动党和国家事业取得历史性成就、发生历史性变革。习近平总书记指出:"今天我们所面临问题的复杂程度、解决问题的艰巨程度明显加大,给理论创新提出了全新要求。我们要增强问题意识,聚焦实践遇到的新问题、改革发展稳定存在的深层次问题、人民群众急难愁盼问题、国际变局中的重大问题、党的建设面临的突出问题,不断提出真正解决问题的新理念新思路新办法。"②习近平新时代中国特色社会主义思想始终坚持问题导向,融合了马克思主义矛盾观、发展观和实践观,在发现问题、分析问题、解决问题的过程中,牢牢把握住了改革发展的方向、社会发展的规律和历史前进的动力,不断在攻坚克难的进程中谋发展、求突破、勇担当,为中国特色社会主义伟大事业提供了有效的方法论指引。

3.坚持问题导向是推进中国式现代化进程的重要方法

实践证明,一个国家选择什么样的现代化道路,是由其历史传统、制度文化、外部环境等诸多因素决定的,一个国家的国情不同,现代化道路必然有所不同。中国式现代化的五个方面深刻揭示了中国式现代化的科学内涵,既是理论总结,更是实践要求;中国式现代化既有各国现代化的共同特征,又符合本民族发展规律,具有鲜明的中国特色;中国式现代化既是全面建成社会主义现代化强国的必由之路,也是实现中华民族伟大复兴的康庄

---

① 《胡锦涛文选》(第一卷),人民出版社,2016年,第87页。

② 习近平:《高举中国特色社会主义伟大旗帜　为全面建设社会主义现代化国家而团结奋斗——在中国共产党第二十次全国代表大会上的报告》,人民出版社,2022年,第20页。

大道。面对新的历史伟业,我们只有以坚持问题导向推进中国式现代化,坚持理论和实践相结合,历史和现实相贯通,才能不断增强全党全国各族人民自信自强,推动举国上下坚定不移地守正创新,鼓舞中华民族接续踔厉奋发,不忘初心,勇毅前行。

党的十九大报告指明:"中国特色社会主义进入新时代,我国社会主要矛盾已经转化为人民日益增长的美好生活需要和不平衡不充分的发展之间的矛盾。"①社会主要矛盾的变化要求党和国家的工作在继续推动发展的基础上着力解决好发展不平衡不充分问题,大力提升发展质量和效益,更好地满足人民在经济、政治、文化、社会、生态文明等方面日益增长的需要,更好地推动人的全面发展与社会的全面进步。中国式现代化立足我国正处于并将长期处于社会主义初级阶段这一基本国情,立足社会主要矛盾变化的这一实际,推动实现人口规模巨大的现代化、全体人民共同富裕的现代化、物质文明和精神文明相协调的现代化、人与自然和谐共生的现代化,坚持走和平发展道路的现代化。中国以实际行动向世界证明了我们用几十年的时间走完了西方发达国家几百年走过的工业化历程,创造了行稳致远、经济发展与社会治安齐头并进的世界奇迹。实践证明,以坚持问题导向推进中国式现代化,是改革发展、强国建设、民族复兴的重要途径。

在实现中国式现代化,建设现代化强国的途中存在许多风高浪急甚至惊涛骇浪的重大考验,坚持问题导向才能做到心中有数,正确理解和把握新时代。在百年未有之大变局和世界进入新的动荡变革期的复杂局面的背景下,各个国家都面临着世所罕见、史所罕见的新矛盾新挑战。习近平总书记指出:"必须清醒看到,我们的工作还存在一些不足,面临不少困难和问题。主要有:发展不平衡不充分问题仍然突出,推进高质量发展还有许多卡点瓶颈,科技创新能力还不强;确保粮食、能源、产业链供应链可靠安全和防范金

---

① 《习近平谈治国理政》(第三卷),外文出版社,2020年,第9页。

融风险还须解决许多重大问题；重点领域改革还有不少硬骨头要啃；意识形态领域存在不少挑战；城乡区域发展和收入分配差距仍然较大；群众在就业、教育、医疗、托育、养老、住房等方面面临不少难题；生态环境保护任务依然艰巨；一些党员、干部缺乏担当精神，斗争本领不强，实干精神不足，形式主义、官僚主义现象仍较突出；铲除腐败滋生土壤任务依然艰巨，等等。"①中国共产党人深刻认识到，面对复杂形势、复杂矛盾、繁重任务，没有主次，不加区别，眉毛胡子一把抓，是做不好工作的，要有强烈的问题意识，以重大问题为导向，抓住重大问题、关键问题进一步研究思考，寻求答案，同时要有全局观，对各种矛盾做到了然于胸，同时又要紧紧围绕主要矛盾和中心任务，优先解决主要矛盾和矛盾的主要方面，以此带动其他矛盾的解决，在整体推进中实现重点突破，朝着全面建成社会主义现代化强国的奋斗目标不断前进。

（五）系统观念是基本的工作方法

党的二十大报告指出："万事万物是相互联系、相互依存的。只有用普遍联系的、全面系统的、发展变化的观点观察事物，才能把握事物发展规律。我国是一个发展中大国，仍处于社会主义初级阶段，正在经历广泛而深刻的社会变革，推进改革发展、调整利益关系往往牵一发而动全身。我们要善于通过历史看现实、透过现象看本质，把握好全局和局部、当前和长远、宏观和微观、主要矛盾和次要矛盾、特殊和一般的关系，不断提高战略思维、历史思维、辩证思维、系统思维、创新思维、法治思维、底线思维能力，为前瞻性思考、全局性谋划、整体性推进党和国家各项事业提供科学思想方法。"②

---

① 习近平：《高举中国特色社会主义伟大旗帜　为全面建设社会主义现代化国家而团结奋斗——在中国共产党第二十次全国代表大会上的报告》，人民出版社，2022年，第14页。

② 习近平：《高举中国特色社会主义伟大旗帜　为全面建设社会主义现代化国家而团结奋斗——在中国共产党第二十次全国代表大会上的报告》，人民出版社，2022年，第20页。

作为整体性思维方式和问题分析方法，系统观念基于事物间的普遍联系，通过分析系统间的诸要素和诸环节，以在把握客观规律的基础上推进事物的良性运转。"必须坚持系统观念"既是习近平新时代中国特色社会主义思想世界观和方法论的重要内容之一，也是中国共产党对马克思主义世界观和方法论的继承和发展，更是中国共产党在长期执政的实践基础上凝结的理论成果。

1.系统观念是马克思主义认识论和方法论的重要范畴，是具有基础性的思想和工作方法

"系统"是统筹各要素层次性、协调性、全面性的有机整体。《吕氏春秋》曰："万物之形虽异，其情一体也。"党的二十大报告指出："万事万物是相互联系、相互依存的。只有用普遍联系的、全面系统的、发展变化的观点观察事物，才能把握事物发展规律。"[1]辩证法坚持用联系、发展、变化，而非孤立、静止、片面的观点看问题。万事万物之间及其周遭环境，共同构成了一个相互联系、相互影响的整体。作为马克思主义科学的认识论和方法论，系统观念就是立足辩证思维方式，通过揭示某事物或某要素的发展变化，来确认其系统性存在、系统性关系及本质性规律，只有坚持系统观念，才能够基于有机体的整体性视野和前瞻性谋划的高度，不失原则、灵活高效地对事物加以统筹。

"必须坚持系统观念"就是要始终着眼于整体与部分之间、整体与周遭环境之间的双向互动，注重推进各事物、各环节、各要素之间良性运行与协同配合，以达到对问题处理的结构性最优状态；"必须坚持系统观念"就是要坚持：以前瞻性思维衡量当前与长远间的关系，以全局性眼光统筹整体与局部间的张力，以战略性高度协调宏观与微观间的矛盾，以整体性观念观照主要矛盾和次要矛盾间的运动，以综合性视角把握一般和特殊间的原则性问

---

①　习近平：《高举中国特色社会主义伟大旗帜　为全面建设社会主义现代化国家而团结奋斗——在中国共产党第二十次全国代表大会上的报告》，人民出版社，2022年，第20页。

题;"必须坚持系统观念"的立场和观点,也是运用"战略思维、历史思维、辩证思维、系统思维、创新思维、法治思维、底线思维"①分析问题、解决问题的方法,也就是在总体性理念的指导下将各种具象化的认识方法加以统筹,同时使其有机统一于社会物质实践的整体性过程,被习近平总书记视为"具有基础性的思想和工作方法"②。因而从本质上看,系统观念作为唯物辩证法的新发展,是对马克思主义科学方法论的继承与发展,它强调要对事物的整体性、全面性、层次性予以深刻把握,既是一种认识方法,也是一种思维能力。

2.坚持将系统观念贯穿于中国共产党领导中国实践的各环节,深刻折射出理论创新的科学方法论

作为中国共产党人重要的思想方法与工作方法,系统观念被习近平总书记在不同场合反复强调,并且在党的二十大报告中被概括为继续推进实践基础上的理论创新的立场观点方法。真正的理论创新并非纯粹的概念过渡和抽象的逻辑演绎,而是能够在生活世界的实践中开拓广阔多重的视域,积淀深刻厚重的经验,深化历史性的自觉反思,进而形成新的理论判断与理论选择。中国共产党人在领导中国革命、建设和改革的百余年奋斗历程中,无论是思考和处理问题,制定战略策略,调整决策部署,还是把握社会变革,推进改革发展,协调利益关系,历来都注重进行全局性推进和系统性思考。新民主主义革命时期,毛泽东强调战争的指挥官一定要精心计划,充分准备,基于开阔的大局观和深邃的战略视野,以做到对敌、我、友关系的整体性把握。改革开放和社会主义现代化建设新时期,面对现代化建设的诸多复杂难题,邓小平强调处理好诸如"比例关系""综合平衡""中心与非中心"等方面的辩证关系问题,以系统性智慧想办法、厘关系、办事情。江泽民强调

① 习近平:《高举中国特色社会主义伟大旗帜 为全面建设社会主义现代化国家而团结奋斗——在中国共产党第二十次全国代表大会上的报告》,人民出版社,2022年,第21页。
② 《习近平谈治国理政》(第四卷),外文出版社,2022年,第117页。

要处理好社会主义现代化建设中的"十二大关系"。党的十七大报告指出，要总体性布局中国特色社会主义事业，以全面"促进现代化建设各个环节、各个方面相协调，促进生产关系与生产力、上层建筑与经济基础相协调"①。新时代，党面对的一系列复杂而严峻的新难题、新矛盾、新挑战世所罕见、史所罕见。以习近平同志为核心的党中央牢牢坚持系统观念，凭借更高的政治自觉，以深邃的历史视野，统筹推进"五位一体"总体布局，协调推进"四个全面"战略布局，于奋斗中开新局，于前进中探规律，于激流中担重任，不断带领全国人民从胜利走向胜利，接续推动新时代中国特色社会主义发展。因此，系统观念作为中国共产党人认识世界、改变世界的基础性思维，贯穿于中国实践的各环节，运用于创新与发展的全过程。

3.坚持系统观念，体现了习近平新时代中国特色社会主义思想的全局视野和战略高度

中国作为一个发展中大国，正处于并将长期处于社会主义初级阶段，党在执政的过程中依旧面临着众多复杂而又深刻的理论难题和实践问题。这突出表现在事物"巨系统"与超大问题群面前，推进社会改革、促进经济发展、调整利益关系往往牵一发而动全身。面对如此盘根错节与纷繁复杂的认识和实践对象，习近平总书记指出："必须在把情况搞清楚的基础上，统筹兼顾、综合平衡，突出重点、带动全局，有的时候要抓大放小、以大兼小，有的时候又要以小带大、小中见大，形象地说，就是要十个指头弹钢琴。"②党的十八大以来，以习近平同志为核心的党中央既善于把方向、谋长远、议大事，善于抓重点、找切口、寻战术，更善于透过问题看责任、透过现象看本质、透过本质找规律，高度注重统筹改革与发展、内政与外交、治党与治军等国家战略层面的综合平衡与良性运转，创造性地凝结了一系列创新性理论：提出统揽伟大斗争、伟大工程、伟大事业、伟大梦想，统筹推进"五位一体"总体布

---

① 《胡锦涛文选》(第二卷)，人民出版社，2016年，第624页。
② 《习近平谈治国理政》(第一卷)，外文出版社，2018年，第102页。

局、协调推进"四个全面"战略布局;提出新发展理念是"五大发展理念相互贯通、相互促进,是具有内在联系的集合体"①;提出"经济社会发展是一个系统工程,必须综合考虑政治和经济、现实和历史、物质和文化、发展和民生、资源和生态、国内和国际等多方面因素"②等。这些都是坚持系统观念的理论成果和实践总结。因而作为一个成熟且完备的科学理论体系,习近平新时代中国特色社会主义思想蕴含着系统性思维与全局性考量。"十个明确"体现这一科学体系的基本观点与内在精神,"十四个坚持"以科学布局的方式凝练了新时代党治国理政的重大原则,"十三个方面成就"以毋庸置疑的实践效能彰显马克思主义中国化时代化的卓越理论进境。正是在这一科学理论的指导下,中国共产党才能够带领人民不断从理论上升到实践,再从实践上升至理论,接续运用马克思主义的立场观点方法统筹党和国家发展事业的重大问题与时代判断。故而,习近平新时代中国特色社会主义思想是对马克思主义辩证法的发展和深化,更是对马克思主义方法论中国化运用的全面系统性推进。

4.必须坚持系统观念,自觉运用唯物辩证法推进社会主义事业

"辩证法在考察事物及其在观念上的反映时,本质上是从它们的联系、它们的联结、它们的运动、它们的产生和消逝方面去考察的。"③现代系统科学研究表明,万事万物均统一于有机系统之中,即便是构成高一层级的要素,相对于低一层级的要素而言,也是作为系统性的存在。而最佳的结构性组合,能够产生最佳的整体性功能。因此,坚持以系统观念科学部署、整体性推进党和国家的各项事业,就是要求我们:基于全局性视野和前瞻性眼光,辩证、全面地分析和把握当今的党情、国情和世情;以敏锐的洞察力、清

---

① 习近平:《论把握新发展阶段、贯彻新发展理念、构建新发展格局》,中央文献出版社,2021年,第42页。
② 《中央经济工作会议在北京举行》,《人民日报》,2021年12月11日。
③ 《马克思恩格斯文集》(第九卷),人民出版社,2009年,第25页。

晰的判断力、科学的预见力、果断的决策力、坚定的意志力,防范和应对实际工作中的风险挑战与复杂难题;不断增强实践中所需的系统性、综合性和规划性,以傲立时代潮头、顺应历史潮流、引领时代前沿;以高屋建瓴的全局性、未雨绸缪的预见性和革故鼎新的创造性,推进党和国家各项事业的繁荣和发展。同时,习近平总书记指出:"面对复杂形势、复杂矛盾、繁重任务,没有主次,不加区别,眉毛胡子一把抓,是做不好工作的。"①这清楚地告诉人们,在运用系统观念认识和把握事物的过程中,尤其需要注意"两点论"和"重点论"的统一,不能"没有主次,不加区别,眉毛胡子一把抓"。面对当今纵横交错的事物和复杂多变的形势,只有抓住"牛鼻子",分清事物的主要矛盾和次要矛盾,矛盾的主要方面与次要方面,才能够有效防止犯错误和教条化。由此观之,我们的事业越是向前发展,就越是会在实践中遇到更深刻的问题,在改革发展中遇到更深层的问题,在党的建设中遇到更突出的问题,也就需要更加自觉地坚持和践行系统观念。事实证明,只有用普遍联系、全面系统、发展变化的观点分析和把握事物,才能够对其予以全面、系统、深刻的把握,才能够为深化改革、促进发展、止纷定争、维护稳定、治党治国等党和国家的各项事业提供科学的思想方法论。

5.必须坚持系统观念,以中国式现代化全面推进中华民族伟大复兴

坚持系统观念,也是应对风险挑战、防范化解重大危机、应对复杂多变的国际局势和推进中华民族实现伟大复兴宏伟目标的内在要求与重要遵循。习近平总书记在省部级主要领导干部学习贯彻党的十九届五中全会精神专题研讨班开班式上指出:"各级领导干部特别是高级干部必须立足中华民族伟大复兴战略全局和世界百年未有之大变局,心怀'国之大者',不断提高政治判断力、政治领悟力、政治执行力,不断提高把握新发展阶段、贯彻新发展理念、构建新发展格局的政治能力、战略眼光、专业水平,敢于担当、善

---

① 《习近平谈治国理政》(第四卷),外文出版社,2022年,第31页。

于作为,把党中央决策部署贯彻落实好。"①中国特色社会主义进入新时代,中国共产党在治国理政进程中遇到的大都是系统性问题,决定了以中国式现代化全面推进中华民族伟大复兴必须坚持系统观念。中国式现代化作为一个整体性的系统工程,是人口规模巨大的现代化,是全体人民共同富裕的现代化,是物质文明和精神文明相协调的现代化,是人与自然和谐共生的现代化,是走和平发展道路的现代化。

以中国式现代化全面推进中华民族伟大复兴所面临的挑战依旧异常突出:地区冲突和局部战争时有发生,严峻复杂的国际环境变革暗流涌动,人口老龄化问题、资源利用问题、发展不平衡不充分等问题依旧较为显著。因而,放眼波谲云诡的国际局势、复杂敏感的周边环境和错综复杂的国内形势,中国所面临分析问题的繁重程度、回应问题的复杂程度和解决问题的艰巨程度明显有所深化。然而,以习近平同志为核心的党中央始终坚持系统性思维,进行总体性考量、科学性推进,统筹布局政治和经济、物质和文化、发展和民生、资源和生态、国内和国际等多个方面,带领党和人民取得了一系列历史性成就。这充分彰显了以中国式现代化全面推进中华民族伟大复兴的进程中,协调好当前和长远利益,把握好宏观和微观问题,统筹好国内国际两个大局等系统性思维的重要前瞻性和战略性。因此,"我们要根据时代变化和实践发展,不断深化认识,不断总结经验,不断进行理论创新,坚持理论指导和实践探索辩证统一,实现理论创新和实践创新良性互动"②。实践证明,只有坚持学思用贯通、知信行统一,于危机中育先机,于变革中开新局,才能不断谱写马克思主义中国化时代化新篇章,不断铸就中华民族新辉煌。

———————————

① 习近平:《深入学习坚决贯彻党的十九届五中全会精神 确保全面建设社会主义现代化国家开好局》,《人民日报》,2021年1月12日。

② 习近平:《辩证唯物主义是中国共产党人的世界观和方法论》,《求是》,2019年第1期。

（六）胸怀天下是特有的大视野大境界

党的二十大报告指出："中国共产党是为中国人民谋幸福、为中华民族谋复兴的党，也是为人类谋进步、为世界谋大同的党。我们要拓展世界眼光，深刻洞察人类发展进步潮流，积极回应各国人民普遍关切，为解决人类面临的共同问题作出贡献，以海纳百川的宽阔胸襟借鉴吸收人类一切优秀文明成果，推动建设更加美好的世界。"[①]

胸怀天下作为中华民族虚怀若谷、海纳百川般高远胸怀的淬炼，不仅反映了中国共产党为中国人民谋幸福、为中华民族谋复兴的初心和使命，也彰显了中国共产党为人类谋进步、为世界谋大同的博大胸襟，更昭示了习近平新时代中国特色社会主义思想的全球视野和远见卓识，既是马克思主义文明观、天下观、外交观蕴含的道理学理哲理的高度统一，也是历经中华民族百余年奋斗历史伟业濯洗后的认识论、实践论和价值论的高度概括。

1.必须坚持胸怀天下，是对中华文明禀赋的传承和中华优秀传统文化的当代创新

几千年来，中华民族栉风沐雨、饱经苦难，却能一次次凤凰涅槃、浴火重生的原因之一就是拥有胸怀天下的文明情怀。然而，中国传统思想中的天下观并非单纯意义上的地理认知，它同时是一种宇宙观、人生观和政治观，既是中国古人实践智慧的结晶，也是中华优秀传统美德的精髓概括，蕴含着丰富的理论内涵与价值旨趣。

"天下"一词，最早可溯源至众多先秦古籍之中。《周易·贲卦·彖传》有曰："观乎人文，以化成天下。"《诗经·小雅·北山》有言："溥天之下，莫非王土；率土之滨，莫非王臣。"纵观历朝各代，自先秦至汉唐再到明清，"天下"一词在各类典籍中多次出现，这种以"天下为己任""铁肩担道义"的天下抱负

---

① 习近平：《高举中国特色社会主义伟大旗帜 为全面建设社会主义现代化国家而团结奋斗——在中国共产党第二十次全国代表大会上的报告》，人民出版社，2022年，第20页。

早已镌刻至中国人民的骨髓之中。同时,"天下大同"作为中国古人对未来社会的美好憧憬,也彰显着中华民族兼容并包、胸怀穹宇的博大胸怀。大同思想最早出自《礼记·礼运》:"大道之行也,天下为公,选贤与能,讲信修睦。故人不独亲其亲,不独子其子,使老有所终,壮有所用,幼有所长,矜、寡、孤、独、废疾者皆有所养,男有分,女有归……是谓大同。"具体而言,中国人民胸怀"为天地立心,为生民立命"的志向,是因为从根本上认同人是天地孕育之至灵之存在,承载着顺应天地万物之规律的使命,因而生存于浩瀚乾坤中的个人,就是要在认识宇宙天理的过程中,同时实现自我与民族存在之使命,以达到"天地与我并生,万物与我其一"的高远境界。更进一步讲,"天下为公"的世界理念塑造着中华民族风雨同舟、美美与共、与邻为善的民族品格,它背后蕴含的是深刻的政治伦理和道德思想,是中国人民自觉顺应历史规律而又力争超脱现存世界的美好价值追求,彰显了中华文明对于人与世界关系的深切洞察和对于人类社会发展规律的透彻理解。因而,蕴含在中国人民血脉之中的"天下观",作为中国人民对世界秩序的一种基本观点和基本看法,不仅集中表达着中华民族对于美好生活和理想社会的追求,而且彰显着天下一家、万物一体的鲜明民族品格。

在大同思想的滋养下,中国共产党自诞生以来,就始终坚持对外开放而非封闭自居,坚持互利共赢而非零和博弈,坚持伸张正义而非以邻为壑,坚定地站在历史正确的一边、站在人类文明进步的一边。这些既是中国共产党以海纳百川的开阔胸襟关注世界人民发展的重要体现,也是中国共产党对于"协和万邦""亲仁善邻""讲信修睦"等大同思想的自觉践行,集中彰显了中国共产党引领并构建全球化治理新理念的智慧、勇气和魄力。

2.必须坚持胸怀天下,是对共产主义思想和无产阶级政党使命观的继承和发展

马克思在《〈黑格尔法哲学批判〉导言》中指出:"哲学把无产阶级当做自

己的物质武器,同样,无产阶级也把哲学当做自己的精神武器。"①马克思主义作为脱胎于无产阶级革命实践的科学的世界观和方法论,自诞生以来,就把实现无产阶级和全人类的解放作为其理论旨归,就把为社会谋发展、为人类谋进步作为其核心要义,因而在全人类的解放事业中始终占据着真理和道义的制高点。马克思和恩格斯认为,随着人类社会化程度的不断深化和人类本质力量的持续延展,"各个相互影响的活动范围在这个发展进程中越是扩大,各民族的原始封闭状态由于日益完善的生产方式、交往以及因交往而自然形成的不同民族之间的分工消灭得越是彻底,历史也就越是成为世界历史"②。因而,基于马克思和恩格斯的历史唯物主义分析,世界历史的实质是人类的社会物质活动,动力是资本的大工业和世界市场,历史前进的车轮不会发生逆转。然而历史证明,资本主义生产关系正逐渐无法适应其生产力的发展,资本主义开启的世界历史是低级和不完善的,只有扬弃资本主义的"自由人的联合体",即共产主义社会,才是世界历史发展新阶段的必然趋势。因此,无产阶级政党作为以马克思主义为指导思想的伟大政党,自诞生之日起,就把实现人的自由全面发展和全人类的彻底解放,作为其一以贯之的最高理想和价值追求。

马克思和恩格斯在《共产党宣言》中集中阐述了无产阶级政党的性质、特点和斗争策略,明确指出了无产阶级政党的奋斗目标和最终目的就是要实现共产主义,深刻论述了共产主义的本质特征就是要实现人的自由而全面的发展:一方面,共产党人"没有任何同整个无产阶级的利益不同的利益",而是要"为绝大多数人谋利益",马克思主义政党就是始终致力于全人类共同利益的实现,为全人类共产主义事业而奋斗的革命性政党;另一方面,"联合的行动,至少是各文明国家的联合的行动,是无产阶级获得解放的

① 《马克思恩格斯文集》(第一卷),人民出版社,2009年,第17页。
② 《马克思恩格斯文集》(第一卷),人民出版社,2009年,第540~541页。

首要条件之一"①,共产主义远大理想并非一国或几国共产党人的内部联合,而是要求具有无产阶级意识的"全世界无产者,联合起来",通过有组织的运动,建立作为"自由人联合体"的共产主义社会。因此,共产主义运动的世界性要求无产阶级具有宽广的世界胸怀,以基于全人类的共同利益组织无产阶级从事革命运动。

实践证明,从第一国际工人协会到第二、第三国际工人协会,从马克思、恩格斯到列宁,正是以世界胸怀组织无产阶级,才造就了一次次波澜壮阔的革命运动。同样,中国共产党作为为人类谋进步、为世界谋大同的党,始终坚持以世界眼光关注人类的前途与命运:着眼于世界的整体性,基于经济全球化、政治多极化、文化多样化、社会信息化的时代背景,鉴于社会发展趋势、世界变化态势和中国发展大势,中国共产党始终坚持全面、系统、客观地对中国和世界的关系加以理解,坚持文明交流而非文明隔阂,坚持文明互鉴超越文明冲突,坚持中国发展与世界进步的高度统一,为世界的繁荣和人类的进步做出重大贡献。

3.必须坚持胸怀天下,是推动构建人类命运共同体的重要遵循,彰显习近平新时代中国特色社会主义思想的全局视野和高远境界

"世界好,中国才能好;中国好,世界才更好。"②"胸怀天下"作为马克思主义中国化时代化的理论创新立场,立足实事求是的思想路线基石,以客观公正的态度推动中国与世界之间的对话与交流、借鉴与融合,既昭示了为人类解放、为社会谋进步、为国际谋发展、为世界谋大同的中国立场,也集中凸显了一荣俱荣、一损俱损的人类命运羁绊。党的二十大报告指出:"中国始终坚持维护世界和平、促进共同发展的外交政策宗旨,致力于推动构建人类

---

① 《马克思恩格斯文集》(第二卷),人民出版社,2009年,第50页。
② 《习近平新时代中国特色社会主义思想学习纲要》,学习出版社、人民出版社,2023年,第283页。

命运共同体。"①这充分彰显了中国共产党和中国人民的价值取向和责任担当。

当今时代,世界正逐步见证非西方中心力量的崛起,随着权力中心的逐渐转移,以西方权力中心为代表的世界秩序、规章制度与政策体系,显然流露出不合时宜之态,推动建立公正合理的国际秩序和全球治理体系,加快推进构建人类命运共同体,既是国际社会的广泛共识和价值追求,又是人类积极主动优化整体命运关系的迫切需要。鉴于国际大背景,中国作为"世界和平的建设者""全球发展的贡献者"和"国际秩序的维护者",自觉将自身与世界的命运紧密相连,并深刻认识到,考量和谋划中国的问题必须着眼于全球的发展态势与世界的发展趋势,而解决世界问题同样也离不开中国视角与中国方案。因此,党的十八大以来,以习近平同志为核心的党中央牢牢坚持"胸怀天下"观,批判性继承中华优秀传统文化,发展马克思主义无产阶级政党理论,站在时代的前沿和人类历史发展的高度,立足世界人民的前途和命运,创造性地回应"人类向何处去"的时代之问,深入考量"建设一个什么样的世界、如何建设这个世界"等一系列重大理论与实践课题,从自身的历史认知和实践经验出发,基于当今人类发展大潮流、世界发展大格局、中国发展大历史,对当今时代主题、国际格局和世界局势予以系统性、整体性把握,以海纳百川的开阔胸襟学习和借鉴人类优秀文明成果,以高屋建瓴的世界眼光提出了一系列处理国际事务和国际关系的新理念、新政策和新方略:始终践行"和衷共济、四海一家"的行动价值,在"人类知识总和"中挖掘党和人民创新智慧的理论基础;高举和平、发展、合作、共赢的伟大旗帜,以自身发展更好地维护世界的和平与稳定;呼吁各国弘扬和平、发展、公平、正义、民主、自由的全人类共同价值;践行共商、共建、共享的大国承诺;引领人类进步发展潮流;推进人类文明新形态进程等。一系列举措皆是中国共产党凝

① 习近平:《高举中国特色社会主义伟大旗帜 为全面建设社会主义现代化国家而团结奋斗——在中国共产党第二十次全国代表大会上的报告》,人民出版社,2022年,第60页。

聚国际共识,加快推动构建人类命运共同体理论与实践的卓越表现,彰显了中国作为世界大国所具有的国际意识和责任担当。

作为把握中国与世界关系的一重理论视角,"必须坚持胸怀天下"坚持和丰富了马克思主义辩证法,高度彰显了世界性和民族性的辩证统一,是继续推进实践基础上的理论创新所必须遵循的又一立场观点方法。回顾过去,中国共产党始终以世界眼光关注人类的前途和命运,始终履行共建和平、共享发展和维护世界稳定的大党责任。展望未来,中国共产党将继续带领中国人民以胸怀天下的开阔胸襟维护世界和平、共谋世界发展,为建设持久和平、普遍安全、共同繁荣、开放包容、清洁美丽的世界,贡献中国智慧和中国方案。

三、"六个必须坚持"是在实践基础上推进理论创新的根本遵循

习近平总书记指出:"要根据时代变化和实践发展,不断深化认识,不断总结经验,不断进行理论创新,坚持理论指导和实践探索辩证统一,实现理论创新和实践创新良性互动,在这种统一和互动中发展二十一世纪中国的马克思主义。"①这一论述深刻揭示了发展马克思主义的规律性,这一规律性就是要在理论创新和实践创新的良性互动中来发展马克思主义。要实现理论创新和实践创新的良性互动必须遵循"六个必须坚持"这一世界观和方法论。只有遵循"六个必须坚持",才能持续在实践基础上推进理论创新,在理论创新的指导下进一步推进实践创新,才能续写马克思主义中国化时代化的新篇章。

---

① 中共中央文献研究室:《习近平关于社会主义文化建设论述摘编》,中央文献出版社,2017年,第65页。

(一)运用"六个必须坚持"把握新时代提出的新问题新课题

马克思主义认识论主张认识来源于实践,实践是认识的目的,实践是认识的基础。实践性是马克思主义的基本特征之一。那么要实现马克思主义的理论创新显然不能只凭想象,理论创新不是主观空想,而必须针对实践中的问题进行创新。回答和解决实践问题是对新时代马克思主义理论创新提出的要求。时代和实践变化了,那么所要解决的时代和实践问题发生变化了,那么理论必须随之而进一步创新。实践创新的目的是要解决实践中所遇到的新问题新课题。所以无论是理论创新还是实践创新都得面对时代所提出的问题。从一般理论形成史上来看,任何伟大的科学理论成果都是在回答和解决一个重大问题中创造出来的,任何伟大的科学理论都是在回答和解决人类社会所面临的重大问题中创造出来的。从马克思主义创立和发展的历史来看,马克思主义同样也是马克思和恩格斯为回答和解决当时他们所生活的资本主义时代问题而创立出来的。马克思和恩格斯所面对的时代是资本主义刚刚发展起来的时代,而那时的资本主义一经产生就释放出巨大的生产力,但是马克思和恩格斯发现为什么资本主义生产创造大量社会财富的同时却让大量劳动者陷入极端贫困的境地,为什么工人阶级的命运是如此的悲惨,马克思和恩格斯正是基于这样一个人类社会所面临的重大问题试图通过创立一个理论来回答这一问题,通过理论来找到解决这一问题的实践办法,进一步推进无产阶级革命实践的创新。后来的马克思主义者尤其是中国的马克思主义都是基于不同时期中国社会所面临的重大问题进行理论创新,并通过理论创新指导实践创新,推动了中国社会不断走向繁荣。时代问题的"倒逼"是不断进行理论创新和实践创新的助推器。

当代中国正在经历最为广泛而深刻的社会变革,也面临着各种严峻的风险和挑战,还存在不少长期没有解决的深层次矛盾和问题,这些深层的矛盾和问题既有体制问题也有机制问题,面对时代巨大变化所产生的新问题,党中央也提出了世界处于"百年未有之大变局"的科学论断。在此背景下，必须贯彻"六个必须坚持"，在这一世界观和方法论的指导下清醒地认识到当代中国所面对的各种问题，把各种新问题变成新课题，实现理论创新和实践创新的良性互动。

什么是社会主义、怎样建设社会主义，是中国共产党人思考的基本问题。党的十八大以来，中国特色社会主义就进入了新时代。中国共产党所面临的主要任务是实现第一个百年奋斗目标，这就必须在遵循"六个必须坚持"下创造新的伟大成就。当然，新时代中国共产党人依然面对着马克思主义理论创新和实践创新的基本问题，即坚持和发展什么样的中国特色社会主义、怎样坚持和发展中国特色社会主义，建设什么样的社会主义现代化强国、怎样建设社会主义现代化强国，建设什么样的长期执政的马克思主义政党、怎样建设长期执政的马克思主义政党等问题。以习近平同志为主要代表的中国共产党人对这些重大的理论和实践问题进行了深邃思考和科学论断，实现了理论创新和实践创新的良性互动。

新时代除了要在理论创新和实践创新互动中解决马克思主义发展的一般性问题之外，还面临着一系列具体的重大现实问题。矛盾无时不在、无时不有，每一个时代总会伴随着相应的具体的社会问题，伴随着经济、政治、文化、生态、国际上的各种具体新问题。从整个世界来看，虽然当今科学技术发展迅猛，人类文明更加进步，但是全球范围内依然面临着贫困、战争、生态恶化等各种尖锐复杂的问题，这些问题也是建设中国特色社会主义所要回答和解决的问题，必须以"六个必须坚持"为世界观和方法论在理论创新和实践创新良性互动中寻找智慧，寻找解决之道路。

党的十八大以来，坚持问题导向是党治国理政的突出特点。在新时代要在"六个必须坚持"这一世界观和方法论的指导下正确认识和把握当前面临的许多新的重大问题。

第一，在经济方面，经济结构体制性矛盾依然存在，存在发展不平衡、不协调,生产发展不可持续等问题。经济发展不平衡通常表现为多个维度上的显著差异,如地区城市之间发展不平衡,城乡之间发展不平等,产业发展之间不平衡。一些地区、一些城市凭借地理位置、资源禀赋、政策支持等因素,经济发展水平较高,而另一些地区或农村则可能相对落后。某些产业,如高科技产业或服务业,因为技术进步、市场需求等因素而蓬勃发展,而传统产业则可能面临转型升级的压力,甚至陷入衰退。经济的发展关系到人民的根本利益,解决经济问题必须坚持系统观念,习近平总书记指出:"新时代中国经济发展的重要特征是,由高速增长转向高质量发展、从量的扩张转向质的提升。"[①]"推动高质量发展,是保持经济持续健康发展的必然要求,是适应我国社会主要矛盾变化、全面建设社会主义现代化国家的必然要求,是遵循经济规律发展的必然要求。"[②]高质量发展从本质上讲就是坚持质量第一,视质量为生命,以高质量为追求。推动高质量发展"必须坚持人民至上",以高质量发展满足人民日益增长的美好生活需要。推动高质量发展"必须坚持自信自立",要坚定必胜信念,坚定不移推动高质量发展。推动高质量发展"必须坚持守正创新",坚持"两个毫不动摇",坚持公有制为主体、多种所有制经济共同发展,坚持按劳分配为主体、多种分配方式并存,在坚持市场在资源配置中起决定性作用的同时,不断深化供给侧结构性改革,培养增长新动力,实现创新引领发展。推动高质量发展"必须坚持问题导向",着力解决影响经济发展的核心技术问题。科技是第一生产力、第一竞争力,关键核心技术是国之重器,必须以实现核心技术创新为突破口,尽快解决一批"卡脖子"的问题。推动高质量发展"必须坚持系统观念",必须在新形势下促进区域协调发展"一盘棋"这篇大文章,"要协调推进乡村振兴战略和新型城镇化战略,加快建立健全城乡融合发展体制机制和政策体系,强化以工补农、以城带乡,推动形成工农互促、城乡互补、协调发展、共同繁荣的新型

① 《习近平新时代中国特色社会主义思想学习纲要》,学习出版社,2023年,第142页。
② 《习近平新时代中国特色社会主义思想学习纲要》,学习出版社,2023年,第142页。

工农城乡关系"①。推动高质量发展"必须坚持胸怀天下",推动国内循环和国际循环相互促进、良性互动,既要实施更大范围、更深层次的对外开放,也要积极应对国际市场的竞争和挑战。

第二,在政治方面,依然存在一些人对中国特色社会主义政治制度自信不足,有法不依、执法不严等问题,依然存在一些贪腐问题,社会主义民主政治的体制、机制、程序、规范以及具体运行上还存在很多不完善的地方,所以必须在"六个必须坚持"指导下积极应对政治上面临的一些问题。习近平总书记指出:"以什么样的思路来谋划和推进中国社会主义民主政治建设,在国家政治生活中具有管根本、管全局、管长远的作用。古今中外,由于政治发展道路选择错误而导致社会动荡、国家分裂、人亡政息的例子比比皆是。"②"评价一个国家政治制度是不是民主的、有效的,主要看国家领导层能否依法有序更替,全体人民能否依法管理国家事务和社会事务、管理经济和文化事业,人民群众能否畅通表达利益要求,社会各方面能否有效参与国家政治生活,国家决策能否实现科学化、民主化,各方面人才能否通过公平竞争进入国家领导和管理体系,执政党能否依照宪法法律规定实现对国家事务的领导,权力运用能否得到有效制约和监督。"③在理论创新和实践创新中解决新时代所面临的政治问题必须在"六个必须坚持"指导下继续发展全过程人民民主、继续推进全面依法治国和全面从严治党。推进中国特色社会主义政治制度建设"必须坚持人民至上",必须保证人民当家作主,必须推进全过程人民民主。全过程人民民主始终把实现最广大人民根本利益作为出发点和落脚点。习近平总书记指出:"我国全过程人民民主实现了过程民主和成果民主、程序民主和实质民主、直接民主和间接民主、人民民主和国家意志相统一,是全链条、全方位、全覆盖的民主,是最广泛、最真实、最管用的

① 《习近平新时代中国特色社会主义思想学习纲要》,学习出版社,2023年,第161页。
② 《习近平著作选读》(第一卷),人民出版社,2023年,第261页。
③ 《习近平著作选读》(第一卷),人民出版社,2023年,第263页。

社会主义民主。我们要继续推进全过程人民民主建设,把人民当家作主具体地、现实地体现到党治国理政的政策措施上来,具体地、现实地体现到党和国家机关各个方面各个层级工作上来,具体地、现实地体现到实现人民对美好生活向往的工作上来。"[①]全过程人民民主是社会主义民主政治的成果惠及广大人民。推进中国特色社会主义政治制度建设"必须坚持自信自立",中国特色社会主义政治制度具有鲜明的中国特色,在实践中显示出巨大优势,是行得通、有生命力、有效率的制度。习近平总书记指出:"照抄照搬他国的政治制度行不通,会水土不服,会画虎不成反类犬,甚至会把国家前途命运葬送掉。只有扎根本国土壤、汲取充沛养分的制度,才最可靠,也最管用。"[②]当然自信自立不是自视清高、裹足不前,而是不断推进政治制度完善和发展。推进中国特色社会主义政治制度建设"必须坚持守正创新",必须坚持人民代表大会制度这一根本政治制度安排毫不动摇,全过程人民民主是中国共产党带领人民追求民主、发展民主、实现民主的伟大创造,都是体现社会主义国家性质、保证人民当家作主、保障实现中华民族伟大复兴的好制度。推进中国特色社会主义政治制度建设"必须坚持问题导向",必须着力解决政治制度建设所面临的诸多问题,必须坚持全面依法治国和全面从严治党,加快建设法治中国,坚定不移惩治腐败。推进中国特色社会主义政治制度建设"必须坚持系统观念",必须坚持党的领导、人民当家作主、依法治国有机统一,必须正确系统处理政治和法治的关系、改革和法治、依法治国和以德治国、依法治国和依规治党之间的关系,必须正确系统处理党的政治建设、思想建设和制度建设的辩证关系。推进中国特色社会主义政治制度建设"必须坚持胸怀天下",必须在新时代做好统战工作,加强和促进海内外中华儿女大团结,坚决维护国家主权完整,走和平发展的政治道路,积极推动构建新型国际政治关系。

---

① 《习近平谈治国理政》(第四卷),外文出版社,2022年,第260~261页。
② 《习近平著作选读》(第一卷),人民出版社,2023年,第262页。

第三,在社会民生方面,依然存在城乡区域发展和收入分配差距较大的问题,出现了利益藩篱固化的问题,民生保障也存在不少薄弱环节。习近平总书记指出:"改善民生既是党和政府工作的方向,也是人民群众自身奋斗的目标。做好民生工作,必须坚持人人尽责、人人享有、让所有劳动者在推动发展中分享发展成果。"①"共同富裕是社会主义的本质要求,是中国式现代化的重要特征。我们说的共同富裕是全体人民共同富裕,是人民群众物质生活和精神生活都富裕,不是少数人的富裕,也不是整齐划一的平均主义。"②收入分配是民生之源,是改善民生、实现发展成果由人民共享的最直接的方式,解决民生问题最根本的是要实现共同富裕,分配制度是促进共同富裕的制度保障,健全和完善社会保障体系是促进共同富裕的重要着力点。解决社会民生问题,必须实现共同富裕,必须在"六个必须坚持"指导下实现共同富裕。实现共同富裕"必须坚持人民至上"。习近平总书记指出:"坚持以人民为中心的发展思想,在高质量发展中促进共同富裕,正确处理效率和公平的关系,构建初次分配、再分配、三次分配协调配套的基础性制度安排,加大税收、社保、转移支付等调节力度并提高精准性,扩大中等收入群体比重,增加低收入群体收入,合理调节过高收入,取缔非法收入,形成中间大、两头小的橄榄型分配结构,促进社会公平正义,促进人的全面发展,使全体人民朝着共同富裕目标扎实迈进。"③实现共同富裕是解决民生问题的"总钥匙",解决民生问题就是真正坚持了人民至上。实现共同富裕"必须坚持自信自立",中国特色社会主义民生建设已经取得了脱贫攻坚的全面胜利,完成了消除绝对贫困的艰巨任务,创造了一个彪炳史册的人间奇迹。脱贫攻坚的胜利增添了广大人民群众自信自立的信心勇气,为促进共同富裕创造了良好条件。实现共同富裕"必须坚持守正创新",要立足社会主义初级阶

---

① 《习近平新时代中国特色社会主义思想学习纲要》,学习出版社,2023年,第211页。
② 《习近平谈治国理政》(第四卷),外文出版社,2022年,第142页。
③ 《习近平谈治国理政》(第四卷),外文出版社,2022年,第144页。

段,坚持"两个毫不动摇",另外,要允许一部分人先富起来,先富带后富,畅通向上流动通道,给更多人创造致富机会。实现共同富裕"必须坚持问题导向",实现共同富裕就是解决人民群众最关心最直接最现实的利益问题。习近平总书记指出:"要把人民群众安危冷暖放在心上,雪中送炭,纾难解困,扎扎实实解决好群众最关心最直接最现实的利益问题、最困难最忧虑最急迫的实际问题。"①解决民生问题,实现共同富裕必须及时准确了解人民所关心的实际问题。实现共同富裕"必须坚持系统观念",必须处理好效率与公平的辩证关系,更好实现效率与公平相兼顾、相促进、相统一,既要把"蛋糕"做大,也要把"蛋糕"分好。习近平总书记指出:"我们要实现14亿人共同富裕,必须脚踏实地、久久为功,不是所有人都同时富裕,也不是所有地区同时达到一个富裕水准,不同人群不仅实现富裕的程度有高有低,时间上也会有先有后,不同地区富裕程度还会存在一定差异,不可能齐头并进。这是一个在动态中向前发展的过程,要持续推动,不断取得成效。"②实现共同富裕是一个系统工程,必须坚持系统观念。实现共同富裕"必须坚持胸怀天下",脱贫攻坚、实现共同富裕都是为全球减贫事业作出巨大贡献,我们在实现国内脱贫攻坚,实现共同富裕的过程中也积极开展国际减贫合作,履行减贫国际责任,为推动构建人类命运共同体贡献了中国力量。

第四,在文化观念方面,拜金主义、享乐主义、极端个人主义和历史虚无主义等错误思潮不时出现,网络舆论乱象丛生,影响了人们的思想和社会主流舆论环境。习近平总书记指出:"文化是一个国家、一个民族的灵魂。文化兴国运兴,文化强民族强。没有高度的文化自信,没有文化的繁荣兴盛,就没有中华民族伟大复兴。"③解决当前文化观念方面的突出问题必须建设社会主义文化强国,必须在"六个必须坚持"的指导下全面建设社会主义文

① 《习近平谈治国理政》(第二卷),外文出版社,2017年,第364页。
② 《习近平谈治国理政》(第四卷),外文出版社,2022年,第144页。
③ 《习近平著作选读》(第二卷),人民出版社,2023年,第33页。

化强国。建设社会主义文化强国"必须坚持人民至上",习近平总书记强调："发展文化事业是满足人民精神文化需求、保障人民文化权益的基本途径。要坚持为人民服务、为社会主义服务的方向,坚持百花齐放、百家争鸣的方针,全面繁荣新闻出版、广播影视、文学艺术、哲学社会科学事业,着力提升公共文化服务水平,让人民享有更加充实、更为丰富、更高质量的精神文化生活。"[①]文化的繁荣发展最根本的是要满足人民日益增长的美好生活需要,人民对美好生活的向往越强烈,就会对精神文化生活更加看重,所以建设社会主义文化强国必须更好地满足人民群众多样化、多层次、多方面的精神文化需求,促进人的全面发展。建设社会主义文化强国"必须坚持自信自立",习近平总书记强调："文化自信是一个国家、一个民族发展中最基本、最深沉、最持久的力量。"[②]党带领人民在伟大斗争中孕育的革命文化和社会主义先进文化为坚定文化自信提供了坚强的基石。建设社会主义文化强国"必须坚持守正创新",中华优秀传统文化是我们坚定文化自信的深厚基础。习近平总书记指出："要坚定文化自信,推动中华优秀传统文化创造性转化、创新性发展,继承革命文化,发展社会主义先进文化,不断铸就中华文化新辉煌。"[③]建设社会主义文化强国必须坚持马克思主义在意识形态领域指导地位不能变,以社会主义核心价值观引领文化建设主旋律,传承发展中华优秀传统文化,在新时代实现创造性转化。建设社会主义文化强国"必须坚持问题导向",文化的问题从根本上说就是观念的问题,如果观念出了问题,就会动摇人心、瓦解斗志,危害党和人民事业,建设社会主义文化强国必须着力解决意识形态领域的问题,必须做大做强主流舆论阵地,增强文化精神纽带,建设具有强大凝聚力和引领力的社会主义意识形态。建设社会主义文化强国"必须坚持系统观念"。习近平总书记指出："统筹推进'五位一体'总

---

① 《习近平谈治国理政》(第四卷),外文出版社,2022年,第310~311页。
② 《习近平谈治国理政》(第四卷),外文出版社,2022年,第103页。
③ 《习近平谈治国理政》(第四卷),外文出版社,2022年,第309页。

体布局、协调推进'四个全面'战略布局,文化是重要内容;推动高质量发展,文化是重要支点;满足人民日益增长的美好生活需要,文化是重要因素;战胜前进道路上各种风险挑战,文化是重要力量源泉。"①建设社会主义文化强国,必须从系统全局上认识文化建设在整个社会主义建设伟大事业中的突出位置,系统看待文化自信与道德自信、理论自信、制度自信的辩证关系。建设社会主义文化强国"必须坚持胸怀天下",中华文明本身就是由多元文化汇聚成的共同文化,具有无与伦比的包容性和吸纳性,这就决定了中华文化对世界文明具有兼收并蓄的开放胸怀,决定了社会主义文化追求不同文化之间的交流互鉴。建设社会主义文化强国也是要向世界讲好中国故事,传播好中国声音,不把自己的价值观念强加于其他国家。

第五,在生态建设方面,依然存在资源环境约束趋紧、生态系统脆弱、生态系统退化、各类环境污染、生态破坏等突出问题,依然存在环境保护修复建设上的不足。习近平总书记指出:"大自然是人类赖以生存发展的基本条件。尊重自然、顺应自然、保护自然,是全面建设社会主义现代化国家的内在要求。必须牢固树立和践行绿水青山就是金山银山的理念,站在人与自然和谐共生的高度谋划发展。我们要推进美丽中国建设,坚持山水林田湖草沙一体化保护和系统治理,统筹产业结构调整、污染治理、生态保护、应对气候变化,协同推进降碳、减污、扩绿、增长,推进生态优先、节约集约、绿色低碳发展。"②大自然是人类赖以生存发展的基本条件,大自然是生命之母,生态环境是人类生存和发展的根基,无止境地向自然索取甚至破坏自然必然会遭到大自然的报复。在生态方面,解决当前面临的环境问题,必须推进美丽中国建设,促进人与自然和谐共生。建设美丽中国必须在"六个必须坚持"的指导下展开。建设美丽中国"必须坚持人民至上",创造良好的生态环

---

① 《习近平谈治国理政》(第四卷),外文出版社,2022年,第309~310页。
② 习近平:《高举中国特色社会主义伟大旗帜 为全面建设社会主义现代化国家而奋斗——在中国共产党第二十次全国代表大会上的报告》,人民出版社,2022年,第49~50页。

境就是守护人民的健康。习近平总书记指出："良好的生态环境是最公平的公共产品，是最普惠的民生福祉。"①生态环境问题是关系人民幸福的重大社会问题，建设美丽中国，提高生态环境质量是满足人民的真切需要。建设美丽中国"必须坚持自信自立"，中华民族向来有着尊重自然、热爱自然的优秀传统，为中华民族的永续发展必须真正下定决心把环境污染治理好，生态环境建设好，让我们国家的天更蓝、地更绿、水更清，让绿色成为新时代中国的鲜明底色，把美丽环境优势转化为制度自信的基础。建设美丽中国"必须坚持守正创新"，必须加快推动发展方式绿色低碳转型，加快传统产业改造升级，以绿色低碳技术创新作为解决生态环境问题的着力点。建设美丽中国"必须坚持问题导向"，必须以解决损害人民群众健康的突出环境问题为重点，要精准治污、科学治污、依法治污。建设美丽中国"必须坚持系统观念"，破解环境污染难题，推进碳达峰碳中和是治本之策。在推进"双碳"工作中必须坚持系统观念。习近平总书记指出："实现'双碳'目标是一场广泛而深刻的变革，不是轻轻松松就能实现的。我们要提高战略思维能力，把系统观念贯穿'双碳'工作全过程。"②在推进"双碳"工作中坚持系统观念必须处理好发展和减排的关系、整体和局部的关系、长远目标和短期目标的关系、政府和市场的关系。建设美丽中国"必须坚持胸怀天下"。地球是全人类赖以生存的唯一家园，建设绿色家园是人类的共同梦想，也是各国人民的共同期盼。习近平总书记指出："生态文明建设关乎人类未来，建设绿色家园是人类的共同梦想，保护生态环境、应对气候变化需要世界各国同舟共济、共同努力，任何一国都无法置身事外、独善其身。我国已成为全球生态文明建设的重要参与者、贡献者、引领者，主张加快构筑尊崇自然、绿色发展的生态体系，共建清洁美丽的世界。"③

① 《习近平著作选读》(第一卷)，人民出版社，2023年，第113页。
② 《习近平谈治国理政》(第四卷)，外文出版社，2022年，第372页。
③ 《习近平著作选读》(第二卷)，人民出版社，2023年，第174~175页。

当然,实现理论创新与实践创新的良性互动,全面建设社会主义现代化国家还面临着其他的新问题新课题,依然还面对着各种矛盾风险挑战,面对着大量亟待回答的理论和实践课题,这就必须坚决以"六个必须坚持"这一世界观和方法论为指导,研究问题、解决问题。

(二)运用"六个必须坚持"实现理论创新与实践创新的良性互动

创新是社会发展和进步的主导力量与重要源泉,只有在不断创新中才能创造性地提出问题和解决问题,才能更好地回应和解决新时代发展中所面临的诸多问题。习近平总书记指出:"解决深层次矛盾和问题,根本出路在于创新"[①],唯创新者强,唯创新者胜。创新主要包括两个基本方面:理论创新和实践创新。实践创新为理论创新提供不竭的动力源泉。习近平总书记指出:"时代课题是理论创新的驱动力。马克思、恩格斯、列宁等都是通过思考和回答时代课题来推进理论创新的。"[②]回顾党的百余年奋斗史,我们党之所以能够在革命、建设、改革各个历史时期取得重大成就,能够领导人民完成中国其他政治力量不可能完成的艰巨任务,根本在于掌握了马克思主义科学理论,并不断结合新的实践不断推进理论创新,取得了毛泽东思想、邓小平理论、"三个代表"重要思想、科学发展观、习近平新时代中国特色社会主义思想等重大理论成果。理论创新为实践创新提供科学的行动指南。习近平总书记指出:"理论一旦脱离了实践,就会成为僵化的教条,失去活力和生命力。实践如果没有正确理论的指导,也容易'盲人骑瞎马,夜半临深池'理论对规律的揭示越深刻,对社会发展和变革的引领作用就越显著。"[③]理论创新和实践创新不是孤立的活动,而是在辩证运动中不断实现更

---

① 《习近平关于科技创新论述摘编》,中央文献出版社,2016年,第3页。
② 《十九大以来重要文献选编》(中),中央文献出版社,2021年,第668页。
③ 中共中央文献研究室:《习近平关于社会主义文化建设论述摘编》,中央文献出版社,2017年,第65页。

高阶段的理论创新和实践创新。中国特色社会主义理论是理论创新与实践创新的智慧结晶，也是在理论创新和实践创新良性互动中不断向前发展。离开了实践的创新，理论创新就会缺乏动力；离开了理论的创新，实践创新就会迷失方向。新时代提出新课题，新课题催生新理论，新理论引领新实践，理论与实践反复运动推动了党和国家事业不断发展。继续推进理论创新和实践创新的良性互动，必须把握好"六个必须坚持"这一世界观和方法论，坚持好、运用好贯穿其中的立场观点方法。"六个必须坚持"是继续推进党的理论创新、不断在实践中开辟马克思主义中国化时代化新境界所必须贯穿始终的根本要求。

实现理论创新与实践创新的良性互动，要始终"必须坚持人民至上"这一根本政治立场和价值取向，深刻体会"人民"二字在习近平新时代中国特色社会主义思想中的根本性意义，深刻把握亿万人民群众的鲜活实践和丰富智慧，及时提炼概括人民群众的新鲜经验，不断进行理论创新。习近平总书记指出："群众路线是我们党的生命线和根本工作路线，是我们党永葆青春活力和战斗力的重要传家宝。"①我们党所有的理论创新和实践创新的出发点和落脚点都是人民。习近平总书记指出："一切脱离人民的理论都是苍白无力的，一切不为人民造福的理论都是没有生命力的。我们要站稳人民立场、把握人民愿望、尊重人民创造、集中人民智慧，形成为人民所喜爱、所认同、所拥有的理论，使之成为指导人民认识世界和改造世界的强大思想武器。"②

实现理论创新与实践创新的良性互动，要始终"必须坚持自信自立"这一精神特质。在理论创新中，要坚持对马克思主义的坚定信仰、对中国特色

①　习近平：《在纪念毛泽东同志诞辰120周年座谈会上的讲话》，人民出版社，2013年，第17页。

②　习近平：《高举中国特色社会主义伟大旗帜　为全面建设社会主义现代化国家而奋斗——在中国共产党第二十次全国代表大会上的报告》，人民出版社，2022年，第19页。

社会主义的坚定信念,坚定道路自信、理论自信、制度自信、文化自信,不断增强做中国人的志气、骨气、底气。自信来自科学理论的不断创新。习近平总书记指出:"我们党在领导革命、建设、改革长期实践中,历来坚持独立自主开拓前进道路,这种独立自主的探索和实践精神,这种坚持走自己的路的坚定信心和决心,是我们党全部理论和实践的立足点,也是党和人民事业不断从胜利走向胜利的根本保证。"①拥有马克思主义科学理论指导是我们党坚定信仰信念、把握历史主动的根本所在。一百多年来,无论是逆境还是顺境,中国共产党人始终坚定马克思主义信仰、社会主义和共产主义信念。在实践创新中,要坚决走自己的路。习近平总书记指出:"人类历史上,没有一个民族、没有一个国家可以通过依赖外部力量、跟在他人后面亦步亦趋实现强大和振兴。那样做的结果,不是必然遭遇失败,就是必然成为他人的附庸。"②中国共产党百余年的成功道路是党领导人民独立自主探索开辟出来的,马克思主义中国化时代化的新篇章是中国共产党人依靠自身力量在实践创新中谱写的。"必须坚持自信自立"体现了习近平新时代中国特色社会主义思想独立自主的理论探索和实践精神,贯彻着中国人民坚持走自己的路的坚持决心和信心。

实现理论创新与实践创新的良性互动,要始终"必须坚持守正创新"这一鲜明的理论品格。理论创新和实践创新要在守正的基础上,敢于说前人没有说过的新话,敢于干前人没有干过的事情,坚守真理,恪守正道,坚持马克思主义基本原理不动摇,坚持党的全面领导不动摇,坚持中国特色社会主义不动摇。习近平总书记指出:"我们能够创造出人类历史上前无古人的发展成就,走出了正确道路是根本原因。"③中国特色社会主义是党和人民历尽

① 《习近平著作选读》(第一卷),人民出版社,2023年,第214页。
② 《习近平谈治国理政》(第一卷),外文出版社,2018年,第29页。
③ 中共中央文献研究室:《关于实现中华民族伟大复兴的中国梦论述摘编》,中央文献出版社,2013年,第28页。

千辛万苦、付出巨大代价取得的根本成就,是实现中华民族伟大复兴的唯一正确道路。理论创新和实践创新要不断解放思想,不断运用新思路、新理念、新办法解决实践问题,实现实践创新。习近平总书记指出:"社会总是在发展的,新情况新问题总是层出不穷的,其中有一些可以凭老经验、用老办法来应对和解决,同时也有不少是老经验、老办法不能应对和解决的。如果不能及时研究、提出、运用新思想、新理念、新办法,理论就会苍白无力。"①

实现理论创新与实践创新的良性互动,要始终"必须坚持问题导向"这一实践要求。离开实际问题谈所谓的理论创新和实践创新是毫无意义的。习近平总书记指出:"问题是创新的起点,也是创新的动力源。只有聆听时代的声音,回应时代的呼唤,认真研究解决重大而紧迫的问题,才能真正把握住历史脉络、找到发展规律,推动理论创新。"②我们必须善于从众多矛盾中抓那些事关国家前途、民族命运和经济社会发展全局的重大问题、关键问题和前沿问题,聚焦实践遇到的新问题、改革发展稳定存在的深层次问题、人民群众急难愁盼问题、国际变局中的重大问题、党的建设面临的突出问题,以马克思主义为指导,在认真研究问题的基础上不断提出解决问题的新思路新办法,以此推进理论创新和实践创新不断向纵深发展。③

实现理论创新与实践创新的良性互动,要始终"必须坚持系统观念"这一工作方法。系统观念是最为基础性的思想和工作方法,面对复杂形势、复杂矛盾、不能眉毛胡子一把抓,要从整体全局上系统地把握理论创新与实践创新中所遇到的各种关系。习近平总书记指出:"万事万物是相互联系、相互依存的。只有用普遍联系的、全面系统的、发展变化的观点观察事物,才能把握事物发展规律。"④要善于通过历史看现实、透过现象看本质,把握好

---

① 《习近平谈治国理政》(第二卷),外文出版社,2017年,第342页。
② 习近平:《在哲学社会科学工作座谈会上的讲话》,人民出版社,2016年,第14页。
③ 顾海良:《深刻把握坚持问题导向的科学内涵和实践要求》,《人民日报》,2023年4月13日。
④ 习近平:《高举中国特色社会主义伟大旗帜 为全面建设社会主义现代化国家而奋斗——在中国共产党第二十次全国代表大会上的报告》,人民出版社,2022年,第20页。

全局和局部、当前和长远、宏观和微观、主要矛盾和次要矛盾、特殊和一般的关系,在理论创新和实践创新中把握各种系统性、整体性和全局性的诸多问题,必须着眼大局、统筹全局、更加自觉、更加主动地全面协调地推进各项建设事业。

实现理论创新与实践创新的良性互动,要始终"必须坚持胸怀天下"这一气度格局。习近平总书记指出:"我们要拓展世界眼光,深刻洞察人类发展进步潮流,积极回应各国人民普遍关切,为解决人类面临的共同问题作出贡献,以海纳百川的宽阔胸襟借鉴吸收人类一切优秀文明成果,推动建设更加美好的世界。"①在中华民族伟大复兴战略全局与世界百年未有之大变局历史性交汇之际,中国国家主席习近平从人类前途命运出发,鲜明提出并深刻阐述了构建人类命运共同体等一系列重大倡议,为维护世界和平与促进共同发展提供了中国智慧、中国方案。习近平总书记指出:"我们坚信,和平与发展的时代主题没有改变,世界多极化和经济全球化的时代潮流也不可能逆转。我们要为人民福祉着想,秉持人类命运共同体理念,用实际行动为建设美好世界作出应有贡献。"②

"六个必须坚持"不仅从世界观的视角充分彰显了习近平新时代中国特色社会主义思想的原创性贡献,而且还从方法论的高度深刻阐述了新时代推进党的理论创新的科学路径,为继续推进理论创新和实践创新良性互动提供了基本遵循。新时代新征程,必须深刻领会"六个必须坚持"的丰富内涵、理论价值和实践意义,积极运用"六个必须坚持"来推进理论创新与实践创新的良性互动。

---

① 习近平:《高举中国特色社会主义伟大旗帜 为全面建设社会主义现代化国家而奋斗——在中国共产党第二十次全国代表大会上的报告》,人民出版社,2022年,第21页。
② 《习近平谈治国理政》(第四卷),外文出版社,2022年,第455页。

第二章

"六个必须坚持"的中华文化"根脉"

　　"六个必须坚持"是习近平新时代中国特色社会主义思想的精髓,集中体现了马克思主义"魂脉"与中华文化和中国精神"根脉"相结合、相贯通,是在坚持马克思主义立场观点方法基础上,有效推动中华优秀传统文化创造性转化、创新性发展的"典范"。中华优秀传统文化是中华民族的灵魂和血脉,是我国全面建成小康社会、加快推进社会主义现代化、实现中华民族伟大复兴的内驱力和精神之源。"六个必须坚持"内在蕴含着中国智慧:必须坚持人民至上体现了"民为邦本,本固邦宁"的治理智慧;必须坚持自信自立体现了"刚健有为,自强不息"的民族精神;必须坚持守正创新体现了"革故鼎新,持经达变"的创新精神;必须坚持问题导向体现了"一分为二"的矛盾观念和"经世致用"的务实精神;必须坚持系统观念体现了"天人合一,万物一体"的理念和智慧;必须坚持胸怀天下体现了"天下一家,协和万邦"的精神。"六个必须坚持"不仅是新时代的世界观和方法论,而且是新时代的中国智慧的表征,其具有中华思维方式的"底色",是对中华民族有机整体的思维方式、辩证的思维方式和具体理性的思维方式的继承和发展。在新时代,深刻理解和把握"六个必须坚持"的中华文化根脉,必须牢牢坚持"六个必须坚持"的指导地位,正确认识和处理传统文化与当代文化的关系,扎实有效推动"第二个结合",建设中华文明的当代形态。

一、"六个必须坚持"对中华优秀传统文化的继承和发展

"六个必须坚持"的提出、提炼,充分表明习近平总书记对中华优秀传统文化的高度重视,以及对中华文化思想精髓及其时代价值的深刻把握。深刻理解"六个必须坚持"的中华文化底蕴,首先有必要梳理和学习习近平总书记关于中华优秀传统文化的重要论述,把握中华优秀传统文化的发展脉络、基本框架、思想精髓、历史方位及显著特性,深刻理解继承和弘扬中华优秀传统文化的必要性、原则及路径。继承和弘扬中华优秀传统文化,不是为了"复古",而是"古为今用",因而正确认识中华优秀传统文化的当代价值,正确处理中华传统文化与当代文化的关系,是站在新的历史方位上,实现以中国式现代化全面推进中华民族伟大复兴的内在必然要求。正是基于"古今中西"的广阔视野,基于从历史向未来的远见卓识,"六个必须坚持"自觉地继承和发展了中华优秀传统文化,为全面建成社会主义现代化强国、实现中华民族伟大复兴提供了根本遵循。

(一)习近平总书记关于中华优秀传统文化的重要论述

党的十八大以来,基于新的历史方位和时代问题,习近平总书记提出了一系列与中华传统文化有关的重要论述,系统呈现出中华优秀传统文化的历史脉络、基本内容和架构、思想精髓及突出特性。中华优秀传统文化是中华民族的精神命脉,是中华民族的突出优势和文化自信之基。系统梳理和学习习近平总书记的相关重要论述,不仅有助于我们把握中华优秀传统文化的基本内容、精髓和特点,而且有助于我们正确认识中华优秀传统文化的时代价值。

1.习近平总书记曾多次强调中华文明的一脉相承性,勾勒出中华文明和中国传统文化的发展脉络及主体内容,强调中华优秀传统文化的丰富性和连续性

2014年3月,习近平主席在联合国教科文组织总部的演讲中提道:"中华文明经历了5000多年的历史变迁,但始终一脉相承,积淀着中华民族最深层的精神追求,代表着中华民族独特的精神标识,为中华民族生生不息、发展壮大提供了丰厚滋养。"①这是对中华优秀传统文化的高度肯定,正因为中华文明是世界上唯一传承至今并持续焕发生机活力的古老文明,所以构成了中华民族的精神标识,滋养着中华民族不断发展。

2014年9月,习近平主席在纪念孔子诞辰2565周年国际学术研讨会暨国际儒学联合会第五届会员大会开幕会上的讲话中充分肯定了儒家学说、思想在中国传统文化中的核心地位及其对中华文明的深刻影响。他说:"中国传统文化,尤其是作为其核心的思想文化的形成和发展,大体经历了中国先秦诸子百家争鸣、两汉经学兴盛、魏晋南北朝玄学流行、隋唐儒释道并立、宋明理学发展等几个历史时期。""从历史的角度看,包括儒家思想在内的中国传统思想文化中的优秀成分,对中华文明形成并延续发展几千年而从未中断,对形成和维护中国团结统一的政治局面,对形成和巩固中国多民族和合一体的大家庭,对形成和丰富中华民族精神,对激励中华儿女维护民族独立、反抗外来侵略,对推动中国社会发展进步、促进中国社会利益和社会关系平衡,都发挥了十分重要的作用。"②

2016年5月17日,习近平总书记在哲学社会科学工作座谈会上的讲话中再次指出:"中华文明历史悠久,从先秦子学、两汉经学、魏晋玄学,到隋唐

---

① 习近平:《出席第三届核安全峰会并访问欧洲四国和联合国教科文组织总部、欧盟总部时的演讲》,人民出版社,2014年,第12页。

② 习近平:《在纪念孔子诞辰2565周年国际学术研讨会暨国际儒学联合会第五届会员大会开幕上的讲话》,人民出版社,2014年,第4~5,5~6页。

佛学、儒释道合流、宋明理学,经历了数个学术思想繁荣时期。在漫漫历史长河中,中华民族产生了儒、释、道、墨、名、法、阴阳、农、杂、兵等各家学说……中国古代大量鸿篇巨制中包含着丰富的哲学社会科学内容、治国理政智慧,为古人认识世界、改造世界提供了重要依据,也为中华文明提供了重要内容。"①这些论述表明,中国传统文化的发展是多元多向的,其主体内容是儒释道,儒家思想是主流,但儒家思想与其他思想学说相互交流、和而不同,与时俱进、不断更新,构筑了中华文明的连续性,彰显了中华文化的生命力。

2.习近平总书记的重要论述阐明了中华优秀传统文化蕴含的若干独特理念和规范,凝练出其思想精髓,并概括出中华优秀传统文化的基本结构

基于对中国传统文化历史脉络的把握,习近平总书记在2014年文艺工作座谈会上的讲话中指出:"中华民族在长期实践中培育和形成了独特的思想理念和道德规范,有崇仁爱、重民本、守诚信、讲辩证、尚和合、求大同等思想,有自强不息、敬业乐群、扶正扬善、扶危济困、见义勇为、孝老爱亲等传统美德。中华优秀传统文化中很多思想理念和道德规范,不论过去还是现在,都有其永不褪色的价值。"②这表明,中华优秀传统文化的思想内容丰富,仁爱、民本、诚信、辩证、和合、大同等思想是中华优秀传统文化中的精髓,这些理念和道德规范有其永恒的价值。

习近平总书记在党的二十大报告中提出:"中华优秀传统文化源远流长、博大精深,是中华文明的智慧结晶,其中蕴含的天下为公、民为邦本、为政以德、革故鼎新、任人唯贤、天人合一、自强不息、厚德载物、讲信修睦、亲仁善邻等,是中国人民在长期生产生活中积累的宇宙观、天下观、社会观、道德观的重要体现。"③这显然是中华优秀传统文化中与科学社会主义价值观

---

① 习近平:《在哲学社会科学工作座谈会上的讲话》,人民出版社,2016年,第4~5页。
② 中共中央文献研究室编:《习近平关于社会主义文化建设论述摘编》,中央文献出版社,2017年,第144页。
③ 习近平:《高举中国特色社会主义伟大旗帜 为全面建设社会主义现代化国家而团结奋斗——在中国共产党第二十次全国代表大会上的报告》,人民出版社,2022年,第18页。

具有内在契合性的十个思想精华和精神标识。中华优秀传统文化不仅蕴含着深邃的思想、理念和规范,而且体现为科技、艺术和制度成果,所以习近平总书记将中华优秀传统文化的结构概括为:"深刻的思想体系、丰富的科技文化艺术成果、独特的制度创造。"①物质文化是基础,制度文化是内核,精神文化是灵魂,三者相互交融形成了中华优秀传统文化的独特思想理念和规范。

3. 习近平总书记的系列重要论述是在新时代背景下对中华优秀传统文化作出的全新历史定位,阐明了继承和弘扬中华优秀传统文化的重要性,指明了具体的方针、原则和路径

习近平总书记主要从中华民族、中国特色社会主义和人类文明的高度,对中华优秀传统文化进行定位。首先,从中华民族存续和发展的视角看,中华优秀传统文化是中华民族的根和魂,是中华民族不断发展壮大的"精神滋养"和"有力支撑"。②2014年5月,习近平总书记在北京大学师生座谈会上的讲话中指出:"中华文明绵延数千年,有其独特的价值体系。中华优秀传统文化已经成为中华民族的基因,根植在中国人内心,潜移默化影响着中国人的思想方式和行为方式。"③这意味着,中华优秀传统文化不仅是中华民族实现伟大复兴的"独特战略资源",而且是"中华民族生生不息、长盛不衰的文化基因"。④其次,从中国特色社会主义的视角看,中华优秀传统文化是中华民族和中国人民胜利前行的精神动力,以特有的文化力量内在推动着中国特色社会主义道路的发展。习近平总书记在论述中国特色社会主义道路时强调:"如果没有中华五千年文明,哪里有什么中国特色? 如果不是中国特

---

① 习近平:《建设中国特色中国风格中国气派的考古学 更好认识源远流长博大精深的中华文明》,《求是》,2020年第23期。

② 中共中央文献研究室编:《习近平关于社会主义文化建设论述摘编》,中央文献出版社,2017年,第15页。

③ 中共中央文献研究室编:《习近平关于社会主义文化建设论述摘编》,中央文献出版社,2017年,第115页。

④ 习近平:《建设中国特色中国风格中国气派的考古学 更好认识源远流长博大精深的中华文明》,《求是》,2020年第23期。

色,哪有我们今天这么成功的中国特色社会主义道路?必须结合新的时代条件传承和弘扬中华优秀传统文化,让中华文化展现出永久魅力和时代风采。"①最后,从人类文明的高度看,中华优秀传统文化为人类文明进步与发展做出了贡献,也是新时代中国特色社会主义在世界文化激荡中站稳脚跟的"根基"。习近平总书记指出:"中华文化既是历史的、也是当代的,既是民族的、也是世界的。"②他还强调:"我们要坚持不忘本来、吸收外来、面向未来,既向内看、深入研究关系国计民生的重大课题,又向外看、积极探索关系人类前途命运的重大问题;既向前看、准确判断中国特色社会主义发展趋势,又向后看、善于继承和弘扬中华优秀传统文化精华。"③

鉴于中华优秀传统文化的重要性,习近平总书记进一步明确了继承和弘扬中华优秀传统文化的方针,论述了继承和弘扬中华优秀传统文化的原则和路径。2014年2月,在省部级主要领导干部学习贯彻党的十八届三中全会精神全面深化改革专题研讨班上的讲话中,习近平总书记说道:"要理直气壮继承和弘扬中华民族传统美德。对先人传承下来的文化和道德规范,要在去粗取精、去伪存真的基础上,采取兼收并蓄的态度,坚持古为今用、推陈出新的方法,有鉴别地加以对待,有扬弃地予以继承。"④2014年9月,在纪念孔子诞辰2565周年国际学术研讨会暨国际儒学联合会第五届会员大会开幕会上的讲话中,习近平主席提出了科学对待文化传统的要求:"人们在学习、研究、应用传统文化时坚持古为今用、推陈出新,结合新的实践和时代要求进行正确取舍,而不能一股脑儿都拿到今天来照套照用。要坚持古为今

① 中共中央宣传部编:《习近平新时代中国特色社会主义思想学习纲要(2023年版)》,学习出版社、人民出版社,2023年,第193页。
② 中共中央文献研究室编:《习近平关于社会主义文化建设论述摘编》,中央文献出版社,2017年,第175页。
③ 中共中央文献研究室编:《习近平关于社会主义文化建设论述摘编》,中央文献出版社,2017年,第82~83页。
④ 中共中央文献研究室编:《习近平关于社会主义文化建设论述摘编》,中央文献出版社,2017年,第139页。

用、以古鉴今,坚持有鉴别的对待、有扬弃的继承,而不能搞厚古薄今、以古非今,努力实现传统文化的创造性转化、创新性发展,使之与现实文化相融相通,共同服务以文化人的时代任务。"①2016年5月17日,在哲学社会科学工作座谈会上的讲话中,习近平总书记进一步指出:"中华文明延续着我们国家和民族的精神血脉,既需要薪火相传、代代守护,也需要与时俱进、推陈出新。要加强对中华优秀传统文化的挖掘和阐发,使中华民族最基本的文化基因与当代文化相适应、与现代社会相协调,把跨越时空、超越国界、富有永恒魅力、具有当代价值的文化精神弘扬起来。要推动中华文明创造性转化、创新性发展,激活其生命力,让中华文明同各国人民创造的多彩文明一道,为人类提供正确精神指引。"②可见,继承和弘扬中华优秀传统文化的方针和原则就是:古为今用、与时俱进、推陈出新。2021年党的十九届六中全会通过的《中共中央关于党的百年奋斗重大成就和历史经验的决议》指出:"中华优秀传统文化是中华民族的突出优势,是我们在世界文化激荡中站稳脚跟的根基,必须结合新的时代条件传承和弘扬好。我们实施中华优秀传统文化传承发展工程,推动中华优秀传统文化创造性转化、创新性发展,增强全社会文物保护意识,加大文化遗产保护力度。"③显然,这更加清楚地指明了传承和发展中华优秀传统文化的具体路径。

4. 习近平总书记系统论述了中华文明的五大突出特性,深刻阐述"第二个结合"的内涵和意义,为继续推动新时代中国特色社会主义文化建设提供了根本指导

2023年6月2日,习近平总书记在文化传承发展座谈会上的讲话中概括地指出:中华优秀传统文化蕴含的治理思想、大一统传统、家国情怀、精神追

① 习近平:《在纪念孔子诞辰2565周年国际学术研讨会暨国际儒学联合会第五届会员大会开幕会上的讲话》,人民出版社,2014年,第11页。

② 中共中央文献研究室编:《习近平关于社会主义文化建设论述摘编》,中央文献出版社,2017年,第83页。

③ 《中共中央关于党的百年奋斗重大成就和历史经验的决议》,人民出版社,2021年,第46页。

求、经济伦理、生态理念、哲学思想、思维方法及交往之道等若干重要元素共同塑造出中华文明的五大突出特性。①其一，中华文明具有突出的连续性。这种以国家形态绵延不断、发展至今的中华文明充分证明了其内在具有的发展性、回应性、创新性，从而证明了其文化主体性与强大生命力。只有立足中华文化和中华文明的连续性，才能更好地理解中国的过去和现在的关系，进而更好地认识和展望中国的未来。其二，中华文明具有突出的创新性。以连续性为基础的中华文明的发展，不是停滞和僵化，而是"以创新为支撑的历史进步过程"。在中华文明的发展进程中，物质文明、精神文明和政治文明协调发展、共同迈进，体现了中华民族和中国人"守正不守旧、尊古不复古"的拼搏和进取精神。其三，中华文明具有突出的统一性。这既是连续性的前提，也是连续性发展的结果。中华文明的统一性具有"多元一体、团结集中"的特点，是"向内凝聚"的统一性。正是这种独特的统一性，使得中华各民族文化在历史和现实中融合为一体，构筑了中华民族的共同理想信念和国家认同，形成了中华民族共同体。其四，中华文明具有突出的包容性。基于多元一体的统一性，中华文明和中华文化不仅在尊重内部差异的基础上汇聚共同文化、凝聚共识，而且在对待世界文明时具有交流互鉴、兼收并蓄的开放和包容胸怀。其五，中华文明具有突出的和平性。中华文明内在蕴含的和谐、共生理念和精神决定了中国始终是"世界和平的建设者、全球发展的贡献者、国际秩序的维护者"，中国始终将自己的命运与人类、世界的命运联系在一起。这是习近平总书记对中华文明特征的最新的、系统的概括，指明了中华文明的五大特性之间的有机性，这些特性之间不可相互取代，共同表征着中华优秀传统文化的独特性。

基于此，习近平总书记深刻论述了"第二个结合"的前提、结果及空间等思想，进一步提出了新时代的文化建设使命。这表明，习近平总书记对中华

---

① 习近平：《在文化传承发展座谈会上的讲话》，人民出版社，2023年，第2页。

优秀传统文化和中华文明的认识提升到了新的高度,不仅为我们全面深刻理解中华文明的特质提供了指导,而且为我们深入推进马克思主义和中华优秀传统文化的结合指明了方向。

(二)正确认识中华优秀传统文化的当代价值

党的二十大报告指出:"从现在起,中国共产党的中心任务就是团结带领全国各族人民全面建成社会主义现代化强国、实现第二个百年奋斗目标,以中国式现代化全面推进中华民族伟大复兴。"[①]这意味着,紧紧围绕"以中国式现代化全面推进中华民族伟大复兴"这一中心任务,坚持和发展马克思主义,推动马克思主义基本原理与中华优秀传统文化相结合,是推动中国式现代化发展进而实现中华民族伟大复兴的必由之路。从世界范围内看,当今世界正处于百年未有之大变局,随着经济全球化、政治多极化的发展,国际形势面临复杂多变的局势,多元文化之间的交流、碰撞和融合不可避免,中华优秀传统文化作为中华民族固有的精神力量,是中国特色社会主义现代化的强大内在支撑,为回答中国之问、世界之问、人民之问、时代之问提供了独特智慧和方案。这就要求我们站在新的时代方位,正确认识中华优秀传统文化的当代价值,重视和阐发中华优秀传统文化对于人类文明进步和文化交流互鉴做出的积极贡献。

1. 从文化与民族复兴和国家强盛的关系看,文化作为一个民族和国家的"灵魂",是一个民族独立和国家繁荣的精神支柱和力量之源

2014年9月,习近平主席在纪念孔子诞辰2565周年国际学术研讨会暨国际儒学联合会第五届会员大会开幕会上的讲话中指出:"文明特别是思想文化是一个国家、一个民族的灵魂。无论哪一个国家、哪一个民族,如果不珍惜自己的思想文化,丢掉了思想文化这个灵魂,这个国家、这个民族是立

---

① 习近平:《高举中国特色社会主义伟大旗帜 为全面建设社会主义现代化国家而团结奋斗——在中国共产党第二十次全国代表大会上的报告》,人民出版社,2022年,第21页。

不起来的。"①2014年10月,在文艺工作座谈会上的讲话中,习近平总书记指出:"没有中华文化繁荣兴盛,就没有中华民族伟大复兴。一个民族的复兴需要强大的物质力量,也需要强大的精神力量。没有先进文化的积极引领,没有人民精神世界的极大丰富,没有民族精神力量的不断增强,一个国家、一个民族不可能屹立于世界民族之林。"②他还说:"古往今来,中华民族之所以在世界有地位、有影响,不是靠穷兵黩武,不是靠对外扩张,而是靠中华文化的强大感召力和吸引力。我们的先人早就认识到'远人不服,则修文德以来之'的道理。阐释中华民族禀赋、中华民族特点、中华民族精神,以德服人、以文化人是其中很重要的一个方面。"③上述论述均表明,没有文化的繁荣兴盛作为支撑、作为条件,就没有中华民族的伟大复兴,就没有中国特色社会主义的强大。

中华文化不仅具有强大的感召力,而且具有独特的智慧,能够为当今中国的国家治理和社会治理提供价值源泉和启迪。同样在2014年9月,在纪念孔子诞辰2565周年国际学术研讨会暨国际儒学联合会第五届会员大会开幕会上的讲话中,习近平主席指出:"中国优秀传统文化的丰富哲学思想、人文精神、教化思想、道德理念等,可以为人们认识和改造世界提供有益启迪,可以为治国理政提供有益启示,也可以为道德建设提供有益启发。对传统文化中适合于调理社会关系和鼓励人们向上向善的内容,我们要结合时代条件加以继承和发扬,赋予其新的涵义。"④正如有学者所言,党的十八大以来,中华优秀传统文化作为一种精神力量,为新时代中国的国家治理"注魂"

---

① 中共中央文献研究室编:《习近平关于社会主义文化建设论述摘编》,中央文献出版社,2017年,第5页。

② 中共中央文献研究室编:《习近平关于社会主义文化建设论述摘编》,中央文献出版社,2017年,第7页。

③ 中共中央文献研究室编:《习近平关于社会主义文化建设论述摘编》,中央文献出版社,2017年,第6页。

④ 中共中央文献研究室编:《习近平关于社会主义文化建设论述摘编》,中央文献出版社,2017年,第143页。

"赋能"，通过积极吸收中华优秀传统文化中的"价值理念"，将中国历史传统上形成的治理经验同时代问题和新时代的治理实践相结合，提高了我国国家治理的"效能"①。

2. 从文化与经济发展的辩证关系看，一个国家的经济发展到一定阶段，必然要求提高国家的文化软实力。中国特色社会主义是全面协调发展的现代化，中华优秀传统文化为我国文化软实力的提高提供了深厚的资源，继承和弘扬中华优秀传统文化是提高文化软实力的重要途径

2013年12月，在十八届中央政治局第十二次集体学习时的讲话中，习近平总书记指出："古往今来，任何一个大国的发展进程，既是经济总量、军事力量等硬实力提高的进程，也是价值观念、思想文化等软实力提高的进程。"② 他还强调："中华文化是我们提高国家文化软实力最深厚的源泉，是我们提高国家文化软实力的重要途径。要使中华民族最基本的文化基因与当代文化相适应、与现代社会相协调，以人们喜闻乐见、具有广泛参与性的方式推广开来，把跨越时空、超越国度、富有永恒魅力、具有当代价值的文化精神弘扬起来，把继承传统优秀文化又弘扬时代精神、立足本国又面向世界的当代中国文化创新成果传播出去。"③应当说，在以中国式现代化全面推进中华民族伟大复兴的征程上，国家文化软实力的提高具有双重战略意义，"不仅关系我国在世界文化格局中的定位，而且关系我国国际地位和国际影响力，关系'两个一百年'奋斗目标和中华民族伟大复兴中国梦的实现"④。

---

① 周东娜：《论中华优秀传统文化与现代国家治理的双向互动与内在融通》，《马克思主义理论学科研究》，2023年第10期。

② 中共中央文献研究室编：《习近平关于社会主义文化建设论述摘编》，中央文献出版社，2017年，第198页。

③ 中共中央文献研究室编：《习近平关于社会主义文化建设论述摘编》，中央文献出版社，2017年，第201页。

④ 中共中央文献研究室编：《习近平关于社会主义文化建设论述摘编》，中央文献出版社，2017年，第198页。

3.从中国特色社会主义文化建设来说,中华优秀传统文化是中华民族独特精神标识的重要构成部分,其所内含的理念和智慧是文化自信的根基,其所内含的道德规范是加强思想道德建设的基础,继承和弘扬优秀传统文化是实现建设社会主义文化强国目标的保障

2016年7月,习近平总书记在庆祝中国共产党成立95周年大会上的讲话中指出:"文化自信,是更基础、更广泛、更深厚的自信。在五千多年文明发展中孕育的中华优秀传统文化,在党和人民伟大斗争中孕育的革命文化和社会主义先进文化,积淀着中华民族最深层的精神追求,代表着中华民族独特的精神标识。"①文化自信,说的是一个民族和国家对自身文化传统和价值的自我肯定和践行,是文化生命力和文化力量的彰显。中国特色社会主义文化包括中华优秀传统文化、革命文化和社会主义先进文化三个组成部分,其中,中华优秀传统文化是基础和源头,从而是中国特色社会主义文化自信之根基。从积极意义上说,五千多年的中华文明绵延不绝,创造出辉煌的文化成就,产生了独特的理念、智慧和道德规范,内在支撑着中华民族的生生不息;从消极意义上说,如果背离了中华文化的传统,离开文化自信,那么一个国家和民族就丧失了独立性,不可能获得发展。2016年11月,在中国文联十大、中国作协九大开幕式上的讲话中,习近平总书记说道:"中华民族生生不息绵延发展、饱受挫折又不断浴火重生,都离不开中华文化的有力支撑。中华文化独一无二的理念、智慧、气度、神韵,增添了中国人民和中华民族内心深处的自信和自豪。"②他还强调:"历史和现实都表明,一个抛弃了或者背叛了自己历史文化的民族,不仅不可能发展起来,而且很可能上演一幕幕历史悲剧。文化自信,是更基础、更广泛、更深厚的自信,是更基本、更深

① 中共中央文献研究室编:《习近平关于社会主义文化建设论述摘编》,中央文献出版社,2017年,第13页。
② 中共中央文献研究室编:《习近平关于社会主义文化建设论述摘编》,中央文献出版社,2017年,第15页。

沉、更持久的力量。坚定文化自信,是事关国运兴衰、事关文化安全、事关民族精神独立性的大问题。"①

中华文化孕育了一套具有永恒价值的思想道德规范,不仅为中国特色社会主义的思想道德建设提供了丰富的资源,而且通过充分利用这些资源对中华传统美德的创造性转化和创新性发展,能够不断夯实中国特色社会主义思想道德建设的基础。2013年12月,在十八届中央政治局第十二次集体学习时的讲话中,习近平总书记说:"我们的先人们,在长期实践中培育和形成了一整套传统美德规范。如中国古代就有崇仁爱、重民本、守诚信、讲辩证、尚和合、求大同等思想,其中就有很多具有永恒价值的内容。我们要坚持马克思主义道德观、坚持社会主义道德观,在去粗取精、去伪存真的基础上,坚持古为今用、推陈出新,努力实现中华传统美德的创造性转化、创新性发展,教育引导人们向往和追求讲道德、尊道德、守道德的生活,形成向上的力量、向善的力量,让十三亿人的每一分子都成为传播中华美德、中华文化的主体。"②2014年2月,在十八届中央政治局第十三次集体学习时的讲话中,习近平总书记又指出:"中华优秀传统文化,蕴含着丰富的思想道德资源。比如,在坚守道德底线方面,强调'己所不欲,勿施于人'、'与人为善'、'以己度人'、'推己及人','君子忧道不忧贫',要恪守'良知',做到'俯仰无愧'。再比如,在树立道德理想方面,强调'大道之行也,天下为公',人要'止于至善',有社会责任感,追求崇高理想和完美人格,倡导'兼善天下'、'利济苍生'、'修身齐家治国平天下','见贤思齐焉,见不贤而内自省也',做君子、成圣贤。我们要利用好中华优秀传统文化中的这些宝贵资源,增强人们的

---

① 中共中央文献研究室编:《习近平关于社会主义文化建设论述摘编》,中央文献出版社,2017年,第16页。

② 中共中央文献研究室编:《习近平关于社会主义文化建设论述摘编》,中央文献出版社,2017年,第138页。

价值判断力和道德责任感,不断提高人们道德水平,提升人们道德境界。"①

在正确认识中华优秀传统文化包括中华传统美德时代价值的基础上,积极进行创造性转化和创新性发展,还是构建社会主义文化强国的必要条件。2013年12月,在十八届中央政治局第十二次集体学习时的讲话中,习近平总书记说:"当代中国价值观念,就是中国特色社会主义价值观念,代表了中国先进文化的前进方向。经过长期努力,我国成功走出了一条中国特色社会主义道路,取得举世瞩目的辉煌成就,实践证明我们的道路、理论体系、制度是成功的。"②2017年4月,习近平总书记在广西考察工作时的讲话中指出:"要增强文化自信,在传承中华优秀传统文化基础上发展社会主义先进文化,加快建设社会主义文化强国。"③可见,建设社会主义文化强国不仅要坚定文化自信,要加强社会主义思想道德建设,而且要加强对当代中国价值观念的提炼、阐释和传播,彰显自身的吸引力和影响力,推动当代中国价值观念走向世界。

4. 从人类文化发展和文明交流互鉴来看,中华优秀传统文化贡献了若干独特理念和智慧

2014年2月,习近平总书记在十八届中央政治局第十三次集体学习时的讲话中说道:"中华传统美德是中华文化精髓,也受到国际社会推崇和称赞。英国哲学家罗素说:'中国至高无上的伦理品质中的一些东西,现代世界极为需要','若能够被全世界采纳,地球上肯定比现在有更多的欢乐祥和'。现在,国际上出现'中华文化热'、'孔子热',很多人都在探讨中华文化的时

---

① 中共中央文献研究室编:《习近平关于社会主义文化建设论述摘编》,中央文献出版社,2017年,第141页。

② 中共中央文献研究室编:《习近平关于社会主义文化建设论述摘编》,中央文献出版社,2017年,第199页。

③ 中共中央文献研究室编:《习近平关于社会主义文化建设论述摘编》,中央文献出版社,2017年,第18页。

代价值,这也表明了中华文化具有重要现实意义。"①2023年6月,在文化传承发展座谈会上的讲话中,习近平总书记说:"和平、和睦、和谐是中华文明五千多年来一直传承的理念,主张以道德秩序构造一个群己合一的世界,在人己关系中以他人为重。倡导交通成和,反对隔绝闭塞;倡导共生并进,反对强人从己;倡导保合太和,反对丛林法则。"②可见,中华优秀传统文化不仅为人类文化的交流发展提供了"宝贵的窗口",而且为尊重世界文明的多样性,促进全球文明的多元发展提供了富有价值的理念。③

(三)"六个必须坚持"是对中华优秀传统文化的自觉继承与发展

习近平总书记在党的二十大报告中提出,"把马克思主义基本原理同中国具体实际相结合、同中华优秀传统文化相结合",坚持"两个结合",不断推进马克思主义中国化时代化。"六个必须坚持"作为习近平新时代中国特色社会主义思想的世界观和方法论,既符合马克思主义基本原理,又与中华优秀传统文化存在内在契合,是"'两个结合'的典范"④。"六个必须坚持"蕴含着丰厚的中华文化底蕴,是中国共产党对中华优秀传统文化的自觉继承和发展,谱写了马克思主义中国化时代化的新篇章。

关于"六个必须坚持"究竟在何种意义上自觉继承和发展了中华优秀传统文化的精髓问题,学者们从不同视角和维度进行了积极探索和阐发。概括来说,"六个必须坚持"所蕴含的核心的传统文化观念体现在:第一,坚持人民至上肯定了人民群众的历史主体地位,并将中华优秀传统文化中"讲仁

---

① 中共中央文献研究室编:《习近平关于社会主义文化建设论述摘编》,中央文献出版社,2017年,第140页。

② 习近平:《在文化传承发展座谈会上的讲话》,人民出版社,2023年,第4页。

③ 王易、秦玉娟:《习近平关于中华优秀传统文化的重要论述及其创新贡献》,《教学与研究》,2023年第2期。

④ 张峰:《"两个结合"视野下的"六个必须坚持"》,《湖南社会科学》,2023年第2期。

爱、重民本"的理念加以继承和创造性地升华为"以人民为中心"的新时代治理理念。①第二,坚持自信自立是对中华民族"自力更生""自强不息"的精神文化传统的自觉继承,激活和弘扬了中华民族独立自主、奋发图强的固有文化基因和精神品格,②创造性地发展了"文化自信"是"四个自信"之基之源的思想。第三,坚持守正创新根植于"革故鼎新"的创新精神③和"持经达变"的优秀文化传统,将坚守中华优秀传统文化之"正道"与积极有为的"变易"思想和改革创新的精神转化为新时代的政治思维方式和实践智慧。第四,坚持问题导向继承了中华文化中"一阴一阳之谓道"的矛盾意涵,④体现了中华优秀传统文化"经世致用的务实精神""安而不忘危的忧患意识""自强不息的进取精神"和"革故鼎新的创新思维"。⑤第五,坚持系统观念继承了中华传统文化中"天人合一,万物一体"⑥的有机整体思想,创造性地转化为"系统思维",以回答时代和实践的重大问题。第六,坚持胸怀天下具有深厚的文化滋养,继承了中华传统文化蕴含的"世界大同,天下一家"的天下观,"立己达人,兼善天下"的价值观,"以和为贵,和而不同"的和平观。⑦总之,"六个必须坚持"充分激活和弘扬了中华优秀传统文化基因,彰显了中华优秀传统文化的当代价值,是对中华优秀传统文化的自觉继承和发展,突出体现了文化自觉、理论自觉和文化自信。

党的十八大以来,在中华民族伟大复兴战略全局和世界百年未有之大变局的背景下,以习近平同志为核心的党中央创造性地提出统筹推进"五位

---

① 姜义华:《中国共产党与中华优秀传统文化》,《红旗文稿》,2021年第12期。

② 胡磊、窦玮:《"六个必须坚持"的理论根基、历史依据与实践路向》,《党政干部学刊》,2023年第12期。

③ 唐明燕:《论习近平新时代中国特色社会主义思想的中华优秀传统文化基因》,《理论探讨》,2024年第1期。

④ 顾海良:《坚持问题导向的道理和哲理》,《中国高校社会科学》,2023年第3期。

⑤ 董振华、谷耀宝:《论坚持问题导向的理论逻辑和现实意义》,《马克思主义哲学》,2023年第1期。

⑥ 范冬萍:《系统观念的方法论价值和实践意义》,《人民论坛》,2023年第16期。

⑦ 郭厚存:《深刻理解"六个必须坚持"重要论述的三重维度》,《思想理论战线》,2023年第2期。

一体"总体布局、协调推进"四个全面"战略布局,从全局上确立了新时代坚持和发展中国特色社会主义的战略部署,体现出中国共产党对中国特色社会主义建设规律的认识达到了新高度,具有重大现实意义和深远历史意义。①尽管中国特色社会主义取得了巨大发展成就,但是我国仍处于并将长期处于社会主义初级阶段的基本国情没有变,我国仍是世界上最大的发展中国家的国际地位没有变,这就要求我们在自觉继承和发展中华优秀传统文化的基础上,不断推进"两个结合",不断推进马克思主义中国化时代化。作为"两个结合"的"典范","六个必须坚持"对中华优秀传统文化的坚守,以及对中华优秀传统文化的创造性转化、创新性发展有其实践根源:首先,"六个必须坚持"对中华优秀传统文化的自觉继承和发展,是推进中国特色社会主义事业总体布局的需要;其次,是实现中华民族伟大复兴的精神需要;再次,是中国共产党治国理政的现实需要;最后,是坚持和发展马克思主义的需要。正如习近平总书记指出的那样:"我们要善于把弘扬优秀传统文化和发展现实文化有机统一起来,紧密结合起来,在继承中发展,在发展中继承。"这不仅回答了文化继承的理论基础问题,同时也回答了如何继承和发展的问题。②

二、"六个必须坚持"体现的中国智慧

在党的二十大报告中,习近平总书记深刻阐述了"两个结合"的内涵,并且针对"第二个结合"的必然性和路径作出了概括和指示。他强调,作为中华文明的智慧结晶,中华优秀传统文化蕴含的"天下为公、民为邦本、为政以

---

① 王伟光:《为新时代中国特色社会主义事业布新局》,载任初轩编:《"五个必由之路"》,人民日报出版社,2022年,第86页。
② 陈来:《守望传统的价值:陈来二十年访谈录》,中华书局,2018年,第202页。

德、革故鼎新、任人唯贤、天人合一、自强不息、厚德载物、讲信修睦、亲仁善邻"等体现了中国人民的宇宙观、天下观、社会观、道德观,它们同科学社会主义价值观主张具有"高度契合性"。"我们必须坚定历史自信、文化自信,坚持古为今用、推陈出新,把马克思主义思想精髓同中华优秀传统文化精华贯通起来、同人民群众日用而不觉的共同价值观念融通起来,不断赋予科学理论鲜明的中国特色。"①这些重要论述为我们深刻理解和阐释"六个必须坚持"体现的中国智慧提供了根据和方向。

自从党的十八大以来,习近平总书记立足新时代中国特色社会主义事业建设和中国式现代化的发展实际,自觉坚持将马克思主义基本原理同中华优秀传统文化相结合,提出了一系列破解人类问题的中国智慧和中国方案。这里的"中国智慧"是指中华民族特有的"大智慧",是中华民族和中国人民的价值、理念、精神、思想等的统称,既蕴含在中华优秀传统文化之中,又通过中国道路和中国方案彰显了其现代意义,是对人类社会发展和人类文明做出的独特贡献。有中国学者指出:"中国智慧是数千年来中华民族通过对天地自然之道、历史治乱之道、为政治理之道的深刻认识和有效运用而形成的一系列思想理念和战略谋略,它们集中体现了中华民族崇高的生存理想、明智的生存战略、高超的生存策略。"②"六个必须坚持"是对中华优秀传统文化"根脉"的坚守,无疑也体现了深邃的和高超的中国智慧。深入阐释和挖掘"六个必须坚持"所体现的中国智慧,不仅有助于我们深刻理解中华优秀传统文化所内含的中国精神、中国价值和中国力量,而且有助于我们深刻理解中国化时代化的马克思主义的内涵,更好地坚持和发展马克思主义。

---

① 习近平:《高举中国特色社会主义伟大旗帜 为全面建设社会主义现代化国家而团结奋斗——在中国共产党第二十次全国代表大会上的报告》,人民出版社,2022年,第18页。

② 董根洪:《论中国智慧的基本特性》,《学习时报》,2017年11月8日。

（一）必须坚持人民至上与"民为邦本，本固邦宁"的治理智慧

习近平总书记指出："在漫长的历史进程中，中华民族创造了独树一帜的灿烂文化，积累了丰富的治国理政经验，其中既包括升平之世社会发展进步的成功经验，也有衰乱之世社会动荡的深刻教训。我国古代主张民惟邦本、政得其民，礼法合治、德主刑辅，为政之要莫先于得人、治国先治吏，为政以德、正己修身，居安思危、改易更化，等等，这些都能给人们以重要启示。治理国家和社会，今天遇到的很多事情都可以在历史上找到影子，历史上发生过的很多事情也都可以作为今天的镜鉴。中国的今天是从中国的昨天和前天发展而来的。要治理好今天的中国，需要对我国历史和传统文化有深入了解，也需要对我国古代治国理政的探索和智慧进行积极总结。"①可以说，中华优秀传统文化中蕴含的丰富的治理国家和社会的智慧是"坚持人民至上"的文化底蕴，而"坚持人民至上"是对中华优秀传统文化中的民本思想和治理思想的创造性转化、创新性发展。

1. 坚持人民至上体现和弘扬了中华优秀传统文化"民惟邦本，本固邦宁"的国家治理智慧

"民惟邦本，本固邦宁"②的提法见于《尚书》，意思是说，民是邦（即国）之根本，只有民的生活有保障，国家才能稳固安宁。《尚书》中还说："天聪明，自我民聪明。天明畏，自我民明威，达于上下，敬哉有土。""天矜于民，民之所欲，天必从之。"③这些都是中华传统文化中民本治理思想的最初表达。坚持以民为本的治理思想在儒家传统中得到了集中阐发，并且构成了传统文化中主流的治国理政经验和智慧。孟子的君民论和仁政论则集中体现了国家

---

① 中共中央党史和文献研究室、中央学习贯彻习近平新时代中国特色社会主义思想主题教育领导小组办公室编：《习近平新时代中国特色社会主义思想的世界观和方法论专题摘编》，党建读物出版社、中央文献出版社，2023年，第49~50页。
② 王世舜、王翠叶译注：《尚书》，中华书局，2018年，第369页。
③ 王世舜、王翠叶译注：《尚书》，中华书局，2018年，第39、431页。

治理之道。"民"与"君"相对,"民本"与"仁政"是内在一致的。孟子说:"民为贵,社稷次之,君为轻。"①在孟子看来,国家事务、君主(统治者)和"民"的关系构成了国家统治的轴心,在国家统治中,民的地位是最重要的,国家事务次之,作为统治者的君主的地位排在最后。从中国古代政治思想传统的演变来看,孟子的这一思想是将政权合法性的基础从"天命"转到"德"进而转到"民"的体现;从孟子本人的价值倾向来看,这一思想改变了以往政治统治关系中君为主导、民为顺从地位的理解,体现了孟子个人的"价值选择"②。那么为什么在国家统治中民的地位是最重要的? 按照孟子的理解,这是因为民心向背关系着国家兴亡。孟子说:"桀纣之失天下也,失其民也;失其民者,失其心也。得天下有道:得其民,斯得天下矣;得其民有道:得其心,斯得民矣;得其心有道:所欲与之聚之,所恶勿施,尔也。"③在孟子看来,一个国家要使民有道,得民心,就需要给予民以实际的利益,满足其欲望和需求,不做民所厌恶的事情。"滕文公问为国。孟子曰:'民事不可缓也。……民之为道也,有恒产者有恒心,无恒产者无恒心。苟无恒心,放辟邪侈,无不为己。及陷乎罪,然后从而刑之,是罔民也。'"④可见,使民有恒产,是使民有恒心的前提和基础。恒产即指固定的产业,主要指土地和园宅。这就是说,只有让人民生活有保证,民心安定,统治者的统治才能有根基;反之,统治者如果不能保证人民生活安稳,就会导致人民做出违法犯罪的事情,社会秩序就会混乱,国家就会给予"刑罚"。故而,"使民有恒产"和"减轻刑罚"是密切相关的,二者共同构成孟子仁政说的基本内容。孟子认为,实施"仁政"是国之兴衰的根本,能否治理好国家取决于内因和外因的共同作用,内因是根本,仁政的政策是根本,所以必须从"道"入手,即从政策入手。当然,孟子的民本

---

① 杨伯峻译注:《孟子译注》,中华书局,1960年,第304页。
② 陈来:《守望传统的价值:陈来二十年访谈录》,中华书局,2018年,第138页。
③ 杨伯峻译注:《孟子译注》,中华书局,1960年,第156页。
④ 杨伯峻译注:《孟子译注》,中华书局,1960年,第107页。

思想乃至于中国古代的民本思想在当时的社会历史条件下有其积极意义，表达了一种关于政治的道德理想，对当时的政治现实具有某种批判性和超越性，尽管其底色是"抽象的人性论"和"封建等级制"。

应当说，必须坚持人民至上是被赋予了新的时代内涵的"以民为本"，是对先秦儒家"以民为本"思想的当代继承和发展。①必须坚持人民至上观念，坚持了马克思主义将人民群众视为社会历史的主体之基本原理，充分吸收中华优秀传统文化中"本固邦宁"的思想精髓，深刻诠释了"以人民为中心"的新时代国家治理理念。中国是社会主义国家，人民是国家的主人，是新时代国家治理的主体，必须坚持以人民为中心，让人民广泛参与国家治理，不断提升人民群众参政议政的能力。因此，中华优秀传统文化中的治理思想是推进国家治理体系和治理能力现代化的宝贵思想资源，而必须坚持人民至上则是推进国家治理体系和治理能力现代化建设的指导思想和题中之义。

2. 坚持人民至上体现和弘扬了中华优秀传统文化"德主刑辅""礼法合治"的社会治理智慧

在以儒家为主导的中华传统文化中，倡导仁政，重视以德治国，同时也十分注重法治理念和法治精神。儒家主张将个人德性和国家政治贯通起来，主张政治与道德一体。孔子说："为政以德，譬如北辰，居其所而众星共之。"②孔子倡导从政者用道德治理国家，他把"仁"视为国家政治的最高道德原则，认为统治者不仅自身要有德行，而且要对"民"进行道德教化。"季康子问政于孔子。孔子对曰：'政者，正也，子帅以正，孰敢不正？'又说：'子为政，焉用杀？子欲善而民善矣。君子之德风，小人之德草。草上之风，必偃。'"③

---

① 张自慧、唐亚萍：《"人民至上"观与先秦儒家政治伦理的精神契合——从历史本体论维度的思考》，《哲学分析》，2023年第3期。

② 杨伯峻译注：《论语译注》，中华书局，1958年，第11页。

③ 杨伯峻译注：《论语译注》，中华书局，1958年，第127页。

孔子还进一步论述了治理社会中德与刑的关系,主张用道德礼乐而非刑罚来整顿百姓。他说:"道之以政,齐之以刑,民免而无耻;道之以德,齐之以礼,有耻且格。"①西周以来的礼乐文化是一种文化体系,其中包括制度和礼仪两个重要组成部分。在孔子看来,"礼"与"德"是不可分割的,"礼"作为当时的社会规范形式,并不只是一种外在约束。正如陈来所说:"孔子的思想特色与贡献,更在于认识到礼作为仪式、规范,如果不发于真实的道德意识和道德情感,就失去了真正的意义。没有脱离德性、独立的礼。"②不仅如此,孔子的思想中还蕴含着"礼""法"合用的观念,"刑"即"法"。荀子更加明确地提出,治理的纲领是礼义和刑罚并用,彰显德性,慎用刑罚,从而使国家安定。荀子说:"治之经,礼与刑,君子以修百姓宁。明德慎罚,国家既治四海平。"③后来,礼法合治的思想在中华文化传统中得到了进一步的发展。

在新的时代条件下,中华优秀传统文化中的"德刑结合""礼法合治"的思想已经被转化为现代的社会治理智慧,即德法兼治的治理观,其超越了中国传统社会"人治"主导的观念,成为现代社会治理的一个重要原则和理念。"法律是成文的道德,道德是内心的法律,法律和道德都具有规范社会行为、维护社会秩序的作用。治理国家、治理社会必须一手抓法治、一手抓德治,既重视发挥法律的规范作用,又重视发挥道德的教化作用,实现法律和道德相辅相成、法治和德治相得益彰。"④

总之,必须坚持人民至上继承了中华优秀传统文化中的治理智慧和精髓,是治理理念的创新和发展,体现了中国共产党高超的政治智慧,为党领导广大人民群众开展中国特色社会主义事业建设提供了指南。习近平总书记在党的十九大报告中明确指出:"全党必须牢记,为什么人的问题,是检验

①　杨伯峻译注:《论语译注》,中华书局,1958年,第11~12页。
②　陈来:《孔子·孟子·荀子:先秦儒学讲稿》,生活·读书·新知三联书店,2017年,第30页。
③　楼宇烈主撰:《荀子新注》,中华书局,2018年,第505页。
④　中共中央文献研究室编:《习近平关于社会主义文化建设论述摘编》,中央文献出版社,2017年,第144~145页。

一个政党、一个政权性质的试金石。带领人民创造美好生活,是我们党始终不渝的奋斗目标。必须始终把人民利益摆在至高无上的地位,让改革发展成果更多更公平惠及全体人民,朝着实现全体人民共同富裕不断迈进。"[①]习近平总书记在党的二十大报告中进一步强调,立党为公、执政为民的本质要求就是为民造福,要求广大党员要"坚持以人民为中心的发展思想",让现代化建设成果更多更公平惠及全体人民。

(二)必须坚持自信自立与"刚健有为,自强不息"的民族精神

习近平总书记曾指出:"中华文化独一无二的理念、智慧、气度、神韵,增添了中国人民和中华民族内心深处的自信和自豪。"[②]文化自信是坚定道路自信、理论自信和制度自信的题中应有之义,文化自信是一个国家和民族更基础、更广泛、更深厚的自信。中华优秀传统文化代表着中华民族独特的精神标识,其所蕴含的"刚健有为,自强不息"的精神追求是坚持自信自立的"内核"。

1.坚持自信自立体现和弘扬了中华优秀传统文化"刚健自强,生生不息"的精神

郭齐勇在综合张岱年、胡秋原等学者的论述基础上,对中国传统文化的基本精神特质作出了六点概括:和而不同,厚德载物;刚健自强,生生不息;仁义至上,人格独立;民惟邦本,本固邦宁;整体把握,辩证思维;经世务实,戒奢以俭。[③]其中,刚健自强,生生不息的精神充分表达了中华民族和中国人民奋斗不止、自强不息的优良传统。张岱年认为:"《周易大传》中的'刚健'、'自强不息'的观念就是中国传统文化中积极进取精神的集中表示,也

[①]　《习近平治国理政》(第三卷),外文出版社,2020年,第35页。
[②]　中共中央文献研究室编:《习近平关于社会主义文化建设论述摘编》,中央文献出版社,2017年,第15页。
[③]　郭齐勇:《中国文化精神的特质》,生活·读书·新知三联书店,2018年,第10~12页。

就是古代文化发展的内在思想基础。"①《周易·乾卦》中讲"天行健,君子以自强不息",意为天道运行不息,君子应效法天道,自立自强,奋斗不止。这种自强不息的精神品格,无疑与中国传统哲学和文化中的"天人观"是密切相关的。中华传统文化强调变易、日新,认为宇宙的"大德"就是生生不息,变化不止。《系辞上传》中说:"阖户谓之坤,辟户谓之乾,一阖一辟谓之变,往来不穷谓之通。"②也就是说,宇宙之门一闭一开,万物出入即为"变",闭开转换、往来无穷即为"通"。这便是儒释道各家所言的宇宙天地运行之"道"。郭齐勇指出:"中国的儒、道、释诸家尊奉的'道',就是天地自然或人文世界的永恒运动和发展变化,正所谓'变动不居,周流六虚,上下无常,刚柔相易,不可为典要,唯变所适'。"③按照天人观,宇宙自然是变化日新的,人以自然天地为立身根据,那么人事也是不断变化的,人只有效法天地自然,才能"崇德广业",所以有"天行健,君子以自强不息"。君子效法天道,得以认识"人道",从而自强不息,自强不息、持之以恒也是君子的德性。可以说,刚健有为、自强不息的精神作为中华优秀传统文化的精髓被传承至今,在党和人民进行百折不挠的伟大斗争进程中,构成了中华民族绵延发展的重要精神支柱。

2. 坚持自信自立体现和弘扬了中华优秀传统文化中"人格独立"的精神和理念

中华优秀传统文化中的天地宇宙"变易"思想,不仅塑造了中华民族自强不息的奋斗精神和优良传统,而且蕴含着"自立"的精神和观念。《周易·象传》中说:"地势坤,君子以厚德载物",指的是君子不仅要效法天,刚健有为,而且要效法"地",涵养德性,包容万物,唯有如此才能穷尽天地之道。关于君子人格,孟子认为,君子要培养出一种"浩然之气",充塞于天地宇宙之间的、宏大的刚强之气。这种气象需要在道德实践中养成,是一种君子的完满

---

① 张岱年:《张岱年全集》(第六卷),河北人民出版社,1996年,第425页。
② 黄寿祺、张善文撰:《周易译注》(下),中华书局,2016年,第637页。
③ 郭齐勇:《中国文化精神的特质》,生活·读书·新知三联书店,2018年,第83页。

的道德人格。"富贵不能淫,贫贱不能移,威武不能屈"的大丈夫精神就是一种正气凛然、不为任何外物所动、意志坚定的君子人格。应当说,中华优秀传统文化中关于"自立"的道德人格观念对中华民族和中国人民的精神独立产生了绵延不绝的深刻影响。

可见,坚持自信自立继承和弘扬了中华优秀传统文化中自强不息的民族精神和独立自主的道德人格的精髓,是实现中华民族伟大复兴和中国特色社会主义伟大事业建设的强大精神之源。无论是民族国家还是个人,失去了精神独立性,就失去了独立性的根基。2014年2月,习近平总书记在省部级主要领导干部学习贯彻党的十八届三中全会精神全面深化改革专题研讨班上的讲话中深刻指出:"国无德不兴,人无德不立。一个民族、一个人能不能把握自己,很大程度上取决于道德价值。如果我们的人民不能坚持在我国大地上形成和发展起来的道德价值,而不加区分、盲目地成为西方道德价值的应声虫,那就真正要提出我们的国家和民族会不会失去自己的精神独立性的问题了。如果没有自己的精神独立性,那政治、思想、文化、制度等方面的独立性就会被釜底抽薪。"①

(三)必须坚持守正创新与"革故鼎新,持经达变"的创新精神

习近平总书记在党的二十大报告中强调:"必须坚持守正创新。我们从事的是前无古人的伟大事业,守正才能不迷失方向、不犯颠覆性错误,创新才能把握时代、引领时代。"②坚持守正创新,是"守正"和"创新"的辩证统一,既要坚守马克思主义基本原理不动摇,坚守中华优秀传统文化的"根脉";又要在守正的基础上开拓创新,把握时代脉搏,与时俱进,不断推进理论和实

---

① 中共中央文献研究室编:《习近平关于社会主义文化建设论述摘编》,中央文献出版社,2017年,第139页。

② 习近平:《高举中国特色社会主义伟大旗帜 为全面建设社会主义现代化国家而团结奋斗——在中国共产党第二十次全国代表大会上的报告》,人民出版社,2022年,第20页。

践的创新发展。必须坚持守正创新,不仅是持续推进马克思主义中国化时代化的内在要求,而且是对中华优秀传统文化中"变易日新"观念、"革故鼎新"精神和"持经达变"智慧的充分彰显。

1.坚持守正创新内在继承和蕴含着中华优秀传统文化中的"变易日新"观念

在中华传统文化中,无论是"革故鼎新"还是"持经达变",其根据在于一切事物都是"变易"的。"变易"思想强调天地宇宙万物都处于不断变化和发展之中,人的认知和行为也要相应地变化和调整,这个理念集中体现在以《周易》为代表的中华精神和智慧之中。《周易》揭示的是宇宙、天地、人生、事物变化的道理,"夫'易'者,变化之总名,改换之殊称,自天地开辟,阴阳运行,寒暑迭来,日月更出,孚萌庶类,亭毒群品,新新不停,生生相续,莫非资变化之力,换代之功。然变化运行,在阴阳二气……谓之为'易',取变化之义"①。《易纬乾凿度》说:"易一名而含三义,所谓易也,变易也,不易也。"是说,"易"含有"简易""变易""不易"三层意义或三个原则,"简易"与"法"对应,"变易"与"权"对应,"不易"与"经"对应。其中,"变易"是实质内容和精髓。《系辞下传》说:"天地之道,贞观者也;日月之道,贞明者也;天下之动,贞夫一者也。"②这就是说,天地、宇宙、万事万物的本质就是变动不居,这是遵循自身规律的体现和结果。人必须依据这个"道"进行"变通",适时应变。又说:"穷则变,变则通,通则久。"③意思是说,穷极就会变化,变化了才能通畅,通畅了才能长久。不言而喻,变易之道蕴含着革新和突破,即"日新之谓盛德"④。《礼记·大学》也说:"汤之《盘铭》曰:'苟日新,日日新,又日新'。"⑤可见,变通日新的观念是说,只有冲破束缚,才能焕发生机活力,其在本质上是

---

① 王弼、韩康伯注,孔颖达疏,郑同整理:《周易正义》,九州出版社,2020年,第2页。
② 黄寿祺、张善文撰:《周易译注》(下),中华书局,2016年,第650页。
③ 黄寿祺、张善文撰:《周易译注》(下),中华书局,2016年,第654页。
④ 黄寿祺、张善文撰:《周易译注》(下),中华书局,2016年,第617页。
⑤ 杨天宇撰:《礼记译注》(下),上海古籍出版社,2004年,第803页。

一种"主动性适应、创造性顺应"的生存智慧，①是面对自然、社会、人生积极寻求变革和突破的实践智慧，体现了中国哲学和文化特有的辩证思维方式。

2. 坚持守正创新的"内核"体现了中华优秀传统文化中"革故鼎新"的创新精神

"革故鼎新"的观念出自《周易·杂卦传》，"《革》去故也，《鼎》取新也。"②其核心要义是指破旧立新，即通过消除旧有的束缚，迎接新的事物，推动社会和事物不断向前发展。《周易》之"变革"不仅发生在自然界，而且也发生在社会历史之中。《彖卦》在解释"革"时说："天地革而四时成，汤武革命，顺乎天而应乎人。"③关于"顺天应人"，荀子说："汤、武非取天下也，修其道，行其义，兴天下之同利，除天下之同害，而天下归之也。桀、纣非去天下也，反禹、汤之德，乱礼义之分，禽兽之行，积其凶，全其恶，而天下去之也。天下归之之谓王，天下去之之谓亡。"④意思是说，社会朝代更迭也是顺应天道、兴仁德礼义、应时而变的必然结果。宋代朱熹在解释"革卦"时说："革是更革之谓。到这里，须尽翻转一番……若是更革，则须彻底重新铸造一番，非止补其罅漏而已。汤武顺天应人，便是如此。"⑤可见，"革"意味着"翻转"和"从新铸造"，并非简单地修补缺漏。不仅如此，变革必须以确立新的制度稳定下来，否则就会变得混乱。因此，"革故鼎新"意在"创新"，是在社会变革中坚持守正和创新、继承和发展的辩证统一。中国古代的商鞅变法、王安石变法等社会改革运动，都是对"革故鼎新"的创新精神的践行。近代以来，在变革创新精神的指引下，中国人民锐意进取，百折不挠，与时俱进，展现了打破旧世界、建立新世界的强大勇气和力量。可以说，革故鼎新、与时俱进的创新精神是中华民族保持坚定的民族自信和强大修复能力的精神根源。

① 董根洪：《论中国智慧的基本特性》，《学习时报》，2017年11月8日。
② 黄寿祺、张善文撰：《周易译注》（下），中华书局，2016年，第746页。
③ 黄寿祺、张善文撰：《周易译注》（下），中华书局，2016年，第462页。
④ 楼宇烈主撰：《荀子新注》，中华书局，2016年，第347页。
⑤ 黎靖德编，王星贤点校：《朱子语类》（第五册），中华书局，2020年，第2249页。

3.坚持守正创新体现和弘扬了中华优秀传统文化中"持经达变"的实践智慧

"变易"的道理是《周易》的核心思想和灵魂,但是"变易"的道理不是绝对的,其蕴含着"变"与"不变"、原则与变化的辩证关系。"持经达变"就表达了这一思想,"经"即经典、根本、原则,是不变的,"变"则是指事物的发展和变化。"持经达变"意指只有在坚守原则与规范的基础上才能实施变通,其不仅体现了变革的创新精神,而且体现了一种灵活变通的实践智慧和思维方法。在不同时代,"经"的内容是不同的,但是通过"持经"而"达变"的道理是相同的,在坚守原则与寻求变通之间找到恰当的平衡点需要深邃的实践智慧。在儒学传统中,孔子和孟子都把坚守"仁""义"视为圣人和君子行事的准则和规范。孔子说:"君子之于天下也,无适也,无莫也,义之与比。"①意思是说,涉及天下的事情,没有具体的规定,君子只要把道义作为法则来遵守就可以了。孟子说:"大人者,言不必信,行不必果,惟义所在。"②孟子认为,君子行事不必"信"和"果",但是其前提是守"义"。这些观念都表达了君子处世在"持经"的基础上"达变"的智慧。朱熹把"经"与"权"(变)的关系辨得更加清楚,他一方面认为,"经""权"有别,另一方面认为"经"与"权"不可分割。他说:"经,是常行道理。权,则是那常理行不得处,不得已而有所通变底道理。权得其中,固是与经不异,毕竟权则可暂而不可常。"③在儒家看来,根据不同的条件,在不违背原则的前提下,灵活变通地处理事情,是君子的为人处世之道。时至今日,"持经达变"的观念和智慧仍然深刻地影响着中国人的思维方式和处事方式。

可以说,中华优秀传统文化中的变易观念、创新精神等,成为推动中国共产党人坚持守正创新的不竭源泉。毛泽东在论述共产党员如何学习和运

---

① 杨伯峻译注:《论语译注》,中华书局,1958年,第36页。
② 杨伯峻译注:《孟子译注》,中华书局,1960年,第173页。
③ 黎靖德编,王星贤点校:《朱子语类》(第三册),中华书局,2020年,第1203页。

用马克思主义原则时说过："对于中国共产党来说，就是要学会把马克思列宁主义的理论应用于中国的具体的环境。成为伟大中华民族的一部分而和这个民族血肉相联的共产党员，离开中国特点来谈马克思主义，只是抽象的空洞的马克思主义。"①这体现了中国共产党人坚持马克思主义"真经"，在具体的历史、文化条件下"达变"的创新精神和实践智慧。在新时代的历史方位上，中华优秀传统文化的精神滋养为中国特色社会主义事业的蓬勃发展提供了坚实的文化根基。党的二十大报告庄严宣告，中国共产党的中心任务就是要团结带领全国各族人民"以中国式现代化全面推进中华民族伟大复兴"。中国式现代化是全面的现代化，全面的现代化就是全面的创新，包括理论创新、制度创新、思维方式的创新等。习近平总书记在党的二十大报告中也明确提出："坚持创新在我国现代化建设全局中的核心地位。"②习近平总书记在文化传承发展座谈会上进一步指出："中华文明的创新性，从根本上决定了中华民族守正不守旧、尊古不复古的进取精神，决定了中华民族不惧新挑战、勇于接受新事物的无畏品格。"③这充分表明，创新精神是新时代的时代精神的核心内容。

（四）必须坚持问题导向与"一分为二"的矛盾观念和"经世致用"的务实精神

习近平总书记在党的二十大报告中强调："必须坚持问题导向。问题是时代的声音，回答并指导解决问题是理论的根本任务。"④"必须坚持问题导向"就是要以解决问题为目的、方向和指引。毛泽东指出："什么叫问题？问

---

① 《毛泽东选集》（第二卷），人民出版社，1991年，第534页。
② 习近平：《高举中国特色社会主义伟大旗帜 为全面建设社会主义现代化国家而团结奋斗——在中国共产党第二十次全国代表大会上的报告》，人民出版社，2022年，第35页。
③ 习近平：《在文化传承发展座谈会上的讲话》，人民出版社，2023年，第3页。
④ 习近平：《高举中国特色社会主义伟大旗帜 为全面建设社会主义现代化国家而团结奋斗——在中国共产党第二十次全国代表大会上的报告》，人民出版社，2022年，第20页。

题就是事物的矛盾。哪里有没有解决的矛盾,哪里就有问题。既有问题,你总得赞成一方面,反对另一方面,你就得把问题提出来。提出问题,首先就要对于问题即矛盾的两个基本方面加以大略的调查和研究,才能懂得矛盾的性质是什么,这就是发现问题的过程。"①问题是矛盾的表现形式,抓住问题,也就抓住了事物的矛盾,只有抓住事物的主要矛盾和矛盾的主要方面,才能找到化解问题的突破口。应当说,必须坚持问题导向既是马克思主义矛盾观点和矛盾分析方法的具体运用,也是根植于中华优秀传统文化之中的思想精华和思维方法。

1.坚持问题导向体现了中华优秀传统文化中"一分为二"的矛盾思想

在中国传统哲学和文化中,存在着"一分为二"的矛盾思想传统,即认为万事万物都存在着对立的两个方面,既相互对抗又相互依存,通过相互作用和转化促进事物的运动和发展。这种对立统一的观念源于阴阳对立和转化的变易思想,是中华辩证思维方式的一种表征。按照中国传统的术语来表达,"阴阳"即矛盾的对立面,原始的阴阳观念产生得很早,后来经过哲学家们的不断抽象和提升,便成为中国古代哲学的一对基本范畴。《周易·系辞上传》中说:"《易》有太极,是生两仪,两仪生四象,四象生八卦,八卦定吉凶,吉凶生大业。"②又说:"一阴一阳之谓道。继之者善也,成之者性也。"③从"太极"到"八卦"的演化表明,矛盾是普遍存在的,阴阳的相互作用是事物发展的动力和源泉,把握万事万物的规律就在于把握"阴阳"。老子说:"反者道之动;弱者道之用。天下万物生于有,有生于无。"④意思是说,"往复"或走向反面是"道"的运动,"柔弱"是"道"的作用或功用,天下万事万物化生于"有",而"有"又化生于"无"。他又说:"万物负阴而抱阳,冲气以为和"⑤,这

---

① 《毛泽东选集》(第三卷),人民出版社,1991年,第839页。
② 黄寿祺、张善文撰:《周易译注》(下),中华书局,2016年,第637页。
③ 黄寿祺、张善文撰:《周易译注》(下),中华书局,2016年,第617页。
④ 陈鼓应:《老子今注今译》,中华书局,2020年,第206页。
⑤ 陈鼓应:《老子今注今译》,中华书局,2020年,第214页。

也揭示了两个对立面之间的相互依存与相互转化的关系,体现了事物在发展过程中对自己的否定。隋代的杨上善在注解老子思想时说:"从道生一,谓之朴也。一分为二,谓天地也。从二生三,谓阴阳和气也。从三以生万物,分为九野四时日月乃至万物。"①这被学者们认为是中国古代哲学史上首次用"一分为二"的观念说明"道"通过阴阳对立统一化生万物的过程,影响了后来的思想家。朱熹在注解"太极生两仪,两仪生四象,四象生八卦"时说道:"此只是一分为二,节节如此,以至于无穷,皆是一生两尔。"②这些观念和思想都表达了对立统一的矛盾观念。冯友兰认为,"一分为二"的思想对中国人和中华民族产生了深刻影响:"这个理论对中华民族有巨大的影响,帮助中华民族在漫长的历史中克服了无数的困难。中国人深信这个理论,因此经常提醒自己要'居安思危';另一方面,即使处于极端困难之中,也不失望。在刚结束不久的抗日战争中,这种希望成为中国民众的心理武器,即使处于最黑暗的时期,还深信:'黎明即将到来。'正是由这种信仰形成的意志帮助中国人民度过了这场战争。"③确如冯友兰所说,一分为二或对立统一的矛盾观念锻造了中华民族和中国人民强大的心理能力,构筑了中华民族文化自信的重要支柱。中国共产党人继承了这一优良传统,在带领中国人民进行革命、改革和建设的实践中,围绕每一时期中国社会的主要矛盾,勇于改革创新,化解矛盾风险,明确发展方向,开启和引领了中国特色社会主义伟大实践征程。

2.坚持问题导向体现了中华优秀传统文化中"经世致用"的务实精神和"居安思危"的忧患意识

"经世致用"是以儒家为主体的中国传统文化的基本精神之一,早在春秋战国时期,儒、道、法、墨等诸子百家就纷纷提出了经世致用的理念与实践

---

① 杨上善撰:《黄帝内经太素》,中医古籍出版社,2016年,第298页。
② 黎靖德编,王星贤点校:《朱子语类》(第五册),中华书局,2020年,第2009页。
③ 冯友兰:《中国哲学简史》,赵复三译,中华书局,2024年,第21页。

路径。这一理念和精神体现了中国传统知识分子学以致用、追求实效的问题意识，以及"以天下为己任"的家国情怀。在春秋战国时期，孔子及其弟子倡导仁人志士以身作则，实现以礼乐教化、重塑天下政治秩序的责任使命。曾子说："士不可以不弘毅，任重而道远。仁以为己任，不亦重乎？死而后已，不亦远乎？"①儒者大多以"修身，齐家，治国，平天下"为奋斗目标，讲求"内圣外王""修己治人"的充分实现，修己是治人的前提和基础，外王是内圣的目标和归宿。无论是程朱理学的"格物致知"或是陆王心学的"发明本心"，它们都致力于"由内圣而开外王"的经世致用之道。陆九渊曾展开"儒释之辨"，进一步强调"儒者虽至于无声、无臭、无方、无体，皆主于经世；释氏虽尽未来际普度之，皆主于出世"②。在明清之际，顾炎武、黄宗羲、王夫之等人强调要把学术研究同现实政治、社会实践的需要相结合，提倡崇实黜虚。这表明，中华传统文化中蕴含着经世致用的务实精神和强烈的问题意识。与这种务实精神和问题意识紧密相关的是，忧患意识是中华文化的重要精神特质。孟子说过"生于忧患而死于安乐"，《左传》亦云："思则有备，有备无患。"③这种忧患意识不仅反映在个体对人生的哲学思考上，而且反映在对国家命运、天下兴衰的思考上。"忧劳兴国""先天下之忧而忧"等都表达出了中华民族居安思危的忧患意识。

可以说，必须坚持问题导向是对中华优秀传统文化中"一分为二"的矛盾观念、"经世致用"的务实精神和中华民族居安思危的忧患意识的时代升华和现代转化。不仅如此，必须坚持问题导向还是马克思主义与中华优秀传统文化结合的"楔点"之一。习近平总书记说："问题是事物矛盾的表现形式，我们强调增强问题意识、坚持问题导向，就是承认矛盾的普遍性、客观

---

① 杨伯峻译注：《论语译注》，中华书局，1958年，第79页。
② 陆九渊撰，钟哲点校：《陆九渊集》（卷二），中华书局，1980年，第17页。
③ 杨伯峻编著：《春秋左传注》（四），中华书局，2016年，第1092页。

性,就是要善于把认识和化解矛盾作为打开工作局面的突破口。"①在全面建成社会主义现代化强国开局起步的关键时期,习近平总书记在党的二十大报告中强调:"我们必须增强忧患意识,坚持底线思维,做到居安思危、未雨绸缪,准备经受风高浪急甚至惊涛骇浪的重大考验。"②这意味着,在中国和世界"两大变局"的背景下,中国特色社会主义事业所面临的问题、风险与挑战日益增多,要应对这些危机与挑战,就必须立足国际秩序大变局来把握规律,立足我国发展重要战略机遇期积极作为,及时采取应对措施,有效防范和化解各类风险。易言之,只有立足中国特色社会主义建设的实际,坚持问题导向,敢于正视问题、面对问题,善于发现和解决问题,才能形成科学的理论体系,持续解答中国之问、世界之问、人民之问和时代之问。

(五)必须坚持系统观念与"天人合一,万物一体"的智慧和观念

习近平总书记明确指出:"党的十八大以来,党中央坚持系统谋划、统筹推进党和国家各项事业,根据新的实践需要,形成一系列新布局和新方略,带领全党全国各族人民取得了历史性成就。在这个过程中,系统观念是具有基础性的思想和工作方法。"③在党的二十大报告中,习近平总书记进一步强调:"必须坚持系统观念。万事万物是相互联系、相互依存的。只有用普遍联系的、全面系统的、发展变化的观点观察事物,才能把握事物发展规律。"④一方面,坚持系统观念是马克思主义唯物辩证法的内在要求;另一方面,坚持系统观念是对中华优秀传统文化中的有机整体观念及思想的传承和创造性转化。

① 中共中央文献研究室编:《习近平关于协调推进"四个全面"战略布局论述摘编》,中央文献出版社,2015年,第86页。
② 习近平:《高举中国特色社会主义伟大旗帜 为全面建设社会主义现代化国家而团结奋斗——在中国共产党第二十次全国代表大会上的报告》,人民出版社,2022年,第26页。
③ 《习近平谈治国理政》(第四卷),外文出版社,2022年,第117页。
④ 习近平:《高举中国特色社会主义伟大旗帜 为全面建设社会主义现代化国家而团结奋斗——在中国共产党第二十次全国代表大会上的报告》,人民出版社,2022年,第20页。

1. 中华优秀传统文化中的"天人合一"宇宙观是坚持系统观念的中华文化"底色"

"天人合一"既是中国哲学的基本主题,也是中华文明的重要精神标识。"天人合一"观念在本体论上表现为一种有机整体的宇宙观。中华文化极为重视"究天人之际",《周易》将天、地、人并置称为"三才"。《周易》中有"天地之大德曰生,圣人之大宝曰位","天地絪缊,万物化醇;男女构精,万物化生"①等表述,其大意是指将人的存在纳入宇宙生生不息的自然系统之中。中国传统哲学认为,天地化生万物,人居于其一,但是又认为,天地之间人为贵,从而凸显了人在天地中的独特性。比如,周敦颐在《太极图说》中所构建的宇宙生成论提出:"无极而太极。太极动而生阳,动极而静,静极而阴。静极复动,一动一静,互为其根。分阴分阳,两仪立焉。阳变阴合,而生水火木金土。……二气交感,化生万物。万物生生而变化无穷焉。唯人也得其秀而最灵。"②从"无极"到"太极"再到"人"意味着,在天地万物化生的过程中,只有"人"独得阴阳之精华而成为万物之灵。天人合一的思想也为道家所主张。老子说:"道大、天大、地大、人亦大",强调"人法地,地法天,天法道,道法自然"。③不难看出,"人"与"道""天""地"并列,共同构成一个整体。这些思想表明,中国传统哲学和文化对天人关系的探讨,注重的是寻求天人关系的和谐统一,将天地宇宙万物和人视为一个有机的整体,这是必须坚持系统观念的文化和哲学基础。

2. 坚持系统观念体现了中华优秀传统文化中"万物一体"的道德和社会观念

张岱年指出:"中国哲学家所思所议,三分之二都是关于人生问题的。"④

---

① 黄寿祺、张善文译注:《周易译注》(下),中华书局,2016年,第650、665页。
② 张岱年:《张岱年全集(第四卷)》,河北人民出版社,1996年,第71页。
③ 陈鼓应注译:《老子今注今译》,中华书局,2020年,第149页。
④ 张岱年:《中国哲学大纲》,商务印书馆,2015年,第275页。

人生问题涉及人性、人道、人德等，中国哲学人生论的根本观点体现在"天人合一"观念上。"天人合一"不仅把"天"和"人"视为一个相互贯通的有机整体，而且把"天"视为"人"的德性和价值的本源和根据。在儒家传统中，人的德性是"仁"，孔子说"仁者，爱人"；孟子说"仁，人心也"。"仁"不仅是指人因为德性的实现而成为人，而且是指天地万物生生不息的"大德"。所以"天"之"仁"与"人"之"仁"并无不同，"仁"是将天地万物和人统一为一体的德性概念。这便是"万物一体"的观念的根据。《周易·系辞上传》中的"圣人以此洗心，退藏于密，吉凶与民同患"①，蕴含了万物一体之义。北宋张载明确提出了"天人合一"命题。他说："儒者则因明致诚，因诚致明，故天人合一。"②意思是说，儒者通过"明"和"诚"两种道德修养功夫实现由"人德"合"天德"。他又说："乾称父，坤称母；予兹藐然，乃混然中处。故天地之塞，吾其体；天地之帅，吾其性。民吾同胞，物吾与也。"③王阳明说："仁者以万物为体，不能一体，只是己心未忘。全得仁体，则天下皆归于吾仁，就是'八荒皆在我闼'意。"④这些都是对"万物一体"的具体论述。这种"万物一体"的观念建立在有机整体的宇宙论基础之上，指向自我的道德修养境界，同时也将人与自然、人与社会、人与自身整合为一个统一整体。

无疑，"天人合一"思想对中华文明起着塑造作用，成为中华文明的文化基因和智慧密码，其所蕴含的有机整体观念和系统思维构成了中华辩证思维方式的重要组成部分。美国的系统哲学家依·拉兹洛曾经肯定地说："系统思维的范式，既产生于当代科学，又蕴藏于中国古老的传统哲学之中，都是要把世界当作整体来考虑，因此，中国在发展系统哲学方面是有独特的潜

---

① 黄寿祺、张善文撰：《周易译注》(下)，中华书局，2016年，第637页。
② 张载：《张载集》，章锡琛点校，中华书局，1978年，第65页。
③ 张载：《张载集》，章锡琛点校，中华书局，1978年，第62页。
④ 陈荣捷：《王阳明〈传习录〉详注集评》，重庆出版社，2017年，第275页。

力和前景的。"①习近平总书记提出的"必须坚持系统观念"不仅继承和弘扬了中华优秀传统文化中的整体观念和系统思维,而且吸收了现代系统科学的基本原则。进一步说,"必须坚持系统观念"是习近平总书记在治国理政的一系列实践中将马克思主义的辩证法同中国传统的整体观念、同现代系统科学的基本原则相融合而取得的原创性理论成果。以此为基础,我们才能深入理解坚持系统观念何以是坚持战略思维、历史思维、辩证思维、系统思维、创新思维、法治思维、底线思维的有机统一体这一论述的深刻内涵和重大意义。

当前,我国正经历着广泛而深刻的社会变革,世界正处于百年未有之大变局。因此,我们必须贯彻新发展理念,坚持系统观念,才能有效应对复杂的国内国际形势的发展变化。习近平总书记指出:"要统筹国内国际两个大局,统筹'五位一体'总体布局和'四个全面'战略布局,加强前瞻性思考、全局性谋划、战略性布局、整体性推进。"②同样,在推进中国式现代化的过程中,势必会面临各种新情况、新变化、新因素等,只有坚持系统观念,注重事物发展的整体性,才能有效解决发展过程中牵一发而动全身的现实矛盾。正如习近平总书记指出的那样:"推进中国式现代化是一个系统工程,需要统筹兼顾、系统谋划、整体推进,正确处理好顶层设计与实践探索、战略与策略、守正与创新、效率与公平、活力与秩序、自立自强与对外开放等一系列重大关系。"③

---

① 张硕城、陶原珂:《美国系统工程学者依·拉兹洛谈中国改革与哲学》,《学术研究》,1988年第4期。

② 中共中央党史和文献研究室、中央学习贯彻习近平新时代中国特色社会主义思想主题教育领导小组办公室编:《习近平新时代中国特色社会主义思想的世界观和方法论专题摘编》,党建读物出版社、中央文献出版社,2023年,第117页。

③ 中共中央党史和文献研究室、中央学习贯彻习近平新时代中国特色社会主义思想主题教育领导小组办公室编:《习近平新时代中国特色社会主义思想的世界观和方法论专题摘编》,党建读物出版社、中央文献出版社,2023年,第118页。

（六）必须坚持胸怀天下与"天下一家，协和万邦"的精神

习近平总书记指出："中华民族历来讲求'天下一家'，主张民胞物与、协和万邦、天下大同，憧憬'大道之行，天下为公'的美好世界。"①这潜在地表达了坚持胸怀天下的观念。在党的二十大报告中，习近平总书记明确强调："必须坚持胸怀天下。中国共产党是为中国人民谋幸福、为中华民族谋复兴的党，也是为人类谋进步、为世界谋大同的党。"②必须坚持胸怀天下具有深厚的中华文化底蕴，综合性地体现了中华优秀传统文化的天下观、价值观及和谐精神。

1. 坚持胸怀天下继承和弘扬了中华优秀传统文化中"世界大同，天下一家"的天下观

2016年12月，习近平总书记在2017年新年贺词中说："中国人历来主张'世界大同，天下一家'。中国人民不仅希望自己过得好，也希望各国人民过得好。"③在五千多年的历史积淀中，以儒家为主流的中华文化孕育了"天下大同"的价值理念和政治愿景："大道之行也，天下为公，选贤与能，讲信修睦。故人不独亲其亲，不独子其子，使老有所终，壮有所用，幼有所长，矜寡孤独废疾者，皆有所养；男有分，女有归；货恶其弃于地也，不必藏于己；力恶其不出于身也，不必为己。是故谋闭而不兴，盗窃乱贼而不作，故外户而不闭，是谓大同。"④中国传统文化中的"天下"概念与当代的"世界"概念的含义基本相同，因而"天下大同"是中国人的哲学世界观的一种特有表达。赵汀

---

① 习近平：《携手建设更加美好的世界——在中国共产党与世界政党高层对话会上的主旨讲话》，人民出版社，2017年，第3页。

② 习近平：《高举中国特色社会主义伟大旗帜 为全面建设社会主义现代化国家而团结奋斗——在中国共产党第二十次全国代表大会上的报告》，人民出版社，2022年，第21页。

③ 中共中央党史和文献研究室、中央学习贯彻习近平新时代中国特色社会主义思想主题教育领导小组办公室编：《习近平新时代中国特色社会主义思想的世界观和方法论专题摘编》，党建读物出版社、中央文献出版社，2023年，第122页。

④ 杨天宇撰：《礼记译注》（上），上海古籍出版社，2004年，第265页。

阳指出："天下意味着一种哲学、一种世界观,它是理解世界、事物、人民和文化的基础。"①从世界视野看,天下观意味着中华民族看待世界的立场、格局与胸怀,始终将本民族的生存和发展同整个世界的生存与发展联为一体、休戚与共。这种天下观意味着,万事万物相互依存、相互联系,任何一个个体都与他者交互作用,共处于"世界"这个共同体之中。比如,魏晋思想家裴頠的"崇有论"亦强调万事万物的整体性,即万事万物可以区别为不同的种类,每一类均有自己的特点,同时每一个具体的物都有所不足,所以不能孤立存在,而要和其他事物相互依靠,相互帮助,共同生长。

2. 坚持胸怀天下继承并发展了中华优秀传统文化中"立己达人,兼善天下"的价值观

2014年3月,习近平主席在中法建交五十周年纪念大会上的讲话中说:"'穷则独善其身,达则兼济天下。'这是中华民族始终崇尚的品德和胸怀。"②中华民族历来是一个充满责任感与担当的民族,在传统天下观的主导下,中华文化滋养和孕育了"天下兴亡,匹夫有责""穷则独善其身,达则兼济天下"的民族精神和品格。正如有学者指出的那样:"中华先民习惯于将苍穹之下、大地之上的万物皆视为'同类',将宇宙所有的生命存在同等对待,仁及鸟兽。"③正是基于中华优秀传统文化中的天下观,中华民族形成了万物共生、互促共长的价值观念,认为不同的生命主体拥有平等的地位,应当受到同等的对待。"兼善天下"的价值观使得中国在处理国际关系时,既秉持平等、尊重、包容、交流、互鉴、开放的态度与立场,推动世界的和平发展,又勇于承担大国责任,为人类文明发展和交流互鉴提供中国智慧,做出中国贡献。

---

① 赵汀阳:《天下体系:世界制度哲学导论》,中国人民大学出版社,2011年,第28页。
② 中共中央党史和文献研究室、中央学习贯彻习近平新时代中国特色社会主义思想主题教育领导小组办公室编:《习近平新时代中国特色社会主义思想的世界观和方法论专题摘编》,党建读物出版社、中央文献出版社,2023年,第120页。
③ 张自慧、闵明:《中华民族的"天下观"与"天下情怀"》,《哲学分析》,2020年第5期。

3.坚持胸怀天下继承和弘扬了中华优秀传统文化中"以和为贵,和而不同"的精神

习近平总书记指出:"中国人民为自己取得的成绩感到自豪,但不会骄傲自满、止步不前,而是要有海纳百川的胸怀,以开放包容心态虚心倾听世界的声音。中国坚持和而不同的思想,尊重和保护文明多样性,积极推动不同文明相互尊重、和谐共处。"①这是因为中华优秀传统文化中蕴含着一种"中和"智慧。《礼记·中庸》有言:"喜怒哀乐之未发谓之中,发而皆中节谓之和。中也者,天下之大本也;和也者,天下之达道也。致中和,天地位焉,万物育焉。"②"中"是指无过无不及,"和"是指和谐一致,"致"是指达到。这句话的意思是说,"中"与"和"不可分割,构成宇宙万物运行的内在根据和规律,品德高尚的人达到"中和"境界,从而天地各归其位,养育万物。在儒家传统中,"中和"是一种道德理想和价值追求。"有子曰:礼之用,和为贵。先王之道,斯为美;小大由之,有所不行,知和而和,不以礼节之,亦不可行也。"③儒家学者认为,大家共同遵守"礼"和"义"的道德规范,就能够实现社会的和谐与共同发展。所以,"和"不是主张单一的和谐一致,而是包含多元性、差异性的统一体,"和而不同"就表达了这个意思。《礼记·中庸》还说:"万物并育而不相害,道并行而不相悖,小德川流,大德敦化,此天地之所以为大也。"④"和"的最高状态是"太和",宇宙万物各自生长发育,互不妨碍,在遵守同一个"道"的前提下,共谋发展。与"中和"原则和精神一致,"协和万邦"的理念也是一个处理不同邦国、民族之间关系的原则。《尚书·尧典》中说:"百姓昭明,协和万邦。黎民于变时雍。"⑤大意是说,只有以道德教化为本,才能

---

① 中共中央党史和文献研究室、中央学习贯彻习近平新时代中国特色社会主义思想主题教育领导小组办公室编:《习近平新时代中国特色社会主义思想的世界观和方法论专题摘编》,党建读物出版社、中央文献出版社,2023年,第121页。
② 杨天宇撰:《礼记译注》(下),上海古籍出版社,2004年,第691页。
③ 杨伯峻译注:《论语译注》,中华书局,1960年,第7页。
④ 杨天宇撰:《礼记译注》(下),上海古籍出版社,2004年,第710页。
⑤ 王世舜、王翠叶译注:《尚书》,中华书局,2018年,第6页。

做到"协和万邦"。这一原则坚持以道德为本,以"亲亲"为原则,由家族推至邦国。

可以说,必须坚持胸怀天下是中华优秀传统文化的精髓在当代的提升与转化,是中华文化自信的彰显,同时也是中华文化新气象的表征。习近平总书记关于人类命运共同体的构想就集中体现了坚持胸怀天下的实践智慧,是中华智慧的理性运用,生动而深刻地诠释了中华民族为人类谋进步、为世界谋大同的使命担当。

三、"六个必须坚持"对中华思维方式的继承

"六个必须坚持"蕴含和体现了中华优秀传统文化的独特精神、理念和价值。这些"中国智慧"是在中华文明五千多年的历史长河中积淀下来的,是中国人民在长期的社会历史实践、生活经验基础上形成和发展而来的,体现了中华民族特有的思维方式。

关于何谓思维方式的问题,不同学者从不同视角作出了解释。按照蒙培元等人的理解,主要是指人们观察问题、思考问题和解决问题的"最基本最稳定的思维模式和程式"[①]。根据马克思主义的实践观点,思维方式从根本上是由实践方式所决定的,一个社会的实践方式和生活方式决定了一个社会的思维方式。由此,思维方式既是一种相对稳定的关系结构,包括多种要素、多种形式和多种方法,也是依据实践方式的历史性变化而不断获得完善和更新的动态系统。与西方古代社会不同,中国古代社会经历了自然经济形态的发展和完善,以农业生产活动为主导的实践方式使得农耕经济获得了持续不断的发展,进而造就了中华农耕文明和中华文化的持续性发展。

---

① 蒙培元主编:《中国传统哲学思维方式》,浙江人民出版社,1993年,序言第1页。

有中国学者认为,承认并正视中西方思维方式的差异,"既是民族文化自信心的一种体现,也构成了当代中国文化创新的一个基本前提"①。思维方式是一种广义的文化或文明的"内核",把握一个民族或国家的思维方式具有重要的文化意义。有学者指出,思维方式是一种文化体系的"质的规定性",该文化体系中的一切文化因素、文化表现形式或形态都是其思维方式的"载体"。②也有学者强调:"由于思维方式贯穿于一个民族文化和社会实践的各个方面,所以把握了一个民族的思维方式,有助于更加深刻地把握他们的文化特色和本质,有助于进一步深入理解他们的历史和文化各个方面的内在联系,有助于透视这个民族的内在心理特质。"③既然思维方式是中华文化的本质和特色,"六个必须坚持"具有深厚的中华文化底蕴,那么阐释和把握"六个必须坚持"所体现的中华思维方式就是一个具有重要意义的理论和实践问题。我们认为,"六个必须坚持"体现了马克思主义实践的思维方式与中华思维方式的"内在契合",是对中华思维方式的当代继承和时代拓展。

党的二十大报告不仅系统阐述和概括了"六个必须坚持"作为习近平新时代中国特色社会主义思想世界观和方法论的要义,而且也强调指出,要"不断提高战略思维、历史思维、辩证思维、系统思维、创新思维、法治思维、底线思维能力"。"思维方式""思维能力"和"思维方法"是既有差别又有联系的几个概念,思维能力和思维方法是思维方式的表征及构成要素,它们由思维方式所决定,并在一定程度上影响和制约着思维方式。一般来说,思维方式分为哲学思维方式、经验科学思维方式和日常生活思维方式三个层次。在这里,综合学界已有的研究成果,我们进一步从哲学思维方式的层次上挖掘和阐释"六个必须坚持"体现的中国智慧所内含的中华思维方式。

当然,关于中国传统哲学思维方式的研究,中国学界产生了若干重要成

---

① 王南湜:《中西思维方式的差异及其意蕴析论》,《天津社会科学》,2011年第5期。
② 杨楹:《精神的脉络:思维方式的历史研究》,福建人民出版社,2001年,第139页。
③ 刘仲林:《古道今梦——中华精神第一义探索:新思维》,大象出版社,1999年,第6页。

果。比如,张岱年把中华传统文化蕴含的两种传统思维方式特点概括为"辩证思维"和"超思辨的直觉",并把整体观点和矛盾观点都纳入辩证思维之中。又如,蒙培元等人将中国传统哲学最基本的思维方式归纳为五种,即主体思维、辩证思维、整体思维、意象思维、直觉思维,并分别给予了阐释。再如,刘大椿把中西方思维传统大致对应于"系统观"和"还原论"两种具体历史形态,将中国的有机论思维概括为:本体论方面大一统的宇宙观,价值论方面的伦理中心说,方法论方面重视直觉体验和援物比类的趋势。这些思考大都是基于中西方思维方式的对比而对中华传统思维方式作出的阐释和概括,为我们进一步探索和把握"六个必须坚持"所体现的中华思维方式提供了重要资源和参照。不过,"六个必须坚持"不仅继承了中华传统思维方式,而且是与马克思主义的实践思维方式相契合而生成的新时代思维方式。基于这种考虑,我们认为,"六个必须坚持"继承和弘扬了三个最基本的中华思维方式,即有机整体的思维方式、辩证的思维方式和具体理性的思维方式。

(一)有机整体的思维方式

有机整体的观点是指从整体和部分的动态关系和有机生命体的视角看待事物,不仅把事物视为关系和结构的整体,而且把事物视为动态的、过程性的有机总体。运用这种观点看待事物,就体现为有机整体的思维方式。这种思维方式是中华思维方式的基底,集中表现在"生成宇宙论"和"关系性价值论"上。

1.宇宙论被视为中华文明的哲学基础,中国传统哲学的宇宙论强调整体、关系、过程、连续的观点,是一种有机整体主义的宇宙观[①]

以儒家和道家为主的中国传统哲学都持有一种宇宙生成演化的观点,

———————————

① 陈来:《中华文明的核心价值:国学流变与传统价值观》,生活·读书·新知三联书店,2015年,第4页。

并根据这种观点理解自然、社会以及人与自然之间的关系。儒家的经典论述始自《周易·系辞上传》："《易》有太极,是生两仪,两仪生四象,四象生八卦,八卦定吉凶,吉凶生大业。"①尽管《周易》确立了宇宙生成图式,但是其并未对"太极"如何演化生成万物给予说明。老子认为"道"是宇宙的本源,他提出了"道生一,一生二,二生三,三生万物"的宇宙演变模式,但是他并未详细阐述道是如何衍生出万物的。不难看出,无论是作为宇宙本质的"太极"还是"道",都是不借助于外力而自我生成和演变的。后来的哲学家主要用"气"和"阴阳观念"来理解宇宙的结构和生成。在中国哲学传统中,"气"指最细微而流动的、连续性的存在。比如,荀子认为,"气"无间隙地充满宇宙之间。他说,云(即气)"大参天地,德厚尧禹,精微乎毫毛,而大盈乎大宇","充盈大宇而不窕,入郄穴而不逼者与?"②宋代张载说:"气之为物,散入无形,适得吾体;聚为有象,不失吾常。太虚不能无气,气不能不聚而为万物,万物不能不散而为太虚。"③这就是说,气聚则生成有形的万物,气散则化为太虚。他还说:"一物两体,气也。一故神,两故化。"④意思是说,一气之中包含阴阳两个方面,阴阳互动使一气化生万物。朱熹在对周敦颐的《太极图说》进行解释的过程中进一步发展了"太极"和"气"的关系,提出了理气关系论。太极即"天理","总天地万物之理,便是太极"。⑤就天地万物来说,"气"与"理"是一个事物相互依存的两个方面,气是物质性的,理是气和事物的结构和规则,理在气之中,遂太极也在气中。

值得注意的是,中国哲学对宇宙生成演化的"一气流行"的观点离不开"阴阳"观念。《周易》把阴阳作为整个世界的两种基本势力或事物之间对立的两个方面。宇宙最基本的构成要素是阴阳二气,阴阳相互对立、相互作

---

① 黄寿祺、张善文撰:《周易译注》(下),中华书局,2016年,第637页。
② 楼宇烈主撰:《荀子新注》,中华书局,2016年,第521、522页。
③ 张载:《张载集》,章锡琛点校,中华书局,1978年,第7页。
④ 张载:《张载集》,章锡琛点校,中华书局,1978年,第10页。
⑤ 黎靖德编,王星贤点校:《朱子语类》(第六册),中华书局,2020年,第2898页。

用、相互配合使万物化生。总之,中国古代哲学的基本立场是有机整体宇宙论,认为一气充塞于天地宇宙之间,气聚则万物生,气散则化为太虚,气或聚或散的两种状态,使宇宙天地像生命体那样永恒不息地运动和存在。从思维方式的视角看,许多学者一致认为,"宇宙的生成是一个从无形到有形,从无序到有序的过程",这是整体思维在宇宙发生论这个领域里的"必然表现"。①

2.整体生成的宇宙论决定了关系性价值论

所谓关系性价值论是以人为中心的关于人与自然、人与社会、人与人之间关系的伦理意义的观点,体现为知、情、意的一体化思维。"天人合一"命题和"万物一体"的思想集中体现了中国哲学的关系性价值论。

"天人合一"命题中的"天"主要有两种意义:一种是自然之天(大自然或宇宙的运行),另一种是道德或义理之天(宇宙的最高法则和根本价值);"人"主要指人心、人性、人道或人德;"合一"指的是相互有别的两个方面,即天和人既有区别,又有联系(结合、贯通)。②"天人合一"既是有机整体的思维方式在宇宙论上的体现,也是中国传统哲学的基本思维模式。"天人合一"命题将天地宇宙与人理解为统一的整体,从人与宇宙的关系来理解人生的意义和价值。"天人合一"对于天人关系的理解有两种意义:一种是"天人相通",另一种是"天人相类",③真正重要的是前者。天人相通观念指的是天道与人道是一以贯之的,天地宇宙的根本是人伦道德的"根源",人之所以异于禽兽,即在于人的心性与天道相通。比如,孟子说:"尽其心者,知其性也;知其性,则知天矣。"④老子将人的地位视为与天、地、道同等重要:"故道大,天大,地大,人亦大。域中有四大,而人居其一焉。人法地,地法天,天法道,道

---

① 蒙培元主编:《中国传统哲学思维方式》,浙江人民出版社,1993年,第209页。
② 李卓:《"天人合一"观念的哲学基础、古典意蕴与现代价值》,《中国哲学史》,2023年第6期。
③ 张岱年:《中国哲学大纲》,中华书局,2017年,第242页。
④ 杨伯峻译注:《孟子译注》,中华书局,1960年,第278页。

法自然。"①宋代张载说:"天人异用,不足以言诚;天人异知,不足以尽明。所谓诚明者,性与天道不见乎小大之别也。"②即是说,天之用即人之用,天人非异。可见,在"天人合一"的思维模式下,"天"是一切事物包括人存在及其价值的根源,"天道"有化生万物之德,在天、地、人、物、我的有机整体关系中,实现人与自然的和谐,人与人的和谐,人与自身的和谐。陈来指出:"'万物一体'的思想是宇宙关联性最高的伦理体现,它既指示出个人对关联整体的义务,也指示出追求整体的和谐是人的根本目标。"③郭齐勇也认为:"中国人有着对天、天地精神的信仰及对天命的敬畏,并提升自己的境界以'与天地精神相往来'。这种精神上的契合与颖悟,足以使人产生一种个人道德价值的崇高感。由此对天下万物、有情众生之内在价值,油然而生出博大的同情心,进而洞见天地同根,万物一体。儒家立己立人、成己成物、博施济众、仁民爱物之仁心,道家万物与我为一、天籁齐物之宽容,佛家普度众生、悲悯天下之情怀,都是这种精神的结晶。"④

基于上述分析可知,"六个必须坚持"特别是其中的"必须坚持系统观念""必须坚持人民至上"和"必须坚持胸怀天下"体现和继承了中华文化的有机整体的思维方式。坚持系统观念是坚持有机整体思维方式的科学的、具体的表达。中国传统哲学和文化中蕴含的宇宙生成论及"天人合一""万物一体"等思想为系统观念提供了哲学理论基础,"整体性是中国文化最基础也最鲜明的思维特征"⑤。在新时代,坚持系统观念通过全局观点和系统思维方法为我们回答时代和实践的重大问题提供了科学的方法论遵循。⑥坚持人民至上体现了仁者爱人、以民为本的价值观,"天人合一"命题内在包

---

① 陈鼓应:《老子今注今译》,中华书局,2020年,第149页。
② 张载:《张载集》,章锡琛点校,中华书局,1978年,第20页。
③ 陈来:《中华文明的核心价值:国学流变与传统价值观》,生活·读书·新知三联书店,2015年,第32~33页。
④ 郭齐勇:《中国文化精神的特质》,生活·读书·新知三联书店,2018年,第81~82页。
⑤ 辛鸣:《系统观念的方法论意蕴与运用》,《马克思主义哲学》,2022年第4期。
⑥ 范冬萍:《系统观念的方法论价值和实践意义》,《人民论坛》,2023年第16期。

含着"天人合德,参赞化育"的思想,"参"意味着人积极参与宇宙的生化,赞助天地的生化。天有生生之德,人德合于天德,所以人要以仁心爱物、爱亲人、爱一切人。"人的仁心与万物感通,有仁心自然就有参赞化育的心,就会自觉辅相自然物的生化发育,弥补天地生物的缺憾和不足,即'与天地参'。"[1]在这种意义上,"坚持人民至上"体现了关系性价值论。同样,坚持胸怀天下,具体体现了万物并行不悖的普遍和谐思想,可以被视为有机整体的思维方式在价值论上的反映。

(二)辩证的思维方式

一些哲学家和文化学家认为,与西方实体论的或分析的思维方式不同,中国传统哲学或中国传统文化持有一种辩证的思维方式。这种辩证的思维方式是指:"主体按照辩证法则进行思维,在理论上反映和把握客观世界的方式。它的基本特征,是从事物的有机联系、对立面的统一和斗争,及其运动、变化和发展中,去反映和把握事物。"[2]尽管辩证的思维方式并非中华文化独有的思维方式,但是它是一种最基本的、具有民族特色的中华思维方式。其中,阴阳观念、变易观念和天人合一观念都是辩证的思维方式的中国表达。

1.中国古代的阴阳观念就是一种从矛盾关系中理解和把握事物的辩证思维方式

矛盾即是对立统一,包括两个不可分割的方面:从对立中把握统一(合二为一),从统一中把握对立(一分为二)。在中国传统哲学中,最能体现矛盾的术语就是"阴阳"。根据陈来的观点,"阴阳"的观念最早出现在西周初年,其最初含义指日光照射的向背,向日为阳,背日为阴;最著名的论断则是《周易》中的"一阴一阳之谓道",其把阴阳的对立和交互作用视为宇宙变化

---

① 李卓:《"天人合一"观念的哲学基础、古典意蕴与现代价值》,《中国哲学史》,2023年第6期。
② 蒙培元主编:《中国传统哲学思维方式》,浙江人民出版社,1993年,第86页。

的法则。西周末期,一些思想家开始将阴阳与气的观念结合起来解释宇宙的生成变化。道家老子明确用阴阳来说明万物的构成,认为任何事物都是阴阳的对立统一体,阴气、阳气与冲气相结合化生万物,庄子和荀子都有这样的说法。汉代以后,阴阳观念成为中国哲学的基本特征。陈来指出:"在汉代思想当中,阴阳、五行、四时都是天地之气的不同分化形式形态,同时阴阳与五行、四时、五方、五色、五味等有高度的关联性,由此发展出一套关联宇宙图式的建构。"[1]后来,宋代儒者尤其依赖《周易》的阴阳观念来说明世界的演化过程。可以说,阴阳相互对立、交互作用、相互转化所构成的动态整体变化,不仅表现在宇宙论中,而且影响中华文明的各个方面。

2.与阴阳观念紧密相关,变易观念也构成了中华辩证思维方式的另一个面向

前面论述过,在中国哲学传统中,《周易》确立了运动变化、生生不息的宇宙观,蕴含着中华民族特有的"变易"思维。典型的论述是:"《易》之为书也,不可远,为道也屡迁。变动不居,周流六虚,上下无常,刚柔相易,不可为典要,唯变所适。"[2]"易"即变化的意思,宇宙世界乃至万事万物无常驻,变易乃是事物存在的基本方式,所以人也要求变通,以适应事物的变化发展。尽管宇宙和万物都是变易的存在,但是这种变化不是缺乏确定性的,也不是没有方向的。《系辞上传》中说:"富有之谓大业,日新之谓盛德。生生之谓易。"[3]这意味着,宇宙天地的普遍法则是"德","德"之体现即为"生",宇宙的变化内容是"生生",变易的本质是"革新",所以宇宙万物的变易生长是充满生机和活力的。

显然,这种变易观念是内生的,而不是外在的,并且与阴阳观念紧密相

---

① 陈来:《中华文明的核心价值:国学流变与传统价值观》,生活·读书·新知三联书店,2015年,第16页。

② 黄寿祺、张善文撰:《周易译注》(下),中华书局,2016年,第681页。

③ 黄寿祺、张善文撰:《周易译注》(下),中华书局,2016年,第617页。

关。这在宋代儒学中得到了集中阐释,比如,周敦颐说:"二气交感,化生万物。万物生生而变化无穷焉。"天道生生化育万物,乃是阴阳二气相互作用的过程和结果。程颢说:"'生生之谓易',是天之所以为道也。天只是以生为道。"他又说:"'天地之大德曰生','天地缊缊,万物化醇','生之谓性',万物之生意最可观。"①陈来认为,《周易》的哲学是中华文明自己的哲学之根,"生成是自己的生成,阴阳、五行的相互作用就是生成的基本机制,而不是由自然界之外的主宰者的创造或外来推动力一下子造成的东西。绝对不变的实体是不存在的。从这里,我们才能更深刻地理解牟复礼提出的中华文明缺少创世神话的问题,确实在本质上是一个关乎思维方式的问题"②。当然,中国传统哲学的变易观念还包含着极为丰富的思想内容,比如,"变"与"常"是统一的,变易是循环的,等等。但是其要义则是,宇宙万物不仅是生生不息、变易不止的,并且"生生""变易"是由阴阳的对立统一、相互作用导致的。

3."天地之间,人为贵"蕴含着"人"与"天地"的对立统一关系,体现了中华辩证的思维方式

如前所述,《周易》把人与天、地相提并论,确立了天、地、人三才的思维模式:"《易》之为书也,广大悉备;有天道焉,有人道焉,有地道焉。兼三才而两之,故六。六者非它也,三才之道也。"③天地有"生"之大"德",那么人道就要顺应天地之道,"赞天地之化育"。在天、地、人的关系模式中,"天人合一"思想,一方面是指人与天地有区别,各有功能和作用,不能相互取代;另一方面是指,人要效法天地,与天地和谐、呼应、互补。在蒙培元等人看来,中国传统辩证思维有变易、变革的一面,即承认矛盾的对立和转化,但是也有"保守"的一面,即强调矛盾的统一一面,在价值取向上,注重"肯定矛盾的和

① 张岱年:《张岱年全集》(第四卷),河北人民出版社,1996年,第572页。
② 陈来:《中华文明的核心价值:国学流变与传统价值观》,生活·读书·新知三联书店,2015年,第22~23页。
③ 黄寿祺、张善文撰:《周易译注》(下),中华书局,2016年,第687页。

谐"。这表现在对待天人关系和人与人的关系上，在天人关系上，重在"天人合一"，在人与人之间的关系上，讲求"和为贵"。①这种分析是有道理的，这意味着，我们要以辩证的观点看待中华辩证思维方式本身。

必须指出的是，中国传统哲学与马克思主义哲学具有内在契合性和会通性，辩证的思维方式便是使二者得以会通和契合的一个桥梁。众所周知，马克思主义理论是一种致力于改造世界的科学理论，是面向时代和问题不断发展的开放学说，具有与时俱进的理论品格。马克思主义在指导中国革命、建设和改革的过程中，形成了一系列马克思主义中国化时代化的理论成果。毛泽东思想作为马克思主义中国化时代化的第一次历史性飞跃，就是马克思列宁主义基本原理同中国具体实际、同中华优秀传统文化相结合的产物。毛泽东的辩证法思想特别是矛盾的"精髓"思想及主要矛盾和次要矛盾、矛盾的主要方面和次要方面等理论具有深厚的中华文化底蕴，是马克思主义辩证思维方式和中华辩证思维方式相融合与会通的结果。在新的历史方位上，习近平新时代中国特色社会主义思想作为马克思主义中国化时代化的新的飞跃，是中华文化和中国精神的时代精华，是马克思主义辩证思维方式和中华思维方式的深度融合和时代升华。"六个必须坚持"中的"必须坚持问题导向""必须坚持自信自立"和"必须坚持守正创新"都在不同程度上继承和体现了中华辩证的思维方式。从辩证的思维方式看，"必须坚持问题导向"就是对中国传统哲学中的矛盾观点和矛盾分析法的时代升华；"必须坚持自信自立"体现了中华民族生生不息、自强自立的民族精神传统，是"变易生生"思维方式和革故鼎新创新精神的民族表征；"必须坚持守正创新"不仅体现和弘扬了中华辩证的思维方式中的变易日新的精神和传统，而且体现了"变"与"常"、"持经"与"达变"的对立统一关系。

---

① 蒙培元主编：《中国传统哲学思维方式》，浙江人民出版社，1993年，第88页。

（三）具体理性的思维方式

一般认为，中西方思维方式存在着显著差异，与西方哲学和文化重视抽象理性和概念思维不同，中国哲学和文化则重视经验和实践，通过将直觉、体悟与理智相结合的方式把握宇宙、事物和人生。其中，比较有代表性的观点有：王树人认为，中国思维方式是"象思维"，西方思维方式是"概念思维"；刘长林把中国人特有的思维方式称为"意象思维"，把西方思维方式则称为"抽象思维"；蒙培元等人认为，与西方哲学的思辨性思维不同，中国传统哲学的思维方式是"实践型的"，此外，他们还讨论了意象思维和直觉思维。在吸收和借鉴学界已有的研究成果基础上，我们认为，从主体与对象的关系视角看，西方哲学偏重主体与客体的二分，认为主体通过概念、判断和推理实现对客体的理性认知，在这种意义上，西方持有思辨理性的思维方式，兼具概念思维和抽象思维的特点。相比之下，中国传统哲学从天人合一、万物一体出发把握天地宇宙万物和人的关系，注重感性经验和生活实践，倾向于借助直接经验和修习的体悟，实现对事物和对象的认知和把握。所以中国传统哲学的思维方式不是"非理性的"和"反理性的"，而是异于"思辨理性"的"实践理性"，异于"抽象理性"的"具体理性"。郭齐勇认为，中国的理性是"具体的理性"，与西方理性主义强调人的抽象和演绎的理性能力不同，中国哲学家承认人是理性的，可以对"道"或"实在"进行认识和把握，但是把握的方式是通过直接的经验展开。他说："中国哲学所展示的具体理性，无论是在认识实践的层面，还是在伦理政治甚至本体论的层面，始终不与经验相离。"①概括地说，所谓"具体理性的思维方式"是指一种基于生活经验把物与我、直觉与理智相贯通的动态综合型思维方式。"具体理性的思维方式"典型地体现于"知行合一"思想及"感性体验"的智慧之中，构成了一种基本的中

---

① 郭齐勇：《中国文化精神的特质》，生活·读书·新知三联书店，2018年，第90页。

华思维方式。

1.由有机整体的宇宙论所决定,中国传统哲学在知行关系上持有一种动态综合的观点

"知行合一"命题集中表达了知与行之间的统一性,这一命题在宋明儒学那里得到了系统阐发。"行"即行动、实践或践履,"知"即致知,通过认识获得知识和德性修养。朱熹认为"致知"是为了探求事物之"理":"所谓'致知在格物'者,言欲致吾之知,在即物而穷其理也。盖人心之灵莫不有知,而天下之物莫不有理,惟于理有未穷,故其知有不尽也。"①"理"既指"义理",即道德准则,又指事物的事理,以及形而上学的天理。知行虽然有先后、轻重之分,但是二者从根本上是不可分离的,是获得道德完善和人格修养的必要条件。之后,王阳明指出,致知就是人心"自然获得道德意识",不必假求于外。他说:"知是心之本体,心自然会知,见父自然知孝,见兄自然知悌,见孺子入井,自然知恻隐,此便是良知,不假外求。"②在知行关系上,王阳明也主张知行不可分:"某尝说知是行的主意,行是知的功夫,知是行之始,行是知之成。若会得时,只说一个知,已自有行在。只说一个行,已自有知在。"③这就是说,知行是一体的。他又说:"知之真切笃实处,便是行;行之明觉精察处,便是知。知行功夫,本不可离。"④郭齐勇概括地指出:"在朱熹、王阳明和王夫之的知行统合观中,我们可以知道,中国哲学家的行为方式是理想与理性的统一,价值与事实的统一,理论理性与实践理性的统一。他们各自强调的侧面或有所不同,但把价值理想现实化,实践出来,而且从自我修养做起,落实在自己的行为上,完全出自于一种自觉、自愿、自由、自律,这是颇值得称道的。"⑤

---

① 朱熹撰,李申译:《四书章句集注今释》,中华书局,2020年,第19页。
② 陈荣捷:《王阳明〈传习录〉详注集评》,重庆出版社,2017年,第31页。
③ 陈荣捷:《王阳明〈传习录〉详注集评》,重庆出版社,2017年,第26页。
④ 陈荣捷:《王阳明〈传习录〉详注集评》,重庆出版社,2017年,第133页。
⑤ 郭齐勇:《中华文化精神的特质》,生活·读书·新知三联书店,2018年,第94页。

2.在中国传统哲学中，无论是天人关系、物我关系，还是知行关系，都不是纯粹认识论意义上的，而是价值论意义上的

中国传统哲学不是依靠抽象概念和逻辑论证去把握主体与对象/客体之间的关系，而是借助于主体的经验、直觉、体悟等方式去灵活地、动态地把握事物。这意味着，主体对于天道、事物的把握不是超脱于生活世界之外的理性分析，而是在日常生活实践中透视和体察宇宙生命和人生的道理。这是一些学者用"象思维"或"直觉思维"来描述中国思维方式特点的原因。就像有学者指出的那样，中国的"象思维"之"象"，与所把握的事物之间处于同一个层面上，"其所想象的生活理想也就不可能决然地超越于现实生活，而只可能是与现实生活处于同一层面的一种可能的理想状态"①。把握"象思维"或"直觉思维"的关键是：一方面，从对象、客体或事物方面看，"象思维"把握的"单元"是"象"，也即"动态的整体"而非"孤立的、抽象的实体"；从主体方面看，"象思维"的主体也不是抽象的理性主体和认识能力，而是将诸感觉、体悟和精神意象统合为一体的主体。因此，这不仅是一种反映在"象语言"上的思维方式，而且是一种以生活经验、道德实践和灵性感知为基础的中国智慧。在这种意义上，郭齐勇称以《周易》为代表的"象数思维"是一种奇特的思维方式。他说："这一思维方法主张取象比类，触类旁通；阴阳平衡，刚柔调和；注重生命节律，肯定周期、序列、整体综合与统筹。'它不只提供一种思维形式，同时诱导思维内容，它是思维内容同思维形式紧密结合的一种奇特的思维方式。'"②可以说，无论是《周易》，还是后来的儒释道都持有通过感性体悟或直觉而把握宇宙人生的根据的思想。这种感性体悟的思维方式不仅出现在中国传统哲学中，而且贯通于中国传统文化的方方面面，尤其体现在中医学之中。

在中西哲学思维方式比较的视域下，所谓"中华具体理性的思维方式"

---

① 王南湜：《中西思维方式的差异及其意蕴析论》，《天津社会科学》，2011年第5期。
② 郭齐勇：《中华文化精神的特质》，生活·读书·新知三联书店，2018年，第91页。

强调的是,中国哲学的特点不是以"纯粹的理论建构为目的"的思辨型,而是以"人的生存和安身立命为目的"的实践型;不是以非理性或反理性的方式把握宇宙生命和人生,而是以情感体验和道德理性相贯通的方式把握宇宙生命和人生;不是以超越对象、宇宙、事物的方式把握人与对象、宇宙、事物的关系,而是从内在生命过程出发体验对象、宇宙、事物并与之达成和谐一致的关系;不是通过将事物隔离于人的价值、态度的方式把握事物和对象,而是以事实与价值相统一的方式来把握对象与事物。当然,在中国哲学和文化传统中,尽管具体理性的思维方式不能完全脱离有机整体的思维方式和辩证的思维方式而得到孤立的理解,但是它的确构成了中华文化的一种基本思维模式。基于此,"六个必须坚持"中的"必须坚持问题导向"和"必须坚持守正创新"不仅体现了辩证的思维方式,而且蕴含着中国具体理性的思维方式。坚持问题导向中的"问题"不仅指"真问题",而且指"实践中的问题",蕴含着将主体的观念、理论、态度、感悟应用于实际问题给予解答的思维方法和智慧。坚持守正创新意味着,在面对实践过程中,不仅要从实际出发,坚持原则把握方向,而且要权衡利弊、采取灵活变通的方法,恰当处理和解决问题。这是由儒家的"持经达变说"所指明的思维方法和处世智慧。坚持守正就是坚持正道,坚守原则和规范,坚守方向不动摇,而坚持创新就是要求革新,在面对具体问题时,要具体分析情况,灵活变通地解决,才能推陈出新,不断推动社会发展和进步。

总的来说,"六个必须坚持"继承和体现了上述三种最基本的中华思维方式。尽管思维方式是一种文化或文明的"内核",但是文化或文明也是有传承和发展的,因而文明或文化的发展面临着传统和现代性的张力关系问题,由此牵涉思维方式是否发生变化的问题。对于中华文化来说,尽管它是世界上唯一未中断的文化,但是自近代西方科学和文化传入以后,中国传统文化发生了变化,遭遇了中西文化的碰撞和融合发展。那么这种文化的碰撞、交流和融合是否会影响思维方式的变化呢?对此,有学者提出了"本源性思维方式"和"实用性思维方式"的区分,这是非常富有启发性的。王南湜指出:"所谓思维,可以一般地理解为一种对于世界的象征性把握;而所谓思维方式则是指一种文化所特有的象征性地把握世界之方式。因而,所谓的本源性思维方式,是指一种文化之象征性地把握世界的基本或核心构架;而所谓的实用性思维方式,则是指基于这种基本或核心构架而敷设的象征性地把握现实生活的具体方式。"①这就是说,在中西方文化的碰撞和融合发展中,一个民族或国家中人们的现实社会生活的变化会导致与现实生活紧密相关的"实用性思维方式"发生改变,但是由于本源性思维方式与一个民族的"文化理想"内在地关联在一起,所以即使生存方式和现实生活发生了变化,该民族或国家的"本源性的思维方式"也不会发生改变。应当说,有机整体的思维方式、辩证的思维方式和具体理性的思维方式就是中华民族或中华文化的"本源性的思维方式",正是在这种意义上,"六个必须坚持"继承和弘扬了中华优秀传统文化的精髓和智慧,是对中华思维方式的当代继承和发展。

四、贯彻"两个结合",推动中华优秀传统文化的创造性转化、创新性发展

习近平总书记在庆祝中国共产党成立100周年大会上的讲话中,首次从理论上提炼出"坚持把马克思主义基本原理同中国具体实际相结合、同中华优秀传统文化相结合"的论断,得出了这一规律性认识。党的二十大报告深刻阐明了"两个结合"的科学内涵和重大意义,并首次明确将习近平新时代中国特色社会主义思想的立场观点方法概括为"六个必须坚持",无论是"两

---

① 王南湜:《中西思维方式的差异及其意蕴析论》,《天津社会科学》,2011年第5期。

个结合"的论断还是"六个必须坚持"的概括,都是新时代的原创性理论贡献。习近平新时代中国特色社会主义思想是马克思主义中国化时代化的新的飞跃,是"两个结合"的最新理论成果。"六个必须坚持"作为习近平新时代中国特色社会主义思想的"精髓"和"灵魂",高度集中体现了马克思主义"魂脉"和中华优秀传统文化"根脉"相融合、贯通的结晶。学习和贯彻习近平新时代中国特色社会主义思想,必须坚持"六个必须坚持"的指导地位,贯彻"两个结合",正确处理传统文化和当代文化的关系,积极推动中华优秀传统文化的创造性转化、创新性发展,创造中国式现代化的文化形态,建设中华文明的当代形态。

(一)坚持"六个必须坚持"的指导地位

习近平总书记在二十届中央政治局第一次集体学习时的讲话中指出:"科学的世界观和方法论是我们研究问题、解决问题的'总钥匙'。……只有深刻领会'两个结合'、'六个必须坚持',才能深刻理解党的二十大精神,在面对各种矛盾问题和重大风险挑战时始终做到方向明确、头脑清醒、应对有方、行动有力。"①在深刻理解"两个结合"的历史实践基础上把握"两个结合"的最新理论成果,就要深刻理解"六个必须坚持"和"两个结合"的内在关联。坚持"六个必须坚持"的指导地位,具有重大理论和实践意义。

1.坚持"六个必须坚持"的指导地位,是贯彻和践行"两个结合"的必然要求

马克思主义理论是科学性和革命性相统一的理论,具有科学的世界观和方法论基础,即辩证唯物主义和历史唯物主义。科学的世界观和方法论是指导人们认识世界、改造世界的强大思想武器。"六个必须坚持"作为习近平新时代中国特色社会主义思想的"灵魂",是新时代指导我们进行社会主义

---

① 习近平:《在二十届中央政治局第一次集体学习时的讲话》,《求是》,2023年第2期。

现代化建设和实现中华民族伟大复兴的强大思想武器,也是我们理解和把握新时代的"两个结合"理论成果的"总钥匙"。一方面,"六个必须坚持"是立场观点方法的统一体,贯穿于习近平新时代中国特色社会主义思想的各个方面,为我们掌握新时代的指导思想提供了"钥匙";另一方面,"六个必须坚持"是对"两个结合"的实践进程及其理论成果的高度凝练和理论升华。马克思主义中国化时代化的发展进程就是"两个结合"的实践进程的理论表征。掌握"六个必须坚持"就掌握了马克思主义中国化时代化的"密码"。

2.坚持"六个必须坚持"的指导地位,是坚持和发展马克思主义理论的必由之路

马克思主义是不断发展的、开放的理论,始终站在时代前沿。自马克思主义传入中国,为中国人民带来了科学的世界观和方法论,中国共产党人运用辩证唯物主义和历史唯物主义的世界观和方法论指导中国的革命、建设和改革,不断回答时代和实践提出的问题,形成了一系列马克思主义中国化时代化的理论成果。习近平总书记在党的二十大报告中明确指出:"马克思主义是我们立党立国、兴党兴国的根本指导思想。实践告诉我们,中国共产党为什么能,中国特色社会主义为什么好,归根到底是马克思主义行,是中国化时代化的马克思主义行。"[①]这就是说,坚持和发展马克思主义,必须同中国具体实际相结合,必须同中华优秀传统文化相结合。"六个必须坚持"是当代中国的马克思主义、21世纪的马克思主义的世界观和方法论,只有以"六个必须坚持"为指引,贯彻"两个结合",才能不断推进马克思主义中国化时代化,始终保持马克思主义的蓬勃生机和旺盛活力。

3.坚持"六个必须坚持"的指导地位,是坚持和发展中国特色社会主义道路的必要前提

马克思主义理论是实践的理论,指引着人民改造世界的行动。中国特

---

① 习近平:《高举中国特色社会主义伟大旗帜　为全面建设社会主义现代化国家而团结奋斗—— 在中国共产党第二十次全国代表大会上的报告》,人民出版社,2022年,第16页。

色社会主义道路就是中国共产党在马克思主义指导下开创的。在文化传承发展座谈会上的讲话中,习近平总书记深刻论述了"两个结合"对于开辟和发展中国特色社会主义事业的重大意义:"在五千多年中华文明深厚基础上开辟和发展中国特色社会主义,把马克思主义基本原理同中国具体实际、同中华优秀传统文化相结合是必由之路。这是我们在探索中国特色社会主义道路中得出的规律性认识。"[①]特别是"第二个结合",即"坚持马克思主义基本原理与中华优秀传统文化相结合",筑牢了中国特色社会主义的道路根基,指明了中国特色社会主义道路的"中华文化根基";"第二个结合"也打开了中国特色社会主义的创新空间,必将为中国特色社会主义事业的发展提供文化力量和精神支撑。"六个必须坚持"从多个维度展现了中国智慧,蕴含着最根本的中华思维方式,体现了中国人和中华民族特有的世界观和思维方式。因此,坚持"六个必须坚持"的指导地位,是坚持和发展中国特色社会主义道路的基础和前提,是不断推进实践创新的必要前提。

(二)正确处理传统文化与当代文化的关系

前面论述过,自党的十八大以来,习近平总书记结合新时代的实践和问题,作出了一系列有关中华优秀传统文化的重要指示,不仅提出要大力继承和弘扬中华优秀传统文化,而且对中华优秀传统文化的理解和认识又上升到了新的高度。习近平总书记强调:"要使中华民族最基本的文化基因与当代文化相适应、与现代社会相协调,以人们喜闻乐见、具有广泛参与性的方式推广开来,把跨越时空、超越国度、富有永恒魅力、具有当代价值的文化精神弘扬起来,把继承传统优秀文化又弘扬时代精神、立足本国又面向世界的当代中国文化创新成果传播出去。"[②]党的二十大报告在论述"第二个结合"

---

① 习近平:《在文化传承发展座谈会上的讲话》,人民出版社,2023年,第5页。
② 中共中央文献研究室编:《习近平关于社会主义文化建设论述摘编》,中央文献出版社,2017年,第201页。

时,强调要"把马克思主义思想精髓同中华优秀传统文化精华贯通起来、同人民群众日用而不觉的共同价值观念融通起来"①。习近平新时代中国特色社会主义思想是坚持"两个结合"的最新理论成果,是当代中国马克思主义、21世纪马克思主义,是中华文化和中国精神的时代精华。深入贯彻"两个结合",就必须正确处理好传统文化与当代文化、现代社会的关系。

1.立足中国特色社会主义伟大实践和中国式现代化建设事业,从实践和问题出发传承和弘扬中华优秀传统文化,就要积极发挥中华优秀传统文化的价值理念和规范引导意义

中华优秀传统文化是中华民族的根与魂,没有中华优秀传统文化,就没有成功的中国特色社会主义道路。习近平总书记在党的十九大报告中指出:"中国特色社会主义文化,源自于中华民族五千多年文明历史所孕育的中华优秀传统文化,熔铸于党领导人民在革命、建设、改革中创造的革命文化和社会主义先进文化,植根于中国特色社会主义伟大实践。"②新时代以来,中国特色社会主义事业在经济、政治、文化等各领域各方面取得了突破性进展,产生了一系列标志性成果,迈上了全面建设社会主义现代化国家的新征程。党的二十大报告庄严宣告:"从现在起,中国共产党的中心任务就是团结带领全国各族人民全面建成社会主义现代化强国、实现第二个百年奋斗目标,以中国式现代化全面推进中华民族伟大复兴。"③可见,当代中国的最大实践就是推进中国式现代化建设事业,传承好和弘扬好中华优秀传统文化必须立足这个实践,从推进中国式现代化进程所面临的实际问题出发。党的二十大报告还指出,"中国式现代化是物质文明与精神文明相协调的现代化",中国自改革开放和社会主义现代化建设以来,社会生产力和经

---

① 习近平:《高举中国特色社会主义伟大旗帜 为全面建设社会主义现代化国家而团结奋斗——在中国共产党第二十次全国代表大会上的报告》,人民出版社,2022年,第18页。

② 《习近平谈治国理政》(第三卷),外文出版社,2020年,第32页。

③ 习近平:《高举中国特色社会主义伟大旗帜 为全面建设社会主义现代化国家而团结奋斗——在中国共产党第二十次全国代表大会上的报告》,人民出版社,2022年,第21页。

济社会获得了快速发展,人民过上了物质富足的生活,但是国家的精神文化发展还相对落后,没有达到与物质发展水平相适应的水平,面临着文化发展和精神文明建设等方面的问题。中国特色社会主义的文化包括中华优秀传统文化、革命文化和社会主义先进文化,中华优秀传统文化不仅是当代中国文化的构成部分,而且对革命文化和社会主义先进文化有着深刻影响,是"当代文化的精神内核"①。因此,必须重视传承和弘扬中华优秀传统文化,利用好、发挥好其价值引导功能,用优秀的传统文化精神和价值理念与社会主义先进文化一起去矫正现代社会中存在的道德及价值观念弊病,促进社会的健康发展,提升社会主义精神文明建设的水平。概言之,只有将传承和发展中华优秀传统文化根植于中国式现代化的实践过程中,融入中国特色社会主义的发展实践中,才能将中华优秀传统文化的精髓与新时代的特点相融合和贯通。

2.使中华优秀传统文化与当代中国的市场经济建设、民主政治建设、社会建设、生态文明建设相适应、相协调,为当今中国的经济社会发展服务

狭义的当代文化是指观念文化,而广义的文化则渗透在物质和制度之中。陈来指出:"当代文化指的是社会主义市场经济、民主制度、先进文化、社会治理等。传统文化需要与之相协调、适应,才能为今天的社会服务。"②这意味着,传承、弘扬和创造性发展中华优秀传统文化,必须使其符合、适应现代市场经济建设、民主政治建设、社会建设及生态文明建设的要求。习近平总书记指出:"怎样对待本国历史? 怎样对待本国传统文化? 这是任何国家在实现现代化过程中都必须解决好的问题。""我们要对传统文化进行科学分析,对有益的东西、好的东西予以继承和发扬,对负面的、不好的东西加以抵御和克服,取其精华、去其糟粕,而不能采取全盘接受或者全盘抛弃的绝

---

① 储峰:《新时代中国文化自信之传统文化底蕴》,人民出版社,2023年,第135页。
② 陈来:《守望传统的价值:陈来二十年访谈录》,中华书局,2018年,第212页。

对主义态度。"①

　　从市场经济建设来看,我们需要对中华传统文化给予现代性转换,传承和弘扬其中的积极因素、克服其中的消极因素,从而为市场经济建设服务。比如,就儒家传统的"义利观"来说,一方面,"重义轻利"的义利观主张重视道德价值,兼顾道德和利益,有利于克服市场主体纯粹追逐利益的极化倾向,因而应当把儒家义利观升华为新型的社会主义义利观,以此解决市场条件下的义利矛盾,满足社会主义市场经济体制的客观需要。②另一方面,传统的"义利观"所蕴含的重农抑商思想有悖于市场经济的原则和目的,是需要扬弃的消极观念。从民主政治建设看,党的二十大报告将"发展全过程人民民主"视为中国式现代化的一个本质要求,并把"全过程人民民主制度更加健全"作为到2035年基本实现社会主义现代化的目标。协商民主是实现全过程人民民主的重要形式,也为发展全过程人民民主提供了制度支撑。中华优秀传统文化中蕴含着丰富的协商思想,其中的"和合""民本""议事"等思想与当代协商民主的内涵要素具有高度契合性,构成了中国社会主义协商民主建构的文化"根脉"。③再比如,"德法并重"的思想对于建立社会主义法治国家和推进民主法治建设均有启示和借鉴作用。从社会治理和社会建设看,党的十六届四中全会明确提出"构建社会主义和谐社会"。在中国传统政治文化中,孔子的"和为贵"、墨子的"兼相爱"、孟子的"与民同乐"以及荀子的"平政爱民"等社会和谐思想,为构建中国社会主义和谐社会观念提供了宝贵的思想和文化源泉。不可否认,"社会和谐"的提出就是中国共

---

① 中共中央党史和文献研究室、中央学习贯彻习近平新时代中国特色社会主义思想主题教育领导小组办公室编:《习近平新时代中国特色社会主义思想的世界观和方法论专题摘编》,党建读物出版社、中央文献出版社,2023年,第50页。

② 魏世梅、贺利平:《儒家和谐观的转换与建构》,中国社会科学出版社,2009年,第231~234页。

③ 廖清成、罗家为:《中国协商民主的文化渊源、制度创新与逻辑进路》,《江西社会科学》,2021年第2期。

产党批判性地继承中华传统文化中"和谐社会"思想的智慧结晶。[①]新时代以来,习近平总书记指出:"加强和创新社会治理,关键在体制创新,核心是人,只有人与人和谐相处,社会才会安定有序。""治理和管理一字之差,体现的是系统治理、依法治理、源头治理、综合施策。"[②]国家治理的一个重要内容就是社会治理和社会建设,中华优秀传统文化中蕴含着"民为邦本"等丰富的治国理政智慧,是我们进行社会治理和社会建设的有益资源。从生态文明建设来看,中华优秀传统文化中蕴含的"天人合一"观念为"绿色发展"提供了文化和观念基础,为引导高质量发展提供了价值指引。总之,在当今时代,中国传统文化中的许多精神、理念和原则仍然是有意义的,需要我们继承和弘扬,但是这种继承和弘扬的前提是将其与现时代的发展相结合、相协调。

3. 坚持以人民为中心,以群众喜闻乐见的方式积极推动文化产业的繁荣发展

2013年2月,习近平总书记在党的十八届二中全会第一次全体会议上的讲话中指出:"加强公共文化服务体系建设,推进文化体制改革,深化公益性文化事业单位改革。加快发展文化产业,提高文化产业规模化、集约化、专业化水平。组织开展多种形式的面向基层的文化活动和全民健身运动,着力丰富群众文化生活。"[③]2013年8月,在全国宣传思想工作会议上的讲话中,习近平总书记又强调:"要在继续大胆推进改革、推动文化事业全面繁荣和文化产业快速发展、建设社会主义文化强国的同时,把握好意识形态属性和产业属性、社会效益和经济效益的关系,始终坚持社会主义先进文化前进方向,始终把社会效益放在首位。"[④]2016年10月,在党的十八届六中全会第一

---

① 李国士:《中华智慧——传统与现代》,陕西师范大学出版社,2005年,第479~480页。

② 习近平:《论坚持全面深化改革》,中央文献出版社,2018年,第95页。

③ 中共中央文献研究室编:《习近平关于社会主义文化建设论述摘编》,中央文献出版社,2017年,第185页。

④ 中共中央文献研究室编:《习近平关于社会主义文化建设论述摘编》,中央文献出版社,2017年,第185页。

次全体会议上关于中央政治局工作的报告中,习近平总书记进一步指出:"推进文化体制改革,加快文化事业和文化产业发展。繁荣发展社会主义文艺,推进'深入生活、扎根人民'主题实践活动。完善促进基本公共文化服务标准化均等化发展等体制机制。实施中华文化传承工程。"①党的二十大报告第八部分的主题为"推进文化自信自强,铸就社会主义文化新辉煌"。其中,第四部分集中论述了以人民为中心繁荣发展文化事业和文化产业的指导思想。这些论述表明,党和国家充分认识到,加快文化产业建设对于发展社会主义文化和推进文化自信的重要意义,从而明确规划了中国特色社会主义文化产业的未来发展方向。

文化产业是从文化和产业交互视角进行融合发展的一种特殊产业,是以文化产品和服务的生产、消费为核心的经济活动;由于文化产品和服务不同于其他市场商品,文化产业既具有经济性又具有精神性和文化性。

首先,推动文化产业的发展是提升国家文化软实力建设的重要内容。文化产业作为产业经济的一个重要支柱,不仅有利于推动经济的发展,而且有利于提升国家的文化软实力。文化产品具有精神性,蕴含着社会共同追求的价值,能够对大众的思想和行为产生潜移默化的影响和引导。文化产业包含诸多丰富内容,比如,推动国家文化数字化战略,实施文化惠民工程,实施重大文化产业项目,文物和文化遗产保护,加强统筹城乡文化建设,推进文化和旅游深度融合发展,以及推进体育强国建设,等等。这些内容的发展是建设中国特色社会主义精神文明的重要手段,是提升国家文化软实力的重要途径,能够满足人民日益增长的文化需求和美好生活需要。

其次,推动文化产业的发展是继承和弘扬中华优秀传统文化的重要途径。文化产业不仅具有经济效益,而且具有社会效益,是面向人民大众的,具有公共性特征。文化产品和服务所蕴含的价值理念和道德规范能够以人

---

① 中共中央文献研究室编:《习近平关于社会主义文化建设论述摘编》,中央文献出版社,2017年,第191~192页。

民群众乐于接受的方式渗透和影响人们的日常生活,从而产生无形的精神和价值力量。推动中华优秀传统文化的创造性转化和创新性发展,将传统文化赋予现代内涵,以智能化、数字化的方式将中华优秀传统文化和中华传统美德中的价值、理念和精神加以推广、普及,不仅能够传承和弘扬中华优秀传统文化,而且能够彰显中华优秀传统文化的独特魅力和吸引力。

最后,推动文化产业的发展是促进当代中国文化成果传播的有力方式。中华传统文化博大精深,通过发展文化产业无疑将有利于增强中华文化的世界影响力。文化产业具有强大的传播能力,积极推动文化产品的输出,让当代中国文化产品和成果走出国门、走向世界,是彰显中国文化自信和建设中国特色社会主义文化强国的重要途径。

(三)推动"第二个结合",建设中华文明的当代形态

继党的二十大报告对"两个结合"的科学内涵作出更加具体的论述之后,习近平总书记在文化传承发展座谈会上的讲话中进一步系统和集中论述了"两个结合"的内在联系,尤其对"第二个结合"的内涵和重大意义进行了深入阐述。他指出,"两个结合"是中国共产党带领人民"在探索中国特色社会主义道路中得出的规律性认识",是"我们取得成功的最大法宝"。他还指出,"'第二个结合'是又一次的思想解放","在新的起点上继续推动文化繁荣、建设文化强国、建设中华民族现代文明,是我们在新时代新的文化使命"。①新时代的文化使命要求我们,必须在坚持"六个必须坚持"的基础上,扎实有效推动"第二个结合",建设中华文明的当代形态。

1.深刻理解从"两个结合"到"第二个结合"的内在逻辑展开

自马克思列宁主义传入中国以来,中国共产党运用马克思主义理论在指导中国进行革命、建设、改革的实践探索过程中,自觉开启了"两个结合"

---

① 习近平:《在文化传承发展座谈会上的讲话》,人民出版社,2023年,第10页。

的过程。首先,"两个结合"是不可分割的有机统一体,"第一个结合"是"第二个结合"的基础和前提,"第二个结合"是"第一个结合"的题中之义。马克思主义基本原理同中国具体实际相结合的过程,就是中国共产党在马克思主义指导下"运用其科学的世界观和方法论解决中国的问题",带领中国人民和中华民族实现从站起来、富起来到迎来强起来的历史性过程,形成了一系列与时俱进的马克思主义中国化时代化的理论成果。"第一个结合"的理论成果就是形成"具体的马克思主义",即马克思主义中国化。毛泽东曾在论述共产党员如何学习和运用马克思主义的原则时指出:"指导一个伟大的革命运动的政党,如果没有革命理论,没有历史知识,没有对于实际运动的深刻的了解,要取得胜利是不可能的。"[1]马克思、恩格斯、列宁等马克思主义经典作家的理论,是普遍性的真理,是革命的、批判的科学理论,但是马克思主义理论不是教条,而是"行动的指南"。学习和把握马克思主义理论,"要研究我们民族的历史","要研究当前运动的情况和趋势"。毛泽东还说:"使马克思主义在中国具体化,使之在其每一表现中带着必须有的中国的特性,即是说,按照中国的特点去应用它。"[2]在这里,无论是民族的历史还是中国特性,都是"中国具体实际"的内容,在不同时代,中国的具体实际是变化的。正如有学者指出的那样,从广义上来讲,中国具体实际"不仅包含现实的实践生活、实际问题,也包含历史和文化实际。中国文化实际的精华即中华优秀传统文化"[3]。这就是说,中国共产党运用马克思主义的科学的世界观和方法论解决中国具体问题的过程中,必然蕴含着"第二个结合",即马克思主义同本国、本民族的历史和文化实际,同中华优秀传统文化的结合。

其次,"第二个结合"是"又一次的思想解放运动",是"第一个结合"基础上的必然展开和文化升华。尽管"第一个结合"内在包含"第二个结合",但

---

[1] 《毛泽东选集》(第二卷),人民出版社,1991年,第533页。
[2] 《毛泽东选集》(第二卷),人民出版社,1991年,第534页。
[3] 郝立新、张莹云:《"两个结合"的若干理论问题探究》,《思想教育研究》,2023年第12期。

是"第二个结合"具有内在必然性和独特的文化意义。"第二个结合"作为思想解放运动,涉及正确对待和处理中华优秀传统文化的原则问题,将文化视为更基础、更为持久的力量之源,把文化提高到国家繁荣和民族复兴更加突出的地位,真正确立了"文化主体性"。习近平总书记说:"'第二个结合'让中国特色社会主义道路有了更加宏阔深远的历史纵深,拓展了中国特色社会主义道路的文化根基。"①可以说,"第二个结合"是对中华优秀传统文化的创造性转化和创新性发展的典型体现,开辟了马克思主义中国化时代化"新境界",是新时代的"原创性贡献"。②

2.贯彻"第二个结合",建构中国式现代化的文化形态

习近平总书记指出,结合"造就了一个有机统一的新的文化生命体","经由'结合'而形成的新文化成为中国式现代化的文化形态"③。在这里,文化生命体是"文化主体性"的表征和确证,是一种有其自身特质的文化形态。如同自然生命体一样,不仅能够自主地运动和发展,而且能够自觉地与其他文化形态相交流、互动、调整,积极吸收各种有益因素促进自身生命的健康成长。有学者指出:"文化生命体同样具备生长、发育、繁殖、代谢、应激、进化、运动等特征,不仅是一个运动的系统,会不断地调节自己内部的各种机能的状况,还是一个开放的系统,会与周围环境进行物质的交换和能量的流动。"④在这个新的文化生命体中,有着马克思主义的魂脉和中华优秀传统文化的根脉,是"中国的"马克思主义与"现代的"中华优秀传统文化的结合体。习近平总书记指出:"创立新时代中国特色社会主义思想就是这一文化主体性的最有力体现。"⑤"六个必须坚持"更加突出有力地体现了中国文化生命体和中国文化主体性。必须立足中国式现代化的伟大实践,以"六个必须坚

---

① 习近平:《在文化传承发展座谈会上的讲话》,人民出版社,2023年,第7页。
② 乔清举:《论"两个结合"及其在习近平文化思想中的意义》,《哲学研究》,2023年第12期。
③ 习近平:《在文化传承发展座谈会上的讲话》,人民出版社,2023年,第6页。
④ 郝立新、张莹云:《"两个结合"的若干理论问题探究》,《思想教育研究》,2023年第12期。
⑤ 习近平:《在文化传承发展座谈会上的讲话》,人民出版社,2023年,第9页。

持"为指导,构建中国式现代化的文化形态。坚持人民至上,就要建构一种"以人民为主体"、服务于广大人民群众的,具有人民性和广泛性特征的文化形态;坚持自信自立,就要继续坚定文化自信;坚持守正创新,就要在继承和弘扬中华优秀传统文化的基础上,建构一种具有时代性和创新性特征的文化形态;坚持胸怀天下,就要广泛吸收借鉴一切优秀的文明成果,建构一种具有包容性和世界性特征的文化形态。在以中国式现代化全面推进中华民族伟大复兴的历史进程中,中国特色社会主义的文化形态必将提供最深厚的、强大的精神支持和动力之源。

3.推动中华优秀传统文化转化到现代制度文明的建设之中

习近平总书记说:"'第二个结合'让我们掌握了思想和文化主动,并有力地作用于道路、理论和制度。"①坚持和贯彻"两个结合"特别是"第二个结合",就要积极推进中华文明的当代形态建设。建构中国式现代化的文化形态,是中华文明的当代形态建设的重要内容,但是中华文明的当代形态建设是一项需要不断推进的系统工程。建设中华文明的当代形态,既要坚持"六个必须坚持"的指导地位,又要推动中华优秀传统文化的现代化转化和创新性发展。制度是文化和文明的中介性层次,亦是文化和文明的重要表征。建设中华文明的当代形态一个核心内容就是建设中华民族的现代制度文明。中华优秀传统文化中包含着丰富的大国治理的制度经验和智慧,不仅构成了我国的国家制度和国家治理体系的文化和制度基因,而且为周边国家和民族的制度文明发展树立了榜样。习近平总书记说:中国"自古以来逐步形成了一整套包括朝廷制度、郡县制度、土地制度、税赋制度、科举制度、监察制度、军事制度等各方面制度在内的国家制度和国家治理体系,为周边国家和民族所学习和模仿"②。他还指出:"一个国家选择什么样的国家制度和国家治理体系,是由这个国家的历史文化、社会性质、经济发展水平决定

---

① 习近平:《在文化传承发展座谈会上的讲话》,人民出版社,2023年,第8页。
② 《习近平谈治国理政》(第三卷),外文出版社,2020年,第120页。

的。"①显然,中国共产党开创的人民代表大会制度、政治协商制度,与中华文明的民本思想,天下共治理念,"共和""商量"的施政传统,"兼容并包、求同存异"的政治智慧都有深刻关联,是对中华优秀传统文化中的制度文化的创造性转化和创新性发展的典型例证。在此基础上,我们应该充分运用中华优秀传统文化的宝贵资源,探索面向未来的理论和制度创新。总之,推动中华优秀传统文化的创造性转化、创新性发展为中国特色社会主义道路和制度的发展注入了新的活力。

综上所述,在新时代,中国共产党人对中国特色社会主义、马克思主义、中华优秀传统文化之间关系的认识达到了前所未有的新高度。从开辟中国特色社会主义的成功道路看,就是"坚持马克思主义基本原理同中国具体实际相结合、同中华优秀传统文化相结合"的过程及其实践成果;从坚持和发展马克思主义看,必须同中国具体实际相结合,必须同中华优秀传统文化相结合,才能形成一系列与时俱进的马克思主义中国化时代化的理论成果;从中华优秀传统文化看,马克思主义的中国化时代化是对中华优秀传统文化根脉的赓续,是对中华优秀传统文化的创造性转化和创新性发展的体现。习近平新时代中国特色社会主义思想是"两个结合"的最新理论成果,"六个必须坚持"是习近平新时代中国特色社会主义思想世界观和方法论的精髓和要义,无论是理解和掌握习近平新时代中国特色社会主义思想,还是理解和掌握"六个必须坚持",都要从马克思主义基本原理同中国具体实际和中华优秀传统文化的有机结合,即从这一结合过程的创造性转化和创新性发展上去理解。

---

① 《习近平谈治国理政》(第三卷),外文出版社,2020年,第119页。

第三章

"六个必须坚持":马克思主义世界观和
方法论的传承与创新

习近平新时代中国特色社会主义思想的世界观和方法论源于马克思主义的世界观和方法论,是马克思主义世界观和方法论的中国化时代化的成果,蕴含深刻的哲学逻辑与哲学内涵,其理论内核是马克思主义的辩证唯物主义和历史唯物主义。世界观是人们对世界的总的根本的观点。方法论是指导人们认识世界、改造世界的最一般、最根本的思维方式和思维理念。辩证唯物主义和历史唯物主义是马克思主义最根本的世界观和方法论。必须坚持人民至上、必须坚持自信自立、必须坚持守正创新、必须坚持问题导向、必须坚持系统观念、必须坚持胸怀天下,深刻揭示了习近平新时代中国特色社会主义思想根本的政治立场、彻底的理论品格、独有的精神气质和科学的思想方法,是对习近平新时代中国特色社会主义思想的世界观和方法论的高度提炼和科学概括,是新时代中国共产党人对马克思主义的世界观和方法论的坚持和继承、创新和发展,是中国化时代化的马克思主义的精髓和灵魂。

一、"六个必须坚持"是马克思主义世界观和方法论中国化时代化的最新成果

党的二十大是在全党全国各族人民迈上全面建成社会主义现代化强国新征程、向第二个百年奋斗目标进军的关键时刻召开的一次十分重要的大会，是一次高举旗帜、凝聚力量、团结奋进的大会。习近平总书记在大会上所作的报告，是党和人民智慧的结晶，是党团结带领全国各族人民夺取新时代中国特色社会主义新胜利的政治宣言和行动纲领，是马克思主义的纲领性文献。学习宣传贯彻党的二十大精神，是当前和今后一个时期全党全国的首要政治任务，事关党和国家事业继往开来，事关中国特色社会主义前途命运，事关中华民族伟大复兴。习近平总书记强调，学习贯彻党的二十大精神，其要求之一就是牢牢把握新时代中国特色社会主义思想的世界观和方法论。[①]《中共中央关于认真学习宣传贯彻党的二十大精神的决定》强调，学习宣传贯彻党的二十大精神，其要求之一就是深刻领会开辟马克思主义中国化时代化新境界，聚焦到把握好马克思主义中国化时代化最新成果的世界观和方法论，坚持好、运用好贯穿其中的立场观点方法。实际上，这就是要求我们弄清楚、弄明白党的创新理论蕴含的道理学理哲理，持之以恒以"六个必须坚持"来武装头脑、指导实践、推动工作、谋求发展。

（一）马克思主义为人类求解放的历史使命与近代中国社会的历史任务高度契合

党的二十大报告单列一个部分论述了"开辟马克思主义中国化时代化

[①] 《习近平在参加党的二十大广西代表团讨论时强调 心往一处想劲往一处使推动中华民族伟大复兴号巨轮乘风破浪扬帆远航》，《人民日报》，2022年10月18日。

新境界"，深刻总结了中国共产党坚持和发展马克思主义的历史经验。习近平总书记在党的二十大报告中指出："中国共产党为什么能，中国特色社会主义为什么好，归根到底是马克思主义行，是中国化时代化的马克思主义行。"①马克思主义是我们立党立国、兴党兴国的根本指导思想。马克思主义是中国共产党人的"真经"。拥有马克思主义科学理论指导是中国共产党坚定信仰信念、把握历史主动的根本所在。从历史发展的角度来看，推进马克思主义中国化时代化是一个追求真理、揭示真理并笃行真理的进程。党的十八大后不久，习近平总书记便指出："一个国家实行何种主义，关键在于该主义能否解决这个国家面临的历史性课题。"②19世纪40年代，马克思、恩格斯在对现实资本主义社会进行彻底批判以及对未来共产主义社会展开科学论证的过程中，创立了马克思主义。自此，马克思主义跨越19世纪、20世纪直至21世纪，传播至欧洲、亚洲、美洲、非洲、大洋洲等地。一部马克思主义的发展历程，便是其不断顺应时代发展、结合实践需求、基于认识深化而持续发展的历史，同时也是不断汲取人类历史上一切优秀思想文化成果以丰富自身的历史。

深入把握习近平新时代中国特色社会主义思想的世界观和方法论，首先要从本源上厘清其与经典马克思主义世界观和方法论之间的辩证关系。在马克思主义哲学体系中，世界观和方法论从根本上决定了马克思主义理论体系架构的内在逻辑展开。那么究竟什么是马克思主义的世界观和方法论呢？这是一个需要从马克思主义发展史的整体性视角出发，进行综合考量与把握的复杂问题，也是当前探讨习近平新时代中国特色社会主义思想的世界观和方法论时，首先需要明确的关键问题。事实上，马克思、恩格斯本人并未直接采用辩证唯物主义和历史唯物主义的世界观和方法论这一固

---

① 习近平：《高举中国特色社会主义伟大旗帜　为全面建设社会主义现代化国家而团结奋斗——在中国共产党第二十次全国代表大会上的报告》，人民出版社，2022年，第16页。

② 《习近平谈治国理政》（第一卷），外文出版社，2018年，第22页。

定表述形式。在描述马克思主义哲学范式的革命性变革时,他们常用的是唯物主义历史观、辩证方法等表述。在明确意义上使用"世界观"的表述,是恩格斯1888年在《路德维希·费尔巴哈和德国古典哲学的终结》单行本序言中提出的。这本书的附录首次刊载了马克思1845年春天创作的《关于费尔巴哈的提纲》(以下简称《提纲》)。恩格斯对此文献作了如下重要定位:"作为包含着新世界观的天才萌芽的第一个文献。"①这里所言的"新世界观"实际上意味着马克思主义哲学范式革命的历史性生成。马克思在《提纲》中一方面明确批评了旧唯物主义只是从客体或直观形式理解事物,而不是从能动的感性实践活动出发加以把握;另一方面又批评了唯心主义片面抽象夸大了能动的作用。在此基础上,马克思引入了作为主客体统一的"实践"概念,构建了自身的理论体系结构。基于实践范式的批判性引入,马克思和恩格斯在后续文献中进一步赋予了实践概念"具体历史性"内涵,即"物质生产""雇佣劳动"等更加具体化的实践概念,并以此作为剖析资本主义社会内在矛盾的重要理论工具。实际上,要完成唯物主义历史观的发现,必须在制定"生产关系"科学概念的同时,解决历史发展的根本动力问题。历史唯物主义对以往形形色色唯心主义历史观的超越之处在于,其不是将历史发展的根本动力归结为人性、道德或宗教神学,而是从人的现实实践活动出发,从一定的社会生产力和生产关系的矛盾出发理解推动人类社会历史发展的根本原因。②

不难发现,马克思主义所开启的新的世界观从根本上区别于旧唯物主义和唯心主义之处在于,其以客观的历史性活动为根基分析诊断社会实存,并通过对社会发展内在矛盾的科学诊断把握历史发展的原因及其趋向。马克思在1859年创作的《〈政治经济学批判〉序言》中,对"新世界观"进行了系统阐释,即同物质生产力的一定发展阶段相适应的生产关系的总和构成社会的经济结构,在此基础上产生特定的上层建筑。生产方式制约整个社会

①《马克思恩格斯选集》(第四卷),人民出版社,2012年,第219页。
② 孙伯鍨:《探索者道路的探索》,江苏人民出版社,2010年,第208页。

生活(包括物质生活、政治生活和精神生活)的过程,人们的社会存在决定社会意识。社会物质生产力发展到一定阶段,必然会与社会生产关系产生矛盾,而这正是推动社会变革的内在根本原因。基于唯物主义历史观,马克思建构了分析问题、观察社会的科学方法,即区别于唯心主义辩证法的科学辩证方法,也是后人所概括的辩证唯物主义。恩格斯在1859年出版的《卡尔·马克思〈政治经济学批判。第一分册〉》中明确指出:"这个划时代的历史观是新的唯物主义世界观的直接的理论前提,单单由于这种历史观,也就为逻辑方法提供了一个出发点。"[1]这种科学的方法论实际上是对黑格尔唯心主义辩证法进行结构性改造之后的产物,使辩证法摆脱了唯心主义的外壳。

马克思的政治经济学批判就是以这个方法为基础的,恩格斯据此认为这一方法的意义不亚于历史唯物主义。此后,这一方法被后人进一步阐释为具体的、历史的分析方法,即始终强调从具体的社会历史条件出发分析阐释问题。马克思和恩格斯关于唯物主义历史观和辩证方法的相关阐释,在马克思主义民族化、大众化的历史进程中被不断继承和发展。特别是俄国十月革命胜利之后,苏联推动了关于马克思主义哲学正统化的历史性建构过程,辩证唯物主义和历史唯物主义作为马克思主义世界观和方法论的经典表述范式,开始在苏联哲学教科书中出现并逐渐成形。在20世纪30年代之前,苏联哲学界关于马克思主义哲学的阐释主要是以"历史唯物主义"为名展开的,以"辩证唯物主义"之名展开的阐释仅有1916年出版的德波林的《辩证唯物主义哲学导论》。随着1922年列宁的《论战斗唯物主义的意义》发表之后,苏联哲学界陆续出现了以"辩证唯物主义"为名阐释马克思主义的著述。20世纪30年代由米丁主持编写的《辩证唯物主义历史唯物主义》一书,尝试将辩证唯物主义和历史唯物主义并提。[2]随着1938年《联共(布)党

---

① 《马克思恩格斯选集》(第二卷),人民出版社,2012年,第13页。
② 安启念:《关于辩证唯物主义历史唯物主义体系的几个问题》,《教学与研究》,2006年第11期。

史简明教程》的出版发行(其中第四章第二节"论辩证唯物主义和历史唯物主义"由斯大林撰写),关于马克思主义世界观和方法论是辩证唯物主义和历史唯物主义的表述开始被视为经典并广泛使用。斯大林认为,辩证唯物主义是马克思列宁主义政党的世界观,其对自然界现象的认识是辩证的和唯物的;而历史唯物主义就是把辩证唯物主义的原理推广去研究社会生活,把辩证唯物主义的原理应用于社会生活现象,应用于研究社会,应用于研究社会历史。①由此可见,苏联哲学教科书体系主要是以"推广论"的方式把握辩证唯物主义和历史唯物主义之间的关系,这种理解方式在很长一段时间内成为大家把握马克思主义世界观和方法论的重要方式。

马克思主义深刻揭示了自然界、人类社会、人类思维发展的普遍规律。马克思主义理论体系博大精深,归根到底就是一句话:为人类求解放。马克思主义理论不是教条而是行动指南,必须运用其科学真理解决各国面临的实际问题。1840年鸦片战争以后,中国逐步成为半殖民地半封建社会,争取民族独立、人民解放与实现国家富强、人民幸福成为近代中国两大历史任务。面对这两大历史任务,各种各样的主义和方案都被尝试过,又都失败了,都没有能够改变中国的前途命运。马克思曾指出:"理论在一个国家实现的程度,总是取决于理论满足这个国家的需要的程度。"②总结中国共产党的奋斗史,毛泽东指出:"十月革命一声炮响,给我们送来了马克思列宁主义。十月革命帮助了全世界的也帮助了中国的先进分子,用无产阶级的宇宙观作为观察国家命运的工具,重新考虑自己的问题。"③马克思列宁主义根植于中国并展现出强大力量,既具有历史必然性,也具有现实可能性,主要体现在:其一,马克思主义担负的历史使命与近代中国面临的历史任务高度契合;其二,近代中国与俄国十月革命前的俄国国情部分相同或者部分近

① 《联共(布)党史简明教程》,人民出版社,1975年,第115~116页。
② 《马克思恩格斯选集》(第一卷),人民出版社,1995年,第11页。
③ 《毛泽东选集》(第四卷),人民出版社,1991年,第1471页。

似,俄国十月革命后的苏俄对中国采取了不同于帝国主义国家的政策。马克思列宁主义来到中国,也意味着同时开启了马克思主义中国化时代化的历史进程,并不断开辟马克思主义中国化时代化新境界。中国共产党深刻认识到,近代中国社会的主要矛盾是帝国主义和中华民族的矛盾、封建主义和人民大众的矛盾。实现中华民族伟大复兴,必须进行彻底的反帝反封建斗争,首先实现民族独立、人民解放。以毛泽东同志为主要代表的中国共产党人,把马克思列宁主义基本原理同中国具体实际相结合,对经过艰苦探索、付出巨大牺牲所积累的一系列独创性经验进行了理论概括,开辟了农村包围城市、武装夺取政权的正确革命道路,创立了毛泽东思想,为夺取新民主主义革命的胜利指明了正确方向。中华人民共和国成立后,毛泽东又提出把马克思列宁主义基本原理同中国具体实际进行"第二次结合",以毛泽东同志为主要代表的中国共产党人结合新的实践成果丰富和发展毛泽东思想,提出了关于社会主义建设的一系列重要思想。毛泽东思想是马克思列宁主义在中国的创造性运用和发展,是被实践证明了的关于中国革命和建设的正确的理论原则和经验的总结,是马克思主义中国化的第一次历史性飞跃。在改革开放和社会主义现代化建设新时期,中国共产党从新的实践和时代特征出发,坚持和发展马克思主义,科学回答了建设中国特色社会主义的发展道路、发展阶段、根本任务、发展动力、发展战略、政治保证、祖国统一、外交和国际战略、领导力量和依靠力量等一系列基本问题,形成了中国特色社会主义理论体系,实现了马克思主义中国化时代化新的飞跃。

(二)中国化时代化的马克思主义的真理性关键在于提供了科学的世界观和方法论

马克思主义是科学的理论,对待科学理论必须有科学的态度。毛泽东在革命时期就明确提出以"有的放矢"的态度对待经典理论,①这是既反对教条主义又反对经验主义,推动马克思主义基本原理同中国具体实际、同中华优秀传统文化相结合的辩证态度。马克思主义是放之四海而皆准的真理,不是指马克思主义理论中的每个具体结论和观点具有超越时空的普遍真理性。因为具体的结论和观点都是特定历史条件下针对特定问题作出的特定阐释,随着主客观条件的变化其作为特定真理的作用范围必将随之发生改变,甚至一些具体结论已经不符合当前的实际情况。马克思和恩格斯就深刻指出了这一问题,在《共产党宣言》的各个版本的序言中,他们就明确指出了唯物史观的具体化问题,即必须根据各个民族、各个国家的具体实际来理解马克思主义的基本原理。例如,马克思和恩格斯在1872年德文版序言中明确提出:"这些原理的实际运用,正如《宣言》中所说的,随时随地都要以当时的历史条件为转移,所以第二章末尾提出的那些革命措施根本没有特别的意义。"②以具体历史条件为转移对待经典理论的科学态度,恰恰是马克思主义辩证法的精髓所在,因为马克思主义辩证法尤为强调具体的、历史的分析方法。正如卢卡奇所认为的,马克思主义的"正统性"并不在于马克思主义的每一个具体结论和观点,而在于其中的"总体性"方法。"正统马克思主义并不意味着无批判地接受马克思研究的结果。它不是对这个或那个论点的'信仰',也不是对某本'圣'书的注解。恰恰相反,马克思主义问题中的正统仅仅是指方法。"③由此可见,马克思主义世界观和方法论的普遍真理性,并非基于具体结论和观点之上所作出的判断,而主要是指其中贯穿的理论立场、分析方法等具有超越时空的价值意义。

习近平新时代中国特色社会主义思想的世界观和方法论并不是在原有马克思主义世界观和方法论之外重新构建一种新的表达方式,而是对马克

---

① 《毛泽东选集》(第三卷),人民出版社,1991年,第801页。
② 《马克思恩格斯选集》(第一卷),人民出版社,1995年,第258页。
③ 卢卡奇:《历史与阶级意识——关于马克思主义辩证法的研究》,商务印书馆,2009年,第49页。

思主义世界观和方法论的坚持和创造性运用。习近平总书记高度重视坚持运用马克思主义世界观和方法论，号召全党将马克思主义哲学作为"看家本领"。2013年，中共中央政治局就历史唯物主义基本原理和方法论进行集体学习，习近平总书记在主持学习时强调："马克思主义哲学包括辩证唯物主义和历史唯物主义，是马克思主义立场、观点、方法的集中体现，是马克思主义学说的思想基础……我还建议大家读一些马克思主义哲学基本著作，掌握科学世界观和方法论，不断增强工作的原则性、系统性、预见性、创造性。"[①]这里实际上习近平总书记已经深刻指出，马克思主义哲学（辩证唯物主义和历史唯物主义）对于中国共产党治国理政实践的根本性指导意义，其内在地成为中国共产党认识世界、改造世界的科学世界观和方法论。2015年，习近平总书记在主持中央政治局集体学习辩证唯物主义原理和方法时进一步指出："辩证唯物主义是中国共产党人的世界观和方法论……必须不断接受马克思主义哲学智慧的滋养，更加自觉地坚持和运用辩证唯物主义世界观和方法论，更好在实际工作中把握现象和本质、形式和内容、原因和结果、偶然和必然、可能和现实、内因和外因、共性和个性的关系，增强辩证思维、战略思维能力，把各项工作做得更好。"[②]这里他进一步强调了辩证唯物主义是中国共产党人的世界观和方法论，实际上已经指出了新时代伟大实践以及在此基础上形成的理论创新成果内在地需要科学的世界观和方法论，即辩证唯物主义和历史唯物主义的理论指导。

以习近平同志为主要代表的中国共产党人始终坚持辩证唯物主义和历史唯物主义的世界观和方法论，并不断运用马克思主义世界观和方法论分析诊断新时代中国问题，不断推动实践基础上的理论创新。从这个意义上来说，习近平新时代中国特色社会主义思想的世界观和方法论与马克思主

① 习近平：《坚持历史唯物主义不断开辟当代中国马克思主义发展新境界》，《求是》，2020年第2期。
② 习近平：《辩证唯物主义是中国共产党人的世界观和方法论》，《求是》，2019年第1期。

义的世界观和方法论并无二致,其在理论脉络上仍是对辩证唯物主义和历史唯物主义的自觉守护。党的二十大报告明确提出:"中国共产党人深刻认识到,只有把马克思主义基本原理同中国具体实际相结合、同中华优秀传统文化相结合,坚持运用辩证唯物主义和历史唯物主义,才能正确回答时代和实践提出的重大问题,才能始终保持马克思主义的蓬勃生机和旺盛活力。"①这里所言的坚持运用辩证唯物主义和历史唯物主义,实际上已经自觉内化为新时代中国共产党治国理政实践的科学的世界观和方法论基础,集中表明习近平新时代中国特色社会主义思想对经典马克思主义世界观和方法论持之以恒的坚守与捍卫。党的二十大报告提出继续推动实践基础上的理论创新,必须坚持人民至上、自信自强、守正创新、问题导向、系统观念、胸怀天下。学界已对"六个必须坚持"展开集中研究,并取得了初步理论成果。但从学理层面深入阐释这一主题,仍存在两个需要进一步探讨的关键问题。

首先,"六个必须坚持"是否直接等同于习近平新时代中国特色社会主义思想的世界观和方法论本身? 实际上,通过上文的相关阐释已经可以得出一个明确的结论,即习近平新时代中国特色社会主义思想的世界观和方法论就是对辩证唯物主义和历史唯物主义的坚持和发展。坚持好、运用好贯穿习近平新时代中国特色社会主义思想中的立场观点方法,是党的二十大报告对"六个必须坚持"的理论定位,即"六个必须坚持"与习近平新时代中国特色社会主义思想的世界观和方法论是不同层面的表达。

换言之,"六个必须坚持"是习近平新时代中国特色社会主义思想中体现出来的始终如一的立场观点方法,是新时代推动理论创新所必须遵循的基本原则。世界观和方法论更多的是一种抽象逻辑层面的表达,其不关涉具体的理论观点,而具体观点背后则反映出特定的世界观和方法论。因此,作为立场观点方法的"六个必须坚持"并不是习近平新时代中国特色社会主

---

① 习近平:《高举中国特色社会主义伟大旗帜 为全面建设社会主义现代化国家而团结奋斗——在中国共产党第二十次全国代表大会上的报告》,人民出版社,2022年,第17页。

义思想的世界观和方法论本身，而是其在具体实践层面的具象化要求。直接线性地将"六个必须坚持"等同于习近平新时代中国特色社会主义思想的世界观和方法论的做法，一方面未能准确理解习近平新时代中国特色社会主义思想的世界观和方法论究竟为何，另一方面也未能辩证理解"六个必须坚持"在习近平新时代中国特色社会主义思想中的理论定位。"六个必须坚持"更多地表现为贯穿习近平新时代中国特色社会主义思想各个组成部分的立场观点方法，是这一思想的世界观和方法论在具体实践层面的具象化要求和行动指南，即推动实践创新基础上理论创新所必须坚守的基本原则，而世界观和方法论则是更高哲学层面的理论表达。

其次，"六个必须坚持"是否一一对应马克思主义的立场观点方法？学界有不少研究准确把握住了"六个必须坚持"是立场观点方法的理论定位问题，但一些研究在展开论述的过程中，往往采取条块分立的方式将"六个必须坚持"进行硬性拆分，并将其一一对应为不同维度的立场观点方法，以线性归类的方法将"六个必须坚持"划分为不同板块。这种研究方式在理论上存在一定的缺陷，强行割裂了作为整体的马克思主义立场观点方法。

在中国共产党的政治叙事逻辑里，立场、观点与方法构成了一个不可分割的统一逻辑体系。毛泽东在批判党内教条主义错误时，明确指出了立场、观点和方法的重要性。他指出，教条主义者"只会片面地引用马克思、恩格斯、列宁、斯大林的个别词句，却不会运用他们的立场、观点和方法，去具体研究中国的现状与历史，具体分析和解决中国革命问题"。①此处所提及的立场、观点和方法，本质上是对待马克思主义理论的态度与基本要求。立场、观点和方法三者紧密相连，在逻辑上具有内在统一性，立场既决定着观点，也影响着方法，而观点和方法则是立场的具体呈现。因此，不能人为地将立场观点方法进行线性拆分，更不能将"六个必须坚持"拆分为不同类型，

---

① 《毛泽东选集》（第三卷），人民出版社，1991年，第797页。

进而分别对应立场观点方法。有研究认为坚持人民至上是立场,但倘若展开进一步分析,人民至上的立场也深刻折射出中国共产党人的群众路线,其本质上也是一种方法。并且从唯物史观的角度而言,人民至上深刻彰显人民群众是创造历史的主体这一根本观点,其本身又是观点。依此而言,坚持人民至上既是立场,也是观点和方法。从根本上来说,"六个必须坚持"是贯穿习近平新时代中国特色社会主义思想各个组成部分的理论"红线",每一个坚持都深刻彰显了这一思想的立场观点方法。"六个必须坚持"是贯穿习近平新时代中国特色社会主义思想各个组成部分的立场观点方法,是辩证唯物主义和历史唯物主义世界观方法论的具象化表达与具体化呈现。之所以提出"六个必须坚持",是因为中国共产党在新时代实践创新和理论创新上取得了前所未有的显著成绩,运用马克思主义的世界观和方法论进行理论上的系统化抽象化总结,形成了关于进一步推进理论创新的基本原则。

二、"六个必须坚持"对马克思主义世界观和方法论的坚持

中国共产党领导中国人民开辟中国道路靠的是运用马克思主义世界观和方法论。马克思主义基本原理同中国具体实际相结合、同中华优秀传统文化相结合,都以对马克思主义经典作家关于世界观和方法论的深刻把握为前提条件。习近平新时代中国特色社会主义思想的世界观和方法论的基本立场观点方法集中体现于"六个必须坚持",分别在马克思和恩格斯的群众史观、主体性原则、实践观点、矛盾分析方法、联系发展观点、世界历史观点中有其根源。在理论源头上梳理习近平新时代中国特色社会主义思想的世界观和方法论的基本立场观点方法,将使马克思主义真理之树在中华历史文化的沃土上更加根深叶茂。

（一）人民至上与群众史观

"人民至上"观点可追溯至马克思和恩格斯世界观与传统世界观的根本区别：如何看待劳动人民的历史作用。马克思和恩格斯之前的传统世界观，无论是以传统哲学为代表的知识论世界观，还是以神学和美学为代表的传统情感论世界观、以伦理道德和法学为代表的传统意志论世界观，都与剥削阶级、统治阶级联系在一起，尤其是与知识分子联系在一起，都带有鲜明的剥削阶级属性。以古希腊为例，亚里士多德区分了理论哲学、实践哲学和创作哲学，分别涉及真、善、美三个领域，但所对应知、意、情三方面的活动，都与奴隶无关。原因很简单：亚里士多德研究的是"人"的活动，而从事物质生产的奴隶在他眼里不是"人"。亚里士多德的做法并非例外，而是通例。在马克思主义世界观产生之前，人民群众从来就与"理论化、系统化的世界观"毫无关系，不管是知识论世界观、情感论世界观，还是意志论世界观。哲学世界观尤其如此，哲学是高高在上的世界观，甚至连普通的剥削阶级成员都难以理解，更不要说几乎把全部精力都用于谋生活动的普通人民群众了。哲学世界观不过是供象牙塔里的文人冥思苦想的高深学理和供统治阶级闲人把玩的智力游戏。

马克思主义颠倒了这一切，唯物史观是群众史观。马克思和恩格斯与以往思想家最大的区别在于，他们把劳动人民生产物质生活资料的活动作为研究焦点。"一切历史的第一个前提……是：人们为了能够'创造历史'，必须能够生活。但是为了生活，首先就需要吃喝住穿以及其他一些东西。因此第一个历史活动就是生产满足这些需要的资料，即生产物质生活本身，而且，这是人们从几千年前直到今天单是为了维持生活就必须每日每时从事的历史活动，是一切历史的基本条件。"①如果连肉体都不存在，何谈"创造历

---

① 《马克思恩格斯文集》（第一卷），人民出版社，2009年，第531页。

史",更不要说理论、哲学、宗教、道德等意识形态活动了。但在马克思和恩格斯看来,生产物质生活资料不仅是全部人类历史的基础,而且更重要的是,它是人与动物的根本区别。只要是人所具有而动物不具有的特征,就可把人同动物区别开来,因此"可以根据意识、宗教或随便别的什么来区别人和动物";而"一当人开始生产自己的生活资料……人本身就开始把自己和动物区别开来。人们生产自己的生活资料,同时间接地生产着自己的物质生活本身"。①后文将会指出,马克思和恩格斯所说的"意识"和"物质生活的生产"都有其特定含义。这里仅限于指出一点:在人与动物的所有区别中,生产活动是最根本的,决定了其他一切区别。由肉体存在决定的人与自然的关系,不仅使物质生活资料的生产成为"一切历史的第一个前提""一切历史的基本条件",而且由此派生了"第二个事实":"已经得到满足的第一个需要本身、满足需要的活动和已经获得的为满足需要而用的工具又引起新的需要,而这种新的需要的产生是第一个历史活动。"②动物只有本能需要,仅凭其肉体器官就能满足这种需要,人却不同。一旦有了生产活动,就会派生出新的需要。这不是动物的本能需要,而是由人类自身的生产活动派生出的"人为的"需要,是"文化的"或"文明的"需要。它区别于动物的自然需要。"人为的"需要同人自身的动物性需要或自然需要之间的相互作用,导致了人与自身的关系。人的活动不再单纯由本能支配;相反,在本能层面,由新的需要和本能需要之间的相互作用所决定,产生了"我"。是我的"我"和其他人的"我",而不是我们的本能,在共同从事生产活动。

生产和新的需要决定了人类家庭与动物"家庭"的区别。动物的"家庭"只是共同的生活单位,而人的家庭首先是生产单位。在生产中形成新的需要与本能需要间的关系,使家庭成员内部不仅有动物式的本能关系,而且有建立在本能关系基础上各个人的"我"之间的关系。这是不同于自然关系的

---

① 《马克思恩格斯文集》(第一卷),人民出版社,2009年,第519页。
② 《马克思恩格斯文集》(第一卷),人民出版社,2009年,第531~532页。

社会关系，最初也是唯一的社会关系，"后来，当需要的增长产生了新的社会关系而人口的增多又产生了新的需要的时候，这种家庭便成为从属的关系了"①。"我"不仅是生产共同体和消费共同体的成员，而且代表着各种不同社会角色。这是本能的"我"或"本我"之上的社会的"我"，或"超我"。"超我"是客观的活动者，是社会的"主体"。"超我"和"本我"之间形成了主体指向自身的反身性结构，即"自我"。与德国古典哲学把"自我"当作思维主体不同，这是肉体活动的主体，是物质主体。

生产劳动、新的需要和社会的个人，这三个方面或三个环节（Moment，或翻译为"因素"）的关系，是第一环派生第二环，第二环和第一环又共同派生第三环的关系。但在马克思和恩格斯看来，这三个方面不仅环环相扣，而且共同派生出一个把它们都囊括在内的"大环"，即第四个环节：人的生命的生产。同动物那种单纯肉体生命的再生产不同，人的生命的再生产既包括"本我"的再生产，也包括"超我"的再生产，因而是主体的自我改变，是主体自身的反身性结构的再生产，"立即表现为双重关系：一方面是自然关系，另一方面是社会关系"②。自然关系是第一个环节（"本我"的再生产）的表现，社会关系是第三个环节（"超我"的再生产）的表现，它们都与第二个环节即"我"联系在一起。这是我的"我"与你的"我"一起，共同跟自然环境发生的关系，因而不同于动物与自然界的自然关系，是与自然关系交织在一起的社会关系，"社会关系的含义在这里是指许多个人的共同活动，不管这种共同活动是在什么条件下、用什么方式和为了什么目的而进行的"③。生产方式或谋生方式是与共同活动的方式联系在一起的，"而这种共同活动方式本身就是'生产力'"，即人类共同的生产能力。④显然，马克思和恩格斯并不是单

① 《马克思恩格斯文集》（第一卷），人民出版社，2009年，第532页。
② 《马克思恩格斯文集》（第一卷），人民出版社，2009年，第532页。
③ 《马克思恩格斯文集》（第一卷），人民出版社，2009年，第532页。
④ 《马克思恩格斯文集》（第一卷），人民出版社，2009年，第532~533页。

纯从"人与自然的关系"角度出发去讨论"生产力"的。相反,在他们眼里并不存在原子式个人的"生产力"。生产力总是社会的生产力,是"我的""你的"或"我们的"生产力。这是不同的"我"之间的关系。同样,人与人的关系也不是脱离人与自然关系的单纯的社会关系。人首先必须谋生,"生产方式即谋的方式"①。按照各自谋生方式,不同的人获得了不同的经济地位和社会地位,由此形成了阶级、不同特殊利益和共同利益之间的矛盾,以及市民社会和为解决市民社会的矛盾而建立的国家。

在讨论社会与国家的形成之前,马克思和恩格斯先研究了在第一个历史活动的四个环节、四个方面基础上,人的意识是如何形成的。在马克思和恩格斯看来,人的意识与动物的感觉和心理不同。动物的感觉和心理仅需本能的器官,而人却有一个"我"。与动物之间的本能沟通不同,人与人之间还有我的"我"与你的"我"之间的沟通。语言就是由此派生的,"是一种实践的、既为别人存在因而也为我自身而存在的、现实的意识"。换言之,只有在存在你的"我"和我的"我"、存在"我们"的地方,才存在语言。语言是我的"我"与你的"我"之间的对话(Dialogue),由此决定了人类的意识不同于动物的感觉和心理,必然有一种辩证法(Dialectic)的内在结构。意识本身就是一种关系。从主体方面看,意识首先是自我意识,即我的"我"对我的本能的意识,因而是"我"和自身的关系。其次,从对象方面看,意识不是像动物的感觉和心理那样对外部对象的直观,而是指涉自然关系和社会关系。在这里,马克思和恩格斯专门强调了"我"的重要性:"凡是有某种关系存在的地方,这种关系都是为我而存在的;动物不对什么东西发生'关系',而且根本没有'关系';对于动物来说,它对他物的关系不是作为关系存在的。因而,意识一开始就是社会的产物,而且只要人们存在着,它就仍然是这种产物。"②动物既没有"我",也没有"关系",因而动物只有本能、感觉和心理,没有

---

① 《马克思恩格斯文集》(第一卷),人民出版社,2009年,第602页。
② 《马克思恩格斯文集》(第一卷),人民出版社,2009年,第533页。

"意识"。

从群众的劳动或生产活动产生出的整个历史观,就是马克思和恩格斯的新世界观。马克思还特别指出了他的新世界观与传统唯心主义和旧唯物主义世界观的根本区别。在马克思看来,由于脱离群众,唯心主义者不是从物质活动,而是从思维活动出发考察人的活动。无论讲"我思故我在",还是讲"存在就是被感知",这里的"我"或感知者都不是指"吃喝拉撒睡"的那个肉体主体,而是认识主体。相应地,认识客体也不是生活中的对象,而是思维或感觉中的客体,是与维持肉体存在的"吃喝拉撒睡"无关的客体。唯心主义者不是从肉体主体,而是从精神主体出发的。以法国空论派为例,"他们宣布理性至上来同人民至上相对立,为的是排斥群众而单独地实行统治。这是十分彻底的做法。如果说现实的人类的活动无非是由人的个体构成的群众的活动,那么与此相反,抽象的普遍性即理性、精神则应该有一种抽象的表现,即在少数个体身上展示无遗的表现"①。费尔巴哈正是从肉体存在的角度批驳唯心主义者的。猫看到老鼠,老鼠的形象当然在猫的眼睛里存在,但猫用爪子抓老鼠而不是去抓自己的眼睛,说明它知道老鼠是在自己眼睛之外存在的。费尔巴哈认为生活的观点是认识论首要和基本的观点。数学家进行科学认识,前提是必须活着,因此在感知数和形之前,他首先必须感知粮食、衣服、房子,即对象、现实、感性。对象、现实、感性的存在是由人的肉体确认的,而不是由科学家在思维中确认的。一种"吃了使人饱、不吃使人饿"的东西,即食物,只能是存在,不能是不存在。但费尔巴哈没有考虑到,粮食、衣服、房子都是人类自己生产的,"费尔巴哈想要研究跟思想客体确实不同的感性客体,但是他没有把人的活动本身理解为对象性的[gegenständliche]活动"②。无论是费尔巴哈周围的感性世界,还是人本身,都是实践活动的产物,最终都是群众劳动的产物。费尔巴哈认识不到这点。

① 《马克思恩格斯文集》(第一卷),人民出版社,2009年,第292页。
② 《马克思恩格斯文集》(第一卷),人民出版社,2009年,第499页。

尽管他从"吃喝拉撒睡"方面强调唯物主义,但他认为在这些方面显现不出人高于动物的地方,在他看来,只有"理性、意志和爱"才能使人高于动物。费尔巴哈没有看到,"吃喝拉撒睡"以谋生的活动即物质生活的生产方式为基础,而"物质生活的生产方式制约着整个社会生活、政治生活和精神生活的过程"①。

党的二十大报告指出:"人民性是马克思主义的本质属性,党的理论是来自人民、为了人民、造福人民的理论,人民的创造性实践是理论创新的不竭源泉。"②这正是马克思和恩格斯所说"实践的唯物主义者即共产主义者"的含义。马克思和恩格斯所说的实践并不是哲学家认为的那种"天上的迷蒙的云兴雾聚",而是"地上的粗糙的物质生产"。③既然"生产方式即谋生的方式",就不能脱离每个人日常的谋生活动去讨论什么虚无缥缈、玄奥微妙的"实践",把表达现存世界中特定革命政党拥护者的"共产主义者"一词变成一个空洞范畴;相反,"一个真正的共产主义者的任务却在于推翻这种现存的东西"④。这就是马克思和恩格斯指出的,"对实践的唯物主义者即共产主义者来说,全部问题都在于使现存世界革命化,实际地反对并改变现存的事物"⑤。要做到这一点,共产党人就必须发挥自己的主体能动性。

(二)自信自立与主体性原则

党的二十大报告指出:"党的百年奋斗成功道路是党领导人民独立自主探索开辟出来的,马克思主义的中国篇章是中国共产党人依靠自身力量实践出来的,贯穿其中的一个基本点就是中国的问题必须从中国基本国情出

---

① 《马克思恩格斯文集》(第二卷),人民出版社,2009年,第591页。
② 习近平:《高举中国特色社会主义伟大旗帜 为全面建设社会主义现代化国家而团结奋斗——在中国共产党第二十次全国代表大会上的报告》,人民出版社,2022年,第19页。
③ 《马克思恩格斯文集》(第一卷),人民出版社,2009年,第351页。
④ 《马克思恩格斯文集》(第一卷),人民出版社,2009年,第549页。
⑤ 《马克思恩格斯文集》(第一卷),人民出版社,2009年,第527页。

发,由中国人自己来解答。"①从中国人民自己的实际出发而不是从作为真理的理论(即使是马克思主义理论)出发,追求、揭示、笃行救国救民的真理,正是马克思和恩格斯强调的主体性原则。

这里的关键词,一是"自主",二是"自身",三是"自己"。三个关键词都与主体的"自我"结构联系在一起。与动物不同,人依靠的不是本能,而是自我,以及由此出发所建构的自身与环境的关系。马克思和恩格斯在批评青年黑格尔派时指出:"这些哲学家没有一个想到要提出关于德国哲学和德国现实之间的联系问题,关于他们所作的批判和他们自身的物质环境之间的联系问题。"②他们不仅脱离群众的物质生产实践去讨论问题,而且脱离自身的生活实际。他们不是从自身现实出发,而是从"一般人"出发,讨论的都是"人本身"如何如何,而不是他们自身如何如何。与此相反,马克思和恩格斯指出:"这是一些现实的个人,是他们的活动和他们的物质生活条件,包括他们已有的和由他们自己的活动创造出来的物质生活条件。"③每个人都必须从自己的生活实际出发,而不是从理论出发,不是从某种观念或意识形态出发,来研究整个世界,"这就是说,我们不是从人们所说的、所设想的、所想象的东西出发,也不是从口头说的、思考出来的、设想出来的、想象出来的人出发,去理解有血有肉的人。我们的出发点是从事实际活动的人,而且从他们的现实生活过程中还可以描绘出这一生活过程在意识形态上的反射和反响的发展"。因此,马克思和恩格斯世界观的出发点既不是抽象物质,也不是任何意识形态,而是"处在现实的、可以通过经验观察到的、在一定条件下进行的发展过程中的人"。④

无论是"我",还是"我们"或"他们",都既不是抽象物质,也不是抽象意

① 习近平:《高举中国特色社会主义伟大旗帜 为全面建设社会主义现代化国家而团结奋斗——在中国共产党第二十次全国代表大会上的报告》,人民出版社,2022年,第19页。
② 《马克思恩格斯文集》(第一卷),人民出版社,2009年,第516页。
③ 《马克思恩格斯文集》(第一卷),人民出版社,2009年,第519页。
④ 《马克思恩格斯文集》(第一卷),人民出版社,2009年,第525页。

识,而是反身性主体。"我"不是以物质与意识的外在分离,而是以两者的内在统一、以具有"意识"或自我的物质实体的存在作为前提条件的。作为"自我","我"的实体与"我"的主体是同一的。这一点同样适用于马克思主义者。马克思主义者不能从理论出发,而必须从每个人自己的生活实际出发,需要做的工作是"描绘出这个能动的生活过程",只要能够做到这一点,"历史就不再像那些本身还是抽象的经验主义者所认为的那样,是一些僵死的事实的汇集,也不再像唯心主义者所认为的那样,是想象的主体的想象活动"。①无论是从经验("想象的东西"或"僵死的事实")出发,还是从教条("思考出来的、想象出来的人")出发,都不可能把握现实世界,只有从每个人自己的现实生活出发,才能得出正确结论。能动性的本原在于自我的反身性结构。因此,马克思和恩格斯接着指出:"道德、宗教、形而上学和其他意识形态,以及与它们相适应的意识形式"都离不开现实的个人,"它们没有历史,没有发展,而发展着自己的物质生产和物质交往的人们,在改变自己的这个现实的同时也改变着自己的思维和思维的产物",从每个人自身的现实出发,要求摆正生活与意识的关系,"不是意识决定生活,而是生活决定意识。前一种考察方法从意识出发,把意识看做是有生命的个人。后一种符合现实生活的考察方法则从现实的、有生命的个人本身出发,把意识仅仅看做是他们的意识"。②

需要强调的是,马克思和恩格斯讲的是"生活与意识的关系",而不是"物质与意识的关系"。无论是生活,还是意识,都只能是"现实的个人"的生活和"现实的个人"的意识。脱离现实的人去谈论物质和意识的关系,要么陷入"僵死的事实",要么陷入"想象的主体的想象的活动"。从自身出发并不意味着从自身的单纯肯定出发,相反,"革命的实践"本身就意味着"环境

① 《马克思恩格斯文集》(第一卷),人民出版社,2009年,第525~526页。
② 《马克思恩格斯文集》(第一卷),人民出版社,2009年,第525页。

的改变和人的活动或自我改变的一致"。①"人的活动"不仅意味着"环境的改变"，而且本身就是"自我改变"。马克思和恩格斯之所以站在无产阶级立场上，就是因为无产阶级代表着现存社会的否定方面。现存社会建立在资本统治、建立在资产的基础上，而"无产阶级"恰恰意味着没有这种财产（"无一产"）。针对"无产阶级就是没有任何财产的阶级"和"共产主义就是要共有一切财产"的误解，恩格斯曾经在1888年英文版《共产党宣言》第一章的标题"资产者和无产者"下面加了一个注："资产阶级是指占有社会生产资料并使用雇佣劳动的现代资本家阶级。无产阶级是指没有自己的生产资料，因而不得不靠出卖劳动力来维持生活的现代雇佣工人阶级。"②相应地，马克思和恩格斯指出，共产主义并不是要共有一切财产，而只是要共有资本，即那种通过占有他人的无偿劳动而形成的财产。这意味着，"共产主义并不剥夺任何人占有社会产品的权力，它只剥夺利用这种占有去奴役他人劳动的权力"③。这也就意味着对现存世界的否定。无产阶级自身的"无产"状态就"是"这个否定。然而，无产阶级要使体现在自己身上的历史否定性得到实现，绝不是轻而易举的。"共产主义革命就是同传统的所有制关系实行最彻底的决裂"，与此相应的是，它"在自己的发展进程中要同传统的观念实行最彻底的决裂"。④这对无产阶级提出了极高要求。"资本主义必然灭亡，共产主义必然胜利"绝不意味着"资本主义自动灭亡，共产主义自动胜利"。由自以为是"原子式个人"的一盘散沙构成的无产阶级是不可能战胜资产阶级的。无产者只有通过联合、团结、凝聚，由自在的阶级上升为自为的阶级，我们才能说，"资产阶级的灭亡和无产阶级的胜利是同样不可避免的"⑤。

---

① 《马克思恩格斯文集》(第一卷)，人民出版社，2009年，第500页。
② 《马克思恩格斯文集》(第二卷)，人民出版社，2009年，第31页。
③ 《马克思恩格斯文集》(第二卷)，人民出版社，2009年，第47页。
④ 《马克思恩格斯文集》(第二卷)，人民出版社，2009年，第52页。
⑤ 《马克思恩格斯文集》(第二卷)，人民出版社，2009年，第43页。

　　从"两个必然"到"两个不可避免",不仅要求无产阶级成为一支团结战斗的队伍,而且要求这支队伍形成自己的先锋队,承担起探路、开路、领路的任务。带领中国人民闯出中国道路的这支先锋队,就是中国共产党。按照马克思和恩格斯的看法,共产党人不仅在不同民族无产者斗争中要"强调和坚持整个无产阶级共同的不分民族的利益",而且"在无产阶级和资产阶级的斗争所经历的各个发展阶段上",必须"始终代表整个运动的利益"。①这就要求共产党人站得高、看得远,能够担负起探路、开路、领路的先锋队职责。为此,共产党人必须进行艰苦的自我革命、自我改造。探路需要勇气,开路需要力量,领路需要智慧。只有经过自我革命、自我改造,才能成为合格的无产阶级先锋队队员。

　　这个过程同时是共产党人实现自我改造的过程。有人曾说,人的本性是自私的,自私的人怎么可能建成共产主义。对此,马克思回答:"整个历史也无非是人类本性的不断改变而已。"②与动物只有自然"本性"即本能不同,人的本性本来就是二重的,就是自然性和社会性的交织。人的本性这种二重性表现在"自我"结构上。自我是本我与超我的统一,表现了人同"自身"或"自己"的反身性关系。动物没有自身或自己,不存在反身性关系。动物与动物之间只能是本能关系,不可能是我的"我"与你的"我"的关系。正是这种反身性关系,提供了人在改造世界的同时实现自我改造的可能性。人并不是为单纯实现本能而活,而是为实现自我而活。

　　原始共同体中所有的人都从事劳动,整个群体还填不饱肚子,那时是不可能有私有制存在的,当然也不可能有"自私的人性",否则这样的原始共同体早就灭亡了。只有随着生产力发展到一定阶段,随着私有制的产生,自私的人性才会产生。即使是在私有制社会,也并非所有人都是自私的。很多父母愿意为自己的孩子吃苦受累,甚至献出生命。随着私有制成为生产力

① 《马克思恩格斯文集》(第二卷),人民出版社,2009年,第44页。
② 《马克思恩格斯文集》(第一卷),人民出版社,2009年,第632页。

进一步发展的障碍,随着共产主义社会到来,人的本性必然再次改变。但这种改变并不是自动实现的,而是需要一场艰苦卓绝的革命,以便造就出共产主义新人。正是在这一意义上,马克思和恩格斯指出:"革命之所以必需,不仅是因为没有任何其他的办法能够推翻统治阶级,而且还因为推翻统治阶级的那个阶级,只有在革命中才能抛掉自己身上的一切陈旧的肮脏东西,才能胜任重建社会的工作。"①这就是说,共产主义社会固然不是由类似资产者那样的"原子式个人"构成的,但也不是由资产阶级社会中产生的无产者构成的,而是由在共产主义革命中经过自我改造的无产者所构成的崭新人类构成的。

共产党人的自信和自立就建立在这种自我革命的基础上。与私有者不同,作为先锋队员,共产党人追求的不是名利,而是超越生死,是不朽。毛泽东指出:"人总是要死的,但死的意义有不同。"他引用司马迁的话"人固有一死,或重于泰山,或轻于鸿毛",强调"为人民利益而死,就比泰山还重"。②马克思早在中学时代就立志为人类而工作,原因就在于个人总有一死,但人类会存在下去,"如果我们选择了最能为人类而工作的职业,那么,重担就不能把我们压倒,因为这是为大家作出的牺牲;那时我们所享受的就不是可怜的、有限的、自私的乐趣,我们的幸福将属于千百万人,我们的事业将悄然无声地存在下去,但是它会永远发挥作用,而面对我们的骨灰,高尚的人们将洒下热泪"③。就此而言,每个人的一生都是一条从生到死的道路。共产党人的死之所以比泰山还重,就是由于它超越了生死的界限,进入了永恒不朽的境界。在马克思和恩格斯看来,不仅个人的一生是一条道路,而且整个人类历史也是一条道路。只有坚持守正创新,才能成为这条道路的探路者、开路者、领路人。

---

① 《马克思恩格斯文集》(第一卷),人民出版社,2009年,第543页。
② 《毛泽东选集》(第三卷),人民出版社,1991年,第1004页。
③ 《马克思恩格斯文集》(第一卷),人民出版社,1995年,第459~460页。

(三)守正创新与实践观点

党的二十大报告指出:"我们从事的是前无古人的伟大事业,守正才能不迷失方向、不犯颠覆性错误,创新才能把握时代、引领时代。"[1]显然,"不迷失方向""引领时代",是对探路者、开路者、领路者的要求。只有这样,才能保证始终走在正确的道路上。党的二十大报告接着指出:"我们要以科学的态度对待科学、以真理的精神追求真理,坚持马克思主义基本原理不动摇,坚持党的全面领导不动摇,坚持中国特色社会主义不动摇,紧跟时代步伐,顺应实践发展,以满腔热忱对待一切新生事物,不断拓展认识的广度和深度,敢于说前人没有说过的新话,敢于干前人没有干过的事情,以新的理论指导新的实践。"[2]作为理论武器,马克思主义是用来探路、开路、领路的,而不是拿来供奉和鉴赏的。在没有路的地方开出新路,体现了马克思主义的真理性。因此,从实践观点、革命变革观点看,守正创新正是马克思和恩格斯认识论的根本要求。

所谓"守正",是指坚持马克思主义基本原理,坚持党的全面领导,坚持中国特色社会主义。第一,必须坚持马克思主义基本原理。马克思主义有两条根本原则:一是共产主义,二是国际主义。其中,共产主义指明了方向,国际主义指明了道路。唯物史观和剩余价值论都指向这两条根本原则。正是唯物主义历史观和剩余价值论揭开资本主义生产的秘密,"由于这两个发现,社会主义变成了科学"[3]。因此,坚持马克思主义基本原理,就必须坚持共产主义和国际主义。抛弃了其中任何一条,就不再是马克思主义。

第二,必须坚持党的全面领导。共产党与其他无产阶级政党和非无产

---

[1]　习近平:《高举中国特色社会主义伟大旗帜　为全面建设社会主义现代化国家而团结奋斗——在中国共产党第二十次全国代表大会上的报告》,人民出版社,2022年,第20页。

[2]　习近平:《高举中国特色社会主义伟大旗帜　为全面建设社会主义现代化国家而团结奋斗——在中国共产党第二十次全国代表大会上的报告》,人民出版社,2022年,第20页。

[3]　《马克思恩格斯文集》(第三卷),人民出版社,2009年,第546页。

阶级政党不同,它是先锋队党,而不是民主政党。西方民主政党是由有共同私利的原子式个人组成的,因此只能代表某一部分人,由此形成的是统治型、否决型的民主。中国共产党是探路、开路、领路的,代表整支队伍而不是其中某一部分人的利益,因此不能满足于做群众的"尾巴"。中国共产党不能像民主党派那样,仅充当某一群体的代表,而是代表整个中华民族和全体中国人民的利益,因此必须把党的领导与人民当家作主、依法治国统一起来。

第三,必须坚持中国特色社会主义。坚持中国特色社会主义,首先是坚持中国特色社会主义道路,其次是坚持中国特色社会主义理论、中国特色社会主义制度和中国特色社会主义文化。中国特色社会主义是一条通往共产主义的道路,其理论是对这条道路的反映,制度是在往前走的过程中形成和发展的,文化是发展中的创造性文化。

从"四个自信"来看,所谓"创新",首先是实践要求,其次才是理论发展要求。习近平总书记提出:"要根据时代变化和实践发展,不断深化认识,不断总结经验,不断进行理论创新,坚持理论指导和实践探索辩证统一,实现理论创新和实践创新良性互动,在这种统一和互动中发展二十一世纪中国的马克思主义。"①用理论与实践的关系代替主体和客体或主观与客观的关系,是唯物史观的根本特征,"这种历史观和唯心主义历史观不同,它不是在每个时代中寻找某种范畴,而是始终站在现实历史的基础上,不是从观念出发来解释实践,而是从物质实践出发来解释各种观念形态"②。认识主体和客体都不是直接存在的,而是历史的产物。在前面谈到意识的产生过程时,我们已经看到,人们最初的认识就是生活本身。是"我"在认识,而不是我的本能在认识。认识的对象是改变世界的活动,这种活动是作为一种"关系"

---

① 中共中央文献研究室编:《习近平关于社会主义文化建设论述摘编》,中央文献出版社,2017年,第65页。

② 《马克思恩格斯文集》(第一卷),人民出版社,2009年,第544页。

被认识的。这就要求从"革命的""实践批判的"活动层面理解实践活动的主体和对象,进而在"意识"或"我"的层面上把认识的主体和客体当作实践活动的产物,而不是把认识的主体和客体当作直接的、未经中介的存在,不是当作类似动物和周围世界的那种直观关系。只有这样,才能排除旧唯物主义"只是从客体的或者直观的形式"去理解对象、现实、感性的"主要缺点"。①实践创新总是与人的自我改变联系在一起。马克思和恩格斯指出,"我"本身是社会的产物,经历了一个形成的过程,因而意识一开始并不是"纯粹的意识","'精神'从一开始就很倒霉,受到物质的'纠缠'"②。即使在这种情况下,也不存在非社会的"自然意识",不存在"把物质与意识的关系贯彻到社会历史领域,就变成了社会存在和社会意识的关系"这种事情。无论是意识的产生,还是其进一步发展,都受到第一个历史活动的四个要素,即劳动、新的需要的产生、社会关系的产生、人的生命的再生产四个环节的影响。"与此同时分工也发展起来。"③分工的本意就是劳动的分离(Division of Labour),它依次影响后三个因素、三个环节的变化。只有随着物质劳动和精神劳动的分工或体力劳动和脑力劳动的分工,意识的发展才能达到"不用想象某种现实的东西就能现实地想象某种东西"的高度。从此才有"纯粹的"理论、神学、哲学、道德等。④理论创新总是依托于实践创新。恩格斯在《自然辩证法》中指出:"科学的产生和发展一开始就是由生产决定的。"⑤恩格斯依次考察了天文学、数学和力学在古代的发展,分析了它们与畜牧业和农业、建筑业的联系。近代科学的发展同样是工业进步的产物。直到20世纪初,科学才反过来成为技术的基础,但科学的发展仍受到生产需要的牵引和制约。科学理论是这样,神学、哲学、道德作为情感论世界观、知识论世界

---

① 《马克思恩格斯文集》(第一卷),人民出版社,2009年,第499页。
② 《马克思恩格斯文集》(第一卷),人民出版社,2009年,第533页。
③ 《马克思恩格斯文集》(第一卷),人民出版社,2009年,第534页。
④ 《马克思恩格斯文集》(第一卷),人民出版社,2009年,第534页。
⑤ 《马克思恩格斯文集》(第九卷),人民出版社,2009年,第427页。

观、意志论世界观也是这样。

习近平总书记高度重视研究世界社会主义运动的历史。从社会主义实践创新与马克思主义理论创新的关系来看，马克思和恩格斯以前的社会主义和共产主义都陷入了乌托邦。马克思和恩格斯的创新就在于，他们发现了发达国家通往共产主义社会的道路。这条道路的根据不仅在于在利润率趋向下降规律的作用下，资本主义生产方式不断走向自我否定，而且在于无产阶级通过联合、团结、凝聚，成为一个战斗集体，然后在它的先锋队——共产党领导下，必定能够推翻资本主义制度，结束到资本主义为止的"经济的社会形态"，创建"人类社会"的形态。然而俄国不是一个发达国家，不可能照搬照抄马克思和恩格斯为发达国家所开辟的道路。俄国的马克思主义者必须从自身实际出发，重新开辟这条道路。以列宁为代表的马克思主义者完成了这一历史任务。中国的经济文化水平远落后于俄国。1956 年，进入社会主义社会的中国，生产力甚至都没有达到中等发达国家水平。这样的现实情况决定了中国既不能照搬照抄马克思和恩格斯为发达国家找到的通往共产主义的道路，也不能照搬照抄列宁为俄国找到的通往共产主义的道路。中国革命、建设和改革的道路，是中国共产党人带领中国人民自己闯出来的。由于马克思和恩格斯所设想的共产主义社会是由按劳分配的低级阶段和按需分配的高级阶段构成，如果把按劳分配的阶段称为社会主义阶段，那么我们可以把发达国家自我否定后进入的社会主义阶段称为"社会主义高级阶段"，把俄国这样的国家进入的社会主义阶段称为"社会主义中级阶段"，而中国这样经济文化比较落后、商品经济不发达的国家进入的社会主义阶段，就只能称为"社会主义初级阶段"。由此可见，中国道路正是中国共产党人守正创新，实现马克思主义基本原理同中国具体实际相结合、同中华优秀传统文化相结合的成果。

中国道路的共产主义方向是在党的一大确立的。中国道路的起点是在党的二大确立的。党的二大把共产主义确立为中国共产党的最高纲领，把反帝反封建的民主革命纲领确立为最低纲领,从此确立了最高纲领与高低纲领的统一。从坚信"前途是光明的,道路是曲折的"这一点来说,守正创新的"守正"不仅指坚持中国道路的既定方向,而且指牢牢掌握开辟中国道路的理论武器和思想武器;"创新"则指不断开辟新的道路:在抗日战争时期,道路往前延伸,最低纲领改为抗日民族统一战线,最高纲领仍然是共产主义;抗战胜利后,最低纲领改为"民主建国",但最高纲领仍然是共产主义;中华人民共和国成立初期,最低纲领是社会主义改造,最高纲领仍然是共产主义;中国建立社会主义制度后,最低纲领是社会主义建设,最高纲领仍然是共产主义;改革开放以来,最低纲领是社会主义初级阶段的基本路线,最高纲领仍然是共产主义。道路的开辟和延伸始终以不迷失方向为前提,正是在这一意义上,习近平总书记反复强调,革命理想高于天。现在,中国特色社会主义不仅进入新时代,而且在全面建成小康社会以后,我们又踏上了全面建成社会主义现代化强国的新征程。道路再度往前延伸,面对世界百年未有之大变局和中华民族伟大复兴的战略全局,守正创新就成为马克思主义者和共产党人对自身的根本要求。为落实这一根本要求,我们就必须坚持问题导向。

(四)问题导向与矛盾分析法

习近平总书记在党的二十大报告中指出:"问题是时代的声音,回答并指导解决问题是理论的根本任务。今天我们所面临问题的复杂程度、解决问题的艰巨程度明显加大,给理论创新提出了全新要求。我们要增强问题意识,聚焦实践遇到的新问题、改革发展稳定存在的深层次问题、人民群众急难愁盼问题、国际变局中的重大问题、党的建设面临的突出问题,不断提出真正解决问题的新理念新思路新办法。"[①]显然,这里的"问题导向"既不是

---

① 习近平:《高举中国特色社会主义伟大旗帜 为全面建设社会主义现代化国家而团结奋斗——在中国共产党第二十次全国代表大会上的报告》,人民出版社,2022年,第20页。

指日常生活中碰到的常识性问题，也不是指运用具体科学就可以解决的问题，而是指运用单一手段无法解决的复杂问题。这是一些只有运用辩证思维即恩格斯所说的"理论思维"才能解决的问题。诉诸常识或近代知性科学的狭隘经验主义，对于解决"实践遇到的新问题""改革发展稳定存在的深层次问题""人民群众急难愁盼问题""国际变局中的重大问题""党的建设面临的突出问题"①等，都是无所用其技的。这些都是复杂问题、艰巨问题，都需要超越常识、知性科学，运用辩证思维特别是矛盾分析法、理性科学，才能解决。对于这些问题，单凭感觉甚至连正确地提出问题都不可能，更不要说分析问题、解决问题了。

按照恩格斯的分析，根据问题的层次，解决问题的思维能力也分为三个层次：一是日常生活层次，二是知性科学层次，三是理性科学层次。在日常生活中，"当我们通过思维来考察自然界或人类历史或我们自己的精神活动的时候，首先呈现在我们眼前的，是一幅由种种联系和相互作用无穷无尽地交织起来的画面，其中没有任何东西是不动的和不变的，而是一切都在运动、变化、生成和消逝"②。这是一种原始素朴的、正确的世界观。然而它并未超出动物的感觉和心理的层面，并未上升到知性层次。"这种观点虽然正确地把握了现象的总画面的一般性质，却不足以说明构成这幅总画面的各个细节；而我们要是不知道这些细节，就看不清总画面。""为了认识这些细节，我们不得不把它们从自然的或历史的联系中抽出来，从它们的特性、它们的特殊的原因和结果等等方面来分别加以研究。"③这就是近代科学即知性科学的方法。按照黑格尔和恩格斯的讲法，这种方法是近代形而上学的思维方式。它的特点是从"多"中抽象出"一"、从"变"中抽象出"常"，或者说

---

① 习近平：《高举中国特色社会主义伟大旗帜 为全面建设社会主义现代化国家而团结奋斗——在中国共产党第二十次全国代表大会上的报告》，人民出版社，2022年，第20页。
② 《马克思恩格斯文集》（第九卷），人民出版社，2009年，第23页。
③ 《马克思恩格斯文集》（第九卷），人民出版社，2009年，第23页。

从个别中抽象出一般、从特殊中抽象出普遍,这被称为"知性抽象"。如果说日常生活的思维是一种模糊思维,人们惯于凭感觉下结论,那么近代形而上学的思维方式则要求清晰和明确。对事物的精准把握要求对感觉进行知性抽象。以知性抽象为基础的逻辑思维遵循同一律、不矛盾律和排中律,其概念、命题和推理之间的关系,为从普遍公理出发,先推论到特殊、再推论到个别,最后形成演绎推理体系的方法准备了逻辑根据。这种通常被称为"形式逻辑"的传统逻辑训练是掌握近代科学的基本功,缺乏这种训练的人往往凭感觉下结论,难以到达近代科学的层次。日常生活中多数鼓吹常识的人就是这样,他们习惯于凭自己的感觉下结论,难以超越培根所说的"洞穴假象"。对这些人而言,知性科学或形而上学的思维方式的训练是极其重要的。对达不到这一层次的人谈论辩证法或理性思维,无异于对牛弹琴。

知性科学并不违背常识,而是对常识的深化。尽管有时会得出令人惊奇的结论,却不难令人接受。欧几里得几何学就是如此,其公理方法启发了无数科学家和哲人,它更是近代以来知性科学的典范,对人类知识的进步做出了巨大贡献。这当然不是说,这种思维方式能解决一切问题。康德就揭示了把这种思维方式运用于形而上学领域所造成的困难和问题。恩格斯评论说:"初看起来,这种思维方式对我们来说似乎是极为可信的,因为它是合乎所谓常识的。然而,常识在日常应用的范围内虽然是极可尊敬的东西,但它一跨入广阔的研究领域,就会碰到极为惊人的变故。"恩格斯所说的"常识"是就西方人来说的,他引用了圣经中的话,"是就是,不是就不是;除此以外,都是鬼话"。按照近代形而上学的思维方式,"一个事物要么存在,要么就不存在;同样,一个事物不能同时是自身又是别的东西"。[①]这正是形式逻辑的不矛盾律和排中律在日常生活中的表现。它使人们有可能超越是非混淆的模糊直觉,进入黑白分明的抽象原则层面,因此是认识的巨大进步。然

---

① 《马克思恩格斯文集》(第九卷),人民出版社,2009年,第24页。

而日常生活的范围毕竟是狭隘的，一旦超出这一范围，近代形而上学的思维方式就不管用了，而是陷入无法解决的矛盾，"因为它看到一个一个的事物，忘记它们互相间的联系；看到它们的存在，忘记它们的生成和消逝；看到它们的静止，忘记它们的运动；因为它只见树木，不见森林"①。知性思维只能帮助人们找到一时一地的真相，却无法把握整体，更谈不上把握整体的运动变化。

把握整体及其运动变化需要辩证思维。与知性思维相比，辩证思维不仅要求通过对事物的抽象形成范畴，而且要求通过对运动的抽象形成"方法"，因此它是在知性思维基础上形成的思维方式，就其本身能够获得其逻辑范围内的自洽性而言，可称为理性思维。马克思曾评论道："正如我们通过抽象把一切事物变成逻辑范畴一样，我们只要抽去各种各样的运动的一切特征，就可得到抽象形态的运动，纯粹形式上的运动，运动的纯粹逻辑公式。"②可见，作为理性的辩证思维是对运动的抽象。这一公式采取的是正、反、合的形式。按照黑格尔的看法，"如果我们把逻辑范畴看做一切事物的实体，那么我们也就可以设想把运动的逻辑公式看做是一种绝对方法，它不仅说明每一个事物，而且本身就包含每个事物的运动"③。黑格尔主张"实体即主体"，把整个宇宙或上帝看作唯一实体。同传统教科书主张"内因起决定作用，外因是条件"不同，在黑格尔看来，"绝对"作为唯一的精神实体是至大无外的，因此也不存在什么"外因"。它"在自身之外既没有可以设定自己的场所，又没有可以与之相对立的客体，也没有可以与之合成的主体，所以它只得把自己颠来倒去：设定自己，自相对立，自相合成——设定、对立、合成。用希腊语来说，这就是：正题、反题、合题"④，也就是肯定、否定、否定之

① 《马克思恩格斯文集》（第九卷），人民出版社，2009年，第24页。
② 《马克思恩格斯文集》（第一卷），人民出版社，2009年，第600页。
③ 《马克思恩格斯文集》（第一卷），人民出版社，2009年，第600页。
④ 《马克思恩格斯文集》（第一卷），人民出版社，2009年，第599页。

否定。换一种说法,即绝对精神的自我同一、自我差异、自我对立、自相矛盾、自我扬弃。只要像费尔巴哈那样,把黑格尔的绝对精神或上帝看作现实的人的投射,从而把现实的主体即"自我"看作实体即肉体存在,就会得出马克思的结论,"黑格尔把人的自我产生看做一个过程,把对象化看做非对象化,看做外化和这种外化的扬弃;可见,他抓住了劳动的本质,把对象性的人、现实的因而是真正的人理解为人自己的劳动的结果"①。既然辩证法就是"运动的抽象"或"抽象形态的运动",那么与知性抽象不同,理性抽象就不再是从"多"中找到"一"、从"变"中找到"常",而是从"多"和"一"的关系中找到作为"对立统一"的"一",从"变"与"常"的关系中找到作为"否定之否定"的"肯定"。所谓矛盾分析法,正是要分析一个事物内部的对立面如何通过同一和斗争把自己转变为一个新事物。所谓质量互变规律,则是研究和分析旧事物向新事物的转变过程的具体特点。对立统一规律、质量互变规律与否定之否定规律一起,成为辩证思维的基本规律。

这与排除矛盾的知性思维方式形成了截然分明的对比。人们经常讲马克思的"从感性具体到理性抽象"然后再"从理性抽象到理性具体",却从来没有想过"理性抽象"同"知性抽象"有什么区别,甚至常常把知性抽象就当作理性抽象。由于从知性抽象无法过渡到理性具体,辩证法常常被人们误当作诡辩法。仔细分析就可以发现,在知性的抽象中,"同一"不包含"对立","常"不包含"变",而理性的抽象却相反,它不是通过对"多"的实体性抽象得到"一"、通过对"变"的实体性抽象得到"常",而是通过对"一"和"多"的自身关系的抽象、对"常"和"变"的自身关系的抽象得到对立统一和质量互变、否定之否定。

一旦把理性抽象混同于知性抽象,就会形成对研究对象的外在把握、主观把握,导致蒲鲁东式的伪辩证法。伪辩证法的特点有二:一是外在性,二

---

① 《马克思恩格斯文集》(第一卷),人民出版社,2009年,第205页。

是主观性。它不是深入研究对象内部，通过充分占有资料去分析研究对象的内在联系，从研究对象内在的自我同一、自我差异、自我对立、自相矛盾、自我扬弃出发，揭示研究对象自身发展的内在规律，而是从研究者自身主观好恶出发，简单粗暴地划分对立面，如真和假、善和恶、美和丑、精华和糟粕等，概言之，是机械地划分出好和坏，然后保留好的、真善美的、精华的，去掉坏的、假恶丑的、糟粕的，最后一厢情愿地使好的、真善美的、精华的部分发扬光大。同蒲鲁东一样，很多人没有看到，"两个相互矛盾方面的共存、斗争以及融合成一个新范畴，就是辩证运动。谁要给自己提出消除坏的方面的问题，就是立即切断了辩证运动"①。"一旦把辩证运动的过程归结为这样一个简单过程，即把好的方面和坏的方面加以对比，提出消除坏的方面的问题，并且把一个范畴用做另一个范畴的消毒剂，那么范畴就不再有自发的运动，观念就'不再发生作用'，不再有内在的生命。观念既不能再把自己设定为范畴，也不能再把自己分解为范畴。范畴的顺序成了一种脚手架。辩证法不再是绝对理性的运动了。辩证法没有了，至多还剩下最纯粹的道德。"②这种道德集中表现为"应然"和"实然"的对立。"实然"是包含矛盾的。研究者按照自己的愿望在思想中排除矛盾，就得到"应然"。这当然并不困难。问题在于，凭什么"你"的愿望那么重要，以致整个人类历史都得向"你"的愿望低头？正如恩格斯指出的，历史并不顾及单个人的愿望，"人们所预期的东西很少如愿以偿，许多预期的目的在大多数场合都互相干扰，彼此冲突，或者是这些目的本身一开始就是实现不了的，或者是缺乏实现的手段的"③。问题不在于"你"的愿望如何，而在于"你"的愿望是否符合绝大多数人的愿望，从而在不同愿望的对立统一中推动历史发展。只有在历史的运动中，认识主体与认识对象的一致才能实现。就此而言，问题导向以系统观念为

---

① 《马克思恩格斯文集》(第一卷)，人民出版社，2009年，第605页。
② 《马克思恩格斯文集》(第一卷)，人民出版社，2009年，第606页。
③ 《马克思恩格斯文集》(第四卷)，人民出版社，2009年，第302页。

前提。

（五）系统观念与联系、发展观点

习近平总书记在党的二十大报告中指出："万事万物是相互联系、相互依存的。只有用普遍联系的、全面系统的、发展变化的观点观察事物，才能把握事物发展规律。我国是一个发展中大国，仍处于社会主义初级阶段，正在经历广泛而深刻的社会变革，推进改革发展、调整利益关系往往牵一发而动全身。我们要善于通过历史看现实、透过现象看本质，把握好全局和局部、当前和长远、宏观和微观、主要矛盾和次要矛盾、特殊和一般的关系，不断提高战略思维、历史思维、辩证思维、系统思维、创新思维、法治思维、底线思维能力，为前瞻性思考、全局性谋划、整体性推进党和国家各项事业提供科学思想方法。"①如果说"问题导向"要求超越感觉层面和知性层面，那么"系统观念"则要求超越"原子式个人"的狭隘视野，进入万物一体的境界。恩格斯指出："马克思的整个世界观不是教义，而是方法。它提供的不是现成的教条，而是进一步研究的出发点和供这种研究使用的方法。"②这里的"方法"所突出的，正是党的二十大报告所强调的"系统观念"。它不仅确立研究的出发点，而且是人们站上理论制高点的思想武器。

为此，必须把唯物史观的出发点和立脚点区别开来。唯物史观的出发点是"现实的个人、他们的活动和他们的物质生活条件"。出发点是不由人选择的，立脚点却不是这样。"道路"是由出发点和目标之间的路径确定的。从"道路"的角度看，立脚点与人们所能达到的"原则高度"联系在一起。因此，与普通群众不同，共产党人必须确立普遍联系和变化发展的系统观念，摆脱一时一地的局限性，站到开辟道路的制高点上。马克思明确指出："旧

---

① 习近平：《高举中国特色社会主义伟大旗帜　为全面建设社会主义现代化国家而团结奋斗——在中国共产党第二十次全国代表大会上的报告》，人民出版社，2022年，第20~21页。

② 《马克思恩格斯文集》（第十卷），人民出版社，2009年，第691页。

唯物主义的立脚点是市民社会,新唯物主义的立脚点则是人类社会或社会的人类。"①共产党人之所以能够成为先锋队员,从事探路、开路、领路的工作,就是由于他们站得高、看得远。他们的出发点总是自身作为普通群众的现实,但奋斗目标是共产主义。要看清整条道路,就必须时时站上制高点。中国共产党始终坚持最高纲领和最低纲领的统一,正是基于出发点和立脚点的区别。

坚持系统观念,要求坚持联系观点。任何个人都处于特定的社会关系中,不存在"原子式个人",只存在"社会的个人"。作为唯物史观出发点的是现实的个人,而不是想象中的个人。人是对象性存在物,同对象的联系属于它的内在本质。这种本质表现为对对象的需要。"原子是没有需要的,是自满自足的;它身外的世界是绝对的空虚,也就是说,这种世界是没有内容的,没有意义的,空洞无物的,正因为原子是万物皆备于自身的。"②所谓"绝对的空虚",并不是指没有空间,而是指不需要对象。"市民社会的利己主义的个人在他那非感性的观念和无生命的抽象中可以把自己夸耀为原子,即同任何东西毫无关系的、自满自足的、没有需要的、绝对充实的、极乐世界的存在物。而非极乐世界的感性的现实却决不理会他这种想象,他的每一种感觉都迫使他相信他身外的世界和个人的意义,甚至他那世俗的胃也每天都在提醒他:身外的世界并不是空虚的,而是真正使人充实的东西。他的每一种本质活动和特性,他的每一种生命欲望都会成为一种需要,成为一种把他的私欲变为追逐身外其他事物和其他人的需求。"③个人的对象性就表现在,他不能没有或脱离对象而单独存在。

现实的个人为了能够活下去,必须既同他人打交道,又通过其他人同自然界打交道。可见,人们"只是在观念中、在自己想象的天堂中才是原子,而

①　《马克思恩格斯文集》(第一卷),人民出版社,2009年,第502页。
②　《马克思恩格斯文集》(第一卷),人民出版社,2009年,第321页。
③　《马克思恩格斯文集》(第一卷),人民出版社,2009年,第321~322页。

实际上他们是和原子截然不同的存在物,就是说,他们不是超凡入圣的利己主义者,而是利己主义的人"。这样的个人离开其他人根本无法生存;相反,"正是自然必然性、人的本质特性(不管它们是以怎样的异化形式表现出来)、利益把市民社会的成员联合起来"。①对个人来说,自然和社会不是可有可无的外在存在物,而是其内在规定性。人不仅是自然存在物,而且是社会存在物。自然性和社会性构成其内在规定,由此决定了,人的对象性存在包括两个方面,即自然的方面和社会的方面。

坚持系统观念不仅要求坚持联系观点,而且要求坚持发展观点。人不仅是关系性存在物,而且这种关系还处于不断改变中。人一出生就被置于特定的社会关系中,而这种社会关系又总是具有特定时代的烙印。同样,他周围的世界也不是由自在之物而是由特定时代的关系之物、"为我之物"构成的。时代性或发展性是主体和对象及其关系的内在规定。针对康德所谓"自在之物"(thing in itself)不可知的观念,黑格尔指出根本不存在作为内在之物的自在之物。任何事物都不是孤立的,更不是不变的。自在之物既是内在的(in itself),又必然走向外化(out of itself),成为自身的他物,由此形成物同自身的关系。这一关系的历程表现为自我同一、自我差异、自我对立、自相矛盾、自我扬弃。作为绝对精神,整个宇宙就是这一自我关系的展开,而人对世界的改造和认识,不过是绝对精神自我生成、自我认识的一个环节。在这一意义上,只存在已经生成和已经认识的物、尚未生成和尚未认识的物,不存在只是内在因而固定不变、不可知的物;只存在处于特定发展关系中的物,不存在永远"自在的"、不与任何他物发生关系的物。

以此为基础,马克思和恩格斯认为整个周围世界都是实践活动的产物,在对象性关系的意义上都只是"为我之物",而不是"自在之物","既然我们自己能够制造出某一自然过程,按照它的条件把它生产出来,并使它为我们

---

① 《马克思恩格斯文集》(第一卷),人民出版社,2009年,第322页。

的目的服务,从而证明我们对这一过程的理解是正确的,那么康德的不可捉摸的'自在之物'就完结了",①自在之物就变成为我之物了。并不是"我"和世界分别单独发展,由此导致"我"和世界关系的变化,而是在"我"和世界关系的发展中,"我"和世界共同发展。"现实的个人、他们的活动和他们的物质生活条件",是作为一个系统在向前发展的。因此,"站到制高点上"意味着,对于"现实的个人、他们的活动和他们的物质生活条件"的三位一体,既要追溯其产生情况,从而找到推动其自身发展的内在矛盾,又要根据这种内在矛盾的进一步发展,展望其未来走向。

任何人都是父母所生,受环境熏陶。刚出生时都只有本能,没有"我"。换言之,"我"是在家庭中、学校里、社会上,在各种关系的交织中形成的。就此而言,"我"本身就是特定系统内化的产物。但这个"我"还只是一个"小我"。特定的处境和语境决定了,"小我"总是与习惯和常识联系在一起。共产党人的"我"则是"大我"。这个"大我"要在探路、开路、领路的实践中反复锤炼,才能形成。从"小我"到"大我",不仅是人自身的成长,而且是认识能力从感性到知性、再从知性到理性的成长。

至于周围世界,就更不用说了。周围世界中每一个事物都有其来源,都有从潜能到现实的变化发展过程。由于人本身是自然存在物,人的活动本身是自然界活动的一个环节,因而所有为我之物也是该物在同人类的相互作用中由内在到外在、由自在到自为的展开过程。人的活动带有自身目的和能动性,就此而言有别于没有人的自然;但由于人的活动本身也是自然界演化的一部分,就此而言人的活动并不异于自然,更不可能违背自然。所谓异化,无论是自然界的异化,还是人的自我异化,都遵循同一种逻辑,即辩证的逻辑。只不过从自然界角度看,对象化和自我异化并无本质区别,而从人的角度看,对象化和异化则具有截然不同的意义。

---

① 《马克思恩格斯选集》(第四卷),人民出版社,1995年,第225~226页。

系统观念的要点就在于,无论是从事物出发,还是从关系出发,都必须在事物及其关系的不同"层次"上看待事物及其关系,最终把所有事物及其关系视为一个大的关系系统。这就是所谓的天人合一、万法归一或万物一体。任何表面上看起来是孤立个体的单个存在物,本质上都是经过中介的关系存在物,都不能脱离联系和发展的系统而存在。

中国共产党人及其事业——中国特色社会主义,属于科学社会主义和国际共产主义运动这一更大系统的有机组成部分。无论从马克思主义基本原理同中国具体实际相结合的角度看,还是从马克思主义基本原理与中华优秀传统文化相结合的角度看,中国特色社会主义进入新时代,都意味着中国共产党一定会达到"胸怀天下"的境界。

(六)胸怀天下与世界历史观点

习近平总书记在党的二十大报告中指出:"中国共产党是为中国人民谋幸福、为中华民族谋复兴的党,也是为人类谋进步、为世界谋大同的党。我们要拓展世界眼光,深刻洞察人类发展进步潮流,积极回应各国人民普遍关切,为解决人类面临的共同问题作出贡献,以海纳百川的宽阔胸襟借鉴吸收人类一切优秀文明成果,推动建设更加美好的世界。"[①]"为人类谋进步"和"为世界谋大同",正是马克思主义基本原理和中华优秀传统文化的结合点。

中国古代的世界观是天下观,所谓"天父,地母,四海之内皆兄弟也"。这同正义者同盟的"人人皆兄弟"有相通之处,只不过正义者同盟的口号来自基督教,而中国古代的天下观在道家、儒家、法家等各家中都有其来源。正义者同盟要求成员互帮互助,同中国古代"老吾老以及人之老,幼吾幼以及人之幼"的共同体思想也是相通的。中国古代的天下主义形成了一整套系统的理论主张,其中儒家要求通过格物、致知、诚意、正心,实现修身、齐

---

① 习近平:《高举中国特色社会主义伟大旗帜 为全面建设社会主义现代化国家而团结奋斗——在中国共产党第二十次全国代表大会上的报告》,人民出版社,2022年,第21页。

家、治国、平天下，实现"天下为公"。但在马克思和恩格斯看来，资本主义社会是"人对人像狼""一切人对一切人的战争"的社会，所谓"人人皆兄弟"不过是一种幻想。在这样的社会中，对于资产阶级来说，工人是可变资本，正如自然界是不变资本一样。资本家靠吃工人的肉、喝工人的血发财致富。资本家是狼，工人是羊，哪有什么"兄弟"关系可言？只有在无产阶级内部才存在兄弟关系，比较起来，"资本家在他们的竞争中表现出彼此都是假兄弟，但面对整个工人阶级却结成真正的共济会团体"①。资产阶级的自由、平等、公正、法治、民主等所谓"普世价值"，只有在狼和狼之间才是真实的，而狼和羊之间只能是吃和被吃的关系。马克思和恩格斯把正义者同盟改组为共产主义者同盟，并在同盟纲领《共产党宣言》中发出"全世界无产者，联合起来"的号召，正是基于上述事实。

资产阶级开辟了世界历史，也就把这种社会达尔文主义的秩序推广到全世界。如果说1648年"威斯特伐利亚和约"确立了狼与狼之间势力均衡的国际秩序，那么在宗主国和殖民地之间，由于不存在势力均衡，当然也就不可能存在除弱肉强食之外的其他任何"规则"。对于白人殖民者来说，印第安人是羊，黑人是羊，中国人、印度人、阿拉伯人统统都是羊。所谓"以规则为基础的国际秩序"，只不过体现了狼和狼之间的"假兄弟"和"真正的共济会"关系。列宁发出"全世界无产者和被压迫民族，联合起来"的号召，正是基于这种狼与羊的关系的事实。

无论是中国古代，还是西方古代，都经历了一个从"天下为公"到"天下为家"的过程。只不过由于亚细亚生产方式的残存，中国古代的天下主义混合了"天下为公"和"家天下"的社会形态，因此"确实较为崇高"，而西方却瓦解了公有制，在近代走向"鄙俗的"利润至上主义。尽管如此，资产阶级还是破坏了各民族的孤立、分散状态，把"人的依赖性关系"改造为"以物的依赖

---

① 《马克思恩格斯文集》（第七卷），人民出版社，2009年，第220页。

性为基础的人的独立性",从而形成了"普遍的社会物质变换、全面的关系、多方面的需要以及全面的能力的体系",并为"建立在个人全面发展和他们共同的、社会的生产能力成为从属于他们的社会财富这一基础上的自由个性"创造条件;"因此,家长制的,古代的(以及封建的)状态随着商业、奢侈、货币、交换价值的发展而没落下去,现代社会则随着这些东西同步发展起来"。①这使得西方现代化进程具有外在的先自我异化、再扬弃这种自我异化的辩证自我否定的特征。在这一过程中,作为"进步的代价",无产阶级和广大农村居民被无情地牺牲掉了。相应地,资产阶级对那些停留在古代的民族采取了无情的征服政策,"正像它使农村从属于城市一样,它使未开化和半开化的国家从属于文明的国家,使农民的民族从属于资产阶级的民族,使东方从属于西方"②。在这一意义上,对于"未开化和半开化的国家来说",资产阶级开辟的世界历史具有"强制进步"的特征。

东方社会的现代化能否不经历西方那种外在化和异化,在否定传统社会的同时保留其"确实崇高"的方面,从而跨越"卡夫丁峡谷"? 这是马克思和恩格斯在研究俄国革命道路时试图解决的一个著名问题。他们的回答是,"假如俄国革命将成为西方无产阶级革命的信号而双方互相补充的话,那么现今的俄国土地公有制便能成为共产主义发展的起点"③。这实际上包括三个条件:一是俄国革命先爆发,二是它作为"信号"引发西方国家的无产阶级革命,三是"双方互相补充"。之所以需要这样的条件,是因为俄国只有吸收西方先进国家创造的现代化成果,才能为创建"自由个性"的社会准备条件,而只有西方革命首先成功,才有可能无私地援助俄国,帮助它吸收西方现代化成果。众所周知,俄国的农村公社遭到了破坏,俄国在十月革命前已经走上了资本主义道路,这使马克思和恩格斯的设想落空了。但在列宁

---

① 《马克思恩格斯文集》(第八卷),人民出版社,2009年,第52页。
② 《马克思恩格斯文集》(第二卷),人民出版社,2009年,第36页。
③ 《马克思恩格斯文集》(第二卷),人民出版社,2009年,第8页。

的带领下,俄国仍选择了一条社会主义的现代化道路,它是在西方没有率先进入社会主义社会因而不可能提供无私援助,且各帝国主义国家进行无情打压的条件下推进现代化建设的,所以对俄共(布)和苏共提出了很高要求。作为无产阶级先锋队,共产党建立在无产阶级自我改造的基础上,只有这样,才能把无产阶级的阶级性和共产党人的党性统一起来,为实现每个人的自由而全面发展创造条件。遗憾的是,苏共失去了先锋队品格,未能带领苏联人民完成跨越,反而朝社会民主党方面蜕变,背离了马克思列宁主义。"一方面,稚气的古代世界显得较为崇高。另一方面,古代世界在人们力图寻求闭锁的形态、形式以及寻求既定的限制的一切方面,确实较为崇高。古代世界是从狭隘的观点来看的满足,而现代则不给予满足;换句话说,凡是现代表现为自我满足的地方,它就是鄙俗的。"①

中国比俄国还要落后,但在复杂的国情局势中,中国努力为自己创造跨越条件,走出了一条中国式现代化道路。中国共产党作为中国特色社会主义道路的探路者、开路者、领路人,不断以伟大的自我革命推动伟大的社会革命,不仅追求民族独立、人民解放,而且追求民族复兴、人民幸福,为实现跨越奠定了坚实的基础。自中国特色社会主义进入新时代,中国就初步达到了马克思和恩格斯在《共产党宣言》中所提出的创造新的生产方式的生产力水平,这就是相对过剩。

1825年之前,整个人类历史都是短缺的历史。粮食不够吃,衣服不够穿,房子不够住,因而全部文明的任务都是如何生产更多的粮食、衣服、房子,以便让下层人民能够吃饱、穿暖、有房子住,让上层人吃得好一点、穿得好一点、住得好一点。全部制度,包括经济制度、社会制度、政治制度、文化制度等都是为了解决短缺问题,甚至全部科学都以解决短缺为前提。以经济学为例,它的前提就是"稀缺",经济学是为解决稀缺问题而存在的。但

---

① 《马克思恩格斯文集》(第八卷),人民出版社,2009年,第138页。

1825年在英国爆发的经济危机却是相对过剩的危机。这表明,传统文明,包括它的一切制度、一切科学都过时了,必须创立一种解决过剩问题的新文明、新制度、新科学。

马克思主义正是这样一种科学。它表明,利润至上主义已经到了自我否定的前夜。如果说在生产力发展的一定水平上,私有制和阶级对立都是生产力进步所不可避免的,那么从1825年开始,私有制和阶级对立逐渐成为生产力进一步发展的障碍。只有马克思主义才能为解决生产力和生产关系的矛盾提供出路。与资本主义道路把人分割为孤立分散、相互对立的所谓"原子式个人"不同,中国共产党提出了构建"人类命运共同体"。"人类命运共同体"以共同利益为基础,以全人类共同价值为标志,坚持实现现代化的人的自由而全面发展最终目标这一最高纲领和各民族人民从本国实际出发开展现代化建设的最低纲领的统一。因此,全人类共同价值与西方"普世价值"不同,它反对那种以"原子式个人"为基础的"大鱼吃小鱼、小鱼吃虾米"的社会达尔文主义秩序,坚持在联合、团结、凝聚基础上不同文化和文明的互鉴。在这种互鉴中,不仅要允许和鼓励一部分人先富起来,然后先富带动后富,最终实现共同富裕;而且要以满足人民美好生活需要为基础,允许和鼓励一部分人先幸福、自由起来,最终实现每个人自由而全面的发展。

三、在践行"六个必须坚持"中开辟马克思主义中国化时代化新境界

伟大时代孕育伟大理论,伟大理论引领伟大变革。新时代十年是中国共产党不断进行理论探索和创新的十年,习近平新时代中国特色社会主义思想是党的十八大以来中国共产党取得的重大理论创新成果的集中体现。全面建成社会主义现代化强国、全面推进中华民族伟大复兴,必须全面贯彻

习近平新时代中国特色社会主义思想,继续推进实践基础上的理论创新,不断谱写马克思主义中国化时代化新篇章。把握好习近平新时代中国特色社会主义思想的世界观和方法论,必须在马克思主义中国化时代化的大的思想史视野中深化对其所涉及的基础理论问题的认识和研究,从马克思主义发展史的规律性高度深入认识习近平新时代中国特色社会主义思想的理论地位和时代方位。

（一）在实践性和人民性的统一中彰显马克思主义世界观和方法论的真理力量

学习和研究习近平新时代中国特色社会主义思想的世界观和方法论,必须充分认识和深入分析习近平新时代中国特色社会主义思想对马克思主义世界观和方法论的理论贡献。马克思主义的发展,既体现为马克思主义基本原理和具体认识不断随着时代、科学和实践的发展而发展,同时也体现为马克思主义世界观和方法论的发展,这是马克思主义发展中最重要的发展。习近平总书记在党的二十大报告中指出："实践告诉我们,中国共产党为什么能,中国特色社会主义为什么好,归根到底是马克思主义行,是中国化时代化的马克思主义行。拥有马克思主义科学理论指导是我们党坚定信仰信念、把握历史主动的根本所在。"[①]中国化时代化的马克思主义行的关键,则在于中国共产党能够根据时代、科学和实践的发展不断丰富和发展马克思主义世界观和方法论的思想。习近平新时代中国特色社会主义思想之所以能够开创出当代中国马克思主义、21世纪马克思主义新境界,关键在于在对马克思主义世界观和方法论思想丰富和发展中创立了习近平新时代中国特色社会主义思想的世界观和方法论。

人的实践是马克思主义哲学的出发点。在社会历史活动中,人的实践

---

① 习近平:《高举中国特色社会主义伟大旗帜 为全面建设社会主义现代化国家而团结奋斗——在中国共产党第二十次全国代表大会上的报告》,人民出版社,2022年,第16页。

在根本上是人民群众认识世界和改变世界的客观活动。习近平新时代中国特色社会主义思想既坚持把实践的观点放在首位，"坚持实践第一的观点，不断推进实践基础上的理论创新"①，又坚持把人民立场作为根本政治立场，认为"人民性是马克思主义的本质属性"②。这体现的是中国共产党在运用马克思主义哲学中对实践性和人民性融通性的统一，而这种统一的基础则在于中国共产党所代表的先进的阶级利益和广泛的群众利益。在哲学史上，"每一个时代的主要阶级都根据各自的阶级利益和立场，依据当时的斗争形势和科学发展水平，来建立自己的哲学或运用原有的哲学体系来进行斗争，在斗争过程中又往往锻炼出日新月异的哲学新派别，以适应斗争需要"③。马克思主义世界观和方法论是在捍卫无产阶级根本利益中形成的，也是对这一根本利益的哲学反映。习近平新时代中国特色社会主义思想的世界观和方法论则是在适应新时代伟大斗争实践和科学的新发展的基础上，对马克思主义世界观和方法论思想所捍卫的阶级利益和群众利益的新反映、新拓展和新升华，是在开辟马克思主义新境界中对马克思主义世界观和方法论真理力量的彰显。

一切理论的创新都是为了更好地实践。理论创新与理论实践如人之两腿，两腿协调才能共同发展、互为依靠。实践每走一步带动理论跟进一步，理论跟进一步又指明实践继续前进。实践每走一步，都为理论提供了新的素材和挑战，迫使理论进一步反思和调整；而理论创新又为实践提供了新的指导方针和解决路径，使实践得以更有针对性地进行。这种良性循环让理论与实践共同演进，不断推动社会的发展。理论实践没有止境，理论创新也永无止境。马克思主义绝不能成为束之高阁的理论，而是服务人民、改造世

① 习近平：《辩证唯物主义是中国共产党人的世界观和方法论》，《求是》，2019年第1期。
② 习近平：《高举中国特色社会主义伟大旗帜 为全面建设社会主义现代化国家而团结奋斗——在中国共产党第二十次全国代表大会上的报告》，人民出版社，2022年，第19页。
③ 华岗：《规律论》，人民出版社，1982年，第477页。

界的科学理论。马克思主义的活力正体现在它不断更新、不断适应新时代的要求，以更好地引领人们迈向共产主义社会的未来。在不断前行的过程中，人民是理论的源泉，是实践的主体。只有深入人民生产实践，不断汲取实践的经验，才能使马克思主义始终具有生命力和战斗力，为实现社会主义和共产主义事业不懈努力。

新时代推进马克思主义中国化时代化，必须坚持从实践中来到实践中去，在实践中接受检验的基本观点。古人云："学以致用。"学习是为了去用，要理论联系实际地用，不能学得多想得多却做得少。学习理论是吸收前人智慧经验的精华，其最终目的是更快更好地指导实践。用理论推动实践才能强化对知识的吸收，用理论促进实践才有"试错纠错"的机会，唯有以知促行，方能长久致远。我们的学习是否深入、思维是否正确，都应该通过实践来检验。实践是检验我们所学所想的标准，实践出真知。这要求我们始终发扬理论联系实际的优良传统，以学习促认知，以认知促行动，学习与行动相互促进，用理论指导实践，用实践丰富理论，推动党和人民各项事业不断进步。新时代推进马克思主义中国化时代化，必须坚持理论与实践的高度统一，切实与推进马克思主义理论和中国式现代化实践紧密结合。

（二）在规律性和主动性的统一中赋予马克思主义世界观和方法论的实践力量

马克思主义世界观和方法论作为认识史上的伟大变革，第一次把人类对自然和社会的理解建立在了科学世界观的基础之上，特别是使对社会发展的认识成为有规律可循、具有了类似自然科学的精确性的真正的科学，从资本主义阶段和社会主义阶段人们对社会规律的认识和运用的比较来看，社会主义建设规律的认识和实践，不再是以大量的偶然性作为前提和主要方式，在社会主义社会，虽然也存在着偶然性的势力，但是总的说来，这里的规律不是盲目地起着作用，而是被社会主义社会的人们所认识和掌握，从而自觉地起着作用。①也就是说,社会主义的社会条件使人们在认识社会发展规律基础上有目的地积极推动社会发展和进步成为可能。这是在与资本主义社会总体上的比较而言的。

马克思主义经典作家所设想的社会主义,是建立在生产力高度发达基础之上的,公有制、计划经济和按劳分配是社会主义制度的基本特征。高度发达的生产力是实现社会主义的物质基础。但中国的国情特殊,与马克思主义经典作家所设想的不同,中国的社会主义不得不在生产力水平低下、经济文化落后的基础上建立起来。特殊的国情决定了我们在社会主义建设的过程中,不能照搬照抄马克思主义经典著作的个别词句和别国社会主义建设的模式经验。正如习近平总书记所指出的:"当代中国的伟大社会变革,不是简单延续我国历史文化的母版,不是简单套用马克思主义经典作家设想的模板,不是其他国家社会主义实践的再版,也不是国外现代化发展的翻版"②,不可能找到现成的教科书。因此,在规律性和主动性的统一中赋予马克思主义世界观和方法论的实践力量,是中国特色社会主义建设的必然选择,也是"中国特色社会主义为什么好"的根本所在。

坚持在规律性和主动性的统一中赋予马克思主义世界观和方法论的实践力量,是将马克思主义基本原理同中国具体实际相结合的重要表现,也是推进马克思主义中国化和时代化的核心内容。中国的具体国情与产生马克思主义的西欧和产生列宁主义的俄国有着巨大差别,我们是在半殖民地半封建社会上的革命,在一穷二白的东方大国的建设,在命运路口抉择的改革,这是属于中国具体实际探索中的问题。因此,绝不能犯"本本主义"的错误,照抄照搬马克思主义的论述。正确的做法应该是从中国的具体国情出发,研究中国政治、经济、文化等方面的实际情况,从而回答和解决现实问题。

---

① 华岗:《规律论》,人民出版社,1982年,第456~457页。
② 习近平:《在纪念马克思诞辰200周年大会上的讲话》,人民出版社,2018年,第26~27页。

具体来说,人们对社会主义建设规律的认识和把握也要经历一个由感性的阶段到理性的阶段的不断发展的过程。习近平新时代中国特色社会主义思想的世界观和方法论是在新时代条件下对中国特色社会主义建设、发展规律和中国共产党领导人民进行伟大斗争的历史主动性的新的统一,既表明中国共产党对中国特色社会主义建设和发展规律的认识进入一个新的理性认识阶段,又表明中国共产党对历史主动精神的认识进入一个新的理性认识阶段,并集中表现为新时代中国共产党的战略思维能力。"战略问题是一个政党、一个国家的根本性问题。""要善于进行战略思维,善于从战略上看问题、想问题。"①战略思维能力根本上是在科学认识规律的基础上以强烈历史主动性对事物发展的宏观把握和驾驭。

(三)在问题导向和系统观念的统一中开创马克思主义世界观和方法论的理论新辉煌

习近平新时代中国特色社会主义思想在方法论层面所强调的问题导向和系统观念,涵盖了马克思主义世界观和方法论所要求的矛盾学说和普遍联系的观点。坚持问题导向,实质是把对事物发展中的主要矛盾和矛盾的主要方面问题化、具体化,作为党治国理政的基本战略问题。系统的观念则是建立在事物普遍联系的基本观点之上的。"每种现象的一切方面(而且历史在不断地揭示出新的方面)相互依存,极其密切而不可分割地联系在一起,这种联系形成统一的、有规律的世界运动过程。"②坚持系统观念反映的是对世界运动过程的规律性的认识和把握。习近平新时代中国特色社会主义思想的世界观和方法论把坚持问题导向和系统观念高度统一了起来,强化了在整体上把握和解决事物主要矛盾、在重点论的基础上推动事物整体发展的哲学智慧和在同一中把握矛盾、在矛盾中维护同一的实践能力。

---

① 《习近平谈治国理政》(第四卷),外文出版社,2022年,第31页。
② 《列宁论马克思主义》,人民出版社,2021年,第15页。

坚持问题导向和坚持系统观念,体现的是在认识和改造世界过程中以认识和解决事物发展的主要矛盾和矛盾的主要方面为基础,在整体性的联系中去把握事物发展走向的方法论思想。"问题是事物矛盾的表现形式,我们强调增强问题意识、坚持问题导向,就是承认矛盾的普遍性、客观性,就是要善于把认识和化解矛盾作为打开工作局面的突破口。"①问题导向和系统观念的统一性表明了中国共产党对矛盾运动发展规律和事物普遍联系的运动规律的深刻认识。习近平指出:"面对复杂形势、复杂矛盾、繁重任务,没有主次,不加区别,眉毛胡子一把抓,是做不好工作的。我们要有全局观,对各种矛盾做到了然于胸,同时又要紧紧围绕主要矛盾和中心任务,优先解决主要矛盾和矛盾的主要方面,以此带动其他矛盾的解决,在整体推进中实现重点突破,以重点突破带动经济社会发展水平整体跃升,朝着全面建成社会主义现代化强国的奋斗目标不断前进。"②这一方面是对马克思主义矛盾学说和联系的观点的继承和坚持,另一方面又开辟了马克思主义世界观和方法论新的领域,使马克思主义世界观和方法论成为中国共产党带领广大人民群众在不断认识和解决前进中的发展问题时的强大哲学工具。问题导向和系统观念的统一并不是自动的、自然的和自发的,而是需要强大的学习能力形成强大的学习本领,也需要发挥坚强的钉钉子精神,这就创造性地解决了在运用马克思主义世界观和方法论在指导实践过程中所需要的人的主体精神条件的问题,从而把马克思主义世界观和方法论推向新境界。

在中华民族伟大复兴的大局上应当坚持问题导向和系统观念的统一。有了需要解决的问题就有了努力发展的方向,要善于从经济社会发展的热点难点问题中寻找自我革新的切入点,倾听时代之问的声音。今天我们所面临问题的复杂程度、解决问题的艰巨程度明显加大。关于如何在世界风云变幻中抓住机遇实现民族复兴,如何在各类传染疾病肆虐全球时保障人

---

① 习近平:《辩证唯物主义是中国共产党人的世界观和方法论》,《求是》,2019年第1期。
② 《习近平谈治国理政》(第四卷),外文出版社,2022年,第31页。

民生命健康安全的前提下发展经济,如何突破西方对我国的技术封锁实现弯道超车等问题,我们既要从历史中探寻经验,从中华民族五千多年来的治国理政实践中探寻经验,尤其是向社会主义建设时期取得的"两弹一星"等伟大成就中探寻经验,又要积极谋划未来,预测未来,防患于未然。如何"摸着石头过河"、开辟出一条不同于西方的中国式现代化等问题对理论创新提出了新的要求。

(四)在中华优秀传统文化与马克思主义精髓的统一中创造马克思主义世界观和方法论的中国新形态

中国共产党自诞生后,对中华传统文化和中华文明一个重大的原创性贡献就是"用马克思主义真理的力量激活了中华民族几千年创造的伟大文明,使中华文明再次迸发出强大精神力量"①。在坚持马克思主义的同时不断汲取中华优秀传统文化的思想精华来发展马克思主义,并且善于在中华优秀传统文化与马克思主义精髓的统一中开创马克思主义世界观和方法论的中国新形态,是中国共产党百余年坚持理论创新的重要内容和重要经验。理论的生命力源于创新,也成于创新。在马克思主义中国化理论史上,中国共产党通过汲取中华优秀传统文化的思想精华对马克思主义世界观和方法论的中国形态的创造,主要有三次。

第一次是延安时期把马克思主义世界观概括为实事求是,使马克思主义关于实践第一的观点与中华优秀传统文化中崇尚求是的思想精华有机结合在一起,在话语表达、理论呈现和群众认同上实现了创新,奠定了新民主主义革命、社会主义革命和建设伟大成就的哲学基础。

第二次是改革开放初期赋予解放思想新的哲学内涵,把在推进理论与实践相统一中人的精神状态提高到马克思主义世界观和方法论的高度来认

---

① 《习近平谈治国理政》(第四卷),外文出版社,2022年,第509页。

识和把握，使马克思主义关于世界的物质统一性的观点与中华优秀传统文化中"周虽旧邦、其命维新"的思想精华、勇于思想变革的精神追求有机结合在一起，奠定了改革开放和社会主义现代化建设伟大成就的哲学基础。

第三次是进入新时代后在创立当代中国马克思主义、21世纪马克思主义过程中，中国共产党以更强的历史自觉和理论毅力推进中华优秀传统文化与马克思主义世界观、方法论以及其立场观点方法结合的理论工程，创造性地把坚持人民至上、坚持自信自立、坚持守正创新、坚持问题导向、坚持系统观念、坚持胸怀天下提升为习近平新时代中国特色社会主义思想的世界观和方法论，在世界观和方法论的高度上实现了把马克思主义基本原理与中华优秀传统文化相结合、同人民群众日用而不觉的共同价值相融通，创立了作为中华文化和中国精神的时代精华的习近平新时代中国特色社会主义思想，全面系统回答了什么是马克思主义世界观和方法论，怎么样坚持和发展马克思主义世界观和方法论这一重大理论课题，开创了马克思主义中国化时代化的理论新辉煌。

推进马克思主义中国化时代化，要把马克思主义基本原理同中华优秀传统文化相结合。历史已经证实，要推进中华民族从"站起来、富起来"到"强起来"，并在新征程上作为世界现代化主力担当起书写世界历史的责任和使命，让中华文化作为一种新质的文化内容重新获得世界认可与尊重是必然选择。文化潜移默化地影响人们的思想和行为，中华优秀传统文化对于中国人的伦理价值观念和政治人格塑造具有基础性作用，是我国意识形态产生和发展的文化基础：中华优秀传统文化涵养社会主义核心价值观，传承千年的中华文明与中华优秀文化基因让社会主义核心价值观能够站在人类价值制高点；中华文明是马克思主义基本原理能够在中国大地牢牢扎根的扎实文化承载，灿烂的中华文明滋养了马克思主义，马克思主义又以其真理力量激活了中华民族历经几千年创造的伟大文明。改革开放四十多年，中国特色社会主义不断吸收借鉴人类文明的一切优秀成果，彰显了中国特色社会主义开放自信的根本特征。历史逻辑接续发展、时代潮流滚滚向前，在新的历史方位上，我们必须坚定历史自信、文化自信，不断赋予科学理论鲜明的中国特色，不断夯实马克思主义中国化时代化的历史基础和群众基础。

"两个结合"是推进马克思主义中国化时代化的根本途径，新时代，中国共产党自觉担当起不断谱写马克思主义中国化时代化新篇章的庄严历史责任，坚持"两个结合"，以党的创新理论的世界观和方法论为指导，不断深化对党的理论创新的规律性认识，创造出新的理论，为继续开辟马克思主义中国化时代化新境界作出了重大理论贡献，彰显了当代中国马克思主义的思想伟力和真理光辉。

第四章

"六个必须坚持"的重大意义

习近平总书记在中国共产党第二十次全国代表大会上深刻指出："马克思主义是我们立党立国、兴党兴国的根本指导思想。实践告诉我们，中国共产党为什么能，中国特色社会主义为什么好，归根到底是马克思主义行，是中国化时代化的马克思主义行。"①"六个必须坚持"是习近平新时代中国特色社会主义思想的世界观和方法论的重要体现，彰显了中国共产党为什么能，诠释了中国特色社会主义为什么好，揭示了马克思主义为什么行，凸显了中国化时代化的马克思主义为什么行。

一、"六个必须坚持"彰显了中国共产党为什么能

"六个必须坚持"彰显了中国共产党为什么能：中国共产党立党为公，坚持人民至上的坚定立场；中国共产党勇于自我革命，坚持自信自立的精神品格；中国共产党坚持守正创新，不断推进马克思主义中国化时代化；中国共

---

① 习近平：《高举中国特色社会主义伟大旗帜 为全面建设社会主义现代化国家而团结奋斗——在中国共产党第二十次全国代表大会上的报告》，人民出版社，2022年，第16页。

产党坚持以问题为导向,科学回答中国之问、世界之问、人民之问、时代之问;中国共产党坚持系统观念,致力于解决中国现实问题;中国共产党胸怀天下,放眼于世界的和平与发展。

(一)中国共产党立党为公,坚持人民至上的坚定立场

"人民立场是中国共产党的根本政治立场,是马克思主义政党区别于其他政党的显著标志。"[①]人民立场就是坚持人民至上,而坚持人民至上就是要坚持一切以人民为中心。

中国共产党在百余年发展历程中始终坚持人民至上。马克思说:"理论在一个国家实现的程度,总是取决于理论满足这个国家的需要的程度。……光是思想力求成为现实是不够的,现实本身应当力求趋向思想。"[②]中国共产党真正抓住了马克思人类解放思想的基本立场,继承并坚持马克思无产阶级解放立场,日益使人民真正成为社会主义国家的主人。在社会主义建设初期,以毛泽东同志为核心的党的第一代中央领导集体指出:"人民,只有人民,才是创造世界历史的动力"[③],进而提出"为人民服务"的理论。以邓小平同志为核心的党的第二代中央领导集体进一步提出"三个有利于"理论,丰富了毛泽东"为人民服务"的马克思主义群众史观的内涵。以江泽民同志为核心的党的第三代中央领导集体坚持以"三个代表"重要思想为核心,指出不断发展先进生产力和先进文化,归根到底都是为了满足人民日益增长的物质文化生活需要,是为了不断实现最广大人民的根本利益。以胡锦涛同志为总书记的党中央提出"坚持以人为本",主张"树立全面、协调、可持续的发展观,促进经济社会和人的全面发展"[④]。中国特色社会主义

① 习近平:《在庆祝中国共产党成立95周年大会上的讲话》,《求是》,2021年第8期。
② 《马克思恩格斯选集》(第一卷),人民出版社,2012年,第11页。
③ 《毛泽东选集》(第三卷),人民出版社,1991年,第1031页。
④ 中共中央文献研究室编:《十六大以来重要文献选编》(上),中央文献出版社,2008年,第465页。

进入新时代,习近平总书记提出要"深入贯彻以人民为中心的发展思想"①。

坚持人民至上就是要坚持以人民为中心,习近平新时代中国特色社会主义思想创造性地提出以人民为中心的发展思想。习近平总书记提出"人民是历史的创造者,是我们的力量源泉"②。以人民为中心的发展思想,是对"为人民服务""三个有利于""三个代表""以人为本"理念的升华。习近平总书记将为人民服务的宗旨和以人为本的理念融入发展的理念当中,强调发展必须以人为本、以人民为中心,实现了人民发展和社会发展的统一。习近平总书记将"创新""协调""绿色""开放""共享"的新发展理念融入"坚持人民主体地位",形成了以人民为中心的发展思想,拓宽了"为人民服务"和"以人为本"的理念内涵。以人民为中心的发展思想的内涵将"坚持人民主体地位"与"坚持发展理念"相结合,在坚持人民主体地位的基础上主张依靠人民群众共同发展中国特色社会主义,共创中国特色社会主义发展成果;在与人民群众共创中国特色社会主义发展成果的基础上主张为人民谋幸福、谋发展,共享中国特色社会主义发展成果;在与人民群众共享中国特色社会主义发展成果的基础上主张尊重和关心人民群众,共同参与国家事务与社会事务的治理。

"以人民为中心的发展思想,不是一个抽象的、玄奥的概念,不能只停留在口头上、止步于思想环节,而要体现在经济社会发展各个环节。要坚持人民主体地位,顺应人民群众对美好生活的向往,不断实现好、维护好、发展好最广大人民根本利益,做到发展为了人民、发展依靠人民、发展成果由人民共享。"③第一,以人民为中心的发展思想的核心是"人民","人民"是"发展"的根本目的、内在动力和价值尺度。以人民为中心的发展思想明确揭示了

① 习近平:《决胜全面建成小康社会 夺取新时代中国特色社会主义伟大胜利——在中国共产党第十九次全国代表大会上的报告》,人民出版社,2017年,第5页。

② 《习近平谈治国理政》(第一卷),外文出版社,2018年,第97页。

③ 《习近平谈治国理政》(第二卷),外文出版社,2017年,第213~214页。

"为什么人""从什么人出发""以什么人为中心"的主体问题,一切为了"人民",一切从"人民"出发,一切以"人民"为中心,是以人民为中心的发展思想的根本出发点。第二,以人民为中心的发展思想的关键在"发展","发展"是"人民"的外在目的、内在需求和价值旨趣。以人民为中心的发展思想明确揭示了"为人民做什么""满足人民的什么目的和需求""以什么为核心"的客体问题,为人民求"发展",满足人民"发展"的目的和需求,以"发展"为核心,是以人民为中心的发展思想的基本着力点。因此,以人民为中心的发展思想将新发展理念与人民根本福祉连接起来,解决了发展为了谁、发展依靠谁、发展成果由谁共享的问题;解决了为人民谋求什么、依靠人民做什么、与人民共享什么的问题,"我们追求的发展是造福人民的发展,我们追求的富裕是全体人民共同富裕。改革发展搞得成功不成功,最终的判断标准是人民是不是共同享受到了改革发展成果"①。

中国共产党坚持人民至上既合规律也合目的,这种合规律性与合目的性彰显了中国共产党对人民生活的现实关怀,体现了中国共产党的根本立场,展示了新时代中国特色社会主义建设背后人民的强大力量。第一,中国共产党坚持人民至上的合规律性。中国共产党坚持以人民为中心,立足人类发展的时代背景和历史条件,从现实的个人出发,关注人类命运共同体的建构,因而符合人类社会发展规律;从社会主义的现实情况出发,从人民的立场探索如何建设社会主义、怎样建设社会主义,因而符合社会主义建设规律;人民的立场是中国共产党治国理政的核心立场,人民的利益是中国共产党执政的根本利益,因而符合共产党执政规律。第二,中国共产党坚持人民至上的合目的性。中国共产党坚持以人民为中心是在马克思人的自由而全面发展思想的指引下,根据中国的实际情况提出的新时代人的解放思想。中国共产党坚持以人民为中心,将人民对美好生活的向往作为奋斗目标,关

---

① 《中共中央召开党外人士座谈会》,《人民日报》,2015年10月31日。

注人民的现实发展,实现发展为了人民、发展依靠人民、发展成果由人民共享,因而是一种合目的的思想。第三,坚持人民至上是一种合规律性和合目的性的思想,彰显了人类改变世界的合规律性与合目的性的统一;以人民为中心的发展思想是对西方人本主义和中国古代民本主义思想的超越,是对以人为本思想的继承与创新;以人民为中心的发展思想是对马克思人学思想的继承与发展,为世界各国治国理政提供理论基础与现实参照。

(二)中国共产党勇于自我革命,坚持自信自立的精神品格

自我革命是党永葆青春活力的强大支撑。"先进的马克思主义政党不是天生的,而是在不断自我革命中淬炼而成的。"①马克思主义政党的本质就在于其自身具有的批判性和革命性,中国共产党将马克思主义政党批判性和革命性内化为自我革命的精神,勇于自我革命并善于自我革命,坚持自信自立的精神品格。

第一,中国共产党勇于自我革命。习近平总书记在省部级主要领导干部学习贯彻党的十九届六中全会精神专题研讨班开班式的重要讲话中指出:"勇于自我革命是中国共产党区别于其他政党的显著标志。"②从凤凰涅槃到浴火重生再到伟大飞跃,中国共产党从幼稚走向成熟到完善发展的历程就是中国共产党勇于自我革命的历程。勇于自我革命就是勇于直面问题、勇于承认错误并勇于改正错误,这是中国共产党能够在众多政治力量的博弈中赢得民心、能够多次绝处逢生、能够从最初的50多名党员发展为今天9900多万名党员的世界最大政党的重要原因。

习近平总书记强调:"全党必须牢记,全面从严治党永远在路上,党的自我革命永远在路上,决不能有松劲歇脚、疲劳厌战的情绪,必须持之以恒推进全面从严治党,深入推进新时代党的建设新的伟大工程,以党的自我革命

---

① 《中共中央关于党的百年奋斗重大成就和历史经验的决议》,人民出版社,2021年,第70页。
② 《中共中央关于党的百年奋斗重大成就和历史经验的决议》,人民出版社,2021年,第70页。

引领社会革命。"①中国共产党勇于自我革命,首先在于中国共产党始终坚持理论与实际相结合。中国面临的困境是亟须寻找到一条不同于西方资本主义但又必须借鉴西方先进文化优势、不同于中国传统道路但又必须与中国具体实际相结合的现代化新道路,这就必须始终坚持理论与实践相统一。其次在于中国共产党勇于批评与自我批评。批评与自我批评是中国共产党进行自我革命的重要方法,八七会议、古田会议、遵义会议、延安整风运动、党的十一届三中全会不断证明了中国共产党是善于发现自身问题、善于反思自身问题和善于解决自身问题的优秀政党。习近平总书记在中国共产党第二十次全国代表大会上再次强调:"经过不懈努力,党找到了自我革命这一跳出治乱兴衰历史周期率的第二个答案,自我净化、自我完善、自我革新、自我提高能力显著增强,管党治党宽松软状况得到根本扭转,风清气正的党内政治生态不断形成和发展,确保党永远不变质、不变色、不变味。"②正是在革命与自我革命的历程中,中国共产党带领中国人民开辟了马克思主义中国化时代化的新境界。

第二,中国共产党善于自我革命。随着改革开放步伐的日益加快,中国社会主义市场经济日益发展,中国的社会发展及中国人的生活方式发生了巨大变化。与此同时,中国共产党也在不断加强政党建设,防止出现党员干部思想僵化、组织涣散、信念动摇及作风腐败等问题,在经济繁荣、社会和谐、民族团结背后的重大问题是党的建设问题。在中国共产党新老交替的关键时刻,一大批年轻党员即将接任各级领导职位,如何全面提升中国共产党干部队伍的素质,如何培养和建设一支品行优良、作风清廉、敬业爱岗的高素质干部队伍,是中国共产党当下亟须面对和解决的棘手问题,也是全面

① 习近平:《高举中国特色社会主义伟大旗帜 为全面建设社会主义现代化国家而团结奋斗——在中国共产党第二十次全国代表大会上的报告》,人民出版社,2022年,第64页。
② 习近平:《高举中国特色社会主义伟大旗帜 为全面建设社会主义现代化国家而团结奋斗——在中国共产党第二十次全国代表大会上的报告》,人民出版社,2022年,第14页。

建设社会主义现代化强国必须解决的关键问题。推进新时代中国共产党政党建设，建立一支高素质干部队伍，能够保证中国共产党作出更正确的决定，保证中国共产党带领中国人民开创更美好的生活，保证中国在激烈的国际竞争中始终立于不败之地。

首先，中国共产党根据时代的发展要求不断进行自我革命，在政治建设、思想建设、组织建设、作风建设、纪律建设、制度建设、反腐倡廉建设等方面锻造一个无坚不摧的马克思主义政党。与以往把思想建设放在首位不同，党的十九大报告第一次明确将政治建设提高到首位，凸显了政治建设在党的建设中的根本地位，强调政治属性是政党的第一属性和根本属性。在政治建设方面，习近平总书记指出马克思主义政党要旗帜鲜明讲政治，把政治标准放在首位，首要任务是全党服从中央。在思想建设方面，坚定共产主义远大理想和中国特色社会主义共同理想，坚持全心全意为人民服务的宗旨不动摇，始终坚持马克思主义中国化最新思想成果武装全党，真正做到理论强党。在组织建设方面，习近平总书记提出新时代好干部标准："信念坚定、为民服务、勤政务实、敢于担当、清正廉洁"①，完善党员干部的学习制度，坚定党员干部的共产主义信念和中国特色社会主义信念，有针对性地提升党员干部的知识储备和业务能力，培养具有政治素养和专业能力的高素质专业化干部队伍。在作风建设方面，新时代中国特色社会主义作风建设必须以人民为中心，提高政治站位，准确把握形势，增强政治定力，开辟党的作风建设的新气象和新作为。在纪律建设方面，深化全面从严治党的纪律建设，提出以严明纪律来管党治党，在"党要管党、从严治党"的基础上提出并回答了"靠什么管？凭什么治？"的问题。在制度建设方面，新时代中国特色社会主义党的制度建设要强化以法治思维和法治方式管党治党，对于党员内部矛盾、党员内部问题及党员行为规范都要通过制度法规来解决，以落实

---

① 《习近平谈治国理政》(第一卷)，外文出版社，2018年，第412页。

其执行力和约束力。在反腐倡廉建设方面,新时代中国特色社会主义力图铲除人民深恶痛绝的腐败现象,与贪污腐败行为斗争到底,保证党员干部清正廉洁,确保党的政治建设自律清明。

其次,面对国内外经济、政治、文化、社会等形势的变化,中国共产党不断进行自我革命,坚守自信自立的精神品格,继承党的优良传统、发扬党的优良作风、保持党的先进性和纯洁性。其一,中国共产党通过提高开放型经济水平、加快以要素驱动、投资规模驱动发展为主向以创新驱动发展为主的转变、积极推动能源生产和消费革命、深入认识经济发展新常态、推进供给侧结构性改革等经济措施,代表着21世纪最先进生产力的发展要求。其二,中国共产党主张既吸收借鉴国外有益文化成果,建构"面向世界"的文化;又提出创造性转化和创新性发展中国传统文化,"要加强对中华优秀传统文化的挖掘和阐发,使中华民族最基本的文化基因与当代文化相适应、与现代社会相协调,把跨越时空、超越国界、富有永恒魅力、具有当代价值的文化精神弘扬起来"[1],"努力实现传统文化的创造性转化、创新性发展"[2],建构"立足民族"的文化,始终"代表中国先进文化的前进方向"。其三,中国共产党"坚持人民主体地位,顺应人民群众对美好生活的向往,不断实现好、维护好、发展好最广大人民根本利益,做到发展为了人民、发展依靠人民、发展成果由人民共享"[3],把"以人民为中心"与"坚持发展"紧密结合,一切发展要以人民为中心,始终"代表最广大人民的根本利益"。由此可见,"先进的生产力""先进的文化"与"最广大人民的根本利益"始终是中国共产党政党建设的标准和尺度,是中国共产党一切政策、方针、路线的出发点和落脚点。

最后,中国共产党自信自立,勇担历史使命。即使世界正处于百年未有之大变局,"变"是这个时代的核心,但是中国共产党"为人民谋幸福,为民族

---

① 《习近平谈治国理政》(第二卷),外文出版社,2017年,第340页。
② 《习近平谈治国理政》(第二卷),外文出版社,2017年,第313页。
③ 《习近平谈治国理政》(第二卷),外文出版社,2017年,第214页。

谋复兴,为世界谋大同"①的使命不变。习近平总书记在中国共产党与世界政党高层对话会上指出:"中国共产党是为中国人民谋幸福的党,也是为人类进步事业而奋斗的党。中国共产党是世界上最大的政党。我说过,大就要有大的样子。中国共产党所做的一切,就是为中国人民谋幸福、为中华民族谋复兴、为人类谋和平与发展。"②一方面,"我们要把自己的事情做好,这本身就是对构建人类命运共同体的贡献"③;另一方面,"我们也要通过推动中国发展给世界创造更多机遇,通过深化自身实践探索人类社会发展规律并同世界各国分享"④。因此在历史使命上,新时代中国共产党既着眼于中国人民实现中华民族伟大复兴的"中国梦",又致力于倡导世界各国齐心协力推进人类命运共同体的建构。这不仅是促进当代中国马克思主义发展的题中之义,也是推进新时代马克思人类解放思想的重大课题,彰显了当代中国马克思主义的世界意义与国际影响力。

(三)中国共产党坚持守正创新,不断推进马克思主义中国化时代化

党的二十大报告指出:"实践没有止境,理论创新也没有止境。不断谱写马克思主义中国化时代化新篇章,是当代中国共产党人的庄严历史责任。"⑤中国共产党始终坚持马克思主义中国化时代化理论创新,这种创新不是将马克思主义教条为一成不变的绝对真理,而是结合中国的发展与时代的发展对马克思主义进行科学的守正与创新。

---

① 《习近平会见联合国秘书长古特雷斯》,《人民日报》,2018年4月9日。
② 习近平:《携手建设更加美好的世界——在中国共产党与世界政党高层对话会上的主旨讲话》,人民出版社,2017年,第8页。
③ 习近平:《携手建设更加美好的世界——在中国共产党与世界政党高层对话会上的主旨讲话》,人民出版社,2017年,第8页。
④ 习近平:《携手建设更加美好的世界——在中国共产党与世界政党高层对话会上的主旨讲话》,人民出版社,2017年,第8页。
⑤ 习近平:《高举中国特色社会主义伟大旗帜 为全面建设社会主义现代化国家而团结奋斗——在中国共产党第二十次全国代表大会上的报告》,人民出版社,2022年,第18页。

　　第一，不断实现马克思主义理论中国化。科学性和真理性、人民性和实践性、开放性和时代性的精神品格揭示了马克思主义何以可行；造福人类的理想信念、认识世界的思想武器、改造世界的科学方法彰显了马克思主义何以可行。但马克思主义不是可以随处套用的万能模版，中国式现代化发展必须有中国式现代化自己的理论支撑，必须有中国自己的特色。因而中国共产党始终坚持马克思主义的中国化，并在马克思主义中国化的过程中凝练出与中国国情相适应的中国特色社会主义理论，在中国特色社会主义理论的指导下进行中国特色社会主义实践，在进行中国特色社会主义的实践中丰富和完善中国特色社会主义理论，开辟中国式现代化新道路。中国共产党深知学习与借鉴都是必要的，也同样深知别人的理论和别国的模式终究还是与别人的实际和别国的实际相符合，别人的理论和别国的模式终究无法代替我们自身去思考，别人的理论和别国的模式以他们自身的生命形态和生存经验为基础，他们的思想旨趣和制度模式源自他们自己的生命历程，他们的追问方式、看待问题的视角及处理问题的方法也都带有他们特有的生命经验。我们不能期望用他们的思想和他们的模式去思考中国的现实问题，去代替中国人理解中国人自身的生命境遇和生存意义，去倚仗他们处理中国的现实问题、建设中国的社会主义。因此，习近平总书记反复强调："坚持和发展马克思主义，必须同中国具体实际相结合。我们坚持以马克思主义为指导，是要运用其科学的世界观和方法论解决中国的问题，而不是要背诵和重复其具体结论和词句，更不能把马克思主义当成一成不变的教条。"[①]中华民族有自身独特的生命历程、生存境遇和生活体验，我们的特殊性只有我们自己最了解，我们的苦难和希望、伤痛和追求、挫折和梦想只有我们自己能够体会。学习与借鉴的最终目的不是用他们的方式去实现中国的现代化发展，而是要在他们经验的基础上，结合我们自身的实际情况，形

---

　　① 习近平：《高举中国特色社会主义伟大旗帜 为全面建设社会主义现代化国家而团结奋斗——在中国共产党第二十次全国代表大会上的报告》，人民出版社，2022年，第17页。

成与中国式现代化相适应的中国化的马克思主义理论。

第二，不断推进马克思主义理论时代化。当代中国马克思主义要在百年未有之大变局的新世界格局下走向未来，开创未来。习近平总书记指出："当今世界正在经历百年未有之大变局。世界多极化、经济全球化、社会信息化、文化多样化深入发展，全球治理体系和国际秩序变革加速推进，新兴市场国家和发展中国家快速崛起，国际力量对比更趋均衡，世界各国人民的命运从未像今天这样紧紧相连。"①由此可见，"社会信息化""经济全球化""政治多极化"和"文化多样化"的发展，正以前所未有的规模和速度向我们展示着"历史"转变为"世界历史"加速时期形成的百年未有之大变局。今天，资本主义还没有将其所能容纳的全部生产力发挥出来，社会主义也还没有获取足够建立新的更高的生产关系的物质发展条件，资本主义与社会主义将长期处于共存阶段，这是我们今天最基本的世情。

因此，中国共产党在洞察当今时代变化下推动马克思主义时代化，明晰一方面，今天不具备彻底战胜资本主义的基本条件，但共产主义必然会到来；另一方面，虽然处于同一矛盾体的社会主义与资本主义存在斗争的一面，但我们也不能忽略二者同一性的一面。面对世界的危机和挑战，社会主义与资本主义应当齐心协力、共同发展。因此，今天中国共产党不是要强行改变其他国家的社会制度与意识形态，而是在能够超越制度与意识形态界限的基础上推动构建人类命运共同体，推动马克思主义时代化。习近平总书记指出："我们必须坚持解放思想、实事求是、与时俱进、求真务实，一切从实际出发，着眼解决新时代改革开放和社会主义现代化建设的实际问题，不断回答中国之问、世界之问、人民之问、时代之问，作出符合中国实际和时代要求的正确回答，得出符合客观规律的科学认识，形成与时俱进的理论成

---

① 习近平：《携手共命运同心促发展——在2018年中非合作论坛北京峰会开幕式上的主旨讲话》，《人民日报》，2018年9月4日。

果,更好指导中国实践。"①习近平新时代中国特色社会主义思想始终坚持人民至上、坚持守正创新、坚持问题导向、坚持胸怀天下,不断谱写马克思主义中国化时代化新篇章,开辟马克思主义中国化时代化新境界。

第三,不断汲取世界优秀马克思主义理论成果。首先,19世纪的经典马克思主义理论是基石,我们今天依然生活在马克思的问题域之中,马克思的思想是马克思主义时代化的源头活水,德里达在《马克思的幽灵》中指出,"不能没有马克思,没有马克思,没有对马克思的记忆,没有马克思的遗产,也就没有将来"②。但是我们今天的时代和马克思的时代又有很大的不同,这又需要我们使马克思主义不断时代化,以马克思主义流派的理论来丰富和发展21世纪马克思主义。其次,20世纪各种马克思主义流派的理论主张是21世纪发展马克思主义的理论借鉴,以卢卡奇、科尔施、葛兰西为代表的西方马克思主义,以霍克海默尔、阿多诺、哈贝马斯、施密特为代表的法兰克福学派,以马尔库塞、弗洛姆为代表的弗洛伊德马克思主义,以列斐伏尔、萨特为代表的存在主义的马克思主义,以阿尔都塞为代表的结构主义马克思主义,以柯亨、罗默、埃尔斯特为代表的分析的马克思主义,以高兹、莱易斯为代表的生态马克思主义,以毛泽东思想和中国特色社会主义理论体系为代表的中国化马克思主义等,是21世纪马克思主义的重要思想基础。最后,在经历了两个世纪的发展之后,21世纪具备了马克思主义进一步发展的基础,从客观条件来说,发达国家资本主义的物质财富积累得到进一步提高,发展中社会主义国家的经济水平也得到了很大的提高;从主观条件来说,中国作为21世纪马克思主义发展重镇,必将扛起建设21世纪马克思主义的伟大旗帜,习近平新时代中国特色社会主义思想是当代中国马克思主义、21世纪马克思主义,为不断开辟马克思主义中国化时代化新境界奠定坚实的理

---

① 习近平:《高举中国特色社会主义伟大旗帜 为全面建设社会主义现代化国家而团结奋斗——在中国共产党第二十次全国代表大会上的报告》,人民出版社,2022年,第17~18页。
② [法]雅克·德里达:《马克思的幽灵》,中国人民大学出版社,2016年,第15页。

论基础。

（四）中国共产党坚持以问题为导向，科学回答中国之问、世界之问、人民之问、时代之问

"当今世界正在经历百年未有之大变局，这是世界之变、时代之变、历史之变"①，在"历史"向"世界历史"演变的进程中，国际力量也随之发生新的变化，打破了"东方从属于西方"的旧世界格局，衍生了"东升西降"的新世界格局——百年未有之大变局。世界向何处去？人类向何处去？这是我们不得不回答的中国之问、世界之问、人民之问与时代之问。中国共产党始终坚持以问题为导向，聚焦中国之问、世界之问、人民之问与时代之问，力图为世界贡献中国智慧、中国方案、中国力量。构建人类命运共同体是以习近平同志为核心的党中央审时度势，立足大历史观，提出应对世界百年未有之大变局的中国方案。这不是单纯地在理论上阐释马克思和恩格斯的世界历史理论，而是中国共产党人聚焦中国之问、世界之问、人民之问与时代之问，寻求应对世界百年未有之大变局的现实方案。

第一，中国共产党坚持以问题为导向，探寻超越制度和意识形态的人类命运共同体的现实构建，塑造不同制度与意识形态和平相处的新型文明方案。无论是"东方从属于西方"的旧世界格局，还是"百年未有之大变局"的新世界格局，其实质都是社会主义和资本主义较量的必然产物。马克思、恩格斯在《共产党宣言》中指出："资产阶级的灭亡和无产阶级的胜利是同样不可避免的"②，但这必将经历一个很长的时期。马克思在《政治经济学批判序言》中指出："无论哪一个社会形态，在它所能容纳的全部生产力发挥出来以前，是决不会灭亡的；而新的更高的生产关系，在它的物质存在条件在旧社

---

① 习近平：《共迎时代挑战 共建美好未来——在二十国集团领导人第十七次峰会第一阶段会议上的讲话》，《人民日报》，2022年11月16日。

② 《共产党宣言》，人民出版社，2018年，第40页。

会的胎胞里成熟以前,是决不会出现的。"①今天,资本主义还没有将其所能容纳的全部生产力发挥出来,社会主义也还没有获取足够建立新的更高的生产关系的物质发展条件,因此资本主义与社会主义将长期处于共存阶段。一方面,今天不具备彻底战胜资本主义的基本条件;另一方面,社会主义要想战胜资本主义必将爆发世界性的社会革命,而爆发世界性的社会革命又与今天"和平与发展"的主题相悖。此外,作为矛盾体的社会主义与资本主义的确存在斗争的一面,但我们也不能忽略社会主义与资本主义同一性的那一面。面对世界性的危机和挑战,社会主义与资本主义应当齐心协力、共同发展。因此,今天我们不是要强行改变其他国家的社会制度与意识形态,我们要在能够超越制度与意识形态界限的基础上建立人类命运共同体。中国共产党人承认资本主义为世界创造的文明成果,并主张在社会主义与资本主义的和谐互助中谋求共同发展。

第二,中国共产党坚持以问题为导向,探寻民族与民族、国家与国家合作共赢的人类命运共同体的现实构建,塑造不同民族与不同国家合作共赢的新型文明。习近平总书记在中国共产党第二十次全国代表大会上指出:"当前,世界之变、时代之变、历史之变正以前所未有的方式展开。……人类社会面临前所未有的挑战。世界又一次站在历史的十字路口,何去何从取决于各国人民的抉择。中国始终坚持维护世界和平、促进共同发展的外交政策宗旨,致力于推动构建人类命运共同体。"②问题的关键是:人类命运共同体理念为何能够深入人心? 因为人类命运共同体坚持的原则不是"零和博弈",也不是"丛林法则",而是"合作共赢"。"合作共赢"意味着中国不是要以中国的制度模式强制要求其他国家走中国的社会发展道路,"也不以浓厚

---

① 《马克思恩格斯选集》(第二卷),人民出版社,2012年,第3页。
② 习近平:《高举中国特色社会主义伟大旗帜 为全面建设社会主义现代化国家而团结奋斗——在中国共产党第二十次全国代表大会上的报告》,人民出版社,2022年,第60页。

的社会主义色彩、姿态与其他社会性质的国家交往"①,更不是要以中国的文化和意识形态来同化和限制其他国家的发展。人类命运共同体是习近平总书记立足时代变化和世界发展,为国与国之间、民族与民族之间交往建立的"合作共赢"的新型共同体,力求在保持每个国家、每个民族自身独立个性的基础上实现联合。人类命运共同体强调的"合作共赢"是实现民族与民族、国家与国家经济上同舟共济、政治上平等互信、文化上兼容并蓄、生态上齐心协力,这体现的是一种内在的、非直接的"类"的一体性融合,"突显了人类共生、共利、共荣的共同体意识"②,是对马克思"类概念"和"共同体"思想的继承和发展。

第四,中国共产党坚持以问题为导向,探寻人与自然、人与人以及人与自身和谐统一的人类命运共同体的现实构建,塑造人、自然与社会和谐统一的新型文明。一直以来,西方资产阶级政党都持有一种错误的认知,认为人征服自然、人征服人以及人征服自身是换取更好生活的根本途径,只有人征服了自然、征服了他人、征服了自身,让自然、他人和自身听命于我们自己,唯"我们"是从,就能推动人类社会的发展和进步。中国共产党始终坚持认为人和自然、人和人以及人和自身本来就不是征服与被征服、统治与被统治、压迫与被压迫的关系。或许某一次的人对自然、人对人以及人对自身的征服、统治和压迫胜利了,但是对于每一次这样的胜利,自然、社会和人自身都会对我们进行无情的报复,正如恩格斯所言:"每一次胜利,起初确实取得了我们预期的结果,但是往后和再往后却发生完全不同的、出乎预料的影响,常常把最初的结果又消除了。"③因而,中国共产党坚决反对以征服者、统治者和压迫者的姿态来与自然、他人和自身进行交往,提出在认识、掌握和

---

　①　方爱东:《构建"人类命运共同体"需要处理好的几对关系》,《社会主义研究》,2019年第6期。

　②　邵发军:《习近平"人类命运共同体"思想及其当代价值研究》,《社会主义研究》,2017年第4期。

　③　《马克思恩格斯文集》(第九卷),人民出版社,2009年,第560页。

运用自然规律、社会规律和人类自身发展规律的前提下实现人与自然、人与社会以及人与自身的和谐共处，构建人与自然、人与社会以及人与自身和谐统一的"命运共同体"。

由此可见，中国共产党不仅聚焦中国之问、世界之问、人民之问与时代之问，而且力图科学回答中国之问、世界之问、人民之问与时代之问，为世界贡献中国智慧、中国方案、中国力量，这是中国共产党坚持以问题为导向的重要体现。

（五）中国共产党坚持系统观念，致力于解决中国现实问题

系统观念是中国共产党带领中国人民全面建设社会主义现代化国家，力求实现中华民族伟大复兴与构建人民美好生活。中国共产党坚决反对形而上学的思维方法，坚持学习并运用辩证法，不断提高辩证思维、系统思维、战略思维、底线思维能力，从而立足全局，从整体上推进党和国家事业的发展。

第一，中国共产党坚决反对形而上学的思维方法。形而上学的思维方法是一种不能越过常识领域的思维方法，它内涵"绝对性""终极性""非历史性"解释原则，最终会变成"一种统治性的、充满权力意志的意识形态，成为了一种控制性、压迫性的权力话语"①。首先，中国共产党人坚决反对追求绝对主义的思维方法。"是就是，不是就不是；除此以外，都是鬼话"②，它把事物看作"孤立的、应当逐个地和分别地加以考察的、固定的、僵硬的、一成不变的研究对象"③，这是一种"绝对不相容的对立"的思维方法，排斥和否定一切差异和矛盾。其次，中国共产党坚决反对追求终极真理的思维方法。这种追求终极真理的形而上学思维方法认为我们生活的世界是一个现象的世

---

①　贺来：《边界意识和人的解放》，上海人民出版社，2007年，第71页。
②　《马克思恩格斯选集》（第三卷），人民出版社，2012年，第396页。
③　《马克思恩格斯选集》（第三卷），人民出版社，2012年，第396页。

界,在这个现象世界背后还有一个真理的世界,真正有意义或者说真正具有现实性的是对终极真理的追求。由此可见,这种试图理解世界的思维方法最终却分裂了世界。同时,这种寻求终极真理的形而上学思维方法是以人的认识的无限性为理论前提的,但人的认识是无限的吗?恩格斯指出:"人的思维是至上的,同样又是不至上的,它的认识能力是无限的,同样又是有限的。按它的本性、使命、可能和历史的终极目的来说,是至上的和无限的;按它的个别实现情况和每次的现实来说,又是不至上的和有限的。"①最后,中国共产党坚决反对"非历史"的思维方法。形而上学追求的绝对主义和终极真理是在时间之外的"非历史性"的存在,它认为在"时间"之内的"历史性"的东西都是流变的,不是真实的、可靠的、永恒的存在,因而追求绝对主义和终极真理的形而上学也追求永恒在场,坚信人类终将会停止在一个历史结点,这个历史结点是永恒的、绝对的和终极的。在这样一种"非历史"的思维方法下,形而上学家们将资本主义社会视为人类历史的永恒结点。

第二,中国共产党始终学习和运用唯物辩证法,不断提高辩证思维、系统思维、战略思维、底线思维能力。人们通常以常识的视角而非哲学的视角去追问和回答什么是辩证法以及如何学习和运用辩证法,要么"用实例证明原理",要么"用原理证明实例",从而把辩证法变成一种"原理加实例"的"哲学知识",这实际上与辩证法的"批判本质"相背离,阉割了"具体问题具体分析"的辩证法的"活的灵魂",遏制了辩证法的"生命力",使其变成了随意套用的刻板公式和解决任何问题的万能钥匙。习近平总书记多次提倡我们要学好、用好辩证法的真实意义在于:"能否掌握和运用'辩证法'的思维方式,从根本上说,就在于能否'通晓思维的历史和成就',能否掌握人类自身的思想史,能否把辩证法真正确认为作为内涵逻辑的思维方式。"②辩证法的思维方式的合理性充分体现为其对现存事物的理解不是绝对肯定的理解,而是

①　《马克思恩格斯选集》(第三卷),人民出版社,2012年,第463页。
②　孙正聿:《辩证法与现代哲学思维方式》,长春出版社,2019年,第11页。

在对现存事物的肯定理解中包含对现存事物的否定理解,这就否定了现存事物的永恒性、绝对性和真理性,揭示现存事物必将走向灭亡。中国共产党始终坚持以马克思主义辩证法分析问题、处理问题和解决问题,立足中国的社会现实,对全面建设社会主义现代化国家作出战略部署和战略规划,不断提高辩证思维、系统思维、战略思维、底线思维能力,为新时代人类解放的发展提供了科学的理论思维方法,为实现中华民族伟大复兴和中国人民美好生活而不懈奋斗。

第三,中国共产党立足全局,从整体上推进党和国家事业的发展。其一,在经济方面坚持新发展理念。"创新""协调""绿色""开放""共享"新发展理念是针对我国现阶段发展短板提出的应对战略,从而提升发展动力、改进发展方式、确立发展基础、拓宽发展空间和明确发展目的,能够把握经济发展规律、自然发展规律、世界历史发展规律、社会主义建设规律和中国共产党执政规律。其二,在政治方面坚持人民当家作主。中国共产党始终坚持以人民为中心,人民是国家的主体,全面建设社会主义现代化国家、全面深化改革、全面依法治国、全面从严治党的开展都要坚持人民当家作主,从人民的根本利益出发,使党和国家的一切工作都围绕人民美好生活的实现加以展开。其三,在文化方面坚持社会主义核心价值体系。社会主义核心价值体系是新时代中国特色社会主义发展的软实力。价值观的迷失直接影响文化的发展,价值观不自信会直接导致文化的不自信。价值观自信是文化自信的前提和基础,文化软实力的提升有助于中国掌握更多的话语权,在文化方面推进新时代中国特色社会主义建设。其四,社会建设方面坚持在发展中保障和改善民生。社会的和谐有赖于民生的保障和改善,中国共产党坚持新时代中国特色社会主义的社会建设要以人民的幸福生活为出发点和落脚点,提高教育质量、提供就业机会、提升收入水平、增强医疗卫生建设、改善居民的居住条件、美化和保护环境,使人民热爱生活、乐于生活和享受生活。其五,在生态文明方面坚持人与自然和谐共生。人与自然的关系不是征服与被征服的关系,人与自然的关系是一种否定性的统一关系,人在尊重自然规律的前提下改造自然,使自然满足人的发展目的和需求,因而"人类必须敬畏自然、尊重自然、顺应自然、保护自然"①,建设"美丽中国"和"清洁美丽的世界"。其六,在国家安全方面"坚持总体国家安全观"。面对实现中华民族伟大复兴的战略全局和世界百年未有之大变局,以习近平同志为核心的党中央立足国内国际两个大局,提出"坚持总体国家安全观,必须坚持国家利益至上,以人民安全为宗旨,以政治安全为根本,以经济安全为基础,以军事、文化、社会安全为保障,以促进国际安全为依托,维护各领域国家安全,构建国家安全体系,走中国特色国家安全道路"②。

(六)中国共产党胸怀天下,放眼于世界的和平与发展

中国共产党是一个具有世界视野和天下胸怀的优秀政党,中国共产党立足现实的人的现实的世界来反思人与世界的现实关系,深入思考如何实现人与自然和谐共生;中国共产党立足现实的人的现实的世界来反思人与人的现实关系,深入思考如何推动人与人的和平共处;中国共产党立足现实的人的现实的世界来反思人与自身的现实关系,深入思考如何把握人类自身的前途命运。

对于西方资产阶级政党来说,"世界"只是一个具有外在形式而缺乏实质内容的空壳"世界"概念,只具有地理空间上的意义,因而对于它们来说,国家是世界的全部,世界只是国家外部的延伸。在西方社会"个体—共同体—国家"的思维框架中,现实的国家是最高级的单位,因此西方社会从来都只考量自己国家的利益,他们自然不具有超越国家范围的世界视野,他们所谓

---

① 中共中央宣传部:《习近平新时代中国特色社会主义思想学习纲要》,学习出版社、人民出版社,2019年,第167页。

② 中共中央宣传部:《习近平新时代中国特色社会主义思想学习纲要》,学习出版社、人民出版社,2019年,第178~179页。

的世界思维也只不过是力图将以"普世价值"面纱包裹着自身特殊利益的价值观推广出去,从而让整个世界服从符合他们国家利益的"世界观",因而它具有很强的排他性与利己性。这种世界观的底层逻辑缺乏真实世界的维度,只具有空壳的世界形式,实际上只见国家不见世界。西方资产阶级政党坚持的是一种人与自然、人与人以及人与自身对抗与冲突的世界观,因而是一种向外扩张、征服与侵略的世界观。人类现代化起源于西方工业革命,西方资本主义国家为实现资本的进一步增殖打开了世界市场大门,打破了各民族闭关自守的状态,从而将世界一切未开化与半开化的国家和民族卷入以资本逻辑为主导的现代化浪潮之中。从根本上来说,西方资产阶级政党带领西方国家人民开创的西方式现代化是一种向外征服与扩张的道路,把人与现实世界对立起来,进而把人与自然、人与世界以及人与自身的关系对立起来,以"冲突"与"对抗"来解决问题。因此对于西方资产阶级政党来说,"世界"只是一个具有外在形式而缺乏实质内容的单薄"世界"概念,这种世界观的底层逻辑缺乏真实世界的维度,只具有空壳的世界形式,西方资产阶级政党没有世界视野与天下胸怀。

中国共产党坚持胸怀天下,着眼于世界的发展与人类的命运,是为中国人民谋幸福的优秀政党,也是为人类进步事业而奋斗的优秀政党。在中国共产党的视野中,世界是真实的存在,它不仅具有地理空间意义,更具有现实意义。中国"天下国家"的思维框架使中国更多地从天下和世界的角度来思考问题,突破民族和国家的西方思维定势,以世界为尺度而思世界,因而它是"至大无外""有容乃大""以至无边"。对于中国来说,国家是世界的重要组成部分,因而中国不会只思考国家利益,而是尽力承担起对世界的责任。中国自古就有"天下"概念,这是一种重要的"世界意识",这是一种自觉将所有国家组成的世界考虑在内的总体性意识。与西方资产阶级政党纯粹地理意义上的世界概念不同,中国共产党对世界的认识包含具有地理意义的世界领土、具有心理意义的世界民心以及具有制度意义的世界制度,这是一个丰富、饱满且真实的世界概念。中国自古的天下体系理论从"天下"出发经由"国"落脚于"家",天下是比国家更大的单位,天下理论"能够度量国家尺度所无法度量的世界性问题。按照天下理论,世界才是思考各种政治问题的总尺度,国家只是世界的从属性问题"①。与西方资产阶级政党从国家观世界不同,中国共产党是以世界观世界。西方式现代化以资本增殖为目的,采取对外扩张、征服与侵略的现代化路径,中国式现代化始终坚持以人民为中心,力争带领人口规模巨大的中国开创一条与自身发展相契合的新型现代化道路。中国式现代化不是致力实现少数人富裕的现代化,而是力争实现全体人民共同富裕的现代化;不是物质文明与精神文明失调的现代化,而是物质文明与精神文明协调发展的现代化,从而在发展自身的同时为世界发展贡献自己的智慧与力量。正如有学者所言:"当中国要思考整个世界的问题,要对世界负责任,就不能对世界无话可说,就必须能够给出关于世界的思想,中国的世界观就成了首当其冲的问题。"②中国文化的思维方式决定了中国式现代化蕴含的独特的世界观,这种世界观的独特性具体体现为对人与自然、人与人以及人与自身关系的看法。中国式现代化不是在人征服自然、人欺凌人以及人异化自身中来实现现代化发展的,中国式现代化的根本不在于现代化本身,而在于实现人的现代化,人的现代化不是人与世界的对抗与冲突的现代化,而是人与世界和平与发展的现代化。因而,中国共产党坚持胸怀天下,坚持人与自然、人与人以及人与自身和谐发展,致力于改变西方式现代化以来的人与自然、人与人以及人与自身的对立冲突关系,为世界发展开创一种和谐共生、和平发展和命运与共的世界观。

综上所述,中国共产党是睿智的政党、豁达的政党,是真正优秀的政党。"六个必须坚持"是习近平新时代中国特色社会主义思想的世界观和方法论

---

① 赵汀阳:《坏世界研究——作为第一哲学的政治哲学》,中国人民大学出版社,2009年,第121页。

② 赵汀阳:《天下体系——世界制度哲学导论》,江苏教育出版社,2005年,第2页。

的集中体现,对于中国共产党的发展具有重大理论意义与现实意义,阐明中国共产党如何坚定立场,心系于民;如何自我革命,自信自立;如何与时俱进,守正创新;如何以问题为导向,睿智进取;如何坚持系统观念,全面系统;如何为国为民,胸怀天下,从而彰显了中国共产党为什么能。

二、"六个必须坚持"诠释了中国特色社会主义为什么好

"六个必须坚持"诠释了中国特色社会主义为什么好,彰显了中国特色社会主义在道路、理论、制度和文化统一于中国特色社会主义伟大实践。贯彻"六个必须坚持",使我们更能清楚中国如何走出了一条中国式现代化新道路,推动了人类物质文明、政治文明、精神文明、社会文明与生态文明的新发展,彰显了中国特色社会主义的道路优势;中国特色社会主义理论体系的创立,为贯彻践行"六个必须坚持"的世界观和方法论积累了扎实的理论基础,不断推进马克思主义理论中国化时代化,证明了中国特色社会主义理论的科学性和真理性,突显了中国特色社会主义的理论优势;中国特色社会主义制度贯彻践行"六个必须坚持",在中国共产党的英明领导下,积极推动人的全面、协调、可持续发展,在经济建设、政治建设、文化建设、社会建设和生态建设等方面为推动中国社会主义发展提供坚实的制度保障,凸显了中国特色社会主义的制度优势。

(一)贯彻践行"六个必须坚持",彰显中国特色社会主义道路优势

中国特色社会主义制度为什么好,好在贯彻践行"六个必须坚持",坚持走中国特色社会主义道路,开辟了中国式现代化新道路。西方资本主义开

创了以资本为中心的现代化道路,在物质生产方面极大地推动了人类文明的发展,塑造了以西方资本主义文明为主导的人类文明,但它也使21世纪人类文明陷入人与自然、人与人以及人与自身发展的困境之中。"中国特色社会主义道路,既坚持以经济建设为中心,又全面推进经济建设、政治建设、文化建设、社会建设、生态文明建设以及其他各方面建设;既坚持四项基本原则,又坚持改革开放;既不断解放和发展社会生产力,又逐步实现全体人民共同富裕、促进人的全面发展"①,因此中国特色社会主义"摒弃了西方以资本为中心的现代化、两极分化的现代化、物质主义膨胀的现代化、对外扩张掠夺的现代化老路,拓展了发展中国家走向现代化的途径"②,为人类走出人与自然、人与人以及人与自身的文明困境贡献了中国智慧与中国方案,致力于世界的共同繁荣、持久和平、开放包容、共建共享、清洁美丽,在推动物质文明、政治文明、精神文明、社会文明、生态文明协调发展的基础上开创了人类文明新形态。

第一,贯彻践行"六个必须坚持",推动人类物质文明新发展。面对国际经济关系的复杂形势,在探索中国特色社会主义道路的过程中,中国共产党人始终坚持贯彻践行"六个必须坚持",力图全面推进经济建设,主张通过合作共赢打造共同繁荣的世界,号召世界各国共同助力人类物质文明的发展,竭力推动人类物质文明迈向新的高度。首先,中国共产党在探索中国特色社会主义道路的过程中始终贯彻"六个必须坚持",准确把握当今世界的经济局势。当今世界日新月异,国际金融危机的深层次影响与经济全球化的深入发展之间的矛盾加剧了全球经济发展的不稳定性,给世界各国物质文明的发展带来前所未有的挑战,也带来了前所未有的机遇。在这样复杂而又严峻的经济形势下,任何国家都不可能独善其身,因此在谋求本国发展的基础上推动世界经济的共同繁荣才是明智之举,中国共产党既着眼于实现

---

① 《习近平谈治国理政》(第一卷),外文出版社,2018年,第9页。
② 习近平:《以史为鉴、开创未来埋头苦干、勇毅前行》,《求是》,2022年第1期。

中国经济高质量发展,又放眼于创造共同繁荣的经济命运共同体,"坚持合作共赢,推动建设一个共同繁荣的世界"①。其次,中国共产党在探索中国特色社会主义道路的过程中始终贯彻"六个必须坚持",坚持确立对本国负责也对世界负责的宏观经济政策。当今世界各国是一个命运与共的经济整体,国家的经济与世界的经济高度融合,因此宏观经济政策与微观经济政策的执行必须以社会政策为依托,这是发展经济与稳定经济必须坚定不移走下去的正确路子。经济问题绝不是一个快速发展的问题,而是一个长远发展的问题,因此中国共产党号召各国政府要深谋远虑地推动结构性改革。例如中国以供给侧结构性改革为主线调整产业链结构,过去产业链的中低端产品生产为我们经济发展的稳定奠定了基础,但是现在中国为弥补高端供给不足的问题,将中低端产业链调整为高端产业链,在一定程度上推进经济结构的改革创新。最后,中国共产党在探索中国特色社会主义道路的过程中始终贯彻"六个必须坚持",构建合作共赢的经济共同体。面对"历史"日益成为"世界历史"的时代潮流,世界经济一体化已是大势所趋,保护主义、单边主义和霸权主义不仅会给世界经济发展带来负面影响,也会使本国经济丧失广阔的市场与发展的空间,充分发挥与利用国际国内两个市场与两种资源才是明智之举。中国始终坚持与邻国的友好经济往来,两千多年前中国汉代的张骞在与中亚各国友好往来中开辟了丝绸之路,两千多年后以习近平同志为主要代表的中国共产党人主张以创新的合作模式共建"一带一路",推动中国与欧亚各国的贸易往来,焕发古老丝绸之路的生机活力,"以新的形式把中国同欧亚国家的互利合作不断推向新的历史高度"②。

第二,贯彻践行"六个必须坚持",推动人类政治文明新发展。面对国际政治关系的复杂形势,中国特色社会主义贯彻"六个必须坚持",力图全面推

---

① 习近平:《高举中国特色社会主义伟大旗帜 为全面建设社会主义现代化国家而团结奋斗——在中国共产党第二十次全国代表大会上的报告》,人民出版社,2022年,第63页。

② 习近平:《论坚持推动构建人类命运共同体》,中央文献出版社,2018年,第43页。

进政治建设,倡导通过对话协商打造持久和平的世界,号召世界各国共同助力人类政治文明的发展,竭力推动人类政治文明迈向新的高度。首先,中国共产党在探索中国特色社会主义道路的过程中始终贯彻"六个必须坚持",准确把握当今世界的政治局势。"世界正处于大发展大变革大调整时期"①,政治多极化使国际力量日益趋向平衡,但此起彼伏的地区热点问题又加剧着世界政治格局的动荡不安。虽然政治局势复杂又严峻,但和平发展大势不可逆转,"中国坚持对话协商,推动建设一个持久和平的世界"②。其次,中国共产党在探索中国特色社会主义道路的过程中始终贯彻"六个必须坚持",坚定奉行独立自主的和平外交政策。国际政治有史以来,将自己的意志强加于人、干涉别国内政及恃强凌弱的现象比比皆是,但在中华民族五千多年的历史进程中,中国始终坚持以和为贵、和衷共济、和合共生。中国尊重各国人民的意愿,既支持世界各国独立自主地捍卫本国利益,也积极寻求各国利益的交汇点而推进各国的协调合作。最后,中国共产党在探索中国特色社会主义道路的过程中始终贯彻"六个必须坚持",维护世界的和平与发展,构建和平与发展的政治共同体。一方面中国坚决打破一切霸权主义和强权政治的旧政治思维,一视同仁地对待每一个国家;另一方面真心实意地与世界各国开展交流与合作,通过"一带一路"建设实现政策沟通,帮扶发展中国家特别是最不发达的国家。维护世界和平与发展任重道远,但中国始终秉持"天下大同"思维,为实现世界长久和平与繁荣发展贡献中国力量。

第三,贯彻践行"六个必须坚持",推动人类精神文明新发展。面对国际文明关系的复杂形势,中国特色社会主义贯彻"六个必须坚持",力图全面推进文化建设,提倡通过交流互鉴打造开放包容的世界,号召世界各国共同助力人类精神文明的发展,竭力推动人类精神文明迈向新的高度。首先,中

---

① 习近平:《论坚持推动构建人类命运共同体》,中央文献出版社,2018年,第490页。

② 习近平:《高举中国特色社会主义伟大旗帜 为全面建设社会主义现代化国家而团结奋斗——在中国共产党第二十次全国代表大会上的报告》,人民出版社,2022年,第62页。

国共产党在探索中国特色社会主义道路的过程中始终贯彻"六个必须坚持",准确把握当今世界精神文明的发展趋势。纵观人类几千年的文明史,没有一个国家或者民族是在背弃自己的传统文明中走到今天的,每个国家、每个民族都有自己独特的文明传统,这些多种多样的文明传统汇聚成今天丰富多彩的人类文明。当代人类的文明不是文明隔阂、文明冲突与文明优越,而是文明交流、文明互鉴与文明共存,当代世界各国与各民族应"坚持交流互鉴,推动建设一个开放包容的世界"①。其次,中国共产党在探索中国特色社会主义道路的过程中始终贯彻"六个必须坚持",推动人类文明的交流互鉴。在人类文明发展史上,古代因中华文明、希腊文明、罗马文明、埃及文明、两河文明、印度文明而丰富多样,现代因亚洲文明、非洲文明、欧洲文明、美洲文明、大洋洲文明而多姿多彩,这些穿越时间、跨越地域、超越国度的文明都极具魅力。中国立足时代发展,坚持从本国本民族的实际出发,将传统文明与现代文明相连接,将本国文明与外国文明相连通,吸收与借鉴一切有益于本国本民族发展的文明成果,推动人类文明的发展与进步。最后,中国共产党在探索中国特色社会主义道路的过程中始终贯彻"六个必须坚持",维护世界文明的多样性,构建交流互鉴的文明共同体。每一种文明都有自己产生的独特历史背景、历史传统和历史价值,因此中国尊重世界各国文明,不因文明差异而产生文明隔阂、文明冲突与文明优越,不将自己的文明强加于其他文明之上,不以自己的文明取代其他文明,不强制要求其他文明趋同于自己的文明,"历史反复证明,任何想用强制手段来解决文明差异的做法都不会成功,反而会给世界文明带来灾难"②。

第四,贯彻践行"六个必须坚持",推动人类社会文明新发展。面对国际社会关系的复杂形势,中国特色社会主义贯彻"六个必须坚持",力图全面推

① 习近平:《高举中国特色社会主义伟大旗帜 为全面建设社会主义现代化国家而团结奋斗——在中国共产党第二十次全国代表大会上的报告》,人民出版社,2022年,第63页。
② 习近平:《论坚持推动构建人类命运共同体》,中央文献出版社,2018年,第161页。

进社会建设,号召通过共建共享重建世界社会秩序,号召世界各国共同助力人类社会文明的发展,竭力推动人类社会文明迈向新的高度。首先,中国共产党在探索中国特色社会主义道路的过程中始终贯彻"六个必须坚持",准确把握当今世界的社会局势。当今国际社会安全问题极为复杂,热点问题、敏感问题与民族矛盾不断升级,国际社会安全问题的内涵与外延都在进一步拓展与延伸,"恐怖主义、跨国犯罪、环境安全、网络安全、能源资源安全、重大自然灾害等带来的挑战明显上升,传统安全威胁和非传统安全威胁相互交织"①。由此可见,国际社会的不安全因素异常突出,世界各国应当共同打造安全的国际社会环境,中国始终"坚持共建共享,推动建设一个普遍安全的世界"②。其次,中国共产党在探索中国特色社会主义道路的过程中始终贯彻"六个必须坚持",弘扬共商共建共享的全球治理理念。我们承认西方资本主义的发展带来了世界财富的巨大增长,但与此同时,我们也应该看到它为实现资本增殖而带来的战争、殖民与侵略,弱肉强食的丛林法则、国强必霸的旧式逻辑、"成王败寇"的零和博弈给国际社会环境造成了很多不稳定性影响。世界文明的发展有赖于一个安全的国际社会大环境,当今新兴市场和一大批发展中国家的快速发展打破了之前通过战争、殖民和侵略形成的旧世界格局,"全球治理体制变革正处在历史转折点上"③,共商共建共享的全球治理理念日益深入人心,"中国积极参与全球治理体系改革和建设,践行共商共建共享的全球治理观,坚持真正的多边主义,推进国际关系民主化,推动全球治理朝着更加公正合理的方向发展"④。最后,中国共产党在探索中国特色社会主义道路的过程中始终贯彻"六个必须坚持",维护世

---

① 习近平:《论坚持推动构建人类命运共同体》,中央文献出版社,2018年,第112页。
② 习近平:《高举中国特色社会主义伟大旗帜 为全面建设社会主义现代化国家而团结奋斗——在中国共产党第二十次全国代表大会上的报告》,人民出版社,2022年,第62~63页。
③ 习近平:《论坚持推动构建人类命运共同体》,中央文献出版社,2018年,第259页。
④ 习近平:《高举中国特色社会主义伟大旗帜 为全面建设社会主义现代化国家而团结奋斗——在中国共产党第二十次全国代表大会上的报告》,人民出版社,2022年,第62页。

界的普遍安全,构建普遍安全的社会共同体。在世界历史发展中,中国曾经居于世界强国行列,但没有殖民或侵略他国的历史记载,中华民族历来爱好和平、崇尚正义,坚决维护世界普遍安全。"历史告诉我们,一个国家要发展繁荣,必须把握和顺应世界发展大势,反之必然会被历史抛弃"[①],殖民主义、恐怖主义、分裂主义、极端主义已经退出了历史舞台,在和平中谋发展、合作中求共赢才是历史大势,"中国坚持积极参与全球安全规则制定,加强国际安全合作,积极参与联合国维和行动,为维护世界和平和地区稳定发挥建设性作用"[②]。

第五,贯彻践行"六个必须坚持",推动人类生态文明新发展。面对国际生态关系的复杂形势,中国特色社会主义贯彻"六个必须坚持",力图全面推进生态文明建设,倡议通过绿色低碳打造清洁美丽的世界,号召世界各国共同助力人类生态文明的发展,竭力推动人类生态文明迈向新的高度。首先,中国共产党在探索中国特色社会主义道路的过程中始终贯彻"六个必须坚持",准确把握当今世界的生态发展局势。人与自然的关系经历了人与自然的直接统一到人对自然的直接否定再到人与自然的否定性统一三个阶段,也就是从人对自然的崇拜到人对自然的征服再到人与自然和谐共生。当代世界生态问题复杂且严峻,经济发展与生态环境之间的矛盾日益凸显,世界各国应共同承担起保护地球家园的责任,"坚持绿色低碳,推动建设一个清洁美丽的世界"[③]。其次,中国共产党在探索中国特色社会主义道路的过程中始终贯彻"六个必须坚持",尊重自然、顺应自然、保护自然。人与自然从来不是征服与被征服的关系,自然不是我们要战胜与征服的对象,而是我们要尊重与保护的对象。恩格斯早就警告过我们"不要过分陶醉于我们人类

---

① 习近平:《论坚持推动构建人类命运共同体》,中央文献出版社,2018年,第91页。

② 习近平:《高举中国特色社会主义伟大旗帜 为全面建设社会主义现代化国家而团结奋斗——在中国共产党第二十次全国代表大会上的报告》,人民出版社,2022年,第62页。

③ 习近平:《高举中国特色社会主义伟大旗帜 为全面建设社会主义现代化国家而团结奋斗——在中国共产党第二十次全国代表大会上的报告》,人民出版社,2022年,第63页。

对自然界的胜利。对于每一次这样的胜利,自然界都对我们进行报复"①,我们唯一能做的是在尊重自然、顺应自然与保护自然的前提下改造自然。最后,中国共产党在探索中国特色社会主义道路的过程中始终贯彻"六个必须坚持",实现人与自然和谐共生,构建人与自然和谐共生的生命共同体。人是自然存在物,我们必须"站在人与自然和谐共生的高度"②,构建人与自然的生命共同体。

(二)贯彻践行"六个必须坚持",突显中国特色社会主义理论优势

中国特色社会主义为什么好,为贯彻践行"六个必须坚持",丰富了中国特色社会主义理论体系,突显了中国特色社会主义的理论优势。

贯彻践行"六个必须坚持"使我们更清楚以毛泽东同志为代表的中国共产党人为建设中国特色社会主义理论体系奠定的理论基础。以毛泽东同志为代表的中国共产党人主张将马克思主义与中国具体实际相结合,与中华优秀传统文化相结合:

第一,明确对中华文明的态度。毛泽东指出:"中国的长期封建社会中,创造了灿烂的古代文化。清理古代文化的发展过程,剔除其封建性的糟粕,吸收其民主性的精华,是发展民族新文化提高民族自信心的必要条件;但是决不能无批判地兼收并蓄。必须将古代封建统治阶级的一切腐朽的东西和古代优秀的人民文化即多少带有民主性和革命性的东西区别开来。"③从中我们可以看到,毛泽东强调:首先,中国封建社会形成的古代文化是封建的和灿烂的;其次,对中国古代文化的态度不是毫无批判的全盘接收,而是剔除其封建性的部分,保留其民主性、革命的部分。

---

① 《马克思恩格斯文集》(第九卷),人民出版社,2009年,第559~560页。
② 《习近平谈治国理政》(第四卷),外文出版社,2022年,第355页。
③ 《毛泽东选集》(第二卷),人民出版社,1991年,第707~708页。

第二,将马克思主义中国化,以马克思主义理论激活中华传统文化,凸显中国特性、中国作风与中国气派。首先,中华文明的当代形态的建立需要马克思主义理论的指导,但作为指导思想的马克思主义不是抽象的。什么是抽象的马克思主义? 对于中华文明的当代形态的建立来说,"离开中国特点来谈马克思主义,只是抽象的空洞的马克思主义"①。其次,中华文明的当代形态的建立是要将马克思主义与民族文化结合起来具体化的,是要将马克思主义运用于中国具体实际中具体化的,"因此,使马克思主义在中国具体化,使之在其每一表现中带着必须有的中国的特性,即是说,按照中国的特点去应用它,成为全党亟待了解并亟须解决的问题"②。最后,中华文明的当代形态必须彰显中国作风与中国气派。"洋八股必须废止,空洞抽象的调头必须少唱,教条主义必须休息,而代替之以新鲜活泼的,为中国老百姓所喜闻乐见的中国作风和中国气派。"③

贯彻践行"六个必须坚持"使我们更能明晰中国特色社会主义理论体系形成的重大理论意义和现实意义。以邓小平同志为主要代表的中国共产党人的重大贡献之一在于提出"建设有中国特色的社会主义"的科学命题,科学地解答了"建设什么样的社会主义"的时代课题。在党的十二大开幕词中,邓小平指出:"我们的现代化建设,必须从中国的实际出发。……把马克思主义的普遍真理同我国的具体实际结合起来,走自己的道路,建设有中国特色的社会主义,这就是我们总结长期历史经验得出的基本结论。"④1984年,邓小平指出:"马克思主义必须是同中国实际相结合的马克思主义,社会主义必须是切合中国实际的有中国特色的社会主义"⑤,并指出"总的来说,

---

① 《毛泽东选集》(第二卷),人民出版社,1991年,第534页。
② 《毛泽东选集》(第二卷),人民出版社,1991年,第534页。
③ 《毛泽东选集》(第二卷),人民出版社,1991年,第534页。
④ 《邓小平文选》(第三卷),人民出版社,1993年,第2~3页。
⑤ 《邓小平文选》(第三卷),人民出版社,1993年,第63页。

这条道路叫做建设有中国特色的社会主义的道路"①。1988年5月，邓小平进一步指出"我们过去照搬苏联搞社会主义的模式，带来很多问题。我们很早就发现了，但没有解决好。我们现在要解决好这个问题，我们要建设的是具有中国自己特色的社会主义"②。正是邓小平"建设有中国特色社会主义"命题的提出，让我们更加自觉地认识到我们可以学习西方模式，学习苏联模式，但是一定不能照搬西方模式，照搬苏联模式，我们需要建设的是具有中国特色、展现中国风采、彰显中国个性的社会主义。

第二，以邓小平同志、江泽民同志和胡锦涛同志为主要代表的中国共产党人高度重视中国人民的文化建设。以邓小平同志为主要代表的中国共产党人明确指出社会主义制度的优越性不仅体现在经济与政治上，也体现在文化发展上。因此邓小平强调："我们要在建设高度物质文明的同时，提高全民族的科学文化水平，发展高尚的丰富多彩的文化生活，建设高度的社会主义精神文明"③，提出物质文明与精神文明协调发展的文明格局建设。以江泽民同志为主要代表的中国共产党人在"两个文明"的基础上提出物质文明、政治文明和精神文明三位一体的文化格局，并且强调中国共产党要始终"代表先进文化的前进方向"，揭示出共产党执政要以先进文化为方向。"江泽民同志把始终代表中国先进文化的前进方向列为'三个代表'之一，提升到党的性质、宗旨和任务的高度，作为党的先进性的重要特征和标志，这在马克思主义党建学说发展史上是一次伟大的创新，它充分说明在新的历史时期加强文化建设的重要性。"④什么是"先进文化"？"先进文化"首先是要有先进的指导思想，即以马克思列宁主义、毛泽东思想、邓小平理论为指导。其次，"先进文化"是要有与时俱进的理论品格，"先进文化"不是对先前文化

---

① 《邓小平文选》(第三卷)，人民出版社，1993年，第65页。
② 《邓小平文选》(第三卷)，人民出版社，1993年，第261页。
③ 《邓小平文选》(第二卷)，人民出版社，1994年，第208页。
④ 梅荣政：《论江泽民"三个代表"的内涵和实践》，《科学社会主义》，2000年第5期。

的生搬硬套,"先进文化"是紧跟时代潮流、解决时代问题的"先进文化",是在既有文化的基础上,根据时代的进步进行创新和发展,不断创造与时俱进的"先进文化"。最后,"先进文化"不是对传统文化的排斥,不是对西方文化的抵制,而是吸收汲取一切有益文化来提升自己的文化,以"先进文化"武装政党。"先进生产力"和"先进文化"之所以能够统一在一起,在于二者有一个重要的统一点——最广大人民的根本利益,因为发展"先进生产力"和"先进文化"的最终目的都是为了实现最广大人民的根本利益。以胡锦涛同志为主要代表的中国共产党人提出经济建设、政治建设、文化建设和社会建设四位一体的中国特色社会主义文明格局,并且提出建设"和谐文化",强调"和谐文化既是和谐社会的重要特征,也是实现社会和谐的精神动力。建设和谐文化,是构建社会主义和谐社会的重要任务,也是构建社会主义和谐社会的重要条件"①。

贯彻践行"六个必须坚持"的世界观和方法论,使我们更清楚地认识到中国特色社会主义理论体系不排斥一切有利于中华文明发展的有益成果,不照搬资本主义文明模式,不套用苏联社会主义文明模式,吸收与借鉴资本主义理论、苏联社会主义理论的经验与教训来建设中国特色社会主义。

第一,不依附于西方资本主义理论,但也不能拒斥西方资本主义理论,正确看待西方资本主义理论的文明成果从正确看待社会主义与资本主义的关系开始。以邓小平同志为主要代表的中国共产党人率先打破"姓资姓社"的社会主义和资本主义的抽象对立,正确认识和处理资本主义与社会主义的关系。邓小平同志指出社会主义的确是对资本主义的否定,社会主义与资本主义的确是对立的,但是这种否定和对立不是"抽象的否定"和"抽象的对立"。毫无依据地排斥资本主义的一切,这是对社会主义和资本主义之间关系问题的抽象理解。正确认识社会主义和资本主义之间的关系,首先在

---

① 胡锦涛:《在中国文联第八次全国代表大会、中国作协第七次全国代表大会上的讲话》(2006年11月10日),《十六大以来重要文献选编》(下),中央文献出版社,2008年,第753页。

于正确认识市场经济与社会制度之间的关系。过去我们一直把市场经济与资本主义捆绑在一起,认为拒绝资本主义就需要拒绝市场经济,以邓小平同志、江泽民同志和胡锦涛同志为主要代表的中国共产党人坚持改革开放,打破市场经济与资本主义的捆绑论,指出市场经济是手段,是经济基础,而资本主义和社会主义都只是上层建筑,同一经济基础与不同的上层建筑相结合会得出不一样的生产关系,因而市场经济与资本主义相结合是资本主义市场经济体制,市场经济与社会主义相结合是社会主义市场经济体制。

第二,不套用与照搬苏联社会主义模式,但要吸收与借鉴苏联社会主义模式的经验与教训。苏联解体的原因是多重的与复杂的,但是最为核心的一个因素是苏联共产党后期严重脱离了群众,没有坚持以人民为中心。中国特色社会主义的发展始终坚持以人民为中心,在继承毛泽东"全心全意为人民服务"原则的基础上,以邓小平同志为主要代表的中国共产党人提出衡量一切工作得失标准的"三个有利于",而其根本都是围绕"是否有利于提高人民的生活水平"来展开的,并且确立了物质文明与精神文明协调发展的"两个文明"建设目标;以江泽民同志为主要代表的中国共产党人提出"三个代表",明确指出"始终代表中国最广大人民的根本利益"是中国共产党的力量之源,形成了物质文明、政治文明、精神文明"三位一体"的社会主义建设总体布局;以胡锦涛同志为主要代表的中国共产党人坚持"以人为本",明确发展的动力与目的是人民,确立经济建设、政治建设、文化建设与社会建设四位一体的文明建设格局。

习近平总书记在"新时代坚持和发展什么样的中国特色社会主义,怎样坚持和发展中国特色社会主义"的实践探索中,始终贯彻践行"六个必须坚持",继承并发展了马克思列宁主义、毛泽东思想、邓小平理论、"三个代表"重要思想、科学发展观,丰富和发展了中国特色社会主义理论体系。习近平新时代中国特色社会主义思想贯彻践行"六个必须坚持",在马克思主义哲学、政治经济学、科学社会主义三个方面作出的贡献,体现了习近平新时代中国特色社会主义思想对马克思主义的继承与创新,彰显了习近平新时代中国特色社会主义思想为21世纪马克思主义发展贡献的中国智慧与中国方案。习近平新时代中国特色社会主义思想始终贯彻践行"六个必须坚持",立足"现实的中国人民及其现实的中国历史",我国社会的主要矛盾"已经转化为人民日益增长的美好生活需要和不平衡不充分的发展之间的矛盾"①。以我国社会主要矛盾的新变化为依据,我们可以看到,过去人民对美好生活的定义局限在物质生活领域,现阶段人民对美好生活的向往一方面提高了对物质文化生活的要求,另一方面不再局限于物质文化生活领域,人民期待拥有更加民主的权利,建设更具法治性的社会,享有更加公平的机会,制定更加正义的法律,建立更加安全的秩序,打造更加绿色的生态环境。"中国共产党人的初心和使命,就是为中国人民谋幸福,为中华民族谋复兴。……永远把人民对美好生活的向往作为奋斗目标。"②正是为了实现人民对美好生活的向往,实现中华民族伟大复兴,习近平新时代中国特色社会主义思想贯彻践行"六个必须坚持","以现实的中国人及其现实的中国历史"为思维内容,以马克思主义世界观方法论为思想指导,创立了习近平新时代中国特色社会主义思想,为新时代中国特色社会主义的发展部署新的战略,实现了马克思主义中国化时代化新飞跃。习近平新时代中国特色社会主义思想将既有的理论与时代的发展相结合,同时聚焦于中国社会的现实发展,对原有的理论进行新的诠释和激活,赋予其鲜明的时代内涵和鲜活的当代价值;另一方面聚焦于中国社会的现实发展,对生活中的重大理论问题和重大现实问题进行反思和实践,形成新的理论成果,创造新的术语,实现了对马克思主义理论的继承与发展,体现了习近平新时代中国特色社会主义思想的创新

---

① 习近平:《决胜全面建成小康社会 夺取新时代中国特色社会主义伟大胜利——在中国共产党第十九次全国代表大会上的报告》,人民出版社,2017年,第11页。
② 习近平:《决胜全面建成小康社会 夺取新时代中国特色社会主义伟大胜利——在中国共产党第十九次全国代表大会上的报告》,人民出版社,2017年,第1页。

价值、实践缘由与现实观照，开辟了21世纪马克思主义发展的新境界。

（三）贯彻践行"六个必须坚持"，凸显中国特色社会主义制度优势

中国特色社会主义为什么好，好在贯彻践行"六个必须坚持"，完善了社会主义制度，凸显了中国特色社会主义的制度优势。"党的十八大强调，要把制度建设摆在突出位置，充分发挥我国社会主义制度优越性。我们要坚持以实践基础上的理论创新推动制度创新，坚持和完善现有制度，从实际出发，及时制定一些新的制度，构建系统完备、科学规范、运行有效的制度体系，使各方面制度更加成熟更加定型，为夺取中国特色社会主义新胜利提供更加有效的制度保障。"[①]

中国特色社会主义制度的最大优势是中国共产党的领导。中国共产党始终坚持贯彻践行"六个必须坚持"，既立足中国又面向世界，不断丰富和完善中国特色社会主义制度，为中国人民谋幸福，为中华民族谋复兴，为世界人民谋大同，充分彰显了"中国共产党为什么能"和"中国特色社会主义制度为什么好"。中国共产党在贯彻践行"六个必须坚持"中既着眼于中国又放眼于世界。一方面，中国共产党立足中华民族伟大复兴，提出实现中华民族伟大复兴的"中国梦"。"中国梦"是以马克思主义思想为指导、着眼于中华优秀传统文化和中华民族悠久历史、立足当代中国现实问题、致力实现中国人民对美好生活向往的民族复兴梦想，是新时代中国特色社会主义建设开创的一种新型文明形态。另一方面，中国面向世界的和平与发展，提出构建人类命运共同体，阐明我们如何直面当今人类社会的重大现实课题，如何实现不同国家、民族与人民的和谐相处；澄清实现不同国家、民族与人民的和谐相处的现实基础，即国家、民族与人民之间的共同价值、共同生活与共同利

---

① 《习近平谈治国理政》（第一卷），外文出版社，2018年，第10页。

益;剖析不同国家、民族与人民和谐相处的现实路径,即在经济、政治、文化、社会与生态文明等方面构建人类命运共同体,开创了人类文明新形态,彰显了世界文明意义。

西方资本主义社会建立资本主义制度,这种社会制度试图通过资本的自我增殖来实现人类财富的增长,最终陷入了非神圣形象自我异化的泥淖。中国特色社会主义制度贯彻践行"六个必须坚持",反对以资本增殖为原则,主张通过驯服资本来充分利用资本,走出一条和西方资本主义现代化不同的现代化道路,为人类社会的发展提供了新的选择。"中国特色社会主义制度,坚持把根本政治制度、基本政治制度同基本经济制度以及各方面体制机制等具体制度有机结合起来,坚持把国家层面民主制度同基层民主制度有机结合起来,……符合我国国情,集中体现了中国特色社会主义的特点和优势,是中国发展进步的根本制度保障。"[1]中国有着自身独特的社会现实、基本国情和发展境遇,而它自身独特的现实性、民族性和历史性必然决定了它要以适合自身的方式来展开其制度建设,中国特色社会主义制度"不是简单延续我国历史文化的母版,不是简单套用马克思主义经典作家设想的模板,不是其他国家社会主义实践的再版,也不是国外现代化发展的翻版"[2]。中国特色社会主义制度不把本国、本民族的意志和观念强加给别的国家与民族,尊重各国人民的意志和观念,不干涉任何国家和民族发展道路和发展模式的选择,坚持世界文明的多样性与发展模式的多样化。中国特色社会主义制度聚焦于人民对美好生活的向往,不仅努力实现中国人民对美好生活的向往与追求,更致力于把世界各国人民对美好生活的向往变成现实。

贯彻践行"六个必须坚持",凸显了中国特色社会主义制度优势,积极推动人的全面、协调、可持续发展。中国特色社会主义制度以"全面、协调、可持续"为基本要求,实现对西方资本主义制度的片面性、不协调性和不可持

---

[1] 《习近平谈治国理政》(第一卷),外文出版社,2018年,第9~10页。
[2] 《中共中央关于党的百年奋斗重大成就和历史经验的决议》,人民出版社,2021年,第67页。

续性的超越。

第一，中国特色社会主义制度贯彻践行"六个必须坚持"，致力于人的"全面性"发展。与西方资本主义发展观和传统社会主义发展观重经济不同，中国特色社会主义制度强调发展的"全面性"，在提高人们经济生活水平的同时也注重人们政治生活、文化生活、社会生活、生态文明生活等各方面的需求，把现代化发展落实到人们现实生活中的各个方面，全面地改变人们的生活方式。

第二，中国特色社会主义制度贯彻践行"六个必须坚持"，致力于人的"协调性发展"。协调不同部门、不同地区、不同领域、不同阶段和不同环境之间的发展，协调发展规模、发展程度、发展速度和发展效益之间的发展情况，从而保证社会发展的良性运作，使各个方面相互促进和共同发展。

第三，中国特色社会主义制度贯彻践行"六个必须坚持"，致力于人的"可持续性"发展。西方资本主义制度和传统社会主义制度都造成了人与自然之间的紧张关系，中国特色社会主义制度力图实现人与自然和谐共生，在尊重自然、顺应自然、保护自然的前提下改造自然，实现资源的可持续利用，使人们可以在良性的、可持续的生态环境中生产生活，从而保证人类社会的可持续发展。

贯彻践行"六个必须坚持"使我们深刻认识到中国特色社会主义制度在经济建设、政治建设、文化建设、社会建设和生态文明建设等方面为推动中国社会发展做出的突出贡献。在经济建设方面，为抓住世界经济转型的机遇，中国特色社会主义"坚持经济全球化正确方向，推动贸易和投资自由化便利化，推进双边、区域和多边合作，促进国际宏观经济政策协调，共同营造有利于发展的国际环境，共同培育全球发展新动能"[1]，以"一带一路"建设开创了国际合作新模式。在政治建设方面，为实现公平、开放、全面和创新的

---

[1] 习近平：《高举中国特色社会主义伟大旗帜 为全面建设社会主义现代化国家而团结奋斗——在中国共产党第二十次全国代表大会上的报告》，人民出版社，2022年，第61页。

政治环境,中国特色社会主义制度坚定维护国际公平正义,"坚决反对一切形式的霸权主义和强权政治,反对冷战思维,反对干涉别国内政,反对搞双重标准"①。在文化建设方面,中国特色社会主义制度始终坚持促进"人类各种文明交流交融、互学互鉴",打造开放包容的文明世界。在社会建设方面,为探索如何处理不同制度、不同国家与不同民族之间的关系,中国特色社会主义制度"深化拓展平等、开放、合作的全球伙伴关系,致力于扩大同各国利益的汇合点"②,致力推动世界各国共建以"合作共赢"为核心的新型国际关系。在生态文明建设方面,中国特色社会主义制度始终坚持人与自然和谐共生的理念,站在人与自然和谐共生的高度谋划发展,在尊重自然、顺应自然、保护自然的前提下改造自然。

综上所述,当今人类文明发展处于一个历史巨变的时代,它要求人类立足自身的命运和全人类共同的命运,理智地选择人类文明发展的道路。中国特色社会主义理论体系不是别的什么社会主义理论体系,而是同中国具体实际、中华优秀传统文化相结合的具有中国特色的社会主义理论体系。西方资本主义制度在推动人类文明发展的同时也使人类文明陷入困境,人们不得不反思的一个重大现实问题——人类向何处去。当今世界正在经历百年未有之大变局,一个飞速发展的世界,不能没有,也迫切需要与之相契合的新型文明观,这为破解人类文明难题提供了新的契机。中国特色社会主义不负世界众望,始终坚持贯彻"六个必须坚持",彰显了中国特色社会主义的道路优势、理论优势、制度优势。中国特色社会主义道路推动了人类物质文明、政治文明、精神文明、社会文明和生态文明的发展,开创了人类文明新形态;中国特色社会主义理论体系推动了马克思主义中国化时代化新发

① 习近平:《高举中国特色社会主义伟大旗帜 为全面建设社会主义现代化国家而团结奋斗——在中国共产党第二十次全国代表大会上的报告》,人民出版社,2022年,第60页。

② 习近平:《高举中国特色社会主义伟大旗帜 为全面建设社会主义现代化国家而团结奋斗——在中国共产党第二十次全国代表大会上的报告》,人民出版社,2022年,第61页。

展,彰显了马克思主义理论的科学性和真理性、人民性和实践性、开放性和时代性;中国特色社会主义制度虽不尽善尽美,但中国特色社会主义"制度的优势"有目共睹,向世界证明了中华民族是一个具有世界视野、胸怀天下、心系人类的优秀民族,向人类展现了中国引领人类文明发展的重要作用。

三、"六个必须坚持"揭示了马克思主义为什么行

"六个必须坚持"是习近平新时代中国特色社会主义思想的理论精髓,是对马克思主义的继承与发展。必须坚持人民至上与必须坚持胸怀天下集中体现了马克思主义蕴含的人民性和实践性的精神品格,彰显了马克思主义立场何以可行;必须坚持自信自立与必须坚持问题导向集中体现了马克思主义蕴含的科学性和真理性的精神品格,展现了马克思主义观点何以可行;必须坚持守正创新与必须坚持系统观念集中体现了马克思主义蕴含的开放性和时代性的精神品格,呈现了马克思主义方法何以可行。

(一)"六个必须坚持"彰显坚持人民性和实践性立场的马克思主义必须行

"人民性是马克思主义的本质属性"[①],"马克思主义是人民的理论,第一次创立了人民实现自身解放的思想体系"[②],"马克思主义是实践的理论,指引着人民改造世界的行动"[③],中国共产党以实际行动"推动建设更加美好的

---

① 习近平:《高举中国特色社会主义伟大旗帜 为全面建设社会主义现代化国家而团结奋斗——在中国共产党第二十次全国代表大会上的报告》,人民出版社,2022年,第19页。

② 习近平:《在纪念马克思诞辰200周年大会上的讲话》,人民出版社,2018年,第8页。

③ 习近平:《在纪念马克思诞辰200周年大会上的讲话》,人民出版社,2018年,第9页。

世界"①。必须坚持人民至上与必须坚持胸怀天下集中体现了马克思主义蕴含的人民性和实践性的精神品格,彰显了马克思主义立场何以可行。

马克思的一生是为人类解放事业而奋斗的一生,马克思的思想是实现人类解放的共产主义理想,马克思从事的事业是致力实现全人类解放的伟大事业。哲学家宾克莱这样说道:"凡能阅读马克思著作的人几乎无人不为他对十九世纪不幸的工人命运所表示的深切同情所感动。他看到当时存在于资产阶级社会的一切非正义现象感到义愤填膺,以致他不仅为一个有自由与正义的较好的日子而呐喊,并且提出了一项实现他为人类所抱的理想的纲领。"②具有博士学位的马克思本可以选择一份稳定且安逸的工作,和自己的爱人与朋友平安喜乐地度过一生,但是马克思从中学起就明确选择职业并不是出于炫耀与虚荣心,而是要选择最能为人类福利而劳动的职业。当马克思看到现实生活中工人处于被压迫、被奴役、被束缚的锁链之中,马克思决心选择这份艰难且随时会献身的事业,力图将人从一切非人的关系中解脱出来,实现人的自由而全面的发展,但马克思坚信为人类福祉而奋斗的事业不会成为压倒我们的重担,必将是我们幸福与快乐的源泉,这充分体现了马克思主义的人民性。

马克思主义的立场是人民的立场。马克思以前的英雄史观将历史发展的动力归因于凌驾于群众之上的精英,但这只不过是英雄借群众之名来实现自己的一己之私,根本无法代表人民群众的根本利益,因此过去至多也只是为少数人谋利益的活动罢了。马克思的群众史观颠覆了以往将群众视为乌合之众的观点,指出人民群众是推动历史发展的根本力量,无产阶级革命运动是为绝大多数人谋利益的运动。列宁坚守马克思主义无产阶级的人民

---

① 习近平:《高举中国特色社会主义伟大旗帜 为全面建设社会主义现代化国家而团结奋斗——在中国共产党第二十次全国代表大会上的报告》,人民出版社,2022年,第21页。

② [美]宾克莱:《理想的冲突》,马元德、陈百澄、王太庆、吴永泉等译,商务印书馆,1986年,第95~96页。

立场,指出"为千千万万劳动人民服务";毛泽东立足最广大人民的根本利益,指出必须"全心全意为人民服务";邓小平提出衡量一切工作得失标准的"三个有利于",而"是否有利于发展社会主义社会的生产力"与"是否有利于增强社会主义国家的综合国力"都是以"是否有利于提高人民的生活水平"为中心的;江泽民提出"三个代表";胡锦涛针对"以物为本"的社会现象,提出"以人为本",明确发展的动力与目的是人民;习近平总书记提出以人民为中心的发展思想,将以人民为中心与人的发展紧密相连。

马克思主义凭什么能行,首先凭的是造福人类的理想信念,这是一种指引人类在批判现实过程中不断趋向"人类社会或社会化的人类"的哲学理念,"其基本指向是应当存在的人的世界,是人的世界和历史的超越性维度,是马克思一生为之奋斗的理想社会状态"①,是一种指向无限性的终极关怀。马克思的人类解放的哲学理念作为一种调节性理念,要表达的正是现实的社会主义实践并不是与其相对的直观对象,但这并不代表它不对现实的经验产生作用,它的作用是以一种调节性理念的意义指导现实中的社会建构。这种社会主义调节性理念确实具有一种政治哲学意义上的应当性,更多的是要回答社会应当如何,但这并不是要从这种调节性理念中推演出现实实存的建构,而是现实的社会建构需要以这种调节性的理念为指引。需要注意的是,这种调节性理念与经验性建构并不是柏拉图的理念世界与感性世界、康德的自在世界与现象世界的二分,因为马克思总体思想中的调节性理念与经验性建构是有紧密联系的。所以,这种理念作为调节性的理念,与西方形而上学抽象理念的超时空的玄思和遐想不同,马克思的调节性理念是扎根于现实而抽离出来的观念,深入概念所反映的社会存在,是指引人类社会不断前行和发展的精神指引。但这种调节性的哲学理念,必须付诸现实的解放运动才不致流于形而上的空想,而这种建构性的以运动为核心的社

---

① 王福生、甘霖:《理解中国特色社会主义的两个理论前提》,《毛泽东邓小平理论研究》,2015年第6期。

会主义建设,必须有一个理念作为指引才不致止于形而下的建构。二者的关系套用康德的讲法就是:没有人类解放理念的人类解放运动是盲目的,没有人类解放运动的人类解放理念是空洞的,马克思主义理论的核心是人类解放的理念与人类解放的实践的统一。

其次,马克思主义造福人类的理想信念与当代中国的现实情况相结合,孕育而生的是共产主义远大理想和中国特色社会主义共同理想。习近平总书记指出:"理想信念是共产党人精神上的'钙',理想信念坚定,骨头就硬;没有理想信念,或理想信念不坚定,精神上就会'缺钙',就会得'软骨病'。"①这里的理想是共产主义远大理想与中国特色社会主义共同理想,信念是坚定共产主义必然胜利、中国特色社会主义必然繁荣昌盛的信念。习近平总书记提出新时代中国特色社会主义的发展必须"坚定共产主义远大理想和中国特色社会主义共同理想"②,中国特色社会主义共同理想为我们最终走向共产主义远大理想起到了一种中介的作用,中国梦凝聚着新时代中国特色社会主义的共同理想。习近平总书记在谈论如何推进新时代中国特色社会主义发展时,多次强调将共产主义远大理想和中国特色社会主义共同理想结合起来的意义和作用。由此可见,中国特色社会主义共同理想与共产主义远大理想一脉相承且内在统一,共产主义远大理想是远大的,而这一远大理想的实现需要一个漫长的历史过程,但我们不能因它的远大和艰难、它实现过程的漫长和艰辛就放弃。我们既需要一种精神指引,同样也需要一个通向精神指引的中介理想,这个中介理想就是中国特色社会主义共同理想。新时代,中国特色社会主义共同理想凝结为"中国梦"。"中国梦"内含着一种"融通思维",这种"融通思维"是马克思主义哲学思维与中华民族传统文化思维的"融通",从而"融通理想与现实,把共产主义远大理想与中国特

---

① 《习近平谈治国理政》(第一卷),外文出版社,2018年,第414页。
② 《习近平谈治国理政》(第二卷),外文出版社,2017年,第34页。

色社会主义共同理想有机结合起来"。①

马克思主义理论不仅致力于解释世界,更致力于改变世界。正是因为马克思主义代表最广大人民的根本利益,因而与以往从观念与思辨领域来建构庞大理论体系的真理不同,马克思意识到观念只不过是现实世界的反映而已,要改变这个现实的世界只改变观念解决不了根本问题,问题的根本不是建构一套天衣无缝的完美观念体系,而是要通过现实的实践活动来真正改变世界。因而可以说,马克思主义哲学与以往一切哲学区分的根本在于实践观点,但马克思实践观点的重要意义并不仅仅在于马克思提出"实践"范畴,而在于马克思把实践的观点作为一种"崭新的思维方法去分析、总结、回答现时代社会实践和科学技术所提出的那些新成果、新思想、新问题"②,进而科学地分析人与世界的关系,从而实现世界观的革命。一方面,从实践的观点出发分析人与世界,我们会看到,这个世界是"自然的世界"与"属人的世界"的统一。我们现在所生活的世界并非纯粹自然性的世界,人的实践活动在扬弃世界自然性的过程中将人的目的与意志注入其中,从而使这个"自然的世界"变为"属人的世界"。另一方面,从实践观点的思维方法出发,我们可以看到人是一种自在与自为相统一的存在。从人依照自然的客观规律方面来说,人的确是一种自在的存在,但从实践的观点来看,人不仅仅是一种自在的存在,人的实践活动赋予了人主观能动性,从而使人成为一种自为的存在。正是在对人与世界的分析以及对人自身的分析中,马克思向我们揭示了人能够通过自己的实践活动来改变这个非人的世界,将一切人的关系归还给人本身。

正如马克思所言,"无产阶级的运动是绝大多数人的,为绝大多数人谋利益的独立的运动"③,"全部社会生活在本质上是实践的。凡是把理论引向

① 金民卿:《"中国梦"理论建构中的"融通"思维》,《探索》,2017年第5期。
② 高清海:《面向未来的马克思》,中央编译出版社,2018年,第173页。
③ 《马克思恩格斯选集》(第一卷),人民出版社,2012年,第411页。

神秘主义的神秘东西,都能在人的实践中以及对这种实践的理解中得到合理的解决"①。必须坚持人民至上与必须坚持胸怀天下集中体现了马克思主义蕴含的人民性和实践性的精神品格,彰显了马克思主义立场何以可行。

(二)"六个必须坚持"彰显坚持科学性与真理性观点的马克思主义必须行

"马克思主义是科学的理论,创造性地揭示了人类社会发展规律"②,这种科学的理论是关于事物规律性的正确认识,即真理,因而马克思主义的科学性与真理性恰恰体现在他对人类历史发展规律的揭示。必须坚持自信自立与必须坚持问题导向集中体现了马克思主义蕴含的科学性和真理性的精神品格,展现了马克思主义观点何以可行。

首先,必须坚持自信自立与必须坚持问题导向集中体现了马克思主义蕴含的科学性和真理性的精神品格,这种科学性和真理性首先体现在马克思对人类"历史"的科学界定。以往一些哲学家将"历史"视为外在于人的"抽象过程",并将"历史观念"看作支配历史发展过程的根本原因,马克思明确指出:"'历史'并不是把人当做达到自己目的的工具来利用的某种特殊的人格。历史不过是追求着自己的目的的人的活动而已。"③历史是通过人的活动建构起来的人的关系与人的世界,人在历史之中,离开人的历史的人必然是抽象的人,离开人来谈历史是非人的历史。

其次,这种科学性和真理性体现在马克思对人类社会历史二象性的科学分析。如果社会历史的主体是人,那么人应该能够随心所欲地按照自己的意愿去创造历史,但是人类社会历史却又不以人的意志为转移,这就陷入了历史观的"二律背反"。马克思从现实的人的现实的历史出发,通过人作

---

① 《马克思恩格斯选集》(第一卷),人民出版社,2012年,第135~136页。
② 习近平:《在纪念马克思诞辰200周年大会上的讲话》,人民出版社,2018年,第7页。
③ 《马克思恩格斯全集》(第二卷),人民出版社,1957年,第118~119页。

为历史的前提与结果的辩证关系,破解了唯心主义和旧唯物主义没有解决的历史观的"二律背反"问题。一方面,人作为"历史的经常的前提",总是必须在先于他们存在的前一代人所创造的历史条件下生活,这些历史条件的限制决定了人不能完全地随心所欲,作为人类历史"前一个过程的结果",当下的历史活动是不以人的意志为转移的客观存在。另一方面,人作为"人类历史的经常的产物和结果",能够在客观历史条件的前提下充分发挥自己的主观能动性,改变自己现有的生活环境。因而,人既是历史的前提又是历史的结果,人既要尊重历史又要创造历史。

最后,这种科学性和真理性体现在马克思对人类社会历史形态的科学论断,终结了资本主义社会是人类历史最终环节的结论。马克思指出,人类社会是一个不断变化发展的辩证历史过程,不会停止或终结于人类社会历史发展过程中的某一个阶段,因为任何一个历史的现阶段都是之前历史发展过程的结果,又必将成为下一个历史发展阶段的前提,因而都只不过是人类社会发展的一个必经阶段与必然环节。人类虽然已经从"人的依赖关系"进入"以物的依赖性为基础的人的独立性"阶段,但不会终止于这个阶段,这不是人类历史的最后阶段与最终结果,人类历史必然会向"人的自由个性"阶段前进。

"一种理论具有怎样的意义与价值,从根本上说,就在于它所揭示的规律对于人类的生存和发展具有怎样的意义与价值。对于整个人类来说,最为重大和最为艰巨的理论问题,莫过于揭示人类自身的发展规律"①,因而揭示人类历史发展规律的马克思主义必须行,同时充分展现了马克思主义坚持自信自立与坚持问题导向。

---

① 孙正聿:《马克思与我们》,中国人民大学出版社,2018年,第8~9页。

（三）"六个必须坚持"彰显坚持开放性与时代性方法的马克思主义必须行

必须坚持守正创新，不迷失方向，把握时代、引领时代；必须坚持系统观念，"用普遍联系的、全面系统的、发展变化的观点观察事物"①。必须坚持守正创新与必须坚持系统观念集中体现了马克思主义蕴含的开放性和时代性的精神品格，呈现了马克思主义方法何以可行。

"马克思主义是不断发展的开放的理论，始终站在时代前沿。"②马克思主义是开放的理论，这首先体现在马克思主义理论体系的实践性。马克思主义理论体系的实践性使其不得不根植于时代的发展，在关注重大的现实问题与重大的理论问题中与时俱进地发展。正如有学者所言："这一实践理论由于其对人之存在的终极关切和对社会历史进程的自觉介入而不可能使其自身封闭在纯理念的学术王国中，不可能远离时代的文化精神冲突而自足地发展，必然以开放的理论视野与同时代的文化精神冲突而自足地发展，它必然以开放的理论视野与同时代的各种文化思潮和理论学说相交汇或交锋，并在影响同时代的其他理论和文化思潮的前提下，也经历着自身的改变、分化或进展。"③其次，体现在马克思主义理论体系的辩证性。众所周知，黑格尔在以辩证法来反对形而上学的过程中又陷入了形而上学的泥淖，黑格尔理论体系的辩证发展终结于绝对精神的自我实现。与此相反，马克思立足实践观点的思维方法建构的唯物主义辩证法，从现实的人的现实的历史出发，指出人类社会历史在不断扬弃上一个环节的过程中进入历史的下一个环节。黑格尔的理论体系因终结于绝对观念而成为一个封闭的体系，

---

① 习近平：《高举中国特色社会主义伟大旗帜 为全面建设社会主义现代化国家而团结奋斗——在中国共产党第二十次全国代表大会上的报告》，人民出版社，2022年，第20页。
② 习近平：《在纪念马克思诞辰200周年大会上的讲话》，人民出版社，2018年，第9页。
③ 衣俊卿：《西方马克思主义概论》，北京大学出版社，2019年，第5~6页。

但马克思主义理论却在不断扬弃不断发展的过程中始终保持敞开的状态，而这恰恰证明了马克思主义理论体系的开放性。最后，体现在马克思主义理论体系的世界性。马克思主义以外的其他理论体系只具有民族性，都以民族文化的面貌进入其他民族中成为与其他民族文化相并立的存在，马克思主义理论则剥离了这种民族性，实现与其他民族文化和社会实情的契合，从而形成众多风格迥异的马克思主义流派。

马克思主义理论是源于那个时代又超越了那个时代的理论，既是那个时代精神的精华又是整个人类精神的精华。这里有三个问题值得我们深入反思，一是我们的时代与马克思的时代在形态上有很大的差异，但是我们的时代和马克思的时代是否有本质性差异？资本主义从产业资本主义到金融资本主义再到今天的数字资本主义，虽然在社会形态上发生了很大的变化，但资本主义追求价值增殖的内在逻辑实质没有变化，所以变化和更新的只是资本主义的外在形态，资本主义内在本质没有变化，这种时代本质的不变决定了马克思主义作为分析和批判资本主义社会的立场观点方法的当代价值与当代意义。

二是马克思所处时代的主要问题在我们今天这个时代是否已经解决？马克思所处时代的主要问题是如何将全世界无产者联合起来实现人类解放。21世纪的今天，我们时代的主要问题依然是探索人类解放之路，我们依然要寻求实现人的自由而全面发展的当代路径。由此可见，时代性质未变和时代问题未变，决定了马克思主义作为分析和批判资本主义社会的立场观点方法的指导地位不变。

三是马克思主义理论是否过时？在《〈政治经济学批判〉序言》中，马克思指出："无论哪一个社会形态，在它所能容纳的全部生产力发挥出来以前，是决不会灭亡的；而新的更高的生产关系，在它的物质存在条件在旧社会的胎胞里成熟以前,是决不会出现的。"①由此可见,资本主义所能容纳的全部生产力还没有完全发挥出来,它在短时间内是不会灭亡的。马克思一生致力于"在批判旧世界中发现新世界",因而可以说只要资本主义不灭亡,马克思主义就不会过时。那如果资本主义灭亡了呢?即使资本主义灭亡了,只要这个社会还不是马克思所谓的按照人的方式建立的社会,还不是"社会化的人类和人类化社会",马克思主义依然不会过时。我们能做的是通过对马克思主义理论的深入研究,掌握马克思主义的立场、观点和方法,以此来观照世界百年未有之大变局的现实问题,寻求应对世界百年未有之大变局的方法和策略。因而始终站在时代前沿的马克思主义必须行,作为时代精神精华的马克思主义必须行,在历史变迁下依然熠熠生辉的马克思主义必须行。

首先,历史唯物主义基本原理和方法论是指引人类改造世界的行动指南。历史唯物主义就是在人类历史的发展过程中,按照"事物"(人类社会实践生活)本来面貌揭示事物的发展规律。第一,"历史唯物主义认为,生产力和生产关系、经济基础和上层建筑相互作用、相互制约,支配着整个社会发展进程"②。中国特色社会主义的蓬勃发展,一个重要的原因在于运用马克思历史唯物主义的基本原理,通过经济、政治、文化、社会、生态文明和党的建设制度的改革,根据生产力的发展来不断调整生产关系,根据经济基础的发展来完善上层建筑的建设。第二,根据社会存在决定社会意识的历史唯物主义基本原理,从人的现实生活出发来制定政策方针。以往的全部哲学都是在"历史进程"之外空谈"存在"与"意识",因而要么将人类历史发展的决定性因素归为无主体性的"物质",要么归为无客体性的"精神"。马克思历史唯物主义基本原理将"存在"与"意识"作为关系来考察,并且将"存在"

---

① 《马克思恩格斯选集》(第二卷),人民出版社,2012年,第3页。

② 习近平:《坚持历史唯物主义不断开辟当代中国马克思主义发展新境界》,《求是》,2020年第2期。

与"意识"的关系问题置于"历史进程"中加以考察,从而揭示了人类社会历史的本质性基础在于人的现实的生活过程,而历史是人的社会生活的现实展开过程。中国共产党从中国人民的现实生活出发,提出改变中国贫穷落后面貌就要以经济建设为中心,大力发展生产力,实行高速增长的发展战略。新时代,中国迎来从站起来到富起来再到强起来伟大飞跃,正在从高速增长的发展战略向高质量发展战略转变。第三,人民群众是历史的真正创造者。中国共产党代表中国最广大人民的根本利益,始终坚持全心全意为人民服务,以人民为中心,习近平总书记在庆祝中国共产党成立100周年大会上的讲话中指出:"江山就是人民、人民就是江山,打江山、守江山,守的是人民的心。中国共产党根基在人民、血脉在人民、力量在人民。中国共产党始终代表最广大人民根本利益,与人民休戚与共、生死相依,没有任何自己特殊的利益,从来不代表任何利益集团、任何权势团体、任何特权阶层的利益。"①

其次,唯物主义辩证法是人们认识世界与改造世界的根本方法。马克思在《资本论》第二版跋中指出:"辩证法在对现存事物的肯定的理解中同时包含对现存事物的否定的理解,即对现存事物的必然灭亡的理解;辩证法对每一种既成的形式都是从不断的运动中,因而也是从它的暂时性方面去理解;辩证法不崇拜任何东西,按其本质来说,它是批判的和革命的。"②因而,首先,批判性与革命性是辩证法的本质,辩证法不以绝对的静止的眼光看待事物,而是对现存的一切事物都采取批判性和超越性的眼光,反对墨守成规,力求开拓创新。其次,"肯定的理解同时包含否定的理解"并不是说辩证法"既是这样,又是那样"的诡辩工具,也不是一种脱离思想内容而可以套用在任何问题上的万能公式,而是"内容"与"形式"相统一的科学方法。换言

---

① 习近平:《在庆祝中国共产党成立100周年大会上的讲话》,人民出版社,2021年,第11~12页。

② 《马克思恩格斯文集》(第五卷),人民出版社,2009年,第22页。

之,"辩证法在运用中就须有条件的限制和要求。辩证法是讲求条件的,不是无条件限制的"①,因而要根据内容(事情、事物本身)的不同来寻找与之相对应的形式(处理方法),而不是简单的套用和模仿。习近平总书记指出:"我们要学会运用辩证法,善于'弹钢琴',处理好局部和全局、当前和长远、重点和非重点的关系,在权衡利弊中趋利避害、作出最为有利的战略抉择。"②最后,遵循辩证法的基本规律,一切以时间、地点、条件为转移,具体问题具体分析。习近平总书记强调:"要遵循对立统一规律、质量互变规律、否定之否定规律,善于把握发展的普遍性和特殊性、渐进性和飞跃性、前进性和曲折性,坚持继承和创新相统一,既求真务实、稳扎稳打,又与时俱进、敢闯敢拼。"③

四、"六个必须坚持"凸显了中国化时代化的马克思主义为什么行

在中国共产党第二十次全国代表大会上的报告中,习近平总书记阐述"开辟马克思主义中国化时代化新境界"时首次提出:"实践告诉我们,中国共产党为什么能,中国特色社会主义为什么好,归根到底是马克思主义行,是中国化时代化的马克思主义行。"④接着明确了马克思主义中国化时代化的理论创新与实践创新需要科学认识与正确把握好新时代中国特色社会主义的世界观与方法论,即"必须坚持人民至上""必须坚持自信自立""必须坚持守正创新""必须坚持问题导向""必须坚持系统观念""必须坚持胸怀天

---

① 高清海:《辩证法与"变戏法"》,《洛阳师范学院学报》,2000年第3期。
② 《习近平谈治国理政》(第二卷),外文出版社,2017年,第206页。
③ 《习近平谈治国理政》(第二卷),外文出版社,2017年,第221页。
④ 习近平:《高举中国特色社会主义伟大旗帜 为全面建设社会主义现代化国家而团结奋斗——在中国共产党第二十次全国代表大会上的报告》,人民出版社,2022年,第16页。

下"。①由此可见，我们需要深入分析与研究"六个必须坚持"何以凸显了马克思主义中国化时代化。

（一）"六个必须坚持"凸显了中国化时代化的马克思主义为什么行

中国共产党在"六个必须坚持"中不断助推马克思主义中国化时代化，而马克思主义中国化时代化实质在于中国不是将马克思主义教条为一成不变的绝对真理，而是结合中国的发展与时代的发展对马克思主义进行科学的守正与创新，在理论层面真实地诠释了中国化时代化的马克思主义为什么行。

中国共产党百余年来始终贯彻落实"六个必须坚持"，将马克思主义理论同中国具体实际相结合。以毛泽东同志为主要代表的中国共产党人，立足中国社会现实，把马克思主义基本原理与中国革命具体实际相结合，通过中国社会性质—中国革命任务—中国革命性质—中国革命前途的深刻分析，对"中国向何处去"的前途道路问题作出科学回答。以邓小平、江泽民、胡锦涛同志为主要代表的中国共产党人着眼于中国实际，一切路线方针政策都以社会主义初级阶段为依据来展开。社会主义初级阶段理论的提出，解决了社会主义理想与现实之间的困境，明确了我国社会主义发展的历史阶段。我们知道，按照无产阶级革命导师的设想，社会主义革命首先发生于西方发达资本主义国家，而这些国家由于生产力水平比较高，只要一个很短暂的过渡时期就可以从资本主义过渡到共产主义。对西方发达国家来说是这样，对于落后的东方发展中国家——中国来说，社会建设的发展并不是这样，我们好像在建设社会主义的路上迷惘了。严格意义上来说，我们现在不是马克思意义上的从资本主义到共产主义的过渡阶段，也不是共产主义第一阶段,当然更不是共产主义的高级阶段,那么我们到底处于什么阶段?不解决这个问题,我们要么会因现阶段的社会建设与马克思的共产主义理论之间的差距而丧失对社会主义国家建设的信心,要么会急于拉近现阶段的社会主义建设与共产主义理论之间的距离而采取冒进的举措,从而危害到社会主义的建设。社会主义初级阶段的提出解开了这一困局,"党的十三大要阐述中国社会主义是处在一个什么阶段,就是处在初级阶段,是初级阶段的社会主义。社会主义本身是共产主义的初级阶段,而我们中国又处在社会主义的初级阶段,就是不发达的阶段"①,从而明确定位了中国社会主义发展阶段,既坚定了我们的共产主义信念,也为我们进行社会主义建设找到了方向。将过渡阶段从共产主义第一阶段中拿出来,这样避免了过渡时期与共产主义第一阶段相混淆造成的不确定性,给了过渡时期一个相对稳定的、独立的社会发展阶段。而社会主义初级阶段理论的意义应该放在马克思主义发展史、世界社会主义运动史上去理解,它从根本上化解了社会主义理想与现实之间的困境,为21世纪马克思主义正确认识社会主义本质问题奠定基础。社会发展阶段的定位是国家最基本的国情,国家路线方针政策的制定都要以此为基本依据。苏联正是在对社会发展阶段认识与判断的错误中一步步走向解体,从斯大林"已经建成社会主义并正在向共产主义逐步过渡"到赫鲁晓夫"全面建设共产主义"到勃列日涅夫"已经建成发达社会主义"到安德罗波夫"发达社会主义起点论"再到戈尔巴乔夫"社会主义完善论""人道的民主的社会主义"。以邓小平、江泽民、胡锦涛同志为主要代表的中国共产党人始终坚持从社会主义初级阶段出发,制定与我们社会发展阶段相契合的路线方针政策。以习近平同志为主要代表的中国共产党人,牢牢把握社会主义初级阶段这个最大的国情。中国特色社会主义进入了新时代,这是否意味着中国社会主义初级阶段的基本国情发生了改变?习近平

① 《邓小平文选》(第三卷),人民出版社,1993年,第252页。

总书记多次指出,虽然中国特色社会主义进入了新时代,但是"没有改变我们对我国社会主义所处历史阶段的判断,我国仍处于并将长期处于社会主义初级阶段的基本国情没有变"①。

中国共产党百余年来始终贯彻落实"六个必须坚持",充分挖掘中华优秀传统文化的价值。以毛泽东同志为主要代表的中国共产党人,主张科学对待中华优秀传统文化。毛泽东同志睿智地指出:"中国的长期封建社会中,创造了灿烂的古代文化。清理古代文化的发展过程,剔除其封建性的糟粕,吸收其民主性的精华,是发展民族新文化提高民族自信心的必要条件;但是决不能无批判地兼收并蓄。必须将古代封建统治阶级的一切腐朽的东西和古代优秀的人民文化即多少带有民主性和革命性的东西区别开来。"②以邓小平同志为主要代表的中国共产党人坚持百花齐放、百家争鸣的方针,但这并不代表我们要放弃我们自己的优秀传统文化,中华文明是历史上唯一没有中断的文明,是我们的魂与根。邓小平在中国文学艺术工作者第四次代表大会上的祝词中指出:"我国古代的和外国的文艺作品、表演艺术中一切进步的和优秀的东西,都应当借鉴和学习。"③以邓小平同志为主要代表的中国共产党人明确提出继承与发扬中华优秀传统文化是建设中国特色社会主义文化的重要原则,因为"中华民族的优秀文化传统,党和人民从五四运动以来形成的革命文化传统,人类社会创造的一切先进文明成果,我们都要积极继承和发扬。我国几千年历史留下了丰富的文化遗产,我们应该取其精华、去其糟粕,结合时代精神加以继承和发展,做到古为今用。同时,必须结合新的实践和时代的要求,结合人民群众精神文化生活的需要,积极进行文化创新,努力繁荣先进文化,把亿万人民紧紧吸引在有中国特色社会主

---

① 习近平:《决胜全面建成小康社会 夺取新时代中国特色社会主义伟大胜利——在中国共产党第十九次全国代表大会上的报告》,人民出版社,2017年,第12页。
② 《毛泽东选集》(第二卷),人民出版社,1991年,第707~708页。
③ 《邓小平文选》(第二卷),人民出版社,1994年,第210页。

义文化的伟大旗帜下"①。以胡锦涛同志为主要代表的中国共产党人提倡"弘扬中华文化,建设中华民族共有精神家园"②,要区分祖国传统文化的精华与糟粕,将中华优秀传统文化的民族性与中国特色社会主义的时代性相融合,使传统文化适应、契合现代文明的发展。

以习近平同志为核心的党中央提出"要秉持开放包容,坚持马克思主义中国化时代化,传承发展中华优秀传统文化,促进外来文化本土化,不断培育和创造新时代中国特色社会主义文化"③。"把马克思主义基本原理同中国具体实际、同中华优秀传统文化相结合是必由之路。"④

首先,中华文明的当代形态的建设必须以马克思主义为指导思想,在中华民族面临国破家亡的现实困境之时,只有马克思主义能够救中国;在中华民族不懈追求伟大复兴之时,只有马克思主义能够发展中国,"因为归根到底是马克思主义行"。马克思主义何以可行? 习近平总书记深刻指出:"实践证明,马克思主义的命运早已同中国共产党的命运、中国人民的命运、中华民族的命运紧紧连在一起,它的科学性和真理性在中国得到了充分检验,它的人民性和实践性在中国得到了充分贯彻,它的开放性和时代性在中国得到了充分彰显!"⑤马克思主义的科学性和真理性、人民性和实践性、开放性和时代性的精神品格向我们揭示马克思主义何以可行。马克思主义凭借的不是乌托邦的空想理念,而是造福人类的理想信念;马克思主义凭借的不是完美无瑕的终极真理,而是认识世界的思想武器;马克思主义凭借的不是解释世界的宏大叙事,而是改造世界的科学方法。

其次,以马克思主义中国化时代化理论、中华优秀传统文化、外来有益

---

① 《江泽民文选》(第三卷),人民出版社,2006年,第278~279页。
② 中共中央文献研究室编:《十七大以来重要文献选编》(上),中央文献出版社,2009年,第27页。
③ 新华通讯社编著:《学习贯彻习近平总书记在文化传承发展座谈会上的重要讲话精神述评》,新华出版社,2023年,第7页。
④ 新华通讯社编著:《学习贯彻习近平总书记在文化传承发展座谈会上的重要讲话精神述评》,新华出版社,2023年,第5页。
⑤ 习近平:《在纪念马克思诞辰200周年大会上的讲话》,人民出版社,2018年,第14页。

文化来培育和创造新时代中国特色社会主义文化。中华文明的当代形态的核心在于培育和创造新时代中国特色社会主义文化,这需要将马克思主义中国化时代化,赋予马克思主义理论中国特性与时代特性;这需要传承中华优秀传统文化,打造具有中华民族自己特色的现代文明;这需要吸收借鉴一切有益外来文化,在文明的交流互鉴中丰富与完善自身。最后,中华民族现代文明发展的必由之路是把马克思主义基本原理同中国具体实际相结合、同中华优秀传统文化相结合。其一,这"两个结合"是因为彼此契合。因为马克思主义与中华优秀传统文化虽然来源不同,但目标契合,它们追求的都不是乌托邦的空想理念,而是造福人类的理想信念;凭借的不是完美无瑕的终极真理,而是认识世界的思想武器;探索的不是解释世界的宏大叙事,而是改造世界的科学方法。其二,这"两个结合"不是简单的相加或者杂糅,而是在互相成就中孕育出新的文化生命体,开创中国式现代化的文化新形态。其三,这"两个结合"从文化层面拓宽了中国特色社会主义道路,为实现中华民族伟大复兴奠定坚实的文化基础。其四,这"两个结合"是文化的创新,更是思想的创新,为建设中华文明的当代形态注入创新的源泉。其五,这"两个结合"充分彰显了文化主体性,充分彰显了我们的历史自信、制度自信与文化自信。

(二)"六个必须坚持"凸显了中国化时代化的马克思主义实践为什么行

中国共产党在"六个必须坚持"中推进马克思主义实践中国化时代化,开创了中国式现代化,为人类实现现代化提供了一种新的选择,创造了人类文明新形态。习近平总书记在中国共产党第二十次全国代表大会上指出"既有各国现代化的共同特征,更有基于自己国情的中国特色"①。中国式现

---

① 习近平:《高举中国特色社会主义伟大旗帜 为全面建设社会主义现代化国家而团结奋斗——在中国共产党第二十次全国代表大会上的报告》,人民出版社,2022年,第22页。

代化既区别于其他国家又展现自身独特的现代化具体特征,在实践层面真实地诠释了中国化时代化的马克思主义为什么行。

中国式现代化深入践行"六个必须坚持",在马克思主义理论不断中国化时代化的过程中实现了实践的新飞跃,开创中国式现代化新道路。马克思、恩格斯对于资本主义开创的西方式现代化的肯定理解中同时包含了对它的否定理解。马克思、恩格斯承认"资产阶级在它的不到一百年的阶级统治中所创造的生产力,比过去一切世代创造的全部生产力还要多,还要大"①,冲破了封建等级所有制的桎梏,打破了各民族自给自足和闭关自守的封闭状态,将整个世界卷入现代化的浪潮之中,"它使未开化和半开化的国家从属于文明的国家,使农民的民族从属于资产阶级的民族,使东方从属于西方"②。但资本主义开创的西方式现代化是一种剥削性质的现代化,"把人的尊严变成了交换价值,用一种没有良心的贸易自由代替了无数特许的和自力挣得的自由。总而言之,它用公开的、无耻的、直接的、露骨的剥削代替了由宗教幻想和政治幻想掩盖着的剥削"③。中国共产党自诞生之日起就承担起强国建设、民族复兴的历史使命,正如习近平总书记所言:"中国共产党建立近百年来,团结带领中国人民所进行的一切奋斗,就是为了把我国建设成为现代化强国,实现中华民族伟大复兴。"④以毛泽东同志为主要代表的中国共产党人在社会主义制度建立后便开启了中国社会主义现代化的探索之路,这是作为马克思主义中国化第一次飞跃的理论成果的毛泽东思想与现代化结合的第一次探索。中国的现代化之路是从对农业、手工业、资本主义工商业的社会主义改造开始的;1956年毛泽东带领中国共产党人进一步探索社会主义现代化道路,提出实现"社会主义工业化"的目标;1957年以毛泽东

---

① 马克思、恩格斯:《共产党宣言》,人民出版社,2018年,第32页。
② 马克思、恩格斯:《共产党宣言》,人民出版社,2018年,第32页。
③ 马克思、恩格斯:《共产党宣言》,人民出版社,2018年,第30页。
④ 《习近平谈治国理政》(第四卷),外文出版社,2022年,第151页。

同志为主要代表的中国共产党人提出"三个现代化目标"——"现代工业、现代农业和现代科学文化的社会主义国家"①；1959年，以毛泽东同志为主要代表的中国共产党人进一步提出国防现代化的重要性，即指出："建设社会主义，原来要求是工业现代化、农业现代化、科学文化现代化，现在要加上国防现代化"②。在1954年第一届全国人大一次会议提出"四个现代化"目标的基础上，1964—1965年召开的第三届全国人民代表大会第一次会议明确了建立一个独立的比较完整的工业体系和国民经济体系与全面实现农业、工业、国防和科学技术的现代化的"两步走"战略。1979年12月6日，邓小平同志根据毛泽东同志、周恩来同志奠定的"四个现代化"理念，提出"中国式四个现代化"，指出"我们要实现的四个现代化，是中国式的四个现代化"③，1983年邓小平同志将"中国式四个现代化"进一步完善为"中国式的现代化"，指出："我们搞的现代化，是中国式的现代化。"④

从"四个现代化"到"中国式四个现代化"再到"中国式的现代化"的进阶，体现了中国共产党人对中国现代化建设认识的新飞跃。以江泽民同志为主要代表的中国共产党人在"三个代表"重要思想的引领下，进一步提出现代化建设"新三步走"的目标。以胡锦涛同志为主要代表的中国共产党人在科学发展观的引领下，进一步推进了中国式现代化的发展。党的十八大以来，以习近平同志为核心的党中央在习近平新时代中国特色社会主义思想的引领下，将马克思主义中国化时代化与中国式现代化进一步互动关联，进一步深化了"建设什么样的社会主义现代化强国、怎样建设社会主义现代化强国"的时代课题，在遵循世界现代化发展一般规律的基础上，结合中国国情与时代发展开创了一条中国式现代化新道路，实现了中国式现代化发

---

① 中共中央文献研究室编：《毛泽东著作专题摘编》（上），中央文献出版社，2003年，第923页。
② 中共中央文献研究室编：《毛泽东著作专题摘编》（上），中央文献出版社，2003年，第923页。
③ 《邓小平文选》（第二卷），人民出版社，1994年，第237页。
④ 《邓小平文选》（第三卷），人民出版社，1993年，第29页。

展的新飞跃。

中国式现代化深入践行"六个必须坚持",进一步推进马克思主义中国化时代化的发展,开创了一种新型文明形态。以资本逻辑为核心的西方式现代化是一种"同一"文明。对"同一性"的痴迷是西方文化内在的深层逻辑,"同一性逻辑"根植于西方文化的母体之中,这体现为西方哲学的理性形而上学传统。西方哲学一直致力于形而上学的建构,迷恋与追逐"同一性","这种对'同一性'的狂热构成了统治着漫长西方哲学发展史的'形而上学的西洋镜'"①,西方式现代化正是在对这种"同一性"的迷恋中走向追求"同一"文明的道路,从而试图通过霸权主义、强权政治来征服其他文明,逼迫其他文明服从并"同一"为资本主义文明,从而以这种"同一"文明来建构以西方为中心的世界秩序。"奥斯维辛"是这种"同一"文明最极端的表现,"以一种最典型的方式凸现了形而上学及其'同一性'思维的理论底蕴和实践效应"②,正如德国哲学家阿多诺所言:"奥斯威辛集中营证实纯粹同一性的哲学原理就是死亡"③,试图将一切"差异性"和"特殊性"赶尽杀绝,否定个体生命的价值与意义,通过清除"低贱非同一"的种族来实现"高贵同一性"的种族存在。由此可见,西方式现代化最终不会使人类进入美丽的新世界,而只能是将人类推向"自我毁灭"的万丈深渊。中国式现代化在马克思主义中国化时代化的基础上开创了一种新型文明形态。中国式现代化的深层逻辑是"和而不同"的"统一逻辑",中国式现代化反对通过战争、殖民、掠夺等方式走向现代化,"中国式现代化是走和平发展道路的现代化"④。习近平总书记指出:"我们坚定站在历史正确的一边、站在人类文明进步的一边,高举和平、发展、合作、共赢旗帜,在坚定维护世界和平与发展中谋求自身发展,又

① 贺来:《边界意识和人的解放》,上海人民出版社,2007年,第20页。
② 贺来:《边界意识和人的解放》,上海人民出版社,2007年,第21页。
③ [德]阿多诺:《否定的辩证法》,张峰译,重庆出版社,1993年,第362页。
④ 习近平:《高举中国特色社会主义伟大旗帜 为全面建设社会主义现代化国家而团结奋斗——在中国共产党第二十次全国代表大会上的报告》,人民出版社,2022年,第23页。

以自身发展更好维护世界和平与发展。"①人类世界从来就不是一个按照先验模式和同一原则设计出来的模型,而是由众多相互独立又相互交融的元素组成的多元世界。现代化模式与人类文明的发展本来就没有一套标准的公式与模板,习近平总书记指出:"世界上没有放之四海而皆准的具体发展模式,也没有一成不变的发展道路。历史条件的多样性,决定了各国选择发展道路的多样性。"②中国式现代化主张各国家与各民族不逾越自己的边界,禁止对其他国家和民族内政的僭越。习近平总书记指出:"不管国际格局如何变化,我们都要始终坚持平等民主、兼容并蓄,尊重各国自主选择社会制度和发展道路的权利,尊重文明多样性,做到国家不分大小、强弱、贫富都是国际社会的平等成员,一国的事情由本国人民做主,国际上的事情由各国商量着办。"③中国式现代化不否认国家、民族甚至人民之间的对抗与冲突,但是主张以交流、互鉴与融合来化解对抗与冲突。对抗与冲突是暂时的、局部的现象,世界各国、各民族的发展趋势是交流、互鉴与融合,"不同文明是在既冲突又融合、既对立又统一的关系中发展共进的"④。

(三)在深入践行"六个必须坚持"中推进马克思主义中国化时代化的理论创新与实践创新

不断赋予马克思主义以中国特色,是马克思主义中国化时代化理论创新与实践创新的"中国化"维度;不断将马克思主义时代化,凸显马克思主义作为"时代精神精华"的时代性,这是马克思主义中国化时代化的"时代化"维度。这两个维度都离不开"六个必须坚持"的指导,我们需要在深入践行

① 习近平:《高举中国特色社会主义伟大旗帜 为全面建设社会主义现代化国家而团结奋斗——在中国共产党第二十次全国代表大会上的报告》,人民出版社,2022年,第23页。
② 《习近平谈治国理政》(第一卷),外文出版社,2018年,第29页。
③ 习近平:《论坚持推动构建人类命运共同体》,中央文献出版社,2018年,第23页。
④ 方克立:《"和而不同":作为一种文化观的意义和价值》,《中国社会科学院研究生院学报》,2003年第1期。

"六个必须坚持"中不断推动马克思主义中国化时代化的理论创新与实践创新。

马克思主义中国化时代化一方面需要在中国的具体实际中推动马克思主义中国化,这就需要我们不断深入践行"六个必须坚持"。不要以为生在中国长在中国,每天都和中国实际打交道,我们就能本能地认识与掌握中国实际,就能天然地从中国实际出发去认识问题与解决问题。我们所要认识与掌握的不是表层的中国实际,而是内在与深层的中国实际。"这是一种无形的存在,它需要用感官,更需要用思想才能够把握"①,这种思想就是马克思主义中国化思想,需要贯彻践行"六个必须坚持",用马克思主义中国化思想来认识与掌握中国实际。在中国式现代化的实际探索中,真正做到实事求是,是因为正确地运用马克思主义中国化思想;没有做到实事求是,问题大多也是出在对马克思主义中国化思想的把握上。此外,在中华优秀传统文化的创造性转化与创新性发展中推动马克思主义中国化时代化。现代化起源于西方,但现代化不等于西方化,这就意味着我们在进行现代化建设的过程中,不能丢失掉我们自己的优秀传统文化,这是我们这个民族区别于其他民族的基本特性。我们能做的是贯彻践行"六个必须坚持",对中华优秀传统文化进行创造性转化、创新性发展,并将创造性转化、创新性发展的中华优秀传统文化与马克思主义结合起来,习近平总书记指出:"我们必须坚定历史自信、文化自信,坚持古为今用、推陈出新,把马克思主义思想精髓同中华优秀传统文化精华贯通起来,……不断赋予科学理论鲜明的中国特色,不断夯实马克思主义中国化时代化的历史基础和群众基础,让马克思主义在中国牢牢扎根。"②

马克思主义中国化时代化的理论创新与实践创新,需要深入践行"六个

---

① 高清海:《思想解放与人的解放》(卷一),黑龙江教育出版社,2004年,第5页。
② 习近平:《高举中国特色社会主义伟大旗帜 为全面建设社会主义现代化国家而团结奋斗——在中国共产党第二十次全国代表大会上的报告》,人民出版社,2022年,第18页。

必须坚持",以习近平新时代中国特色社会主义思想的世界观和方法论来分析问题与解决问题。

其一,必须坚持人民至上。马克思主义之所以能够与中国实际结合起来,其中一个十分重要的原因就在于人民性是马克思主义的本质属性,而中国是一个以人民为中心的国家,因而马克思主义中国化时代化理论是来自人民、服务人民与造福人民的理论,一切背离人民的理论都是空洞的,一切不从人民切身利益出发的理论都是盲目的。

其二,必须坚持自信自立。马克思主义的坚定信仰与中国特色社会主义的坚定信念,为中国特色社会主义道路自信、理论自信、制度自信、文化自信的逐步确立奠定坚实基础。我们既不能刻舟求剑,也不能照抄照搬,既不能封闭僵化,也不能食洋不化。中国特色社会主义道路、理论、制度和文化,历经几代领导集体的艰辛探索和不断完善,这是中国从站起来到富起来再到强起来实现的自信,这是中国向世界证明中国特色社会主义科学性的自信,这是坚定推进21世纪马克思主义发展的自信,这是开辟马克思主义中国化时代化新境界的自信。

其三,必须坚持守正创新。守正是为了不迷失方向,创新是为了把握时代、引领时代。社会主义是一个不断发展的过程,每个时期都需要根据时代的发展、从实践出发进行创新性阐释,每一个国家都需要将马克思主义与本国国情相结合,每一种社会主义制度都需要具有自己的特性,这样才能保持一个国家的自信、一个民族的自信和一国人民的自信。马克思主义中国化时代化理论不是对马克思主义的套用,而是在中国式现代化的实践探索中进行与时俱进的创新。习近平新时代中国特色社会主义思想向世界展现了新时代中国特色社会主义为世界社会主义建设作出的贡献,是马克思主义中国化时代化的最新理论成果。

其四,必须坚持问题导向。马克思主义诞生于19世纪中叶,19世纪马克思主义的时代问题是创立马克思主义,指导无产阶级革命运动。20世纪马克思主义的时代问题是探讨落后的发展中国家如何夺取无产阶级政权从而建立社会主义国家。由于我们进入21世纪不久,还不能断言21世纪马克思主义的时代问题,但是探索社会主义国家的发展道路与现代化建设无疑是21世纪马克思主义的发展重点。如果从探索社会主义国家的发展道路和现代化建设来说,中国特色社会主义发展道路与中国式现代化的探索毋庸置疑地成为21世纪马克思主义的重心。

其五,必须坚持系统观念。马克思主义强调以联系、发展与全面的眼光认识问题与处理问题,马克思主义中国化时代化在洞察中国深刻社会变革之中,主张"我们要善于通过历史看现实、透过现象看本质,把握好全局和局部、当前和长远、宏观和微观、主要矛盾和次要矛盾、特殊和一般的关系,不断提高战略思维、历史思维、辩证思维、系统思维、创新思维、法治思维、底线思维能力,为前瞻性思考、全局性谋划、整体性推进党和国家各项事业提供科学思想方法"[1]。

其六,必须坚持胸怀天下。中国是一个具有世界视野与天下胸怀的国家,中国共产党既心系国家与民族又关怀世界与人类。构建人类命运共同体是习近平总书记站在人类历史发展进程的高度,深刻洞察世界格局和全球大势,对"建设一个什么样的世界、如何建设这个世界"的人类命运问题作出的高瞻远瞩的科学解答。构建人类命运共同体的现实方案有着坚实的理论支撑,是马克思主义中国化时代化的产物,它源自马克思主义理论的科学性和真理性、人民性和实践性、开放性和时代性,奠基于中华民族博大精深的优秀传统文化,有赖于世界和平与发展的大势所趋,得益于中国的大国胸怀和大国担当,致力于世界各国、各民族的合作共赢,是马克思主义中国化时代化的理论创新。

由此可见,在理论思想上,当代中国马克思主义深入践行"六个必须坚

---

① 习近平:《高举中国特色社会主义伟大旗帜　为全面建设社会主义现代化国家而团结奋斗——在中国共产党第二十次全国代表大会上的报告》,人民出版社,2022年,第21页。

持",既彰显了中国特色,在时代的发展中继续推进马克思主义中国化的进程,又在实践中总结了世界社会主义运动的经验和教训,汲取世界优秀马克思主义理论成果,不断开辟马克思主义中国化时代化理论的新境界。在现实探索中,当代中国马克思主义在深入践行"六个必须坚持"的过程中既着眼于中国问题,以期实现新时代中国特色社会主义的现代化建设,又放眼于世界问题,以期实现世界的和平与发展。中国共产党百余年来在"六个必须坚持"中不断实现马克思主义中国化时代化的理论创新与实践创新,开辟了马克思主义中国化时代化的理论新境界与实践新境界,丰富了马克思主义理论,开辟了中国式现代化新道路,创造了人类文明新形态,凸显了中国化时代化的马克思主义为什么行。

综上所述,"六个必须坚持"对中国共产党的发展、中国特色社会主义的发展、马克思主义的发展与中国化时代化的马克思主义发展都具有重大意义,彰显了中国共产党为什么能,诠释了中国特色社会主义为什么好,揭示了马克思主义为什么行,凸显了中国化时代化的马克思主义为什么行。

第五章

以"六个必须坚持"推进中国式现代化

　　中国共产党一百多年来的奋斗主题就是带领中国人民实现中华民族伟大复兴。衡量民族复兴的指标是多维的,推翻三座大山、建立新中国、建立社会主义制度、推进改革开放等都为民族复兴提供了根本前提和关键条件,但它们却不等于民族复兴本身,只有实现第二个百年奋斗目标,全面建成社会主义现代化强国,才是民族复兴的最终旨向。民族复兴不是敲锣打鼓轻轻松松就能实现的,也不能靠短时突击,它需要有一个持久强劲的驱动力,那就是中国式现代化。换言之,中华民族伟大复兴的关键在于能否稳步推进中国式现代化,这也就是中国共产党为什么"把推进中国式现代化作为最大的政治"。推进中国式现代化不能盲干蛮干,要坚持遵循客观规律与发挥主观能动性的统一。"六个必须坚持"既是习近平新时代中国特色社会主义思想的世界观和方法论,也是指引中国式现代化的世界观和方法论。

一、"六个必须坚持"是研究问题、
解决问题的"总钥匙"

习近平总书记在二十届中央政治局第一次集体学习时的讲话中指出："科学的世界观和方法论是我们研究问题、解决问题的'总钥匙'。"①中国共产党在带领全国各族人民向第二个百年奋斗目标进发过程中，不可避免地会遇到各种矛盾和重大风险挑战，"六个必须坚持"可以为我们提供行动指南，让我们时刻方向明确、头脑清醒。"六个必须坚持"作为理论的武器一旦为广大党员干部掌握，就可以变为改造世界的物质力量，成为党员干部的看家本领、兴党本领、强国本领，进而增强党员干部的思维能力，提高分析问题和解决问题的能力。

继在二十届中央政治局第一次集体学习时提出"总钥匙"的论述后，习近平总书记在听取陕西省委和省政府工作汇报时进一步指出，"要提升思维能力，把新时代中国特色社会主义思想的世界观、方法论和贯穿其中的立场观点方法转化为自己的科学思想方法，作为研究问题、解决问题的'总钥匙'，切实提高战略思维、辩证思维、系统思维、创新思维、历史思维、法治思维、底线思维能力，做到善于把握事物本质、把握发展规律、把握工作关键、把握政策尺度，增强工作科学性、预见性、主动性、创造性"②。由此可见，作为"总钥匙"的"六个必须坚持"不是简单地看问题的世界观，更具有指导实践的方法论意义。

"六个必须坚持"是做到"四个把握"和增强工作科学性、预见性、主动

---

① 习近平：《在二十届中央政治局第一次集体学习时的讲话》，《求是》，2023年第2期。
② 《习近平在听取陕西省委和省政府工作汇报时强调 着眼全国大局发挥自身优势明确主攻方向 奋力谱写中国式现代化建设的陕西篇章》，《人民日报》，2023年5月18日。

性、创造性的方法论前提,后者体现着前者"总钥匙"的地位。

第一,把握事物本质。研究问题和解决问题的前提是准确把握事物的本质。本质表征事物的内部联系和根本属性,它虽不像现象那样复杂多变、丰富生动,但比现象更深刻,认识的难度更高,必须经过复杂的认识运动,经由感性认识上升为理性认识,才能透过现象从本质层面搞清楚事物的本来面目。对事物本质的把握必须坚持系统观念,将现象与本质看成辩证统一的整体:一方面,现象与本质是相互依存的,现象是本质的现象,本质是现象的本质,不存在纯粹的现象和抽象的本质。另一方面,停留于现象层面的认识是肤浅的,必须将把握事物的本质作为认识的终点,而且透过现象一定可以把握事物的本质,不存在所谓的不可捉摸的"物自体"。从指导实际工作的视角来看,若割裂现象与本质的统一关系,将停留于现象层面的认识作为行动指南,可能会犯经验主义错误。现象与本质对于客观事物本身来说是统一而不可分的,但对于认识主体来说,思维上达成二者的统一需要经历一个复杂的认识过程和实践过程,它要求我们从事实材料出发,注重调查研究、深入实践。所以,把握事物的本质是一个认识论的问题,更是一个实践论的问题。

中国共产党在领导民族复兴的进程中,注重把握认识对象的本质,为成功改造客观世界奠定了认识论基础。在新民主主义革命时期,只有通过武装革命才能推翻三座大山,那么如何看待战争?毛泽东指出:"保存自己消灭敌人这个战争的目的,就是战争的本质,就是一切战争行动的根据,从技术行动起,到战略行动止,都是贯彻这个本质的。"[①]正是因为中国共产党把握了战争的本质,所以才在实践中实现了保存革命力量、消灭敌人的目标。在改革开放和社会主义现代化建设时期,对于"什么是社会主义"的认识有许多不同的观点,甚至有的争论已经束缚了现代化的建设,如将计划经济等

---

① 《毛泽东选集》(第二卷),人民出版社,1991年,第483页。

同于社会主义。对此,邓小平指出:"社会主义的本质,是解放生产力,发展生产力,消灭剥削,消除两极分化,最终达到共同富裕。"①新时代,中国特色社会主义呈现出多维面向,有人质疑其社会主义制度性质,冠之以"资本社会主义""国家资本主义""新官僚资本主义"等五花八门的称谓。对此,习近平总书记指出,"中国特色社会主义是社会主义而不是其他什么主义"②。这一本质界定有利于正本清源,坚定人们对社会主义的信心。进一步分析,中国特色社会主义有许多特点、表现和特征,那么最根本、最基础、最决定性的特征是什么? 习近平总书记指出:"中国特色社会主义有很多特点和特征,但最本质的特征是坚持中国共产党领导。"③

第二,把握发展规律。规律揭示的是事物本质的、必然的联系,它的存在是客观的,不以人的意志为转移,但规律可以为人们所认识和把握,从而服务于人们改造客观世界的活动。从"六个必须坚持"的方法论出发,把握事物发展规律的方法有:一是避免教条化地对待马克思主义经典作家的学说,大力推进实践基础上的理论创新,根据实践的变化不断深化对共产党执政规律、社会主义建设规律、人类社会发展规律的认识。从价值立场上看,把握规律与发挥人的主观能动性是统一的,它并不湮没人的主体性。一方面,人的主观能动性的发挥以认识和把握规律为前提和基础,另一方面,规律不会自动揭开面纱,呈现在世人面前,它的发现和揭示需要发挥人的主观能动性。二是认识对象是丰富多样的,在人力、财力和物力一定的情况下,要增强问题意识,聚焦实践遇到的新问题,不断把握问题对象的发展规律,从而提出新理念新思路新办法。三是规律体现的是事物整体的运行逻辑,把握规律必须坚持系统观念这一科学思维方式,在整体与部分、个别与一般、原因与结果、偶然与必然、现象与本质、形式与内容等的辩证关系中把握

---

① 《邓小平文选》(第三卷),人民出版社,1993年,第373页。

② 习近平:《关于坚持和发展中国特色社会主义的几个问题》,《求是》,2019年第7期。

③ 习近平:《中国共产党领导是中国特色社会主义最本质的特征》,《求是》,2020年第14期。

事物的规律。

　　规律虽然是客观的,但在不同区域、不同发展阶段、不同民族身上有不同的表达和呈现。中国共产党在不同的历史时期特别注意把握对规律的认识,善于运用规律处理问题。在新民主主义革命时期,摆在中国共产党人面前的既有苏联的革命经验和规律,也有本国已有革命战争的规律,但若不顾实际情况的变化,照抄照搬、削足适履,那就会吃败仗。基于此,毛泽东指出:"我们研究在各个不同历史阶段、各个不同性质、不同地域和民族的战争的指导规律,应该着眼其特点和着眼其发展,反对战争问题上的机械论。"[①]利用对战争规律的把握,中国共产党人根据敌我力量对比、革命任务、斗争环境等制定了不同的战略战术,最终赢得了革命战争的胜利。在改革开放和社会主义现代化建设的新时期,邓小平将马克思主义关于发展生产力的基本原理与我国具体建设实际结合在一起,发现了社会主义建设规律:"贫穷不是社会主义,社会主义要消灭贫穷。不发展生产力,不提高人民的生活水平,不能说是符合社会主义要求的。"[②]那么,如何建设呢? 邓小平又提出分三步走推进现代化建设的战略。进入新时代,中国共产党面临着回答坚持和发展什么样的中国特色社会主义、怎样坚持和发展中国特色社会主义,建设什么样的社会主义现代化强国、怎样建设社会主义现代化强国,建设什么样的长期执政的马克思主义政党、怎样建设长期执政的马克思主义政党等重大时代课题,中国共产党"结合新的时代条件和实践要求,以全新的视野深化对共产党执政规律、社会主义建设规律、人类社会发展规律的认识,进行艰辛理论探索,取得重大理论创新成果,形成了新时代中国特色社会主义思想"[③]。

　　第三,把握工作关键。唯物辩证法认为,矛盾是普遍存在的,但在一个

①　《毛泽东选集》(第一卷),人民出版社,1991年,第173页。
②　《邓小平文选》(第三卷),人民出版社,1993年,第116页。
③　《习近平著作选读》(第二卷),人民出版社,2023年,第16页。

矛盾系统中,每个矛盾的作用和地位是不同的,处于支配地位、对事物的发展起决定作用的矛盾是主要矛盾。在每一个矛盾中,双方的力量也不平衡,处于支配地位、起着主导作用的一方就是矛盾的主要方面。哪些是关键工作,哪些是次要工作,这是一个客观问题,而不是主观问题。把握工作关键就是要抓主要矛盾和矛盾的主要方面,避免眉毛胡子一把抓,不分轻重主次。从"六个必须坚持"的视角出发,把握工作关键首先要坚持人民至上的世界观和方法论,在繁多复杂的工作事项中,关乎全局的关键通常也是人民群众急难愁盼的问题;把握工作关键还要坚持问题导向,不能被细枝末节的问题牵住鼻子,而要聚焦深层次问题、重大问题、突出问题等,这些问题反映出的都是时代的声音;把握工作关键也要坚持系统观念,在矛盾系统中把握决定事物发展的主要矛盾,找到牵一发而动全身的"关键"。

党在领导实际工作中,面对林林总总、纷繁芜杂的客观世界,抓关键就是集中精力搞好关系成败的问题。在新民主主义革命时期,中国共产党将团结广大民众作为关键工作,密切联系群众成为中国共产党领导革命胜利的重要法宝。诚如毛泽东所指出的:"一切问题的关键在政治,一切政治的关键在民众,不解决要不要民众的问题,什么都无从谈起。"①党的十一届三中全会后,党陆续出台了一系列的路线方针政策,哪些是关乎全局的关键,邓小平指出:"要坚持党的十一届三中全会以来的路线、方针、政策,关键是坚持'一个中心、两个基本点'。不坚持社会主义,不改革开放,不发展经济,不改善人民生活,只能是死路一条。"②一切工作都必须围绕着有利于坚持社会主义道路、有利于推进改革开放、有利于经济建设、有利于改善人民生活展开。新时代,中国面临的机遇和挑战并存,既要不断实现人民对美好生活的向往,不断推进全体人民共同富裕,也要在日趋激烈的国际竞争中把握主动、赢得未来,这考验着执政党的政治领导力、思想引领力、群众组织力、社

---

① 《毛泽东文集》(第三卷),人民出版社,1996年,第202页。
② 《邓小平文选》(第三卷),人民出版社,1993年,第370页。

会号召力,因此,习近平总书记指出:"办好中国的事情,关键在党、关键在全面从严治党。"①

第四,把握政策尺度。"政策尺度"包括刚性和弹性两个维度。前者指涉的是政策的红线不能逾越,必须坚持底线思维,避免其突破可能产生不良后果的质变;后者指涉的是政策界限的范围、空间和节奏,要求我们准确理解政策,避免僵硬教条地执行政策。从辩证法的角度来看,把握政策尺度既要遵循质量互变规律,不可超过"度"的临界点,也要发挥主观能动性,在量变的空间内释放政策的最大效力。从"六个必须坚持"出发来审视把握政策尺度可以得出的方法论启示有:一是不管是刚性执行上级政策还是根据本地区情形灵活落实上级指示,都应该以是否有利于满足人民群众的根本利益为导向,特别是对政策的变通执行一定反映的是人民的呼声。例如,一些地方对群众燃放烟花爆竹的灵活处理就体现了这一点。二是把握政策尺度要求坚持原则性与灵活性相统一,在某种意义上就是坚持"守正创新",不僵硬教条地执行上级的指示和命令,在吃透政策基本精神的前提下,根据本地区、本部门、本阶段的具体情况,作出更有针对性的部署。

把握政策尺度要求广大党员干部具备高超的政治判断力、政治领悟力、政治执行力,既要自觉地在思想上政治上行动上同党中央保持高度一致,又要避免教条主义执行党的各项政策。毛泽东在《反对本本主义》中就指出:"盲目地表面上完全无异议地执行上级的指示,这不是真正在执行上级的指示,这是反对上级指示或者对上级指示怠工的最妙方法。"②把握政策尺度不等于盲目照搬政策,它要求领导干部发挥主观能动性,将上级政策与具体实际结合起来,反对唯上不唯实的教条主义态度。习近平总书记在谈到战略与策略的关系时就点明了把握政策尺度的原则性与灵活性统一问题,他指出:"实施战略的环境条件随时都在发生变化,每时每刻都会遇到新情况新

---

① 习近平:《新时代党和人民奋进的必由之路》,《求是》,2023年第5期。
② 《毛泽东选集》(第一卷),人民出版社,1991年,第111页。

问题,这就需要我们把战略的原则性和策略的灵活性有机结合起来,灵活机动、随机应变、临机决断,在因地制宜、因势而动、顺势而为中把握战略主动。"①

新征程并非一帆风顺,各种新问题、新挑战和新情况层见叠出,学习"六个必须坚持"的方法论、切实提高思维能力、做到"四个把握",最终实践指向就是增强工作的科学性、预见性、主动性、创造性。所谓增强工作的科学性就是广大领导干部想问题、作决策、办事情要符合客观规律,满足人民群众的根本利益,既不能"躺平"不作为,也不能意气用事而乱作为。符合科学性的工作一定是真理尺度和价值尺度的统一,前者要求领导干部要一切从实际出发,使各项决策和措施更加符合实际情况②;后者要求广大领导干部树立正确的政绩观,不搞劳民伤财的形象工程,将工作重心聚焦于急群众之所急、想群众之所想、解群众之所困、干群众之所盼。所谓增强工作的预见性就是广大领导干部要以系统观念审视工作,从表象中把握本质,从发展中把握规律,从偶然中把握必然,提前判断可能面临的机遇和挑战,针对可能出现的问题做到未雨绸缪、防微杜渐。工作的主动性和创造性体现的是一种积极进取、奋发有为的工作态度和精神,就是发挥主观能动性、运用创新思维,让中央的指示精神和上级的决策部署落实落地。

二、推进中国式现代化要遵循"六个必须坚持"

世界观和方法论是我们认识世界和改造世界的指南,中国式现代化能够取得瞩目的成绩很大程度上就是因为有先进理论的指导。面向未来,要

---

① 习近平:《推进中国式现代化需要处理好若干重大关系》,《求是》,2023年第19期。
② 郝思斯:《增强科学性预见性主动性创造性——对话南京大学马克思主义学院教授王锁明》,《中国纪检监察报》,2023年7月4日。

持续推进中国式现代化必须以"六个必须坚持"为指引。

(一)坚守人民至上理念,突出现代化方向的人民性

现代化是一个持久的过程,历史人物可以在时机启动、路线勾画和目标设定等方面发挥关键作用,但更持久的动力来自人民群众。因此,现代化必须切中人民的根本利益,才能赢得广泛支持,才能为自身提供源源不断的动力。正如习近平总书记所指出的:"人民是历史的创造者,是推进现代化最坚实的根基、最深厚的力量。"①

1.中国式现代化致力于共同富裕

价值理念是现代化的先导,秉持何种价值导向关乎现代化的前途与命运。资本主义制度虽然在几百年的时间内创造的生产力比过去一切世代创造的生产力总和要大,但以资本增殖为目的的现代化价值导向决定了其大多数现代化成果只能归资产阶级所享有,导致"工人变成赤贫者,贫困比人口和财富增长得还要快"②。换言之,西方式现代化成功解决了财富创造的问题,但在财富分配问题上是失败的。中国式现代化秉承以人民为中心的价值导向,坚持现代化依靠人民创造、成果由人民共享,成功走出了一条符合中国国情、凸显社会主义本质的现代化新路。

随着人类社会现代化的推进,贫困这一世界性难题能否得到根除,无疑考验着现代化的普遍价值。人类现代化的历史已有上百年的时间,但全球仍有数亿人生活在贫困线之下,他们既分布于发展中国家,也分布于发达国家,这表明旧的现代化模式在脱贫问题上遭遇实践困境。一些国家的经济总量虽然在不断提高,却未能建立起合理的收入分配制度,"重增长,轻分配",广大民众被排斥在发展成果之外,甚至基本的生活必需品都得不到满

---

① 习近平:《携手同行现代化之路——在中国共产党与世界政党高层对话会上的主旨讲话》,人民出版社,2023年,第2页。
② 《马克思恩格斯选集》(第一卷),人民出版社,2012年,第412页。

足,形成了现代生产部门和落后生产部门并存的二元结构以及社会两极分化加剧的局面。①西方经济学推崇自由市场的作用,寄希望于经济发展的涓滴效应能够惠及贫困人民、贫困阶层和贫困地区,但涓滴经济学本身默许贫富差距不平等的存在,它不是直接对贫困人口施策,而是期望先富起来的群体或地区的消费、就业、增长等会间接惠及贫困阶层。事实证明,没有政府干预的自由市场经济只能加剧两极分化,无法根除贫困。

与其他国家脱贫进展缓慢形成鲜明对比的是,中国式现代化道路创造了人类减贫奇迹,将全体人民共同富裕列为奋斗目标,实现了经济增长与人民生活改善的同步推进,生动实践了人民共享的价值导向。中国式现代化牢牢抓住经济发展的中心地位,将发展作为党执政兴国的第一要务,不断壮大的国民经济为全面消除贫困奠定了坚实的物质基础。中国式现代化不是为了称霸世界,归根结底是为了人民的幸福生活,正如党的二十大指出的:"我们坚持把实现人民对美好生活的向往作为现代化建设的出发点和落脚点,着力维护和促进社会公平正义,着力促进全体人民共同富裕,坚决防止两极分化。"②中国式现代化是中国共产党领导的社会主义现代化。党的领导和社会主义制度性质本身决定了中国式现代化不是少数人富起来的现代化,这种新式现代化通过积极有为的政府干预将经济发展与消除贫困、提升民生福祉相结合,使经济发展与消除贫困、实现共同富裕同向而行。脱贫的边际成本是客观存在的,但中国并未因为扶贫到一定阶段后出现的较高边际成本而放弃,而是直面脱贫路上的种种困难挑战。

2.中国式现代化促进人的自由而全面发展

马克思主义是关于人的解放的学说,克服异化而实现人的自由而全面的发展,是马克思主义经典作家孜孜以求的价值目标。"人的自由而全面发

---

① 韩琦主编:《世界现代化历程·拉美卷》,江苏人民出版社,2015年,第37页。
② 习近平:《高举中国特色社会主义伟大旗帜 为全面建设社会主义现代化国家而团结奋斗——在中国共产党第二十次全国代表大会上的报告》,人民出版社,2022年,第22页。

展"包含"自由发展"和"全面发展"两个维度,而这两个维度又是融为一体且不可分的。人的才能的全面发挥若是在强制状态下实现,那也不是人的真正解放,只是奴役的加深;只有人的"自由个性"的张扬,而没有人的全面发展的维度,那人的发展也是畸形的"自由"。

按照马克思、恩格斯的设想,真正实现人自由而全面的发展是共产主义社会才能达成的目标,实现这个目标可谓是"路漫漫其修远兮",我国正处于并将长期处于社会主义初级阶段,我们不能做超越阶段、违背发展规律的事情,但也不是在逐步实现自由全面发展方面止步不前、无所作为,而是要根据现有条件把能做的事情尽量做起来,积小胜为大胜,不断朝着实现人的自由全面发展的目标前进。习近平总书记指出:"现代化的最终目标是实现人自由而全面的发展。"①坚持人民至上理念的中国式现代化可以为实现人自由而全面发展提供哪些动力呢?

第一,人的自由全面发展不是想象或设想的,它需要具体现实的生产力支撑。在生产力低下、生产效率不高、物质产品匮乏的时代,人满足自身生存的需要都是奢望,更何谈生存需要之上的更高层次的需要? 生产力的进步、世界历史的形成为人的全面发展创造条件,诚如马克思主义经典作家所指出的,"生产力——财富一般——从趋势和可能性来看的普遍发展成了基础,同样,交往的普遍性,从而世界市场成了基础。这种基础是个人全面发展的可能性,而个人从这个基础出发的实际发展是对这一发展的限制的不断扬弃,这种限制被意识到是限制,而不是被当做神圣的界限"②。作为强国建设、民族复兴的唯一正确道路,中国式现代化释放出了惊人的动力和活力,推动了我国生产力的解放和发展,让我们用几十年时间走完西方发达国家几百年走过的工业化历程,创造了经济快速发展和社会长期稳定的奇迹,

---

① 习近平:《携手同行现代化之路——在中国共产党与世界政党高层对话会上的主旨讲话》,人民出版社,2023年,第2页。

② 《马克思恩格斯文集》(第八卷),人民出版社,2009年,第171~172页。

不断为人的自由而全面发展夯基垒台。正如习近平总书记所指出的："我们中国共产党领导人民全面建设小康社会、进行改革开放和社会主义现代化建设的根本目的，就是要通过发展社会生产力，不断提高人民物质文化生活水平，促进人的全面发展。"①

第二，人的自由而全面发展不是个体自觉追求就能实现的发展状态，它离不开社会关系的支撑、先进教育的熏陶。人是社会的产物，环境塑造人，没有人先天是自由而全面发展的存在。人的成长离不开其所处的社会关系，在畸形的社会关系中，个人是难以独善其身的。马克思主义认为："个人的全面性不是想象的或设想的全面性，而是他的现实联系和观念联系的全面性。"②马克思主义经典作家特别重视教育在人的全面发展中的作用，认为"未来教育对所有已满一定年龄的儿童来说，就是生产劳动同智育和体育相结合，它不仅是提高社会生产的一种方法，而且是造就全面发展的人的唯一方法"③。中国式现代化不仅带来的是物质充裕，更带动了包括教育领域在内的社会关系的全面重塑、全面进步，它是物质文明和精神文明相协调的现代化，以社会关系的丰富性和全面性推动人的全面发展。"我们不断厚植现代化的物质基础，不断夯实人民幸福生活的物质条件，同时大力发展社会主义先进文化，加强理想信念教育，传承中华文明，促进物的全面丰富和人的全面发展。"换言之，中国式现代化不仅创造着满足人们的生存需要的物质财富，而且也释放着丰富人的自由全面发展维度的解放潜能。

第三，人的自由而全面发展必须以自由劳动为前提条件。异化劳动导致工人畸形发展，成为局部的人，把工人贬低为机器的附属品，使工人受劳动的折磨，从而使劳动失去内容，并且随着科学作为独立的力量被并入劳动

① 中共中央党史和文献研究院编：《习近平关于尊重和保障人权论述摘编》，中央文献出版社，2021年，第85页。
② 《马克思恩格斯文集》（第八卷），人民出版社，2009年，第172页。
③ 《马克思恩格斯文集》（第五卷），人民出版社，2009年，第556~557页。

过程而使劳动过程的智力与工人相异化。①因此,在《德意志意识形态》中,我们看到了马克思主义经典作家对自由劳动的美好愿景和描述:"任何人都没有特殊的活动范围,而是都可以在任何部门内发展,社会调节着整个生产,因而使我有可能随自己的兴趣今天干这事,明天干那事,上午打猎,下午捕鱼,傍晚从事畜牧,晚饭后从事批判,这样就不会使我老是一个猎人、渔夫、牧人或批判者。"②中国式现代化在目前的阶段虽然无法彻底消除异化劳动,但公有制经济的主体地位和强大的无产阶级政权都使得我们可以规范资本的行为,构建起和谐的劳动关系,在一定程度上遏制异化劳动的消极方面。

第四,人的自由而全面发展需要一定的自由时间。"根据共产主义原则组织起来的社会,将使自己的成员能够全面发挥他们的得到全面发展的才能。"③个人的时间如果都被劳动占据,就没有自由时间从事科学、艺术和体育等自己感兴趣的活动。因此,在马克思主义经典作家所设想的未来社会中,随着生产力的发展和生产效率的提高,劳动时间将不断减少,而自由时间将大大延长,这将为人的自由而全面的发展提供广阔的前景。中国式现代化推动科学技术和劳动生产率层面的不断提高,为缩短维持社会生产所需要的劳动时间提供可能。可以预想的是,在中国式现代化的作用下,自由劳动的因素不断增加的同时,自由闲暇时间将不断增加,八小时工作制会被更短的工作制取代,从而为人的自由全面发展提供时间保障。

(二)坚持自信自立的精神风貌,将现代化的主动权牢牢握在自己手中

自鸦片战争之后,不屈不挠的中华民族先后尝试了各种强国富民的道

---

① 《马克思恩格斯文集》(第五卷),人民出版社,2009年,第743页。
② 《马克思恩格斯选集》(第一卷),人民出版社,2012年,第165页。
③ 《马克思恩格斯文集》(第一卷),人民出版社,2009年,第689页。

路,但均未成功。失败的原因很大程度上在于没有找到一条符合中国国情的现代化道路,总是寄希望于列强的"恩赐",寄希望于照搬其他国家的模式。中国式现代化是中国共产党领导中国人民独立自主探索出来的复兴之路,自信自立既是哲学上的世界观和方法论,也是一种不服输、勇拼搏的精神风貌和骨气胆气,贯穿于中国式现代化的探索之中。

1.坚持对现代化的信心

现代化是每个国家梦寐以求的目标,但进入现代化的世界发达水平人口全部加起来是十亿人左右,[1]只占世界总人口的七分之一。这说明现代化绝非立下宏伟目标就能轻轻松松实现的战略,尤其对于后发型的发展中国家来说,发展起点低、基础薄、经验少的先天不足决定了现代化探索不可能一帆风顺。二战后,世界经济飞速发展、科学技术加速更新、和平与发展成为时代主题,但发展中国家阵营中抓住发展机遇而成功迈入现代化的国家屈指可数,少数发展中国家在经过发展积淀而即将迈入现代化大门时,却陷入"中等收入陷阱"。这不免让人产生"宿命论"的悲观看法:现代化难道向广大发展中国家关上了历史的大门? 现代化是否注定只能是少数国家能够追逐的梦想? 伟大的中国人民在中国共产党领导下不相信"宿命论",以"敢教日月换新天"的勇气和胆气持之以恒地攀登现代化高峰。

人既是现代化的主体,也是现代化的对象,人口规模与现代化的难易程度直接相关。"我国十四亿多人口整体迈进现代化社会,规模超过现有发达国家人口的总和,艰巨性和复杂性前所未有。"[2]如此高难度的现代化,没有教科书可循,也没有现成答案可用。但是我们既没有盲目照搬西方的现代化模式,也不认为现代化只是发达国家的"专利",始终坚信经过不懈探索也

---

① 中共中央文献研究室编:《习近平关于科技创新论述摘编》,中央文献出版社,2016年,第28页。

② 习近平:《高举中国特色社会主义伟大旗帜 为全面建设社会主义现代化国家而团结奋斗——在中国共产党第二十次全国代表大会上的报告》,人民出版社,2022年,第22页。

可以找到一条适合本国的现代化道路。尽管现代化的发展道路并非一帆风顺,其间有高歌猛进,也有低谷跌宕,但中国共产党人一直"咬定青山不放松",锚定现代化的目标,保持着充足的信心、恒心和耐心。正如习近平总书记所指出的:"我们始终从国情出发想问题、作决策、办事情,既不好高骛远,也不因循守旧,保持历史耐心,坚持稳中求进、循序渐进、持续推进。"①

信心为何如此重要? 从哲学上讲,信心意味着主体对自己运用中介工具改造客体的能力的乐观判断,信心也是驱使主体勇于实践而变可能性为现实性的内在动力。当然,现代化单靠信心是实现不了的,它需要付诸脚踏实地的行动,即持之以恒地赓续奋斗。一代代的中国共产党人始终将现代化作为不懈追求的目标,早在新民主主义革命时期,现代化概念就逐渐萌芽,党的七大指出中国工人阶级的任务之一是"为着中国的工业化和农业近代化而斗争"②。中华人民共和国成立后,毛泽东提出:"我国人民应该有一个远大的规划,要在几十年内,努力改变我国在经济上和科学文化上的落后状况,迅速达到世界上的先进水平。"③改革开放新时期,邓小平提出要"走出一条中国式的现代化道路"④,并擘画了现代化的"三步走"战略。新时代,党根据新的发展阶段和特征提出了新的"两步走"战略,为现代化征程作出了新的战略安排。在具体实施步骤上,中国一贯坚持局部试点与整体推广相结合的方法,通过试点来验证可行性、总结经验,继而在全国范围内推广,这样可以减少政策失误所引发的全局性损失,降低"试错"的成本和代价。中国共产党作为执政党,能够在与其他民主党派的精诚合作中克服西方党派斗争与内耗的弊端,保证战略目标与战略步骤的完整连续推进,保证现代化能够"一张蓝图绘到底"。

---

① 习近平:《高举中国特色社会主义伟大旗帜 为全面建设社会主义现代化国家而团结奋斗——在中国共产党第二十次全国代表大会上的报告》,人民出版社,2022年,第22页。
② 《毛泽东选集》(第三卷),人民出版社,1991年,第1081页。
③ 《毛泽东文集》(第七卷),人民出版社,1999年,第2页。
④ 《邓小平文选》(第二卷),人民出版社,1994年,第163页。

2.坚持独立自主原则

西方资本主义国家在走向现代化的过程中逐步形成了一套独具特色的方案和模式,曾一度成为人类现代化进程的引领者和示范者。但是,历史和现实表明,西方式的现代化有其内在局限,它只能解决少数国家的现代化,无法成为包括广大发展中国家在内的人类社会走向繁荣的通途。坚持独立自主的原则,因地制宜探索一条适合本国的现代化道路,是中国式现代化成功的重要法宝。

在现代化过程中,一些国家将希望寄托于少数发达国家的资金、技术和市场,寄托于他国提供的安全保障,为此不惜沦为他国的附庸而丧失自主性。这种发展战略虽然可能换来暂时的快速发展,但因缺乏内生动力和持续动能,始终受制于人。一方面,受他国外交政策调整和国家利益的影响,走依附式道路的国家,现代化进程面临着国际局势动荡而中断的风险。另一方面,即使个别国家通过依附换来现代化,但现代化的成果被霸权国家的资本所收割,经济、政治、军事和外交等方面始终受制于他人,存在着一定的发展隐患。以拉美国家为例,这个地区是第三世界国家现代化起步最早的,但由于原封不动抄袭西方现代化经验与道路,尽管走了近一个世纪路程,但成效甚微。[①]因此,广大发展中国家必须坚决摒弃全盘西化和依附式的发展道路,坚持独立自主进行现代化建设。独立自主意味着要摆脱对其他国家的依附,建立起相对独立完整的工业化体系,推行独立自主的外交政策,将本国的发展命运掌握在自己手中。但是它绝不意味着与世界绝缘、盲目排外,走闭关锁国的道路,它与对外开放、交流互鉴是并行不悖的。

资本主义的发展在结构上需要"中心-边缘"的存在,因此,发达国家是不可能让广大"边缘"国家通过现代化进入"中心"地带的。对于发达国家来说,它希望广大发展中国家始终扮演原料产地和工业品消费市场的角色,从

---

① 董正华主编:《世界现代化历程·东亚卷》,江苏人民出版社,2015年,第8页。

而始终确保国家垄断资本借由"剪刀差"获得超额利润。因此,一些国家的产业升级会面临着发达国家的打压和制裁。走依附性道路的发展中国家普遍在政治层面表现为腐败无能,成为西方发达国家代理人;在经济层面走西方国家的新自由主义之路,受发达国家金融资本严格控制,部分发展中国家的主权完整性发生残缺。虽然经过数十年的现代化建设,但绝大多数发展中国家并没有摆脱边缘化状态。这既揭露了西方现代化道路的弊端和陷阱,也表明了照搬照抄他国发展模式的恶果。诚如习近平总书记所指出的:"人类历史上,没有一个民族、没有一个国家可以通过依赖外部力量、跟在他人后面亦步亦趋实现强大和振兴。那样做的结果,不是必然遭遇失败,就是必然成为他人的附庸。"[1]

中国式现代化道路"不是简单延续我国历史文化的母版,不是简单套用马克思主义经典作家设想的模板,不是其他国家社会主义实践的再版,也不是国外现代化发展的翻版"[2]。中国式现代化的独特性在于是马克思主义基本原理与中华优秀传统文化结合的产物,而不是传统历史文化单独孕育出的"母版";在于是马克思主义基本原理同中国具体实际相结合的产物,而不是马克思主义经典作家的"模板";在于是对苏联式现代化模式的批判性超越,而不是简单的"再版";在于是对西方式现代化的批判性超越,没有依附于西方发达国家,也没有对西方现代化的优秀成果进行盲目拒斥,而是在保持独立自主的基础上,因地制宜地吸收人类现代化有益经验。"自信自立"于中国式现代化而言体现的是一种把本国发展进步的命运牢牢掌握在自己手中的独特气质,为广大发展中国家摆脱依附之路、破解路径依赖树立了榜样和典范。

---

[1] 习近平:《在纪念毛泽东同志诞辰 120 周年座谈会上的讲话》,人民出版社,2013年,第21页。
[2] 《中共中央关于党的百年奋斗重大成就和历史经验的决议》,人民出版社,2021年,第67页。

（三）坚持守正创新，保持现代化的活力

守正创新是中国共产党坚持和发展马克思主义的重要经验和成功法宝。习近平总书记在党的二十大报告中指出："实践告诉我们，中国共产党为什么能，中国特色社会主义为什么好，归根到底是马克思主义行，是中国化时代化的马克思主义行。"①其中，"马克思主义行"指的是马克思主义立场、观点和方法行，这是从普遍意义上阐释马克思主义的真理性。但只讲广义上的"马克思主义行"还不够具体和精确，所有的社会主义国家甚至民族国家都可以学习和借鉴马克思主义的普遍真理，但为什么马克思主义在中国开花结果，为什么中国特色社会主义成就卓著呢？由"马克思主义行"到"中国化时代化的马克思主义行"蕴含着深刻的辩证思维，也体现着以发展的眼光对待马克思主义而避免陷入本本主义窠臼的科学态度。从矛盾的视角来分析，马克思主义的立场、观点和方法是普遍性原理，但各个国家的无产阶级政党要想完成革命和建设的历史使命，照搬这些原理是行不通的，必须与各国具体实践相结合，实现普遍性与特殊性的辩证统一。从理论与实践的关系看，马克思主义的立场、观点和方法属于科学的理论形态，只有应用于各个民族国家的革命和建设实践，才能发挥其不仅解释世界而且改造世界的作用。

同马克思主义发展史上的守正创新一样，中国式现代化的探索也是一个在继承中发展、在守正中创新的历史过程。各个国家的现代化进程都绝非坦途，中国式现代化更是新问题新情况新挑战不断，若墨守成规、故步自封，就不可能冲破思想观念束缚和破除体制机制弊端，进而探索出优化方法和路径；若脱离中国式现代化的中国特色、本质要求和重大原则，一味求新求异，则有变质的重大危险。

---

① 习近平：《高举中国特色社会主义伟大旗帜 为全面建设社会主义现代化国家而团结奋斗——在中国共产党第二十次全国代表大会上的报告》，人民出版社，2022年，第16页。

在推进中国式现代化的过程中,中国共产党人在守好本和源、根和魂的基础上,特别是党的领导地位和社会主义方向的前提下,积极识变应变求变,大力推进理论创新、实践创新、制度创新、文化创新以及其他各方面创新。本书着重分析现代化驱动机制和发展路线方面的创举。

1.现代化驱动机制的守正创新

凡是现代化成就卓著的国家,必定存在一个有为有力有效的政府。正是现代民族国家的建立,扫除了现代化孕育的障碍,可以说,"没有民族国家就没有西方的崛起,也没有西方国家的现代化"①。半殖民地半封建社会的旧中国曾经尝试过在不实现民族独立的情况下开启现代化,洋务运动的惨败证明这是行不通的。但是建立了强有力的政府是不是就能快速实现现代化呢? 我国改革开放四十多年的中国特色社会主义建设表明:缺乏市场机制的有效调节,经济发展的效益则不佳,现代化的劲头和活力也将不足。市场调节与政府干预是驱动现代化的"两驾马车",缺一不可。

在现代化的驱动机制问题上,新自由主义走向了排斥政府干预而全盘接受市场的另一个极端。20世纪70年代,少数发达国家为了缓解"滞胀"危机继而将过剩资本转移到其他国家,将自由放任的市场政策作为鼓吹的救世良药,极力向其他国家输出新自由主义政策,特别是作为新自由主义完成形态的"华盛顿共识"一度发展成为人类社会的共识。从现实表现来看,新自由主义是少数西方国家抛出的话语和政策陷阱,对世界各国的现代化助益有限。在新自由主义的鼓动下,一些国家将市场高度自由化、私有化及政府干预最小化应用于政策实践中,结果带来的是经济结构恶化,贫富差距拉大,大量民族资产被侵吞,各类利益集团形成,经济自主权被剥夺。新自由主义改革非但没能凝聚社会共识,反而加深了社会撕裂程度。总之,市场固然重要,但市场并非万能,一些国家如果将现代化的希望全部寄托于市场与

---

① 钱乘旦:《把握中国现代化的历史方位》,《人民日报》,2018年1月5日。

私有化,必将引发一系列恶果。

中国式现代化始终坚持发展和完善社会主义市场经济体制,既发挥市场对资源配置的决定性作用,又充分发挥社会主义的制度优势。市场调节与国家作用辩证统一的驱动机制为发展中国家提供现代化新驱力。综观世界现代化进程,不难发现市场经济是现代化不可或缺的推手。作为高效的资源配置手段,市场可以通过价格、竞争、利益等各类机制激发经济活力。然而市场并非万能的,其自发性、盲目性、趋利性会时常导致资源配置的失灵。中国式现代化既没有像一些资本主义国家那样采取极端自由的市场经济模式,也不像苏联高度集中的计划经济一样统得过死,而是逐步建立健全社会主义市场经济体制,将政府宏观调控与市场配置资源有机结合。"市场经济不等于资本主义,社会主义也有市场。计划和市场都是经济手段。"①市场经济是人类文明发展的成果,并非资本主义的专属产物,社会主义国家也可以运用市场经济来推动现代化。中国一方面通过各项改革建立健全市场机制,完善现代化市场体系,强调发挥市场在资源配置中发挥决定性作用,另一方面则加快转变政府职能,建设更加积极有为的政府,更好地发挥政府的宏观调控能力,及时对市场竞争产生的负面问题进行纠偏,克服市场存在的弊端,有效化解市场风险。

在由少数发达国家制定游戏规则的世界市场中,包括中国在内的广大发展中国家不可能只靠参与市场经济竞争就能实现现代化,放弃政府干预就等于将现代化的希望完全寄托于发达国家,就等于放弃了自身在现代化进程中的主动性和自主性。正如有学者所指出的,对于后发展国家来说,当生产力达不到与发达国家竞争的水平时,政府的支持就非常重要。②

引入市场经济是中国式现代化的创新之举。尽管市场经济是中性的,不管是资本主义制度还是社会主义制度都可以与之结合,但不可否认的是,

---

① 《邓小平文选》(第三卷),人民出版社,1993年,第373页。
② 仰海峰:《中国式现代化的特点》,《马克思主义理论教学与研究》,2022年第1期。

市场经济中个人主义、自由主义、物质主义等消极因素都会侵蚀社会主义的根基。中国式现代化在引入市场机制激活经济的同时,也丝毫没有放松对共产党执政地位和社会主义政权的巩固,是固本基础上的开新。

2.现代化发展路线的守正创新

现代化囊括的领域非常广泛,但工业化是基础。离开工业化而追求的现代化,基础不牢,容易地动山摇。例如,印度的现代化模式的特点就是以信息技术为代表的第三产业发展迅速,但工业相对滞后,这种产业结构无法解决庞大人口的就业问题,信息产业的发展依附于发达国家的经济需求,因此发展的后劲和潜力受限。[①]以农业为主的广大发展中国家,普遍存在技术人才紧缺、工业基础薄弱、资金匮乏等问题,而工业化需要长期的资金投入和技术积累,非朝夕之功,这让一些国家对工业化望而却步。但是工业是现代化的支柱,对于任何一个追求现代化的国家而言,工业化是绕不开的必选项。

中国共产党人密切追踪西方国家的现代化实践,学习借鉴其有益经验。在现代化建设过程中,中国共产党人没有闭门造车,而是一直在观察其他国家的先进实践,及时修正自身的认识误区和调整施政方向。在工业化初期,我们曾经片面地认为钢铁的产量代表一个国家的工业水平,发动全民大炼钢铁,实施以钢为纲,但在分析其他工业强国钢产量之后,认识到"如果钢单单有数量,而没有质量和品种,又有什么用处? 实际上,日本作为工业强国,钢产量只有几百万吨。法国作为工业强国,钢产量也只有几百万吨。但是它们钢的品种齐全,各种合金钢都有。过去我们有点教条主义,以为钢多就代表一个国家的工业水平,其实不是那么回事"[②]。在研究投资的方向和布局时,我们也注重学习资本主义国家的有益做法,邓小平指出:"要研究投资方向问题。日本人说搞现代化要从交通、通讯上入手,我看有道理。我们在

---

① 陈锋君主编:《世界现代化历程·南亚卷》,江苏人民出版社,2015年,第8~9页。
② 《邓小平文集(一九四九～一九七四年)》(下卷),人民出版社,2014年,第159页。

这方面老是舍不得花钱。"①在信息技术兴起之时,我们通过观察其他国家对新技术的投入以及新技术在经济发展中的巨大推动作用,也高度重视现代化过程中对信息技术的应用,"美国、英国、德国、日本等发达国家都在纷纷投入巨资,拟订规划,发展信息网络。印度这几年发展信息技术和产业也相当迅速。……面对世界科技的飞速发展,我们必须增加知识和见识,积极借鉴国外一切好的经验,运用好我们自己的经验,集全党全国的力量,奋起直追,努力赶上世界先进水平"②。以开放的眼光看待世界,以辩证的态度对待西方式现代化,使得中国共产党领导的社会主义现代化始终没有脱离人类现代化的轨道,既吸收其他国家的有益做法,又保持着本身的制度特色。

从矛盾的普遍性看,每个国家的现代化模式之间都有其相通的地方,而从矛盾的特殊性来看,每个国家的现代化都有其独特之处。发展工业是各国推进现代化的通行做法,但在实现现代化的具体路线上又并不完全一致,西方式现代化走的是"串联式"发展路线,而中国式现代化则走的是"并联式"路线。

发展路线上的差异是由各国现代化的开启时间、基本国情、国际形势等多重因素决定的。最早步入现代化的西方发达国家走的是"串联式"路线,按照工业化、城镇化、农业现代化、信息化顺序发展,其现代化进程由资本要素自发有序推动,现代化的各个阶段边界清晰、特征明显。从时间跨度看,新中国成立后,中国才开启了真正意义上的现代化,面对国内外现状,中国同其他发展中国家一样选择了赶超型战略,因为只有实施赶超战略才能加快缩短与发达国家的差距。习近平总书记指出:"我们要后来居上,把'失去的二百年'找回来,决定了我国发展必然是一个'并联式'的过程。"③与"串联

---

① 《邓小平文选》(第三卷),人民出版社,1993年,第165页。
② 《江泽民文选》(第三卷),人民出版社,2006年,第9~10页。
③ 中共中央文献研究室编:《习近平关于社会主义经济建设论述摘编》,中央文献出版社,2017年,第159页。

式"路线不同,并联推进的现代化路线是综合协调的现代化,是"多维度现代化路径同时进行、融合发展、共同推进的并联式现代化"①。现代化的持续推进,需要社会中各领域、各环节、各要素的相互协调,单一维度的发展非但不能促进可持续发展,反而会引发一系列负面结果,甚至可能破坏现代化全局。作为中国式现代化的伟大创造,并联式的发展路径证明人类走向现代化的路径具有多样性,凸显了社会主义条件下现代化建设的独特性。对像中国这样的发展中国家而言,推动经济发展是现代化的首要任务,但在追求经济高速发展的过程中应警惕经济片面发展,不能将经济发展视为现代化的唯一标准,在现代化步入正轨后,就必须充分激发各方面力量统筹推进现代化,既要推动经济发展,也要统筹推进政治建设、文化建设等其他文明建设。

（四）坚持问题导向,明确现代化的路标

习近平总书记指出:"理论的飞跃不是体现在词句的标新立异上,也不是体现在逻辑的自洽自证上,归根到底要体现在回答实践问题、引领实践发展上。"②坚持问题导向是实践方法论与认识价值论的统一,它要求我们看问题想办法要避免眉毛胡子一把抓,针对现实存在的问题提出有针对性的对策与方案。首先是要正视和发现问题。不能因为现代化事业的不断推进和成就的不断取得,就不敢直面问题,只听好评赞歌、不听批评声音。问题不会因为被忽视而自行解决,反而可能会积重难返、影响全局。坚持问题导向,要求我们围绕着"建设什么样的社会主义现代化强国、怎样建设社会主义现代化强国"这一重大时代课题,直面由之派生和与之相关的"问题链",把握历史大势、掌握历史主动。其次是要甄选问题,中国式现代化推进过程中遇到的现实问题不是简单议题的组合,而是复杂问题的集合,必须以战略

---

①　任保平、张倩:《构建科学合理的中国式现代化的评价指标体系》,《学术界》,2022 年第 6 期。

②　习近平:《开辟马克思主义中国化时代化新境界》,《求是》,2023 年第 20 期。

眼光精准筛选事关全局的问题,抓主要矛盾和矛盾的主要方面。正如习近平总书记所指出的:"我们要有全局观,对各种矛盾做到了然于胸,同时又要紧紧围绕主要矛盾和中心任务,优先解决主要矛盾和矛盾的主要方面,以此带动其他矛盾的解决,在整体推进中实现重点突破,以重点突破带动经济社会发展水平整体跃升,朝着全面建成社会主义现代化强国的奋斗目标不断前进。"①这些主要矛盾和重点任务涵盖改革发展稳定存在的深层次问题、人民群众急难愁盼问题、国际变局中的重大问题、党的建设面临的突出问题等,都是持续快速推进现代化无法绕开的问题。最后是解决问题。问题导向的关键在于化解主要矛盾、解决关键问题。因此,坚持问题导向就是一个不断发现问题、甄选问题和解决问题的过程。随着中国式现代化事业的推进,新问题不断被识别、解决,又会不断出现新问题。例如,全面建成小康社会意味着贫困问题得到了解决,那么事关民生的其他问题又会上升为主要矛盾。在解决问题的过程中,我们要坚持具体问题具体分析,将矛盾的普遍性与特殊性统一起来,避免教条主义,因地制宜、因时制宜、因势制宜,有针对性地提出对策和方案。

以问题导向审视中国式现代化,其蕴含的中国特色、本质要求和重大原则,深刻回答了"建设什么样的社会主义现代化强国、怎样建设社会主义现代化强国"这一问题,构成中国式现代化的"四梁八柱"。中国式现代化具有五个方面的中国特色,它是人口规模巨大、全体人民共同富裕、物质文明和精神文明相协调、人与自然和谐共生、走和平发展道路的现代化,中国式现代化具有不同于其他现代化模式的内涵、特征和规定,这实际上回答的是建设什么样的现代化强国的问题。中国式现代化的本质要求和重大原则回答的是"怎样建设社会主义现代化强国"这一重大问题,前者要求坚持中国共产党领导、坚持中国特色社会主义、实现高质量发展、发展全过程人民民主、

---

① 习近平:《更好把握和运用党的百年奋斗历史经验》,《求是》,2022年第13期。

丰富人民精神世界、实现全体人民共同富裕、促进人与自然和谐共生、推动构建人类命运共同体、创造人类文明新形态；后者要求坚持和加强党的全面领导、坚持中国特色社会主义道路、坚持以人民为中心的发展思想、坚持深化改革开放、坚持发扬斗争精神。中国式现代化的本质要求和重大原则围绕领导力量、制度道路、经济发展方式、政治民主等勾勒现代化的方法和路径，明确了现代化的路线图。

在中国式现代化议题上坚持问题导向，在回答"建设什么样的社会主义现代化强国、怎样建设社会主义现代化强国"这一问题之后，具体到现实实践，就需要回答建设社会主义现代化强国的重中之重是什么，那就是抓住科学技术这个"牛鼻子"。科学技术是第一生产力、第一竞争力，中国式现代化的关键在于科技现代化。科技创新是我国提高国际竞争力、构建新发展格局、实现高质量发展的必由之路。习近平总书记指出："科技攻关要坚持问题导向，奔着最紧急、最紧迫的问题去。"①科技攻关涉及的领域方方面面，我们能够调配的资源是有限的，不可能四面出击，这要求我们要着眼于国家急迫需要和长远需求，瞄准未来科技和产业发展的制高点，在事关发展全局和国家安全的基础核心领域持续发力。坚持问题导向意味着不仅要指出问题的所在，也要提出解决问题的对策，那就是以何种方式实现科技攻关，是靠买，还是靠自主创新？高端技术是以美国为首的西方资本主义国家攫取高额垄断利润的工具，是维持其自身霸权地位的根本基石。它们对中国设置重重出口限制，阻断正常的相关技术交流，提防华人和留学生接触高端技术。高端技术是买不来、引不进的，必须建立在自主创新的基础之上。经过中华人民共和国七十多年的工业积累、技术储备和人才建设，我国已具备协同攻克关键技术的基本条件，完全不惧少数国家的技术围堵。对此，习近平总书记指出："坚定不移走中国特色自主创新道路。这条道路是有优势的，

---

① 习近平：《在中国科学院第二十次院士大会、中国工程院第十五次院士大会、中国科协第十次全国代表大会上的讲话》，人民出版社，2021年，第9~10页。

最大的优势就是我国社会主义制度能够集中力量办大事,这是我们成就事业的重要法宝,过去我们搞'两弹一星'等靠的是这一法宝,今后我们推进创新跨越也要靠这一法宝。"①面对国外的技术封锁和壁垒,关键技术的突破非单打独斗能成功的,它需要调动全国范围内的精兵强将和物力财力。公有制经济的主体地位决定了我国具备将所需物资集中起来用于关键方向的物质基础,党管人才和干部决定了具备将所需人才用于关键技术的政治前提。

(五)坚持系统观念,稳步推进中国式现代化

中国式现代化不是一个可以通过敲锣打鼓、短时突击完成的事业,而是一个复杂的系统工程,需要统筹兼顾、系统谋划、整体推进,正确处理好顶层设计与实践探索、战略与策略、守正与创新、效率与公平、活力与秩序、自立自强与对外开放等一系列重大关系。上文已经论述了守正与创新之间的关系,在此不再赘述。

一是处理好顶层设计与实践探索之间的关系。中国式现代化涉及经济、政治、文化、社会、生态文明等诸多领域,时间跨度大、发展阶段多,不可能毕其功于一役,属于千年大计和"国之大者",需要一代代的中华儿女接续奋斗,这就意味着通过顶层设计一张蓝图绘到底,一茬接着一茬干。顶层设计本身是一个系统工程学的概念,作为政治话语,强调中国共产党要统揽全局,对中国式现代化的系统性、整体性和协同性有前瞻性的谋划和设计,提高把方向、谋大局、定政策的能力。顶层设计不是拍脑袋随意决策,它是对中国共产党执政能力的重大考验,决策不当可能会危及党的执政合法性。对中国式现代化进行顶层设计,需要深刻把握其民族特色、本质要求和重大原则,洞察人类现代化发展趋势,准确把握人民群众的诉求和愿望,深入探索经济社会发展规律,"使制定的规划和政策体系体现时代性、把握规律性、

---

① 中共中央文献研究室编:《习近平关于科技创新论述摘编》,中央文献出版社,2016年,第35页。

富于创造性,做到远近结合、上下贯通、内容协调"①。顶层设计以理论构想的形态存在,侧重于对中国式现代化的领导力量、目标设定、路线规划等重大问题作出研判和规定,但现代化本身是极其复杂的,新情况新变化新困难不断出现,确定性与不确定性并存,再丰富的理论构想也无法预见所有生动的现实。与"顶层设计"相对,"实践探索"则属于基层实践,它直面丰富多彩的现实,在不断踏入的未知领域中寻求解决新矛盾新问题的思路和办法。在中国式现代化推进过程中,既要"顶天"(关注总方向、总原则),也要"立地",鼓励各地各部门在观照全局的前提下,克服刻舟求剑、守株待兔的消极行为,迈开步子、蹚出路子、大胆探索、开拓创新,努力创造可复制、可推广的新鲜经验。如此,顶层设计与实践探索形成互补的关系系统,确保中国式现代化行稳致远。

二是处理好战略与策略的关系。"正确运用战略和策略,是我们党创造辉煌历史、成就千秋伟业、战胜各种风险挑战,不断从胜利走向胜利的成功秘诀。"②中国式现代化之所以成就卓著,就是因为一代代中国共产党人在现代化战略上判断得准确、谋划得科学,在策略上灵活机动、随机应变。从战略上看,以中国式现代化全面推进中华民族伟大复兴是中国共产党从全局、长远、大势上作出的判断和决策。围绕现代化,中国共产党人谋划战略目标,在党的十三大"三步走"战略和党的十五大"新三步走"战略的基础上,中国共产党又作出从2020年到2035年基本实现社会主义现代化、从2035年到21世纪中叶把我国建成富强民主文明和谐美丽的社会主义现代化强国的新时代"两步走"战略;作出战略部署,提出推进中国式现代化必须牢牢把握五大原则:坚持和加强党的全面领导,坚持中国特色社会主义道路,坚持以人民为中心的发展思想,坚持深化改革开放,坚持发扬斗争精神;制定战略举措,包括统筹推进"五位一体"总体布局、协调推进"四个全面"战略布局、贯

---

① 习近平:《推进中国式现代化需要处理好若干重大关系》,《求是》,2023年第19期。
② 习近平:《推进中国式现代化需要处理好若干重大关系》,《求是》,2023年第19期。

彻新发展理念、构建新发展格局等。战略和策略是辩证统一的关系,战略为策略提供指南,策略为战略提供方法。中国式现代化各项战略的实施过程中,新情况新问题都要求我们要将战略的原则性和策略的灵活性结合起来,"既要把方向、抓大事、谋长远,又要抓准抓好工作的切入点和着力点,既要算大账总账,又要算小账细账"①。

三是处理好效率与公平之间的关系。中国式现代化是兼顾效率与公平的现代化,既要创造比资本主义更高的效率,又要达到比资本主义更高的公平。中国式现代化是物质丰富而非物质匮乏的现代化,这就意味着首先要做大国民经济的蛋糕,充分发挥市场在资源配置中的决定性作用,"构建全国统一大市场,深化要素市场化改革,建设高标准市场体系,营造市场化、法治化、国际化营商环境,持续优化劳动、资本、土地、资源等生产要素配置,着力提高全要素生产率"②,激发市场活力,推动经济更有质量、更有效率地发展。同时,只要效率,不要公平,不是社会主义的现代化。中国式现代化是共同富裕的现代化,发展的根本目的是满足人民美好生活需要。这就要求发挥政府调控的作用,做大蛋糕的同时还要分好蛋糕。政府在促进公平方面的作用体现在:完善分配制度,构建初次分配、再分配、三次分配协调配套的基础性制度安排;建立以权利公平、机会公平、规则公平为主要内容的社会公平保障体系,营造公平的竞争环境;健全基本公共服务体系,提高公共服务水平,增强均衡性和可及性,扎实推进共同富裕取得更为明显的实质性进展,等等。

四是处理好活力与秩序的关系。现代化是一个旧秩序被打破、新秩序不断确立的过程。有的国家在推进现代化过程中因为活力不足而发展缓慢,有的国家因为秩序失控而中断,协调好活力与秩序的关系是一道世界性难题。中国式现代化是既有活力、又有秩序的现代化。只有活力,没有秩

---

① 习近平:《更好把握和运用党的百年奋斗历史经验》,《求是》,2022年第13期。
② 习近平:《推进中国式现代化需要处理好若干重大关系》,《求是》,2023年第19期。

序,一些不法分子和投机分子就可能兴风作浪,现代化的成果随时可能被葬送;只有秩序,没有活力,体制机制死板、社会环境压抑,科学家、企业家、文艺家等各方面人才唯唯诺诺、思维僵化,广大党员干部不敢作为、不敢创新,就不可能创造出丰富的物质和精神财富。首先是在稳定的前提下释放活力,尊重人民群众的首创精神,创造愿担当、敢担当、善担当的良好氛围和制度保障,营造劳动光荣、幸福生活是奋斗出来的舆论氛围,激发全社会创造财富的动力。激发活力的过程,必然会给社会秩序带来一定的冲击,为不法分子提供可乘之机。其次是要提高社会治理水平,严厉打击各类违法犯罪活动、积极化解人民内部矛盾,确保社会的稳定有序。总之,我们要在现代化过程中达到活而不乱、活中有序的理想状态。

五是处理好自立自强与对外开放的关系。一个国家实现现代化是内因和外因综合作用的结果。如果割裂二者的联系,只强调依靠自身力量,盲目排外,就难以吸收人类现代化的优秀成果,导致畸形变异;过于倚重外部力量,依附他国,现代化可能在短时间内迅速推进,但基础羸弱,现代化成果可能被他国收割。中国式现代化首先坚持独立自主、自力更生,掌握关键核心技术,将发展进步的命运牢牢掌握在本国人民手中,虽然发展过程曲折艰难,但基础坚实、稳步推进,任何国家都无力阻止中国式现代化的进程。中国式现代化能够实现自立自强,不是主观意志的产物,而是有着客观的支撑因素,包括中国共产党的领导、超大规模的市场、地大物博的资源等。虽然有自立自强的条件和基础,但中国式现代化也注重利用外部资源,实现国内国际两个市场两种资源的联动。随着中国式现代化的深入推进,我们也在不断扩大对外开放的水平,提升对外贸易的质量,深度参与全球产业分工和合作,拓展中国式现代化的发展空间。

(六)坚持胸怀天下,彰显中国式现代化的人类情怀

习近平新时代中国特色社会主义思想的世界观和方法论是"两个结合"

的产物,它有着深厚的传统文化根基和马克思主义基本原理渊源。就前者来说,在源远流长的中华优秀传统文化中,"天下大同""天下归仁""协和万邦"等和平共存、和谐共生的崇高理想丰富多彩,滋养着一代代的中华儿女,生成了心系天下的广阔胸怀;就后者来说,马克思主义经典作家一直以来追求的都是全人类的解放,而不是一国一域的解放,为此他们将这一使命赋予共产党和无产阶级,所以在《共产党宣言》中指出,"共产党人强调和坚持整个无产阶级共同的不分民族的利益"①,并呼吁全世界无产者联合起来。作为中华优秀传统文化与马克思主义基本原理的继承者和发展者,中国共产党不管力量弱小还是强大之时,都放眼世界大势、心系天下安危。新民主主义革命时期,面对日本帝国主义的侵略,中国共产党领导中国人民奋起反抗,在艰苦卓绝的反侵略战争中也没有忘记抗日战争的国际性意义,强调"中国的抗战不但为了自救,且在全世界反法西斯阵线中尽了它的伟大责任"②。中华人民共和国成立后,在国力羸弱不堪、战后重建任务艰巨的情况下,发扬国际主义精神,跨过鸭绿江,抗美援朝,支持朝鲜人民的反侵略战争;这一时期还开展对外经济援助,帮助发展中国家改善民生和发展经济。改革开放后,随着综合国力的日益提高,我们致力于维护国家利益,构建国际政治经济新秩序,不仅为人民谋幸福、为民族谋复兴,也为世界谋大同。发轫于中华优秀传统文化、浸润于马克思主义精神的中国式现代化深刻体现着"胸怀天下"的理念。

中国式现代化的推进对世界和平力量是福音而不是威胁。人类社会的现代化是随着社会大生产取代小农生产而开启的,不同于自给自足、需求有限的小农生产,现代化大生产需要雄厚的资金、丰富的资源和广阔的市场,为了满足现代化的这些需要,先发的资本主义国家无不将掠夺目标指向广大落后国家和地区,殖民侵略和战争伴随着资本的原始积累,给人类社会留

---

① 《共产党宣言》,人民出版社,2018年,第41页。
② 《毛泽东选集》(第二卷),人民出版社,1991年,第375页。

下了痛苦的记忆和不光彩的历史。"中国威胁论"是国际反华势力喜欢冠之以中国式现代化的论调,他们惧怕中国的繁荣强盛会打破他们政治上随意欺压弱国、经济上任意收割他国的美梦,所以,唱衰中国式现代化的前景,力图挫伤国际社会对中国的预期、浇冷投资者对中国的热情,"中国崩溃论"甚嚣尘上。中国式现代化具备人类现代化的一般性特征,也需要资金、资源和市场,但它没有走对外掠夺的"捷径",而是带领广大人民群众走自力更生、艰苦奋斗的"难路",通过一代又一代人的接续奋斗,从初步奠定工业化基础到现在的世界制造工厂,开创了世界现代化的新奇迹、树立了世界现代化的新典范。中国式现代化不仅没有其他国家现代化的战争"原罪",而且作为世界和平和正义的重要力量,随着现代化的深入,世界政治经济秩序越可能朝着有利于广大发展中国家的方向建构。

中国式现代化的推进对世界经济发展是动力而不是阻力。中国式现代化"胸怀天下"思想不仅体现在不对其他国家主权构成威胁,而且体现在秉持互利共赢原则基础上以自身的发展拉动世界经济的发展。中国式现代化是对外开放的现代化,坚持以开放促改革、促发展、促创新,推动建设开放型的世界经济,长期以来都是世界经济增长的主要稳定器和动力源,对世界经济增长的贡献率连续多年在30%以上,对外投资居世界前列。党的十八大以来,我们采取更加积极主动的开放政策,提出并落实"一带一路"建设,推动构建人类命运共同体,形成了更大范围、更宽领域、更深层次的对外开放格局,既开拓了中国式现代化的发展空间,也为世界经济与和平发展注入澎湃动力。总之,中国式现代化既是世界经济发展的受益者,也是贡献者。

中国式现代化的推进是人类生态文明的希望而不是幻想。现代化意味着对生态资源索取的规模和力度达到空前,人与自然相对和谐与稳定的状态被打破。所以,现代化的推进与人类生态问题的加剧是同步的。中国式现代化以追求人与自然的和谐共生为目标,在国际社会围绕着碳排放争论不休之时,我们主动提高国家自主贡献力度,提出碳排放力争于2030年前达到峰值,努力争取2060年前实现碳中和。中国式现代化不仅提出绿水青山就是金山银山的理念,而且积极行动,把控制碳排放纳入生态文明整体布局中,倒逼我国发展方式实现由粗放型向集约型的绿色转变,推动经济高质量发展。中国式现代化探索出的是一条生态文明与经济发展协同进步的新路,是人类生态文明的贡献者而不是破坏者。

《中共中央关于党的百年奋斗重大成就和历史经验的决议》指出:"党领导人民成功走出中国式现代化道路,创造了人类文明新形态,拓展了发展中国家走向现代化的途径,给世界上那些既希望加快发展又希望保持自身独立性的国家和民族提供了全新选择。"[①]在这句表述中,中国式现代化的借鉴意义主要在于给"发展中国家"和"那些既希望加快发展又希望保持自身独立性的国家和民族"提供新途径、新选择、新启示,而党的二十大报告直接强调中国式现代化为"人类实现现代化"提供了新的选择,它的适用范围不再局限于发展中国家。实际上,一方面,那些尚未实现现代化的发展中国家可以从中国式现代化汲取经验。自西方国家完成现代化以来,广大发展中国家先后踏上现代化征程,但现代化之路并不顺利和通畅,有的国家由于缺乏科学的战略目标与步骤而踟蹰不前,有的国家在依附性发展中失去了独立自主,有的国家陷入经济增长缓慢与社会不断动荡的恶性漩涡,有的国家经济迅速发展与贫富差距悬殊、生态环境恶化共存。这些国家需要从世界上最大的发展中国家开启的现代化中寻找信心、方案和智慧。另一方面,不仅仅发展中国家,即使那些已经实现现代化的发达国家也可以从中国式现代化获得有益借鉴,包括妥善处理现代化过程中人与自然的关系,实现经济发展与人口脱贫的同步、自身发展与世界和平的统一、物质文明和精神文明相协调等。

习近平总书记在党的二十大报告中指出,中国式现代化既有各国现代

---

① 《中共中央关于党的百年奋斗重大成就和历史经验的决议》,人民出版社,2021年,第64页。

化的共同特征,更有基于自己国情的中国特色。①包括人口规模巨大、全体人民共同富裕、物质文明和精神文明相协调、人与自然和谐共生、走和平发展道路在内的"中国特色"体现着中国式现代化相比于发达国家现代化的特殊性,但这并不意味着中国式现代化的特殊性就不能变为人类社会现代化的普遍性。"由于事物范围的极其广大,发展的无限性,所以,在一定场合为普遍性的东西,而在另一场合则变为特殊性。反之,在一定场合为特殊性的东西,而在另一场合则变为普遍性。"②中国式现代化代表着人类文明进步的发展方向,"中国特色"可以上升为"世界一般",也只有如此才能为人类社会现代化提供中国智慧和中国方案。

三、"六个必须坚持":中国式现代化优于其他现代化模式的重要法宝

在人类现代化的模式和路径中,苏联式现代化和西方式现代化是两种值得关注的模式。前者与中国式现代化同属社会主义现代化,二者有着批判继承关系;后者与中国式现代化同为当今世界的两种主要现代化模式。习近平总书记在党的二十大报告中指出:"中国式现代化为人类实现现代化提供了新的选择。"③这实际上表明苏联式现代化和资本主义现代化这两个曾经的"选择"已经无法引领人类社会的现代化,而中国式现代化优于二者的秘诀在于"六个必须坚持"。

---

① 习近平:《高举中国特色社会主义伟大旗帜　为全面建设社会主义现代化国家而团结奋斗——在中国共产党第二十次全国代表大会上的报告》,人民出版社,2022年,第22页。
② 《毛泽东选集》(第一卷),人民出版社,1991年,第318页。
③ 习近平:《高举中国特色社会主义伟大旗帜　为全面建设社会主义现代化国家而团结奋斗——在中国共产党第二十次全国代表大会上的报告》,人民出版社,2022年,第16页。

(一)中国式现代化对苏联式现代化的超越

自俄国十月革命至今一百多年的时间,社会主义制度产生了两种具有世界影响力的现代化模式,即苏联式现代化与中国式现代化。从时间分野来看,二者分别代表着20世纪和21世纪社会主义现代化探索的典型模式。从历史前途来看,苏联式现代化随着苏联解体、东欧剧变而退出历史舞台,而中国式现代化创造了人类文明新形态,为人类社会实现现代化提供了新的选择。二者孰优孰劣已见分晓,那是否有必要在研究中国式现代化命题上,将苏联式现代化纳入研究视野? 基于三点理由,笔者认为甚有必要:一是中国式现代化与苏联式现代化存在继承关系,以虚无主义态度对待苏联式现代化,就无法真正搞清楚中国式现代化的来龙去脉,甚至可能会否定改革前三十年中国式现代化所取得的成就;二是分析中国式现代化对苏联式现代化的超越,凸显前者的先进性、优越性,有利于坚定全面建成社会主义现代化强国的信心;三是同为社会主义现代化模式,总结苏联式现代化的失败缘由可以为中国式现代化提供前车之鉴。

1.走和平发展道路的现代化超越走霸权主义道路的现代化

现代化意味着一个国家的崛起,会打破地区乃至世界的力量对比格局,对其他国家形成相对甚至绝对的力量优势。在这样的情况下,西方国家选择发动殖民战争,通过掠夺他国推动本国的现代化。苏联虽然没有像西方国家那样以殖民的方式实现现代化,但在力量强大后却走上了霸权主义道路。与之不同,"中国式现代化是走和平发展道路的现代化"[①]。

俄国十月革命胜利后,列宁将主要精力放在巩固国内政权上,面对帝国主义国家的入侵和内部的叛乱,苏维埃政权不得不以暴力革命的手段反对反革命的手段。但是战争对于苏维埃俄国来说是迫不得已的,正如列宁曾

[①] 习近平:《高举中国特色社会主义伟大旗帜 为全面建设社会主义现代化国家而团结奋斗——在中国共产党第二十次全国代表大会上的报告》,人民出版社,2022年,第23页。

指出的,俄罗斯社会主义联邦苏维埃共和国希望同各国人民和平相处,把自己的全部力量用来进行国内建设。[1]在这种指导思想下,苏维埃共和国在发展军事实力方面一直比较克制,武装力量的规模在世界范围内并不靠前。但是随着斯大林模式的巩固和苏联国力的提升,苏联的对外政策变得更加激进和强硬。苏联与美英等资本主义国家的反法西斯同盟随着二战的结束而解散,意识形态色彩浓厚的冷战开始上演,以苏联为首的社会主义阵营与以美国为首的资本主义阵营形成对立,美苏争霸成为20世纪下半叶的时代特征。冷战的双方为了增加自己获胜的筹码,不断地寻找各种机会扩大自己的势力范围,甚至不惜对他国实行军事占领,将世界置于战争的边缘和危险的境地。到20世纪70年代,苏联发展为"社会帝国主义",其势力范围已扩大到欧亚大陆之外的非洲和拉美。[2]因此,沙文主义和专制主义渗入苏联外交之中,在扩大社会主义范围的同时也削弱了社会主义的吸引力。

相比而言,中国式现代化高举和平、发展、合作、共赢的旗帜。一是中国坚持以和平手段解决国际争端。中国反对用武力和军事手段解决国际争端和热点难点问题,这是对运用强权霸凌、军事威胁和干预处理国际事务旧有逻辑的否定。从改革开放初期的百万大裁军到如今的建设世界一流军队以遏制战争,中国以实际行动维护世界和平,面对与周边国家的领土和海洋争端,中国总是以对话协商为先,从未动辄以武力相威胁。二是中国永远不称霸,反对国强必霸的逻辑。不同于苏联在力量强大之后便走上争霸道路,中国在成为世界第二大经济体,综合国力得到显著提升之后,依然奉行防御性国防政策。中国模式具有走和平发展道路的自觉,深知自身的繁荣昌盛是在和平发展的稳定环境中取得的,中国的国家利益与世界和平紧密相连。三是中国奉行不结盟的外交政策。历史一再表明,国与国之间的结盟意在遏制战争,但实际上却加剧了发生战争的风险。虽然,长期以来面临着严峻

---

① 　《列宁全集》(第37卷),人民出版社,1986年,第394页。
② 　雷丽平:《俄罗斯的历史传统与苏联现代化》,《俄罗斯中亚东欧研究》,2004年第3期。

的外部压力和敌对势力威胁,但中国坚持不通过结盟来壮大自己的力量,它没有像苏联那样建立社会主义阵营和华约组织,这无疑是对世界和平的重大贡献。

苏联式现代化由于他国孤立和自我封闭而与世界相隔离,这样既无法吸收人类现代化的优秀成果,也无法在人类现代化进程中作出自己更大的贡献。社会主义现代化应该是和平、开放、共赢的现代化,为本国人民和世界人民谋福祉是无产阶级所推动的现代化的重要特征和价值追求。因此,中国式现代化要主动融入世界、繁荣世界和引领世界,为世界提供和平力量、发展动力。一方面,中国奉行独立自主的和平外交政策,无论综合国力强大到什么程度、现代化发展到什么水平,永远不能像苏联那样争霸、扩张,坚持做世界和平力量的坚定捍卫者。另一方面,中国式现代化要不断以中国新发展为世界提供新动力、新机遇,做世界经济发展的积极贡献者。

2.高质量发展、共同富裕的现代化超越粗放式发展、富裕不足的现代化

中国式现代化以共同富裕为旨向的多种分配方式对苏联式现代化的平均主义分配方式实现超越。苏联式现代化实行低工资政策,而且平均主义严重,背离按劳分配原则,抑制工人的劳动积极性、主动性和创造性。①现代化过程中,技术人才和知识分子的积极性至关重要,低工资政策让这部分人"怨恨相对狭小的收入不平等,因为这使得他们相比于西方的同行——'新中产阶级'——显得很贫困"②。苏联式现代化虽然改善了人民的生活,居民消费品和人均寿命达到了世界发达国家的水平,③但总体上与西方发达国家的差距较大,人民群众的获得感、幸福感不高,现代化的群众基础并不牢固。中国式现代化在改革开放后逐步确立了按劳分配为主体,多种分配方式并

---

① 高放、李景治、蒲国良主编:《科学社会主义的理论与实践》,人民出版社,2014年,第115页。

② Alex Callinicos, *The Revenge of History: Marxism and the East European Revolutions*, Polity Press, 1991, p.47.

③ 吴恩远:《十月革命与俄国现代化进程——兼评当前十月革命研究中的争论》,《历史研究》,2007年第5期。

存的分配制度。这种分配制度的进步性在于：一是按劳分配为主体是社会主义制度的必然要求。相比于按行政命令分配，按劳分配是在市场经济条件下以劳动者的体力与脑力支出作为分配消费品的衡量尺度，在这种分配制度下，由于每个个体的天赋和付出不同，所在企业和单位的经营状况不同，所以每个劳动者在报酬所得上必然会有差别，但这种必要的差别打破了平均主义，有利于调动劳动者的积极性，推动了社会生产力的发展。二是按资本、土地、知识、技术、管理、数据等生产要素分配有利于激发各要素所有者的积极性，让一切创造社会财富的源泉充分涌流，有利于调动更广泛的力量参与经济建设，促进生产力的解放和发展。这种分配制度符合生产力状况、打破了平均主义、激发了创造活力，有利于做大国民经济蛋糕，最终指向的是"全体人民共同富裕的现代化"①。

现代化的最终目的是人的发展，坚持发展依靠人民、发展为了人民、发展成果由人民共享是社会主义现代化的内在要求。苏联式现代化虽然改善了人民的生活水平，但与西方发达国家相比差距仍十分明显，在财富积累和发展成果相对有限的情况下，过高比例的资源被用于发展重工业、军事工业和军备竞赛，严重制约民用产业的发展。人民群众积极性事关现代化的发展动力和群众基础。中国式现代化要切实提高人民群众的获得感和幸福感，将国家的现代化与人的发展结合起来，完善分配制度，避免两极分化，稳步推进共同富裕。通过丰富人民的精神世界、满足人民对物质富足的需求，激发人民投身现代化的热情，形成国家现代化与人的全面发展之间的良性互动。

3.人与自然和谐共生的现代化超越人与自然失衡的现代化

从经济发展方式与生态环境的关系看，苏联式现代化因粗放型的经济发展方式而对环境施加了沉重的压力，而中国式现代化则通过着力推进高

---

① 习近平：《高举中国特色社会主义伟大旗帜　为全面建设社会主义现代化国家而团结奋斗——在中国共产党第二十次全国代表大会上的报告》，人民出版社，2022年，第22页。

质量发展实现经济发展与保护环境的统一。

在社会主义制度和资本主义制度激烈竞争的时代,苏联式现代化追求的是在尽可能短的时间内实现工业化和赶超发达国家的生产力,不惜一切代价发展经济,追求高增长是其突出的特点。奥康纳指出:"环境退化是内在于前苏联的工业进步之中的,因为它的领导人坚信他们的国家必须同美国进行竞争,以牙还牙,因此可以花费在环境保护上的资金也就少得多了,——因为前苏联经济要比美国经济弱小得多。"①从"一五"到"九五"四十多年的时间内,苏联工业的平均增长率在10%以上,②但这种高增长率是粗放式的。冷战形成的紧张对立环境限制了苏联参与国际分工的程度和范围,也就无法在国际分工中发挥自身比较优势,利用他国成熟技术和产品,提升自身生产力水平。因此,"对社会主义国家环境问题的任何真正的理解都必须被置放在自20世纪早期以来主要的西方国家对社会主义所发动的政治——经济——军事——意识形态斗争的语境之中,同时,还必须被置放在第二次世界大战结束以来的冷战的语境之中"③。换言之,对于苏联式现代化所实施的粗放式发展道路,西方国家难辞其咎。

相比而言,中国式现代化坚持绿水青山就是金山银山的发展理念,实际上就是实现经济发展与环境保护的统一,"协同推进降碳、减污、扩绿、增长"④。一方面,经济发展不应以对生态环境的竭泽而渔为代价,否则,经济发展和民生改善很快会达到极限、遇到瓶颈。在中国式现代化的理念中,保护自然就是保护和发展生产力。自然不再被视作纯粹开发和索取的对象,

① [美]奥康纳:《自然的理由:生态学马克思主义研究》,唐正东、臧佩洪译,南京大学出版社,2003年,第418页。

② 苏联部长会议中央统计局编:《苏联国民经济六十年》,陆南泉译,生活·读书·新知三联书店,1979年,第28页。

③ [美]奥康纳:《自然的理由:生态学马克思主义研究》,唐正东、臧佩洪译,南京大学出版社,2003年,第419页。

④ 习近平:《高举中国特色社会主义伟大旗帜 为全面建设社会主义现代化国家而团结奋斗——在中国共产党第二十次全国代表大会上的报告》,人民出版社,2022年,第50页。

它本身的价值得到了认可。另一方面,也不能打着保护生态环境的旗号而不发展经济,一些生态社会主义者为保护生态而提出的零增长理论是不切实际的。中国式现代化站在人与自然和谐共生的高度谋划发展,坚持在发展中保护环境,在保护环境中实现发展,加快推进经济发展的绿色化、低碳化、集约化。

(二)中国式现代化对资本主义现代化的超越

不同于中国式现代化遵循"六个必须坚持"的世界观和方法论,资本主义现代化追求的是资本至上,不同理念产生的现代化实践的特征和样态也不尽相同。

1.资本主义现代化的特征

第一,资本主义现代化是扩张掠夺的现代化。现代化是人类社会进步的象征,但资产阶级推动现代化的根本目的不是造福人类,而是试图建立起先发国家压迫落后国家的统治秩序和剥削结构。习近平总书记指出:"西方国家的现代化,充满战争、贩奴、殖民、掠夺等血腥罪恶,给广大发展中国家带来深重苦难。"[1]中国共产党人得出这一判断和认知,不是出于抬高中国式现代化而故意抹黑西方式现代化,而是基于近代一百多年的屈辱遭遇。自1840年起,几乎所有的帝国主义国家都侵略过中国,割地赔款、屠戮百姓、划分势力范围等殖民行径接连在近代中国上演。西方列强敲开中国大门绝不是要帮助中国由封建社会制度变为资本主义制度,"帝国主义列强的目的和这相反,它们是要把中国变成它们的半殖民地和殖民地"[2]。可以说,中国是资本主义现代化的受害者,而且"中华民族遭受的苦难之重、付出的牺牲之大,在世界历史上都是罕见的"[3]。不同于一些崇洋媚外分子或依附于帝国

---

① 习近平:《中国式现代化是强国建设、民族复兴的康庄大道》,《求是》,2023年第16期。
② 《毛泽东选集》(第二卷),人民出版社,1991年,第628页。
③ 习近平:《学史明理 学史增信 学史崇德 学史力行》,《求是》,2021年第13期。

主义国家的军阀、大资本家在旧中国的落后沉沦中陷入民族自卑,将近代中国的落后归咎于民族的劣根性,以中国共产党人为代表的先进分子,客观辩证分析近代中国落后的原因,既看到了旧的统治阶层故步自封、不思进取这一内因,也没有忽视帝国主义国家在其中扮演的侵略外因。针对西方国家贬低我们管理国家不行、工业不行、科学文化不行等,毛泽东指出:"它们不想一想,这种状况是谁给造成的? 我们经济、文化水平低是它们造成的。"①反过来说,为什么西方国家现代化水平高,是因为他们的种族优越吗? 中国共产党人是坚定彻底的唯物主义者,当然不相信所谓的"种族优越论"。他们在短时间内迅速崛起和发展起来,"很重要的一个原因是,大多数西方资本主义国家都走过对外殖民、奴役、掠夺的道路,从广大发展中国家掠取了大量资金和资源,同时也把这些国家变成他们的市场"②。换言之,西方国家的发达是建立在广大发展中国家不发达的基础之上,前者对后者的落后是负有历史责任的。

第二,资本主义现代化是物质主义膨胀的现代化。西方式现代化带来的物质成就令人侧目,但人们的精神世界并没有同步提升,反而呈现空虚、扭曲和分裂。习近平总书记指出:"西方早期的现代化,一边是财富的积累,一边是信仰缺失、物欲横流。"③今天这个问题仍然没有得到很好的解决,根本原因在于精神世界的丰富与资本追逐利润的本性是相悖的,人们精神越丰富,消费就越理性,对资本本质的认知就越清醒,这不符合资本增殖的逻辑,也不符合资产阶级统治的需要。中国共产党人肯定资本主义现代化带来的物质文明成果,但对其思想文化始终保持着高度的警惕。江泽民同志就指出:"既要学习西方发达国家的先进技术和科学管理,又要抵制资本主

①　《毛泽东文集》(第八卷),人民出版社,1999年,第318页。
②　《江泽民文选》(第三卷),人民出版社,2006年,第457页。
③　习近平:《中国式现代化是强国建设、民族复兴的康庄大道》,《求是》,2023年第16期。

义腐朽思想的侵蚀。"①也就是要学习西方资本主义现代化的优秀物质文明成果,但对依附于其上的观念上层建筑要注意辨别。取代资本主义现代化的新模式必须在有效遏制资本贪婪的本性,解决物质主义膨胀、精神贫乏的痼疾方面有所突破。

第三,资本主义现代化是人与自然失衡的现代化。相比于自给自足的封建生产,资本主义大生产对自然资源的索取和破坏是空前的。马克思主义经典作家在对资本主义现代化批判过程中也关注到了生态维度,恩格斯在《反杜林论》中指出:"蒸汽机的第一需要和大工业中差不多一切生产部门的主要需要,就是比较干净的水。但是工厂城市把所有的水都变成臭气熏天的污水。"②究其机理:生产资料私有制决定了在资本主义框架内资本家的利益高于一切,生态环境治理的关键取决于能否满足资本家的利益;减少环保方面的投入意味着利润空间的增加,生态治理对于资本增殖而言是负担。所以,在数百年的现代化进程中,资本主义生态对环境的无度索取和破坏不断累积,所引发的生态危机已经成为悬在人类头上的达摩克利斯之剑。习近平总书记指出:"近代以来,西方国家的现代化大都经历了对自然资源肆意掠夺和生态环境恶性破坏的阶段,在创造巨大物质财富的同时,往往造成环境污染、资源枯竭等严重问题。"③生态瓶颈决定了资本主义现代化不具备持续性,寻找新的现代化方案,实现人与自然关系的再平衡关乎人类的可持续发展。

第四,资本主义现代化是两极分化、贫富悬殊的现代化。资本主义现代化所带来的生产力飞跃和财富快速增长使得人类具备消除贫困的物质条件。但是资本主义生产方式建立在少数人剥削多数人的剩余劳动和剩余价值的"中心-边缘"结构基础之上,它可以实现少数人的富裕,却难以达成共

---

① 《江泽民文选》(第一卷),人民出版社,2006年,第339页。
② 《马克思恩格斯文集》(第九卷),人民出版社,2009年,第312~313页。
③ 习近平:《中国式现代化是强国建设、民族复兴的康庄大道》,《求是》,2023年第16期。

同富裕。西方式现代化是资本驱动并为资本服务的现代化,广大工人只是服务于资本增殖的劳动力,他们只获得了与自身劳动力价值等同的生活资料,由剩余劳动产出的剩余价值被资本家收入囊中。与资本像滚雪球一样不断累积同步发生的是,工人的收入缓慢增长甚至不增长。正如习近平总书记所指出的:"西方现代化的最大弊端,就是以资本为中心而不是以人民为中心,追求资本利益最大化而不是服务绝大多数人的利益,导致贫富差距大、两极分化严重。"①生产无限扩大的趋势同劳动人民有支付能力的需求相对缩小之间的矛盾在资本主义制度框架下是无法克服的,"西方国家大力发展新经济,加速推动经济全球化,造成了西方国家的财富不断增加,但这些财富越来越集中在少数人手里,这就不可避免地会加剧资本主义的基本矛盾"②。探索一条共享发展成果的现代化新道路,破解全球贫困的难题,是一个亟待解决的课题。

2.中国式现代化的超越性

在"六个必须坚持"的世界观和方法论的指引下,中国式现代化纠正了资本主义现代化的畸形扭曲。中国式现代化创造人类文明新形态和代表着人类现代化的方向,并不意味着其他国家必须走中国式现代化的道路,而是意味着中华文明在中国式现代化的激活下展现出全新的活力和样态,意味着中国式现代化在价值取向和现实实践中成为人类现代化的典型。具体而言:不同于一些发展中国家依附于发达国家的现代化,中国式现代化坚持独立自主,在不丧失民族尊严的前提下发展壮大;不同于以资本为中心的现代化,中国式现代化是以人民为中心的现代化,使生产力为人民所有,发展成果由人民共享;③不同于两极分化的现代化,中国式现代化坚持共同富裕;不

---

① 习近平:《中国式现代化是强国建设、民族复兴的康庄大道》,《求是》,2023年第16期。
② 《江泽民文选》(第三卷),人民出版社,2006年,第80页。
③ 刘一博:《中国式现代化对破解历史周期率难题的探索与贡献》,《马克思主义理论教学与研究》,2022年第2期。

同于物质主义膨胀的现代化,中国式现代化坚持物质文明与精神文明协调发展;不同于人与自然失衡的现代化,中国式现代化坚持走生态文明道路;不同于对外扩张掠夺的现代化,中国式现代化坚持走和平发展道路。面对人类社会遭遇的现代化困境,中国式现代化"拓展了发展中国家走向现代化的途径,为人类对更好社会制度的探索提供了中国方案"①。

---

① 《习近平著作选读》(第二卷),人民出版社,2023年,第553页。

第六章

"六个必须坚持"融入思政课教学研究

习近平总书记在党的二十大报告中提出的"六个必须坚持",从世界观和方法论的高度深刻阐释了习近平新时代中国特色社会主义思想的精髓要义,为不断谱写马克思主义中国化时代化新篇章提供了根本遵循,也为新时代高校思想政治教育工作提供了方法论遵循。办好新时代思想政治教育工作,必须将"六个必须坚持"融入思政课教学研究。从理论逻辑上,切实把握好"六个必须坚持"的科学内涵,厘清"六个必须坚持"与高校思政课有机融合的根本要求;从方法引领上,运用"六个必须坚持"的科学方法,因情施策地贯穿新时代高校思政工作全过程,引领高校思政课创新发展,拓展实践路径;在实践运用维度层面,探索"六个必须坚持"有效融入高校思政课创新发展的现实路径与成效进展,把立德树人根本任务落到实处,以实际行动谱写中华民族伟大复兴的中国梦的高校立德树人新篇章。

一、"六个必须坚持"融入思政课教学的根本要求

党的十八大以来,党中央先后召开学校思想政治理论课教师座谈会、全

国高校思想政治工作会议、全国教育大会,习近平总书记就思政课建设多次发表重要讲话。习近平总书记指出,当前形势下,办好思政课,要放在世界百年未有之大变局、党和国家事业发展全局中来看待,要从坚持和发展中国特色社会主义、建设社会主义现代化强国、实现中华民族伟大复兴的高度来对待。[①]2022年10月,党的二十大报告提出,继续推进实践基础上的理论创新,首先要把握好新时代中国特色社会主义思想的世界观和方法论,坚持好、运用好贯穿其中的立场观点方法。[②]并将习近平新时代中国特色社会主义思想的世界观和方法论精辟概括为"六个必须坚持",即必须坚持人民至上,坚持自信自立,坚持守正创新,坚持问题导向,坚持系统观念,坚持胸怀天下。"六个必须坚持"是对习近平新时代中国特色社会主义思想的凝练概括,同时也是我国思想政治教育现代化的行动指南和实践遵循。思政课作为思想政治教育的主渠道,应将"六个必须坚持"所贯穿的马克思主义世界观和方法论与学生的思想相融合,一以贯之坚持好、运用好"六个必须坚持",以"六个必须坚持"落实立德树人根本任务,增强思政课育人实效,使学生都能成为担当民族复兴大任的时代新人。

(一)以"六个必须坚持"落实立德树人根本任务

2019年3月18日,习近平总书记在学校思想政治理论课教师座谈会上的讲话指出,思政课是落实立德树人根本任务的关键课程,思政课作用不可替代,思政课教师队伍责任重大。而要真正讲好思政课,落实好立德树人这一根本任务,从方法论角度上讲,必须以"六个必须坚持"为指导。

人民性是马克思主义最鲜明的品格,党的十九届六中全会通过的《中共中央关于党的百年奋斗重大成就和历史经验的决议》指出:"党的根基在人

---

① 习近平:《思政课是落实立德树人根本任务的关键课程》,人民出版社,2020年,第5页。
② 习近平:《高举中国特色社会主义伟大旗帜 为全面建设社会主义现代化国家而团结奋斗——在中国共产党第二十次全国代表大会上的报告》,人民出版社,2022年,第18~19页。

民、血脉在人民、力量在人民,人民是党执政兴国的最大底气。"①坚持人民至上,体现在思政课教学中就是秉持为党育人、为国育才的初心使命,站稳人民立场,厚植人民情怀,不负党和人民对高校思政课的育才期待。师生是立德树人工作体系的关键主体和主要对象,必须坚持师生至上,充分尊重师生的主体地位和实际特点,在办学治校过程中始终坚持以师生成长发展为出发点和归宿,着力引导师生树立人民至上的理念,将之内化于心、外化于行。

中国的问题必须从中国基本国情出发,由中国人自己来解答,办好思政课,必须坚持自信自立。只有真正信仰马克思主义,才能理直气壮讲好思政课。教师自身首先要坚持对马克思主义的坚定信仰、对中国特色社会主义的坚定信念,并以自身的模范行动教育和影响学生,进一步强化思政课一体化教学中"四个自信"的培养,立足新时代中国特色社会主义的伟大实践,引导学生自觉抵御不良社会思潮的冲击,使学生深刻领会"中国共产党为什么好""中国特色社会主义为什么好",充分感悟新时代取得的卓越成就,坚定中国特色社会主义"四个自信",增强学生的志气、骨气、底气。

守正才能不迷失方向、不犯颠覆性错误,创新才能把握时代、引领时代,这一道理同样适用于思政课建设。思政课建设长期以来形成的一系列规律性认识和成功经验,为思政课建设守正创新提供了重要基础。办好思政课,需要坚持守正创新,需要与时俱进,向改革创新要动力。要以立德树人为准绳,守方向之正、守育人之正,坚持用习近平新时代中国特色社会主义思想铸魂育人不动摇,在此基础上做好改革与创新工作,推动思政课改革创新,创内容之新、创形式之新。关于如何推动思政课改革创新,习近平总书记强调指出"八个相统一",即要坚持政治性和学理性相统一、价值性和知识性相统一、建设性和批判性相统一、理论性和实践性相统一、统一性和多样性相统一、主导性和主体性相统一、灌输性和启发性相统一、显性教育和隐性教

---

① 《中共中央关于党的百年奋斗重大成就和历史经验的决议》,人民出版社,2021年,第66页。

育相统一。"八个相统一"的提出为思政课改革创新指明了方向。此外,还要充分广泛应用网络信息技术,积极利用网络技术平台,利用网络开展思政课教学,增强思政课的时代性和吸引力,打造高质量的思政课课堂。

"问题是时代的声音,回答并指导解决问题是理论的根本任务"[1],必须坚持问题导向。新时代高校思想政治教育仍然面临着很多问题,要善于发现问题、分析问题,不断提高思政课教师队伍的综合素养,着力解决学生关注的热点、难点和焦点问题,把立德树人作为学校工作的主题主线,加强高校立德树人队伍建设,在不断解决关键问题的过程中巩固立德树人成效。

坚持系统观念是马克思主义的科学认识论与方法论,更是中国共产党的思想精华和工作方法。万事万物是相互联系、相互依存的,只有用普遍联系的、全面系统的、发展变化的观点观察事物,才能把握事物的发展规律。立德树人工作是一个系统性工程,涉及办学治校的方方面面,需要组织谋划、多元协同,要在纵向上实现三个学段的统筹规划、有机衔接,在横向上实现协同育人,提升思政课一体化教学协同意识和协同质量,搭建线上线下融合交互平台,推进思政课一体化"大格局"建设。

中国共产党为中国人民谋幸福,为中华民族谋复兴,为世界谋大同,为人类文明和进步事业作出了卓越贡献。坚持胸怀天下体现了马克思主义人类解放的崇高追求与中华民族天下为公的美好憧憬,是中国和世界发展大趋势的客观要求。思政课教学要着眼党和国家事业发展全局,坚持把为党育人、为国育才落实到教学实践中,在立德树人过程中不断强化人类命运共同体意识,要以海纳百川的宽阔胸襟借鉴吸收人类一切优秀文明成果,努力培养具有坚定的理想信念、炽热的家国情怀、宽广的国际视野,以及具备国际竞争力的青年学生。

---

[1] 习近平:《在全国政协新年茶话会上的讲话》,《光明日报》,2015年1月1日。

(二)以"六个必须坚持"贯彻党的教育方针

党的十八大以来,以习近平同志为核心的党中央着眼于党和国家事业发展全局,从社会主义现代化建设和民族复兴战略高度,深刻回答了"为谁培养人、培养什么人、怎样培养人"的一系列重要问题,丰富和发展了党的教育方针。而新时代办好思政课,最根本的是要全面贯彻党的教育方针,以"六个必须坚持"的具体要求将党的教育方针落到实处。

江山就是人民,人民就是江山,我国的教育事业始终坚持以人民为中心,要坚持人民至上,办好人民满意的教育。教育为人民服务,是社会主义教育的本质要求,要不断满足人民群众日益增长的教育需求,增进民生福祉,健全教育基本公共服务体系,培养一代又一代德智体美劳全面发展的社会主义建设者和接班人,培养一代又一代在社会主义现代化建设中可堪大用、能担重任的栋梁之材,确保党的事业和社会主义现代化强国建设后继有人,从而努力满足广大人民群众对教育事业的新期盼,不断提高人民群众的教育获得感和满意度。

自信是中国共产党素有的精神气度,自立是我们立党立国的重要原则,自信自立始终贯穿于中国共产党立党立国、兴党兴国的光辉历程。新时代党的教育方针明确指出要坚持马克思主义指导地位,贯彻习近平新时代中国特色社会主义思想,坚持社会主义办学方向,这充分体现了坚持自信自立这一立场观点方法。坚持自信自立,就是要坚持对马克思主义的坚定信仰、对中国特色社会主义的坚定信念,坚持不懈用习近平新时代中国特色社会主义思想铸魂育人,着力加强社会主义核心价值观教育,引导学生树立坚定的理想信念,增强中国特色社会主义道路自信、理论自信、制度自信、文化自信,厚植爱国主义情怀,把爱国情、强国志、报国行自觉融入坚持和发展中国特色社会主义、建设社会主义现代化强国、实现中华民族伟大复兴的奋斗之中。

　　守正创新体现了继承性与发展性的辩证统一,是推动教育高质量发展的一条基本规律。加快推进教育现代化、建设教育强国,必须坚持守正创新,在遵循思想政治工作规律、教育教学规律和学生成长规律的基础上推进大中小学思想政治教育一体化建设,提高思政课的针对性和吸引力。守正不能偏离马克思主义,新时代思想政治教育理念要因时因势变化创新,在坚持思政课堂教学主渠道的同时实现与日常思想政治教育主阵地相互结合,通过现代新媒体育人阵地实现师生之间的线上和线下双向交流,充分利用网络资源构建现代化的思政工作体系。

　　实践观点是马克思主义哲学的核心观点,坚持问题导向是对马克思主义实践观的坚持和发展。坚持问题导向,要立足新时代中国特色社会主义的生动实践,以客观深厚的社会现实为基础,关注现实领域出现的新情况、新问题,在思政课教学中既要强化问题聚焦,又要把握时代脉搏,引导学生关注社会热点、民生问题等实际问题,增强高校思政教学的时代性、有效性和吸引力,真正做到扎根中国大地办教育,坚持教育同生产劳动和社会实践相结合。

　　系统观念是马克思主义基本原理的重要内容,更是推动教育强国建设行稳致远不可或缺的方式方法。坚持系统观念,要从全局的角度出发,加强前瞻性思考、全局性谋划、战略性布局、整体性推进,紧紧围绕培养德智体美劳全面发展的社会主义建设者和接班人这一党的教育方针核心要求全面开展教育工作,构建德智体美劳全面培养的教育体系,坚持五育并举,构建协同育人的格局,实现学校、家庭、社会、网络的全面覆盖,推动形成全党全社会努力办好思政课、教师认真讲好思政课、学生积极学好思政课的良好氛围,统筹推进大中小学思政课一体化建设。

（三）以"六个必须坚持"武装思政课教师队伍

习近平总书记强调，办好思想政治理论课关键在教师，关键在发挥教师的积极性、主动性、创造性。①习近平总书记从党和国家事业发展的全局出发，深刻阐释了办好思想政治理论课的重大意义，深入分析了教师的关键作用，对思政课教师队伍建设提出了殷切期望。以"六个必须坚持"武装思政课教师队伍，是新时代办好思政课的必然要求。具体来说，便是贯彻落实习近平总书记对思政课教师提出的"六要"要求，着力建设政治强、情怀深、思维新、视野广、自律严、人格正的思政课教师队伍。

建设新时代思政课教师队伍，要培养政治意识强、政治信仰牢的思政课教师。首先要坚持人民至上。思政课教师肩负为党育人、为国育才的神圣使命，要自觉做中国特色社会主义的坚定信仰者和忠实实践者，忠诚于党和人民的教育事业，在思政课教学过程中要善用中国特色社会主义伟大实践中生动鲜活的事例，教育引导学生牢固树立为人民服务的信念，把小我融入祖国的大我、人民的大我之中，始终站稳人民立场。其次要坚持自立自信。思政课要让有信仰的人讲信仰，思政课教师必须具有坚定的政治立场、政治信仰，具有高度的思想自觉、政治自觉、行动自觉，坚持自立自信，坚定理想信念，自觉用习近平新时代中国特色社会主义思想武装头脑，坚持用习近平新时代中国特色社会主义思想铸魂育人，引导学生坚定"四个自信"，自觉成为中国特色社会主义伟大事业的建设者和接班人。

建设新时代思政课教师队伍，要培养业务能力强、育人水平高的思政课教师。首先要坚持问题导向。思政课教师要有深厚的家国情怀，心怀国家和民族，在党和人民的伟大实践中关注时代、关注社会，汲取养分、丰富思想。思政课教学从来不是照本宣科，思政课教师要扎根中国大地，了解世情

---

① 习近平：《思政课是落实立德树人根本任务的关键课程》，人民出版社，2020年，第10页。

国情党情、社情乡情民情,善于运用马克思主义立场观点方法去分析和解决问题,在实践中提高本领、锻炼能力、服务社会,引导学生在党和人民的伟大实践中增强社会责任感,积极投身新时代。其次是坚持系统观念。思政课教师要创新课堂教学,离不开自身对思政课教育教学规律、思想政治工作规律、教书育人规律、学生成长成才规律的全面认识。思政课教师要综合运用创新思维、辩证思维,运用矛盾分析方法抓住关键、找准重点、阐明规律,教会学生科学的思维,给予学生观察认识当代世界、当代中国的立场、观点、方法。再次要坚持守正创新。思政课教师的教学形式要多样化,要善用信息技术,善于运用多媒体教学,充分运用新媒体新技术,推动思政课传统优势同信息技术深度融合,围绕教材中的知识点进行设计,让学生走进历史和理论,身临其境,并注重师生互动,提升思政课课堂教学的生动性、吸引力和感染力,激发学生的学习兴趣。最后是坚持胸怀天下。思政课教师要有广阔的知识视野,广泛涉猎其他科学知识;要拥有全面的历史视野,能够通过生动、深入、具体的纵横比较,把一些道理讲明白、讲清楚。思政课教师要自觉以回答中国之问、世界之问、人民之问、时代之问为学术己任,培养自身宽广的国际视野,善于立足中国,从世界、人类发展的视角来全面客观地分析和看待问题,积极引导学生心系天下、勇担强国使命,树立宽广的世界眼光,为推动构建人类命运共同体建设贡献中国智慧和方案。

教师是办好思政课的主体,没有思政课教师的积极性、主动性、创造性的发挥,就没有思政课的高质量发展。因此,思想政治理论课教师发挥关键作用,还需要有充分的条件保障,要求尊重教师的主体地位,采取切实有效的措施,充分发挥教师的积极性、主动性,激发教师的创造性。

首先要落实好各项保障措施。努力提高思政课教师的政治地位、社会地位、职业地位,"让广大教师安心从教、热心从教、舒心从教、静心从教,让广大教师在岗位上有幸福感、事业上有成就感、社会上有荣誉感"①,增强教师的职业认同感、荣誉感、责任感。提高思政课教师的地位,就要坚持守正创新,健全思政课教师待遇保障机制,切实提高思政课教师的待遇。具体来说,一要创新工作机制,加大培养激励工作力度,落实各项政策保障,提高思政课教师这个岗位对优秀人才的吸引力,让思政课教师特别是青年教师的创造活力竞相迸发、聪明才智充分涌现;二要改革思政课教师评价机制,提高评价中的教学和教学研究占比,克服唯文凭、唯论文、唯帽子等弊端,引导教师把主要精力放在教书育人上。

其次要强化配齐建强思政课教师队伍。按照习近平总书记提出的"六要"要求,建立完善选聘思政课教师的体制机制,规范遴选条件和程序,在思政课教师选用、管理、考核中严把政治关、师德关、业务关,既重高标准、严要求,又要有灵活性。必须坚持系统观念,用系统观念推进思政课教师队伍建设,在全社会统筹兼顾、系统谋划思政课教师队伍建设全局,鼓励高校邀请社科理论界专家、企事业单位管理专家、各行业先进模范、高校党政负责人、名家大师等讲授思政课;鼓励吸引符合条件的相关学科专家教师、党政管理干部、辅导员转岗或参与到思政课教学中,建设专职为主、专兼结合、数量充足、素质优良的思政课教师队伍。要强化培养培训,不断提升思政课教师的能力。要切实提升思政课教师的业务能力,为教师提供国内外学习培训机会,同时要坚持问题导向,思政课教学要把握时代脉搏,应创造更多条件让教师积极参加社会实践活动,引导思政课教师增强对国情、党情、社情、民情、世情的了解,在社会实践中汲取养分,增强理论联系实际的能力,提高思政课教学的针对性。

最后要优化思政课教师队伍结构,坚持系统观念,高度重视思政课教师队伍后备人才培养,加强马克思主义学院、马克思主义理论学科建设,统筹

---

① 习近平:《在北京市八一学校考察时的讲话》,《人民日报》,2016年9月10日。

推进马克思主义理论本硕博一体化人才培养工作,不断为思政课教师队伍输送高水平人才。

二、"六个必须坚持"融入思政课教学的具体目标

"六个必须坚持"作为思想政治教育现代化的行动指南与实践遵循,能否有效融入高校思政课教学,需要在把握习近平新时代中国特色社会主义思想的方法论铸魂育人的前提即"六个必须坚持"的科学内涵基础上,综合考量思想政治教育各组成要素并结合时代特征与新时代大学生的思想行为特点,因情施策的、全面具体的、有针对性的、有案例的深入思政课教学过程洞见症结,发掘"六个必须坚持"融入思政课教学的内在理路,以此实现"六个必须坚持"有效融入高校思政课,推进创新理论指导下的教育教学工作。

(一)坚持人民至上:思政课要坚定立场,强化新青年初心使命

"为谁培养人、培养什么人、怎样培养人"始终是教育的根本问题,也是思政课首先需要明确的立场问题。新时代的中国办好思政课,就是要从党和国家的实际发展、人民的现实需要出发,强化青年的使命担当,使其站稳人民立场,真正成长为合格的社会主义建设者和接班人。

1.把握"人民至上"的时代内涵

习近平总书记在党的二十大报告中指出:"一切脱离人民的理论都是苍白无力的,一切不为人民造福的理论都是没有生命力的。"[①]"人民至上"就是始终坚持以人民为中心,其基本内涵在于人民是社会的主人,国家的一切权力属于人民,社会资源由人民创造并共同享用。

---

① 习近平:《高举中国特色社会主义伟大旗帜 为全面建设社会主义现代化国家而团结奋斗——在中国共产党第二十次全国代表大会上的报告》,人民出版社,2022年,第19页。

马克思、恩格斯在《共产党宣言》中强调:"过去的一切运动都是少数人的,或者为少数人谋利益的运动。无产阶级的运动是绝大多数人的,为绝大多数人谋利益的独立的运动。"①人民性是马克思主义的本质属性,中国共产党在革命、建设、改革历程中始终坚持人民至上的思想,并内化为自己的根本宗旨。为人民求解放,为人民谋利益,全心全意为人民服务,成为中国共产党人崇高的价值追求。这就要求我们在思政课教学中教育引导学生深刻认识"人民"二字在习近平新时代中国特色社会主义思想中的根本性意义,始终站稳人民立场。

"人民至上"是牢记使命,人人幸福。"人民至上"的"人民"绝不是抽象的,而是具体的、现实的,是作为全体社会成员的人民整体与作为其成员的每一个人民个体。唯物史观认为人民群众是历史的创造者,是推动历史发展的根本力量。因此,要想实现中华民族伟大复兴就必须始终将人民利益放在首位,牢记群众是真正的英雄。

习近平总书记在党的二十大报告中多次强调坚持以人民为中心的发展思想。"中国式现代化是全体人民共同富裕的现代化。共同富裕是中国特色社会主义的本质要求,也是一个长期的历史过程。我们坚持把实现人民对美好生活的向往作为现代化建设的出发点和落脚点,着力维护和促进社会公平正义,着力促进全体人民共同富裕,坚决防止两极分化。"②"维护人民根本利益,增进民生福祉,不断实现发展为了人民、发展依靠人民、发展成果由人民共享,让现代化建设成果更多更公平惠及全体人民。"③新时代,我国社会的主要矛盾是人民日益增长的美好生活需要和不平衡不充分的发展之间的矛盾,满足人民的美好生活需要就是党的奋斗目标。同时指出,要办好人

① 《马克思恩格斯选集》(第一卷),人民出版社,2012年,第411页。

② 习近平:《高举中国特色社会主义伟大旗帜 为全面建设社会主义现代化国家而团结奋斗——在中国共产党第二十次全国代表大会上的报告》,人民出版社,2022年,第22页。

③ 习近平:《高举中国特色社会主义伟大旗帜 为全面建设社会主义现代化国家而团结奋斗——在中国共产党第二十次全国代表大会上的报告》,人民出版社,2022年,第27页。

民满意的教育,坚持以人民为中心发展教育,加快建设高质量教育体系,发展素质教育,促进教育公平。习近平总书记在学校思想政治理论课教师座谈会上指出思政课要坚持价值性和知识性相统一,党带领人民在革命、建设、改革过程中锻造的革命文化和社会主义先进文化为思政课教学提供了深厚力量,更是我们引导学生树立为民服务的正确价值观的丰富宝藏。

2.在思政课中融入"人民至上":理论指导与案例示范

(1)理论指导

习近平总书记指出:"我们要站稳人民立场、把握人民愿望、尊重人民创造、集中人民智慧,形成为人民所喜爱、所认同、所拥有的理论,使之成为指导人民认识世界和改造世界的强大思想武器。"①在思政课程设计中可以从理论学习、案例教学、实践教学等方面融入"人民至上"的价值理念,以润物细无声的形式培养学生的社会责任感和历史使命感。

第一,深化理论学习。教师应在思政课教学中引导学生深入学习和理解人民至上的理论内涵。群众史观是"人民至上"理念的理论基础,因此可以教授马克思主义经典著作,使学生能够将"人民至上"理念还原到经典著作的语境中,了解马克思主义经典作家是如何对人民群众在社会历史中的地位和作用进行阐释的。

第二,历史与现实相结合。"人民至上"理念不是抽象的,而是深深植根于具体的历史和现实之中。因此,在思政课教学中,教师可以结合新民主主义革命时期、社会主义革命和建设时期、改革开放和社会主义现代化建设新时期、中国特色社会主义新时代几个历史时期和阶段中国共产党的具体实践说明"人民至上"理念的历史沿革,形成完整的历史叙事。结合具体的案例如改革开放、扶贫攻坚等,展示人民至上原则在现实中的具体应用,更能使学生感受到理论与实践相结合的魅力。

---

① 习近平:《高举中国特色社会主义伟大旗帜 为全面建设社会主义现代化国家而团结奋斗——在中国共产党第二十次全国代表大会上的报告》,人民出版社,2022年,第19页。

第三,实践和体验教学的融入。思想政治教育不应只停留在课堂上,更应该到祖国的大地上感受改革实践给人民带来的实实在在的好处。教师可以组织学生参与社区服务、志愿活动等,让学生在实践中深刻体会"人民至上"的切实体现,这种体验式教学能够进一步加深学生对这一理念的理解和认同。

(2)案例示范

①课程主题

《习近平新时代中国特色社会主义思想概论》课程"第四章 坚持以人民为中心"的"第二节 坚持人民至上"。

②课程导入

以"提问+视频"的方式进行课堂导入。教师首先针对学生关于入党问题方面的困惑进行导入,使同学们思考中国共产党是谁,"为了谁"的问题。接下来播放"下姜村改革开放以来的变化"视频(该视频讲述了20年前的下姜村脏、穷、差,如今绿、富、美,被评为联合国世界旅游组织"最佳旅游乡村",这翻天覆地的变化源于"千村示范·万村整治"工程的引领,该工程由习近平总书记2003年在浙江工作时亲自谋划、亲自部署、亲自推动),让同学们直观感受党为人民群众做的实事。

在看完视频后,教师激活学生兴趣,指出从一个村脱贫致富到千村万落区域富裕再到走向全体人民共同富裕,这是党在新时代按照坚持"人民至上"的实践要求全面贯彻落实以人民为中心的发展思想的生动体现,从而再次聚焦主题"'我是谁? 为了谁?'——坚持人民至上"。

③内容讲解

从理论上如何理解"人民至上"和实践中怎样坚持"人民至上"两方面展开讲解。

引导学生思考"怎么理解坚持人民至上",教师在经过引导学生讲解之后,指出坚持"人民至上"就是党必须始终把人民放在心中最高的位置,想人民之所想,行人民之所嘱。"人民至上"的理念发展了马克思主义"人民性""群众史观"和优秀传统文化的"敬民爱民"思想,诠释了党和人民在一起的关系,它是中国共产党百余年奋斗的宝贵历史经验,是贯穿在习近平新时代中国特色社会主义思想里的核心立场、观点、方法,是新时代党治国理政的根本价值取向。

接着,进一步讲解如何坚持人民至上。坚持人民至上要求党要时刻铭记"我是谁",更要时刻用实际行动解答"为了谁""依靠谁""谁来评价"的问题,其首要问题是"我是谁""为了谁"。

④补充材料

·具体事例

"千村示范·万村整治"工程:2003年6月,在时任浙江省委书记习近平同志的倡导和主持下,以农村生产、生活、生态的"三生"环境改善为重点,浙江在全省启动"千万工程",开启了以改善农村生态环境、提高农民生活质量为核心的村庄整治建设大行动。习近平同志亲自部署,目标是花5年时间,从全省4万个村庄中选择1万个左右的行政村进行全面整治,把其中1000个左右的中心村建成全面小康示范村。作为一项"生态工程","千万工程"既保护了"绿水青山",又带来了"金山银山",使众多村庄成为绿色生态富民家园,也形成了经济生态化、生态经济化的良性循环。村庄活力得到激发,农民收入持续增长,农民收入连续38年领跑全国省区市。纽约时间2018年9月26日上午,联合国的最高环境荣誉——"地球卫士"颁奖典礼在美国纽约联合国总部举行。浙江省"千村示范·万村整治"工程被联合国授予"地球卫士奖"中的"激励与行动奖"。

2013年农历小年,甘肃定西元古堆村格外寒冷。习近平总书记走进村民马岗家破旧低矮的土坯房,从墙根水缸里舀起一瓢水,尝了尝,苦咸水的滋味让他眉头紧锁。"党和政府会关心和帮助大家,咱们一块儿努力,把日子越过越红火。"习近平总书记对乡亲们说。饮瓢水,品百姓甘苦;摸炕被,感乡亲冷暖；掀锅盖，知人民饥饱。习近平总书记的一举一动皆是体察民情的生动体现。

·习近平总书记金句

历史是人民书写的，一切成就归功于人民。只要我们深深扎根人民、紧紧依靠人民，就可以获得无穷的力量，风雨无阻，奋勇向前。

——2017年10月25日，习近平总书记在十九届中央政治局常委同中外记者见面时的讲话

共产党是一心一意为人民谋利益的，现在不收提留、不收税、不收费、不交粮，而是给贫困群众送医送药、建房子、教技术、找致富门路，相信乡亲们更好的日子还在后头。

——2020年5月11日至12日，习近平总书记在山西考察时的讲话

新征程上，我们要始终坚持一切为了人民、一切依靠人民。一路走来，我们紧紧依靠人民交出了一份又一份载入史册的答卷。面向未来我们仍然要依靠人民创造新的历史伟业。道阻且长，行则将至。前进道路上，无论是风高浪急还是惊涛骇浪，人民永远是我们最坚实的依托、最强大的底气。我们要始终与人民风雨同舟、与人民心心相印想人民之所想，行人民之所嘱，不断把人民对美好生活的向往变为现实。

——2022年10月23日，习近平总书记在二十届中央政治局常委同中外记者见面时的讲话

·马克思主义经典语录

历史活动是群众的活动，随着历史活动的深入，必将是群众队伍的扩大。

——《神圣家族（节选）》，《马克思恩格斯文集》（第一卷），人民出版社，2009年，第287页。

过去的一切运动都是少数人的，或者为少数人谋利益的运动。无产阶级的运动是绝大多数人的，为绝大多数人谋利益的运动。

——《共产党宣言》,《马克思恩格斯选集》(第一卷),人民出版社,2012年,第411页。

⑤课程总结

针对同学入党困惑的实际问题,以第四章第二节"坚持人民至上"的"为了谁"为重点。案例内容选取党的百余年伟大成就,尤其突出新时代十年巨大成就和习近平总书记"我将无我,不负人民"的工作足迹,增加历史自信和历史自觉,进而突出重点"为了谁——人民对美好生活的向往就是党的奋斗目标"。课程以从现象到本质再到现象的思维顺序展开,即下姜村引出"千万工程"的社会实践到理论阐释(阐释理论注意了"第二个结合"的文化角度)学习、认知提升,再到用理论指导实践,深化学生感悟和理解。

为了使学生理论与实践结合起来,在实践中感受"人民至上"的生活体验,要求学生自由组队进行社会实践活动,观察我们国家发生的变化,人民的生活有没有变好,还有哪些需要提升的空间。

(二)坚持自信自立:思政课要丰富内容,讲好新时代中国故事

自信自立是我们的文化品格和精神底气,这一精神特质根源于中华民族五千多年的文明发展史,根源于中国共产党的百年光辉奋斗历程,根源于新时代中国特色社会主义的伟大实践。思政课要立足新时代中国特色社会主义生动实践,丰富课堂内容,讲好新时代中国故事。

1.把握"自信自立"的时代内涵

习近平总书记在党的二十大报告中指出:"党的百年奋斗成功道路是党领导人民独立自主探索开辟出来的,马克思主义的中国篇章是中国共产党人依靠自身力量实践出来的,贯穿其中的一个基本点就是中国的问题必须从中国基本国情出发,由中国人自己来解答。"[1]坚持自信自立,就是要根据

---

① 习近平:《高举中国特色社会主义伟大旗帜 为全面建设社会主义现代化国家而团结奋斗——在中国共产党第二十次全国代表大会上的报告》,人民出版社,2022年,第19页。

中国自己的实际情况和自身条件,确立适合自己的发展政策、策略,独立自主、自力更生,走中国特色社会主义道路,发挥社会主义制度优越性,始终把国家和民族发展放在自己力量的基点上,把中国发展进步的命运牢牢掌握在自己手中。

自信自立是马克思主义的传统底蕴。《共产党宣言》1872年德文版序言中提到,不管世界情况发生了多大的变化,"这个《宣言》中所阐述的一般原理整个说来直到现在还是完全正确的"①,彰显了真理在手的坚定自信。恩格斯提道:"工人的政党不应当成为某一个资产阶级政党的尾巴,而应当成为一个独立的政党,它有自己的目的和自己的政策"②,体现了保持独立的重要性。马克思主义创始人在坚持和发展真理的过程中,始终坚信他们事业的正义性、思想的科学性、目标的伟大性,并要求无产阶级政党始终保持思想、政策、组织等方面的独立性。

"自信"就是坚定对马克思主义的坚定信仰、对中国特色社会主义的坚定信念。习近平总书记指出:"当今世界,要说哪个政党、哪个国家、哪个民族能够自信的话,那中国共产党、中华人民共和国、中华民族是最有理由自信的。"③无论是中华民族五千多年悠久历史,抑或党的百余年奋斗成功道路,还是新时代中国特色社会主义建设取得的历史性成就、发生的历史性变革,都给了我们底气和力量坚持自信自立。

"自立"就是坚持独立自主、自力更生,把国家和民族发展放在自己力量的基点上。习近平总书记指出:"我们党在领导革命、建设、改革长期实践中,历来坚持独立自主开拓前进道路,这种独立自主的探索和实践精神,这种坚持走自己的路的坚定信心和决心,是我们党全部理论和实践的立足

---

① 《共产党宣言》,人民出版社,2018年,第2页。
② 《马克思恩格斯选集》(第三卷),人民出版社,2012年,第170页。
③ 习近平:《在庆祝中国共产党成立95周年大会上的讲话》,《求是》,2021年第8期。

点。"①一百多年来,中国共产党带领人民创造了开天辟地、改天换地、翻天覆地、惊天动地的伟大事业,实现了中华民族从站起来、富起来到迎来强起来的伟大飞跃。实践证明,我们既不走封闭僵化的老路,也不走改旗易帜的邪路,走出一条紧跟时代潮流、符合中国国情、具有民族特色的中国道路,靠的正是始终坚持自信自立。

中国特色社会主义道路自信、理论自信、制度自信、文化自信不断增强,为思政课建设提供了有力支撑。习近平总书记在学校思想政治理论课教师座谈会上强调:"我们办中国特色社会主义教育,就是要理直气壮开好思政课,用新时代中国特色社会主义思想铸魂育人,引导学生增强中国特色社会主义道路自信、理论自信、制度自信、文化自信。"②字里行间流露着建设好思政课的自信与气魄,更为我们的思政课教学提供了路径支持。

2.在思政课中融入"自信自立":理论指导与案例示范

(1)理论指导

思政课要坚持理论性和实践性相统一,立足新时代中国特色社会主义生动实践,把新时代十年的伟大变革讲清楚、讲透彻,引导学生增强中国特色社会主义道路自信、理论自信、制度自信、文化自信,把爱国情、强国志、报国行自觉融入全面建设社会主义现代化国家、全面推进中华民族伟大复兴的奋斗之中。

第一,坚持价值性和知识性相统一。思政课重在塑造学生的价值观,但不能忽视其知识性,而是要通过满足学生对知识的渴求加强价值观教育。同时,思政课教师也应该增添丰富有趣的内容,吸引学生的兴趣。比如,在讲授中国人民自信自立时,教师可以应用生动实例和历史案例,展示中华民族自强不息、奋斗不止的精神面貌,引导学生认识到个人发展与国家、民族的紧密联系,激发学生的民族自豪感和自信自立的精神。

---

① 《习近平谈治国理政》(第一卷),外文出版社,2018年,第29页。
② 《理直气壮开好思政课》,《光明日报》,2019年3月20日。

第二,坚持理论性和实践性相统一。马克思主义是在实践中形成并不断发展的,要高度重视思政课的实践性,把思政小课堂同社会大课堂结合起来。思政课教师要有宽阔的知识视野,熟悉五千多年中华文明史、五百多年世界社会主义史、中国共产党一百多年的奋斗史、中华人民共和国七十多年的发展史,从而把理论讲明白、讲透彻。同时要引导学生积极参加社会实践活动,通过分享各自的实践体会并讨论,使学生进一步增强道路自信、理论自信、制度自信、文化自信。

(2)案例示范

①课程主题

《思想道德修养与法律基础》课程"第四章 践行社会主义核心价值观"的"第一节 全体人民共同的价值追求"与"第二节 坚定价值观自信"。

②课程导入

以视频的方式导入。播放央视公益广告《猜谜语——社会主义核心价值观》,以激发学生的兴趣。该视频以谜面-谜底的方式唱出了社会主义核心价值观的内容(曲径虫鸣牡丹开——富强;岷山远游住人外——民主;一义贯成并日月——文明;百姓饭足言皆彩——和谐;眉下心头田出垄——自由;天上斗转且以待——平等;山聚眉峰思无邪——公正;大江东去润高台——法治;独守易友玉关情——爱国;令公为尊畅饮怀——敬业;城西欲语淮阴侯——诚信;喜上羊羊取发钗——友善)。视频播放后,可以询问是否有学生知道谜底,从而引出本节的主题——社会主义核心价值观。

③内容讲解

依据"社会主义核心价值观是什么""大力弘扬社会主义核心价值观是为什么""坚定社会主义核心价值观自信靠什么"的逻辑讲述其基本内容、重要意义和自信的理由。

第一,从内涵、发展历程与社会主义核心价值体系的关系三个部分讲授"社会主义核心价值观的基本内容"。运用案例分析、对比分析等方法,遵循价值、价值观、核心价值观、社会主义核心价值观的逻辑顺序理解社会主义核心价值观的内涵和外延。通过多国核心价值观的分析(中国:富强、民主、文明、和谐,自由、平等、公正、法治,爱国、敬业、诚信、友善;美国:公正、自由、平等;新加坡:国家至上、社会为先、家庭为根、社会为本),结合《人民日报》评论美国持枪自由等使学生明确社会主义核心价值观与资本主义社会提出的"自由""平等""公正""法治"等内容的区别,深化对社会主义核心价值观内涵的理解。通过社会主义核心价值观发展时间轴线,解读社会主义核心价值观发展历程,阐述社会主义核心价值观与社会主义核心价值体系的关系,与党史、改革开放史相交融。

第二,从"坚持和发展中国特色社会主义的价值遵循""提高国家文化软实力的迫切要求""增进社会团结和谐的最大公约数"三个方面阐述"社会主义核心价值观的重要意义"。首先,通过"五位一体"总体布局,结合习近平绿色发展理念分析社会主义核心价值观的价值引领作用。其次,解读"软实力"概念。通过《人民日报》评网红博主李子柒引导学生理解文化自信就是对核心价值观的自信,其影响力和感召力对国家软实力提升有重要作用。最后,通过脱贫攻坚相关数据(全国累计选派25.5万个驻村工作队、三百多名第一书记和驻村干部,同近二百万名乡镇干部和数百万村干部一道奋战在扶贫一线),展现社会主义核心价值观形成"最大公约数",画出"最大同心圆"的力量。既融入习近平新时代中国特色社会主义思想,体现习近平总书记重要讲话和文章精神,又鲜活形象且有力量。

第三,从"历史底蕴""现实基础""道义力量"三个维度阐述"社会主义核心价值观自信的理由",启发学生领悟"坚定价值观自信靠什么"。首先,通过播放视频"习近平与特朗普游览故宫的对话"阐述社会主义核心价值观根植于中华优秀传统文化。通过东北抗联精神分析,阐释中国共产党人精神谱系,体现社会主义核心价值观继承、弘扬革命文化,引导学生从大历史观的视角体会其历史底蕴。其次,通过近代以来中国发展道路的探索历程和改革开放以来中国的发展成就阐释社会主义核心价值观的现实基础,历史与现实相结合,使学生理解并信服社会主义核心价值观的正确性。最后,以《觉醒年代》中"南陈北李"相约建党的名场面引入对社会主义核心价值观道义的分析。通过莫尔、马克思、陈望道等人物案例,结合"效率与公平"历史演变的三个阶段及反映三个阶段特点的《渴望》《外来妹》《山海情》等经典影视作品分析其先进性;通过中国式撤侨体现其人民性;通过课堂互动谈谈家乡的新变化,结合案例分析和中西对比等论证其真实性,与社会主义发展史、改革开放史相交融,以史为鉴,展现社会主义核心价值观的道义力量。

④补充材料

·具体事例

中华人民共和国成立伊始,我们曾依靠苏联帮助研发原子弹等国防尖端科学技术,然而国际形势波谲云诡,苏联突然宣布撤走专家,但我们用1964年10月16日来自新疆罗布泊的一声巨响,向全世界证明了中国人民独立自主坚定走自己的路的信心和决心。中国之事,归根结底要中国人民自己来办;中国之路,说一千道一万,是中国人民自己走出来的路。

俄国十月革命一声炮响,给中国送来了马克思列宁主义,送来了救国救民的真理。但由于党尚处幼年时期,党内一度盛行将马克思主义教条化,使革命陷入危机。遵义会议结束了"左"倾教条主义、冒险主义在党中央的统治地位,确立了毛泽东在党中央和红军中的领导地位,开启了中国共产党独立自主解决中国革命实际问题的新阶段。遵义会议后,中国共产党沿着"农村包围城市、武装夺取政权"的正确道路相继赢得了抗日战争和解放战争的胜利,建立了新中国,这些成就的立足点在于党始终坚持独立自主。

·习近平总书记金句

走自己的路,是党的全部理论和实践立足点,更是党百年奋斗得出的历史结论。

——2021年7月1日,习近平总书记在庆祝中国共产党成立100周年大

会上的讲话

中国共产党为什么能,中国特色社会主义为什么好,归根到底是马克思主义行,是中国化时代化的马克思主义行。

——2022年10月16日,习近平总书记在中国共产党第二十次全国代表大会上的报告

中国必须独立,中国必须解放,中国的事情必须由中国人民自己作主张,自己来处理,不容许任何帝国主义国家再有一丝一毫的干涉。

——1949年6月15日,毛泽东在新政治协商会议筹备会上的讲话

·马克思主义经典语录

无产阶级能够而且必须自己解放自己。

——《神圣家族(节选)》,《马克思恩格斯文集》(第一卷),人民出版社,2009年,第262页。

⑤课程总结

为了了解教学目标完成情况,通过问题讨论"社会主义核心价值观这样好,为什么在其引领下还存在贫富差距、贪污腐败现象",回应学生关注点。基于学生反馈,引用《觉醒年代》中陈延年、陈乔年走向刑场的画面,启发学生思考社会主义核心价值观作为一种价值追求,需要不懈的努力和奋斗才能实现,青年学生使命在肩。

结合板书梳理授课内容和思路脉络,并总结升华,引导学生知行合一,最后布置课后思考题"如何认识西方的'普世价值'"和课后时间调研"大学生对中西方文化的了解和看法",实现课下不断线,课上课下一线连,并从理论认知落脚到回应现实。

(三)坚持守正创新:思政课要创新形式,改革教学思维和方法

1.把握"守正创新"的时代内涵

习近平总书记在党的二十大报告中提出,"守正才能不迷失方向、不犯

颠覆性错误,创新才能把握时代、引领时代"①,"守正创新"意为"守住正道,勇于创新",这个概念通常用于描述在坚守传统价值和原则的基础上,积极寻求新的思想、方法和技术,以适应时代的发展和满足新的需求。它强调的是在保持稳定和延续性的同时,也要有勇气和智慧去探索未知、尝试新事物。

马克思指出:"人们自己创造自己的历史,但是他们不是随心所欲地创造,并不是在他们自己选定的条件下创造,而是在直接碰到的、既定的、从过去继承下来的条件下创造。"②"守正创新"不仅是中国共产党进行理论创新的鲜明品格,也是新征程全面建成社会主义现代化强国的时代命题,这就要求我们深刻把握"守正"与"创新"的辩证统一关系,才能将"守正创新"这"六个必须坚持"之一融入思政课教学研究,从而实现高校思想政治工作"守正创新"发展的目标。

"守正"是不忘本来,坚守初心。"守正"是根基,要坚守正道,把握事物的本质、遵循客观规律、学习历史经验。习近平总书记强调:"我国有独特的历史、独特的文化、独特的国情,决定了我国必须走自己的高等教育发展道路,扎实办好中国特色社会主义高校。"③因此,所谓守正,第一就是要坚持中国立场,坚持和发展马克思主义的指导地位,坚持中国特色社会主义道路、理论、制度、文化,确保党和国家事业沿着正确方向前进。这意味着在任何时候都不能偏离社会主义的基本原则和目标,要坚持人民主体地位,保证社会主义基本制度不动摇。

习近平总书记在党的二十大报告中强调:"我们要以科学的态度对待科学、以真理的精神追求真理,坚持马克思主义基本原理不动摇,坚持党的全

---

① 习近平:《高举中国特色社会主义伟大旗帜 为全面建设社会主义现代化国家而团结奋斗——在中国共产党第二十次全国代表大会上的报告》,人民出版社,2022年,第20页。

② 《马克思恩格斯选集》(第一卷),人民出版社,2012年,第669页。

③ 习近平:《把思想政治工作贯穿教育教学全过程 开创我国高等教育事业发展新局面》,《光明日报》,2016年12月9日。

面领导不动摇,坚持中国特色社会主义不动摇。"①"全面建设社会主义现代化国家,是一项伟大而艰巨的事业,前途光明,任重道远。……我们必须增强忧患意识,坚持底线思维,做到居安思危、未雨绸缪,准备经受风高浪急甚至惊涛骇浪的重大考验。前进道路上,必须牢牢把握以下重大原则:坚持和加强党的全面领导,坚持中国特色社会主义道路,坚持以人民为中心的发展思想,坚持深化改革开放,坚持发扬斗争精神。"②同时指出教育一定要坚持马克思主义的政治立场,这一理论实现路径是:坚持党的领导,突出思想政治教育工作,突出社会主义核心价值体系,在推动马克思主义中国化时代化的过程中,推动中国的教育事业创造崭新的蓝图,在全国高校思想政治工作会议上指出了高等教育发展的"四个服务"发展方向、办好中国特色社会主义高校的"四个坚持不懈"、强调教育者应引导受教育者做到"四个正确认识"。

第二是要继承中华优秀传统文化,推动其创造性转化、创新性发展。诸子百家以儒、道、墨家、理学家、实学家等为代表的教育学派为一脉相承,是中国传统教育学的奠基之本,恰是百年悠久的教育思想在中国古代教育思想菁华膏壤中孕育而生、历久弥新。作为静水深流的中华优秀传统文化一部分的百年教育思想在新时代日新月异下被赋予了新的内涵,让新时代下教育事业光辉日新,波澜壮阔,为这些"现成的教材"提供了革故鼎新的肥沃土壤,为创造性的转化奠定了扎实的基础。

"创新"是面向未来,与时俱进。"创新"是源泉,恩格斯指出:"每一个时代的理论思维,包括我们这个时代的理论思维,都是一种历史的产物,它在不同的时代具有完全不同的形式,同时具有完全不同的内容"③,思政课教学

---

① 习近平:《高举中国特色社会主义伟大旗帜 为全面建设社会主义现代化国家而团结奋斗——在中国共产党第二十次全国代表大会上的报告》,人民出版社,2022年,第20页。
② 习近平:《高举中国特色社会主义伟大旗帜 为全面建设社会主义现代化国家而团结奋斗——在中国共产党第二十次全国代表大会上的报告》,人民出版社,2022年,第26~27页。
③ 《马克思恩格斯选集》(第三卷),人民出版社,2012年,第873页。

不是"无中生有",而是要在历史经验基础上超越历史经验。党的二十大以中国式现代化全面推进中华民族伟大复兴为党的中心任务,党的十九届五中全会首次提出2035年建成教育强国目标,建设一条具有中国特色的现代化之路,要想实现这一目标与教育现代化,离不开创新发展。习近平总书记强调创新必须"紧跟时代步伐,顺应实践发展,以满腔热忱对待一切新生事物,不断拓展认识的广度和深度,敢于说前人没有说过的新话,敢于干前人没有干过的事情,以新的理论指导新的实践"①。习近平总书记在全国高校思想政治工作会议上提出了高校做好思想政治工作"三因三循一提高"创新工作思路,提出了"因事而化、因时而进、因势而新"推动高校思想政治工作创新发展的思路方法。同时,习近平总书记强调:"要运用新媒体新技术使工作活起来,推动思想政治工作传统优势同信息技术高度融合,增强时代感和吸引力。"②

2.在思政课中融入"守正创新":理论指导与案例示范

(1)理论指导

第一,高校必须坚持马克思主义指导地位不动摇,新征程继续用马克思主义及其中国化时代化的科学理论为当代大学生奠定科学思想基础和理论基础,要以习近平新时代中国特色社会主义思想这一马克思主义中国化时代化的最新理论成果武装高校师生。第二,高校在思政课教学中必须牢牢坚持党的全面领导。高校要全面贯彻落实党的教育方针,坚定中国立场,在新征程中坚持和发展中国特色社会主义高等教育事业,根植中国大地办好高等教育。高校要以思想政治工作为主线,使中国共产党的领导这一中国特色社会主义最本质的特征在思政课的教学传播工作中充分体现并贯彻落

①　习近平:《高举中国特色社会主义伟大旗帜　为全面建设社会主义现代化国家而团结奋斗——在中国共产党第二十次全国代表大会上的报告》,人民出版社,2022年,第20页。
②　习近平:《把思想政治工作贯穿教育教学全过程　开创我国高等教育事业发展新局面》,《光明日报》,2016年12月9日。

实。第三,思政课教学要正确认识和科学把握基本规律。一方面要遵循我
国教育发展的基本规律,做到习近平总书记在全国教育大会上强调的"九个
坚持";另一方面,要遵循高校思想政治工作的基本规律,做到习近平总书记
在全国高校思想政治工作会议上强调的"三因三循一提高",立足当前高校
自身现实发展,坚持问题导向,通过"抓重点、找痛点",不断完善和改进思想
政治工作体系,紧抓思想政治工作专门力量建设,助力思政课教学工作发挥
更大作用。第四,思政课教学要深入学习党的历史经验,以百年大党的历史
经验为"守正之基",正本清源,促进高校和谐稳定发展。

（2）案例示范

①课程主题

《毛泽东思想和中国特色社会主义理论体系概论》课程第十章第一节
"贯彻新发展理念——创新发展"

②课程导入

课上播放新闻联播中习近平总书记向首届北斗规模应用国际峰会致贺
信的片段,激活同学们的兴趣,老师询问学生"北斗系统成功的背后靠的是
什么",紧接着导入成功的背后离不开我们的政党、我们的人民在改革开放
四十多年以来善于创新、勇于创新、敢于创新的精神与举措,聚焦创新发展
的主题。

③内容讲解

设计问题,老师提问"为什么已经有了熟悉的GPS现成的导航系统,我
们还要自主开发北斗系统",调动同学们踊跃回答。老师阐释定位导航在军
事,民用如电网、金融等行业的重要性,例如我国目前重要行业都受到"卡脖
子"现象,亟须关键技术的创新突破现状,回应"为什么要创新发展"这一难
题,点明新发展理念提出的背景。同时,可带领同学们学习《习近平新时代
中国特色社会主义思想学习问答》书中习近平总书记的重要论断——"自主创
新是我们攀登世界科技高峰的必由之路,实现科技自立自强就不能在关键

核心技术领域受制于人"①。

设计问题,老师提问"北斗系统成功的背后靠的是什么",学生回答,老师点评学生发言,可穿插播放幻灯片中北斗工程总设计师杨长凤的话,"北斗是'五千万工程',调动了千军万马,经历了千难万险,付出了千辛万苦,要走进千家万户,将造福千秋万代",北斗成功的中国答案是"建立健全关键核心技术攻关的新型举国体制,是实施创新驱动发展战略的必然要求",引导出教材知识点。

④补充材料

·具体事例

中国在探索火星方面取得了显著成就,主要包括天问一号任务的成功实施、祝融号火星车的科学探索。标志着中国首次成功实现了通过一次任务完成火星环绕、着陆和巡视三大目标,这是中国航天事业自主创新、跨越发展的标志性成就。

祝融号火星车的科学探索。祝融号在火星表面进行了长达一年的巡视探测,行驶总距离超过1900米,通过对火星表面地质特征和岩石的研究,提供了关于火星风沙与水活动对地质演化和环境变化影响的重要信息。

·习近平总书记金句

坚持创新在我国现代化建设全局中的核心地位,把科技自立自强作为国家发展的战略支撑。

——2020年10月26日至29日,习近平总书记在中国共产党第十九届中央委员会第五次全体会议的讲话

守正才能不迷失方向、不犯颠覆性错误,创新才能把握时代、引领时代。

紧跟时代步伐,顺应实践发展,以满腔热忱对待一切新生事物,不断拓展认识的广度和深度,敢于说前人没有说过的新话,敢于干前人没有干过的

---

① 中共中央宣传部编:《习近平新时代中国特色社会主义思想学习纲要》,学习出版社、人民出版社,2019年,第255页。

事情,以新的理论指导新的实践。

——2022年10月16日,习近平总书记在中国共产党第二十次全国代表大会上的报告

·马克思主义经典语录

人们自己创造自己的历史,但是他们不是随心所欲地创造,并不是在他们自己选定的条件下创造,而是在直接碰到的、既定的、从过去继承下来的条件下创造。

——《马克思恩格斯选集》(第一卷),人民出版社,2012年,第669页。

⑤课程总结

2021年9月29日党中央批准了中央宣传部梳理的第一批纳入中国共产党人精神谱系的伟大精神,其中包含"新时代北斗精神",其基本内涵就是自主创新、开放融合、万众一心、追求卓越。其中自主创新强调核心技术必须自力更生;开放融合强调在中国共产党领导下贡献中国智慧;万众一心是指必须发挥社会主义制度的优越性,集中一切力量攻坚克难;追求卓越表明科学研究要具备国际视野,精益求精。新发展理念亦是如此强调创新,全面贯彻落实新发展理念,必将深刻改变和重塑我国发展格局,奋力谱写全面建成社会主义现代化强国的壮丽篇章。

(四)坚持问题导向:思政课要有的放矢,提升针对性与现实性

1.把握问题导向的时代内涵

习近平总书记深刻地指出:"每个时代总有属于它自己的问题,只要科学地认识、准确地把握、正确地解决这些问题,就能够把我们的社会不断推向前进。"①进入新时代,我国面临着更严峻的国内外环境,习近平总书记始终强调中国特色社会主义实践和理论创新中的问题导向,"要有强烈的问题

---

① 中共中央宣传部编:《习近平新时代中国特色社会主义思想学习纲要》,学习出版社、人民出版社,2023年,第300页。

意识,以重大问题为导向,抓住关键问题进一步研究思考,着力推动解决我国发展面临的一系列突出矛盾和问题。我们中国共产党人干革命、搞建设、抓改革,从来都是为了解决中国的现实问题"①。回望中国共产党创立、新中国成立、改革开放的重要节点,中国特色社会主义事业的每一个胜利,都是中国共产党始终坚持问题导向,及时发现和正确分析问题的结果。

把握问题导向首先要把握问题,问题的存在不仅是作为思维与行为的逻辑起点,更是时代的声音,如何回答问题并解决问题是理论的根本任务。马克思指出:"问题就是公开的、无畏的、左右一切个人的时代声音。问题就是时代的口号,是它表现自己精神状态的最实际的呼声。"②每个时代都有每个时代专属的问题,而人类认识世界、改造世界的过程,就是一个发现问题并解决问题的过程。坚持问题导向就是以解决问题为最终结果导向,本质上是指学习、应用和发展理论必须联系实际中的具体问题,正确分析问题,具体问题具体分析。列宁强调了"训练、培养和教育要是只限于学校以内,而与沸腾的实际生活脱离,那我们是不会信赖的"③。毛泽东也认为马克思主义的理论精通的目的在于应用并强调"如果你能应用马克思列宁主义的观点,说明一个两个实际问题,那就要受到称赞,就算有了几分成绩。被你说明的东西越多,越普遍,越深刻,你的成绩就越大"④。

2.在思政课中融入"问题导向":理论指导与案例示范

(1)理论指导

习近平总书记指出:"我们坚持以马克思主义为指导,是要运用其科学的世界观和方法论解决中国的问题,而不是要背诵和重复其结论和词句,更

①　《习近平谈治国理政》(第一卷),外文出版社,2018年,第74页。
②　《马克思恩格斯全集》(第四十卷),人民出版社,1982年,第289~290页。
③　《列宁选集》(第四卷),人民出版社,2012年,第292页。
④　《毛泽东选集》(第三卷),人民出版社,1991年,第815页。

不能把马克思主义当成一成不变的教条。"①思政课教学坚持问题导向就是要以问题为抓手,以发现问题、分析问题与解决问题为导向,用问题驱动教学,但是问题要联系实际,引导大学生将书本、课堂所学到的间接理论知识运用到现实生活中。

第一,思政课要解答学生成长成才的紧迫问题,教师针对课程核心内容所设计的问题要紧贴学生的需求,做到"有情有义""有己有人",关注学生成长过程中的实际生活,引导并培养学生发现问题、分析问题、解决问题的自主能力。第二,回应大学生关切的热点问题。大学生感兴趣的热点问题多集中于社会焦点、社会兴奋点与社会的痛点。列宁在《论策略书》中指出:"现在必须弄清一个不容置辩的真理,这就是马克思主义者必须考虑生动的实际生活,必须考虑现实的确切事实,而不应当抱住昨天的理论不放,因为这种理论和任何理论一样,至多只能指出基本的、一般的东西,只能大体上概括实际生活中的复杂情况。"②这就要求教师考虑现实生活存在的问题,从中发掘热点问题与学理知识的连接点,发现真问题、好问题,在解答问题的过程中学到真知识、硬本领。习近平总书记对此强调:"要坚持问题导向,学生关注的、有疑惑的问题其实也就几大类,要把这些问题掰开了、揉碎了,深入研究解答,把事实和道理一条条讲清楚。实际上,有时候不一定讲得那么高大全,从一个问题切入,把一个问题讲深,最后触类旁通,可以带动很多关联问题,有可能是一通百通,提纲挈领。"③

(2)案例示范

①课程主题

《马克思主义基本原理》绪论

---

① 习近平:《高举中国特色社会主义伟大旗帜　为全面建设社会主义现代化国家而团结奋斗——在中国共产党第二十次全国代表大会上的报告》,人民出版社,2022年,第17页。

② 《列宁专题文集·论马克思主义》,人民出版社,2009年,第169页。

③ 习近平:《思政课是落实立德树人根本任务的关键课程》,人民出版社,2020年,第20页。

②课程导入

上课前进行教学互动,请同学们谈谈对马克思及马克思主义的了解程度,怎样评价马克思,是否读过马克思的经典著作以及马克思主义对我国的发展具有怎样的影响等,并给学生观看《千年人物马克思》纪录片片段,让学生了解马克思的生平经历,感受历史伟人的精彩。

③内容讲解

课程主要是通过"为什么要学习马克思主义""什么是马克思主义""怎样学习和应用马克思主义"三个小问题贯穿课题,推动问题的深度拓展及对问题本质的理解,有效启发和引导学生积极主动投入更深层次的理论学习和思考中去。

教师提问"我们为什么学习产生于一百多年前的马克思主义",指引学生思考表征背后隐含着的"马克思主义的价值"问题,教师带领学生阅读恩格斯《在马克思墓前的讲话》,"一生中能够这样两个发现,该是很够了。即使只能做出一个这样的发现,也已经是很幸福的了。但是马克思在他所研究的每一个领域,甚至在数学领域,都有独到的发现。这样的领域是很多的,而且其中任何一个领域他都不是浅尝辄止"[1]。恩格斯以无比沉痛的心情向世界宣告:当代最伟大的思想家停止思想了,这对于欧美战斗的无产阶级、对于历史科学都是不可估量的损失。[2]

通过展现不同人物例如莫塞尔·赫斯、周国平、L.J.宾克莱等对马克思的评价,让学生产生马克思主义为什么具有这样大的影响力的问题意识,引导学生主动投入更深层次的思考中,教师再从狭义与广义视角解读"什么是马克思主义""怎样学习和应用马克思主义"的专业知识。

④补充材料

我坚信,世界上赞成马克思主义的人会多起来,因为马克思主义是科

---

[1] 《马克思恩格斯选集》(第三卷),人民出版社,2012年,第1003页。
[2] 《马克思恩格斯选集》(第三卷),人民出版社,2012年,第1002页。

学。它运用历史唯物主义揭示了人类社会发展的规律。

——1992年,邓小平同志的南方谈话

马克思是全世界无产阶级和劳动人民的革命导师,是马克思主义的主要创始人,是马克思主义政党的缔造者和国际共产主义的开创者,是近代以来最伟大的思想家。

——2018年5月4日,习近平总书记在纪念马克思诞辰200周年大会上的讲话

马克思主义极大推进了人类文明进程,至今依然是具有重大国际影响的思想体系和话语体系,马克思至今依然被公认为"千年第一思想家"。

——2018年5月4日,习近平总书记在纪念马克思诞辰200周年大会上的讲话

马克思的一生,是胸怀崇高理想、为人类解放不懈奋斗的一生;马克思的一生,是不畏艰难险阻、为追求真理而勇攀思想高峰的一生;马克思的一生,是为推翻旧世界、建立新世界而不息战斗的一生。

——2018年5月4日,习近平总书记在纪念马克思诞辰200周年大会上的讲话

⑤课程总结

马克思主义是活的行动指南,而不是死的理论教条,这是马克思和恩格斯本人以及毛泽东、邓小平、江泽民、胡锦涛、习近平等马克思主义者反复强调的观点,以警示无产阶级革命者、社会主义建设者不要陷入本本主义、教条主义的泥沼。马克思主义基本原理是科学,但是这种科学必须结合实际才能产生正确的战略与策略,从而有效地指导无产阶级革命和社会主义建设。马克思主义基本原理之所以是真理,是因为它提供了探寻真理的方法、开辟了实践真理的道路,但是它没有穷尽真理,更不会禁锢真理发展。这就要求中国共产党人在不同的历史条件下,要以马克思主义为指导,结合中国实际,不断推动马克思主义中国化。

以习近平总书记在庆祝中国共产党成立100周年大会上的讲话中提到"中国共产党为什么能,中国特色社会主义为什么好,归根到底是马克思主义行"①为结尾。教师设置课后讨论与思考题,一是思考"马克思主义为什么行",二是结合当前的现实问题,谈谈我们为什么要坚持以马克思主义为指导。

(五)坚持系统观念:加强"大思政课"建设,推动大中小学思政教育一体化

坚持系统观念不仅是习近平新时代中国特色社会主义思想的重要方法论之一,也是贯穿新时代思想政治理论课建设的"具有基础性的思想和工作方法"②,在新时代办好思政课,就要运用系统思维方法,加强"大思政课"建设,推动大中小学思政课一体化,提升思政课传播效果,深化思政课影响力。

1.把握"系统观念"的时代内涵

党的二十大报告强调,要坚持系统观念。"不断提高战略思维、历史思维、辩证思维、系统思维、创新思维、法治思维、底线思维能力,为前瞻性思考、全局性谋划、整体性推进党和国家各项事业提供科学思想方法。"③系统观念,是一种对事物的整体性以及事物内部各组成部分相互联系、相互影响的认识和把握的思想方法。坚持系统观念,提高系统思维能力,不仅有利于优化事物内部结构,提高党和国家各项事业发展的效率和质量。而且对于新时代思想政治教育事业的发展也具有重要的推动作用。

在系统哲学产生以前,马克思、恩格斯的著作中就有许多关于系统思想的阐述。马克思侧重于论述人类社会的系统现象,恩格斯则侧重于讲自然

①　习近平:《在庆祝中国共产党成立100周年大会上的讲话》,人民出版社,2021年,第13页。

②　《习近平谈治国理政》(第四卷),外文出版社,2022年,第117页。

③　习近平:《高举中国特色社会主义伟大旗帜　为全面建设社会主义现代化国家而团结奋斗——在中国共产党第二十次全国代表大会上的报告》,人民出版社,2022年,第21页。

界的系统现象。马思克、恩格斯在其著作中广泛而大量地使用了"系统"概念，主要包括"天体系统""自然系统""机器系统""生产系统""交往系统"等。这些词组表明马思克、恩格斯是把系统视为一个反映事物整体性存在的哲学范畴，并将其广泛应用于自然界、人类社会和思维现象的研究之中。更进一步说，马思克、恩格斯对系统的研究是与唯物辩证法联系与发展的观点不可分割的，正如恩格斯所指出的："关于自然界所有过程都处在一种系统联系中的认识，推动科学到处从个别部分和整体上去证明这种系统联系。"①此外，马克思和恩格斯还深刻揭示了系统的整体性、结构性、层次性、开放性等基本特征。马克思认为："人的本质不是单个人所固有的抽象物，在其现实性上，它是一切社会关系的总和。"②在人类社会的系统中人的本质表现为社会关系的总和，社会与人是系统与要素的关系，推动社会历史发展的根本力量在于人，这奠定了唯物史观的基础，与历史唯心主义产生了根本分野。马克思、恩格斯不是简单地把自然界和人类社会看作一个系统，更把其看作一个动态开放的系统，系统的开放性强调的是系统与外界环境的相互联系和相互作用。开放性让系统与外界环境始终保持物质、能量、信息的交换和传递，让系统保持活力和生机，反之，系统就会陷入停滞甚至僵死的状态。因此，我们运用系统观念指导党和国家各项事业发展时不仅要从整体上把握事物的发展态势，注重内部结构和功能的优化，而且要坚持开放性，从动态中整体地把握事物的发展方向，推动事物的发展。

在新时代思想政治理论教育事业发展上，习近平总书记运用系统思维方法，提出"大思政课""推进大中小学思想政治教育一体化建设"等重要指示，为全面落实立德树人根本任务，着力培养担当民族复兴大任的时代新人提供了战略指引。"大思政课"是一种超越传统思政课的全新思政课新形态，突出理论与实践相结合的价值导向，注重思政"小课堂"与社会"大课堂"相

① 《马克思恩格斯选集》（第三卷），人民出版社，2012年，第412页。
② 《马克思恩格斯文集》（第一卷），人民出版社，2009年，第501页。

融合的现实观照。传统的思政课教学局限于学校的课堂，只是教师对学生单方面的输出，缺少学生的反馈，一定程度上忽视了学生的主体作用，不可避免具有"大水漫灌"的局限性，思政课教育效果差。"大思政课"将课堂延伸至家庭、社会，联合了学校、家庭、社会等各方主体的力量，有利于形成教学合力，加强思政课影响力和传播力，让思想政治教育弥漫在社会的每一个角落，潜移默化地影响青少年，帮助学生们扣好人生的第一粒扣子。"大思政课"把握了系统的开放性特点，关注了社会环境对思政课教学的影响，正确处理了思政课系统内部要素与外部环境的关系，是运用系统观念的智慧结晶。"推进大中小学思想政治教育一体化建设"也是运用系统思维方法的重要体现。针对大中小学不同年龄段学生的身心发展特点，打造不同侧重点的思想政治理论课程，具体表现为小学阶段强调启蒙道德情感，初中阶段注重思想基础打牢，高中阶段侧重政治素养提升，大学阶段强调使命担当。同时加强各学段的信息共享，以便了解前一学段的思政教育情况和学生思想状况，为本学段的思政教育提供坚实基础，从而构建大中小学纵向衔接、横向贯通、螺旋上升的思政课体系，最大限度地提升思政课影响力传播力。

2.在思政课中融入"系统观念"：理论指导与案例示范

（1）理论指导

推进大中小学思政课一体化建设是运用系统思维方法的重要体现，也是推进新时代思想政治教育事业发展的重要方向。思想政治教育是一项复杂的系统工程，需要在推进育人目标、育人内容、育人方式、育人队伍几个方面下功夫。

第一，聚焦培养担当民族复兴大任的时代新人。教育目标是教育的起点，回答的是为什么要进行思想政治教育的问题，所以开展思政课教育首先要明确教育目标。党领导下的教育必须坚持社会主义办学方向，把人才培养的目标同我国发展的现实目标和未来方向紧密联系起来。首先，思政育人的目标是培养爱党、爱国、爱社会主义的思想观念，让人们明白集体利益大于个人利益,自觉把个人发展与祖国需要结合起来。因此,思政教育要坚持马克思主义在意识形态领域的指导地位,坚持社会主义的办学方向,坚持中国共产党的领导。其次,思政育人的目标是培养正确的历史观和民族观,让人们在了解国家和民族的历史传统和文化的基础上推陈出新,不断创造出符合时代要求的文化精品。因此,思想政治教育要坚持马克思主义辩证唯物主义与历史唯物主义的方法观点,把握本国历史文化的发展规律以及人类社会发展的规律。再次,思政育人的目标是提升个人的思想道德素质,形成正确的世界观、人生观、价值观。因此,思政课教育要坚持理论与实践相结合,不仅要加强理论教育宣传,更要与社会实践相结合,让学生在实践活动中体会和深化思想认识。最后,中国特色社会主义进入新时代,新的历史方位赋予思想政治教育新的时代内涵,这要求思政教育的目标是培养担当实现中华民族伟大复兴重任的时代新人,全部思想政治教育活动都要聚焦到这一根本的教育目标上。

第二,以党的创新理论铸魂育人。教育内容是教育活动的主要载体,回答的是用什么来教育的问题,因此思政教育要把握教育内容。思想政治教育包括思想教育、政治教育和道德教育,担负着党的思想建设与群众性思想教育的职责。以高校思政课为例,大学生思政课教材主要包括《马克思主义基本原理》《毛泽东思想和中国特色社会主义理论体系概论》《中国近代史纲要》《思想道德与法治》等。马克思主义是立党立国的根本指导思想,所以理应成为思想政治教育的主要内容。《马克思主义基本原理》为学生认识世界和改造世界提供了根本的世界观和方法论的指导。《中国近代史纲要》展现近代中国历史,提供基本的史实支撑,回答中国为什么选择了社会主义,为什么选择了中国共产党等一系列问题,有助于学生形成正确的历史观和民族观;《毛泽东思想和中国特色社会主义理论体系概论》讲述的是马克思主义中国化的历史过程和理论成果,是学生思政课学习的重要内容;《思想道德与法治》让学生明确思想道德与法律的区别和联系,以及提升学生的思想道德素养和法律素养。其中,在思政课教学过程中要坚持以党的创新理论铸魂育人。习近平新时代中国特色社会主义思想,是当代中国的马克思主义,是21世纪的马克思主义,是中华文化和中国精神的时代精华,实现了马克思主义中国化时代化新的飞跃。习近平新时代中国特色社会主义思想不仅是马克思主义中国化的最新理论成果,也是思政课教学的宝贵精神财富和理论指导。

第三,形成纵向衔接横向贯通的思政教育格局。用什么方式进行思想政治理论教育,如何提升思政课教育教学质量是当代思政教师都应该思考的问题。作为青年教师应响应习近平总书记关于"大思政课"的号召,勇于超越传统的思政课堂,把思政课教育拓展到社会生活的每个角落,让学生真正将所受到的思政教育铭记于心、落实于行。推动大中小学思政课一体化,形成纵向衔接横向贯通的思政教育格局。横向是指课内与课外、校内与校外、家庭与社会各教育空间的拓展,涉及教师与学生、学生与家长等各方主体,纵向是指小学、初中、高中、大学及以上各教育阶段的衔接。把握好思想政治教育这一系统工程的内部各要素,优化系统内部结构与功能,形成教育改革合力,找到能提升思政课教育效果和效率的方法路径,朝着实现教育现代化和建设教育强国的方向努力。

第四,打造具有教育家精神的高素质教师队伍。思想政治理论课的主体在于人,上好一堂思政课不仅要发挥学生的主体作用,更要发挥教师的主导作用。教师是人类灵魂的工程师,教师的工作不仅仅是传授知识,更重要的是塑造灵魂、生命和人。思政课教师在学生世界观人生观价值观形成的过程中起着启蒙和引导的作用,培养担当民族复兴大任的时代新人离不开一批又一批高素质思政课教师队伍。思政课教师要学习教育家精神的内涵,并努力在行动上践行教育精神。教育家精神是心有大我、至诚报国的理想信念;言为士则、行为世范的道德情操;启智润心、因材施教的育人智慧;勤学笃行、求是创新的躬耕态度;乐教爱生、甘于奉献的仁爱之心;胸怀天下、以文化人的弘道追求。思政课教师要培养教育家精神,以培养担当民族复兴大任的时代新人为使命,响应党的办学方针和政策,上好每一堂思政课。拥有高尚的道德情操,以身作则,乐于奉献,用自己的言行去感染和影响学生。帮助学生提升科学文化素质的同时,提升学生的思想道德素质,加强理想信念教育。因材施教,创新教学方式方法,让学生成长为有理想、有本领、有担当、肯奋斗的新时代好青年。

总之,育人目标、育人内容、育人方式、育人队伍都属于思想政治教育系统工程的要素,要处理好各要素之间的关系,其中育人目标与其他三者是目的与过程的关系。育人目标回答的是为什么要开展教育活动的问题;育人内容回答的是教育什么,用什么来教育的问题;育人方式回答的是如何创新教育教学方式,提升思政课传播效果;育人队伍回答的是谁来开展教育活动。各要素之间是过程与目标的关系,育人内容、育人方式、育人队伍都以育人目标为中心,现阶段所有的思政课教育体系都是为了实现培养担当民族复兴大任的时代新人这一目标。

(2)案例示范

①课程主题

《马克思主义基本原理》课程"第一章 世界的物质性及发展规律"的"第三节 唯物辩证法是认识世界和改造世界的根本方法"提出了六种思维能力,其一就是系统思维能力。

②课程导入

教师以"提问+展示图片"的方式导入。

教师在多媒体上展示了一幅社区退休老人下象棋的图片。向学生提问:是否有下象棋的经历,在下象棋的时候需要注意什么,有没有下象棋的秘诀可以分享一下。引导学生思考,下象棋是一项需要系统思维观念,需要有全局观念和前瞻眼光的活动,因为棋局往往牵一发而动全身。从而引到教学主题上来,请同学们结合教材找出系统、系统观念、系统思维观念的定义。

③内容讲解

了解到什么是系统思维能力以后,后续的课程围绕为什么要运用系统思维能力和在实际生活中如何运用系统思维能力两个问题来展开。

首先是坚持系统观念,运用系统思维能力的必要性和重要性。从理论逻辑来看,坚持系统观念是对马克思主义世界观方法论的继承和发展;从历史逻辑来看,坚持系统观念体现了中国共产党治国理政的思想智慧;从实践逻辑来看,坚持系统观念反映了新时代中国共产党治国理政的需要。习近平总书记指出:"系统观念是具有基础性的思想和工作方法。"①

其次是坚持系统观念的实践要求。第一,高瞻远瞩、前瞻性思考党和国家各项事业;第二,高屋建瓴、全局性谋划党和国家各项事业;第三,高位统筹、整体性推进党和国家各项事业。

④补充材料

·具体事例

走进内蒙古乌梁素海,湖面水光潋滟,四周鸟声悦耳,经过上游治沙、湖区治水、山区修复草原植被,这里成为260多种鸟儿的乐园;在山西右玉县四五道岭生态景区,樟子松、小叶杨郁郁葱葱,景区护林员感慨"从黄沙漫漫到绿色葱茏,都是托了生态工程的福"……党的十八大以来,各地区各部门坚持系统观念,从生态系统整体性出发,大力推进山水林田湖草沙一体化保护修复,生态系统稳定性和可持续性不断提升,神州大地不断绿起来、美起来。

·习近平总书记金句

全面深化改革是一项复杂的系统工程,需要加强顶层设计和整体谋划,加强各项改革关联性、系统性、可行性研究。我们要在基本确定主要改革举措的基础上,深入研究各领域改革关联性和各项改革举措耦合性,深入论证

---

① 《习近平谈治国理政》(第四卷),外文出版社,2022年,第117页。

改革举措可行性,把握好全面深化改革的重大关系,使各项改革举措在政策取向上相互配合、在实施过程中相互促进、在实际成效上相得益彰。

　　——2013年9月17日,习近平总书记在党外人士座谈会上的讲话

　　落实党的十八届三中全会以来中央确定的各项改革任务,前期重点是夯基垒台、立柱架梁,中期重点在全面推进、积厚成势,现在要把着力点放到加强系统集成、协同高效上来,巩固和深化这些年来我们在解决体制性障碍、机制性梗阻、政策性创新方面取得的改革成果,推动各方面制度更加成熟更加定型。

　　——2019年9月9日,习近平总书记在中央全面深化改革委员会第十次会议上的讲话

　　完整、准确、全面贯彻新发展理念,必须坚持系统观念。我在党的十九届五中全会、中央经济工作会议等场合多次强调了坚持系统观念问题。毛泽东同志说过:"不但要研究每一个大系统的物质运动形式的特殊的矛盾性及其所规定的本质,而且要研究每一个物质运动形式在其发展长途中的每一个过程的特殊的矛盾及其本质。"完整、准确、全面贯彻新发展理念,要统筹国内国际两个大局,统筹"五位一体"总体布局和"四个全面"战略布局,加强前瞻性思考、全局性谋划、战略性布局、整体性推进。

　　2021年1月28日,习近平总书记在十九届中央政治局第二十七次集体学习时的讲话

　　·马克思主义经典语录

　　谁用政治经济学的范畴构筑某种思想体系的大厦,谁就是把社会体系的各个环节割裂开来,就是把社会的各个环节变成同等数量的依次出现的单个社会。其实,单凭运动、顺序和时间的唯一逻辑公式怎能向我们说明一切关系在其中同时存在而又互相依存的社会机体呢?

　　——《哲学的贫困》,《马克思恩格斯文集》(第一卷),人民出版社,2009年,第603~604页。

⑤课程总结

前面关于坚持系统观念的实践要求主要是从国家宏观上层建筑的层面来说的,实际上坚持系统观念能落细落小落实到每个人的实际生活中。比如党员干部在工作中是如何坚持系统观念的,普通个人在实际生活中如何坚持系统观念。为了让学生将理论与实际结合起来,请学生课下搜集利用系统思维能力从而促进事物发展的例子,体会系统思维能力的魅力。

(六)坚持胸怀天下:思政课要有世界情怀,立足国内国际两个大局

坚持胸怀天下是党百余年奋斗积累的宝贵历史经验之一,更是新时代高校思政课教学改革创新的重要遵循。高校思政课作为青年大学生思想政治教育主阵地,肩负着育人育才的使命任务。将中国共产党"坚持胸怀天下"的历史经验融入高校思政课,对教育青年学生爱党、爱国、爱社会主义、爱人类社会具有重要意义,对培养青年学生的家国情怀、世界视野具有重要影响,对激励青年学生勇担历史使命具有重要作用。

1.把握"胸怀天下"的时代内涵

习近平总书记在党的二十大报告中强调:我们要拓展世界眼光,深刻洞察人类发展进步潮流,积极回应各国人民普遍关切,为解决人类面临的共同问题作出贡献,以海纳百川的宽阔胸襟借鉴吸收人类一切优秀文明成果,推动建设更加美好的世界。①中国在谋求自身发展的同时也致力于维护世界和平与发展,在深刻分析国内国外发展大势的基础上,提出了两个大局的重要论断,因此当今党和国家的各项事业都需要拥有国际视野和世界情怀。

马克思主义著作中的一些经典论述为"坚持胸怀天下"提供了科学理论来源,主要体现在《共产党宣言》《德意志意识形态》《1857—1858年经济学手

---

① 习近平:《高举中国特色社会主义伟大旗帜　为全面建设社会主义现代化国家而团结奋斗——在中国共产党第二十次全国代表大会上的报告》,人民出版社,2022年,第21页。

稿》三部著作中。首先体现在《共产党宣言》中,"联合的行动,至少是各文明国家的联合的行动,是无产阶级获得解放的首要条件之一"①强调了各国要联合起来,才能实现无产阶级的解放。"无产阶级的运动是绝大多数人的,为绝大多数人谋利益的独立的运动"②表明无产阶级解放运动的利益代表性,无产阶级的解放代表多数人的解放,同时无产阶级只有解放全人类才能彻底解放自己,这体现了无产阶级胸怀全人类的博大胸襟,也为"坚持胸怀天下"的思想奠定思想基础。马克思和恩格斯发出了"全世界无产阶级联合起来"的号召,振聋发聩,这既是无产阶级实现解放的重要途径,也体现了马克思、恩格斯胸怀天下的情怀。最后,在《政治经济学批判(1857—1858年手稿)摘选》中,马克思提出了关于人的发展的三个阶段以及人类社会发展三阶段理论,从"人的依赖关系"③到"物的依赖关系"④再到"自由个性"⑤人类社会发展的最终趋势是实现共产主义,实现自由人的联合体,在联合体中每个人都能实现自由全面发展。

当今世界,各国相互联系相互依存的程度空前加深,再不可能回到以前相互隔绝的状态。而且随着经济全球化和世界多极化深入发展,世界日益连成一个整体,各国休戚与共、命运相连。中国提出构建"人类命运共同体"与"一带一路"沿线国家共同发展,都是"坚持胸怀天下"的具体体现,也是对马克思世界历史和共同体思想的继承和发展。作为党领导下的思想政治教育事业,就必然要求把坚持胸怀天下的观念融入思想政治理论课中。高校思政课始终以立德树人为根本任务,以培养德智体美劳全面发展的社会主义建设者和接班人为根本使命。"坚持胸怀天下"是中国共产党百余年奋斗历史成就的重要经验,它作为中国共产党宝贵的精神财富,进一步回答了高

---

① 《马克思恩格斯文集》(第二卷),人民出版社,2009年,第50页。
② 《马克思恩格斯文集》(第二卷),人民出版社,2009年,第42页。
③ 《马克思恩格斯文集》(第八卷),人民出版社,2009年,第52页。
④ 《马克思恩格斯文集》(第八卷),人民出版社,2009年,第58页。
⑤ 《马克思恩格斯文集》(第八卷),人民出版社,2009年,第52页。

校思政课应培养什么人、怎样培养人和为谁培养人的问题,不仅是对马克思世界历史和共同体思想的继承与发展,而且对推进高校思政课改革与创新具有重大的现实意义。

2.在思政课中融入"胸怀天下":理论指导与案例示范

(1)理论指导

习近平总书记曾言,中国共产党是为中国人民谋幸福、为中华民族谋复兴的党,也是为人类谋进步、为世界谋大同的党。①这一论述不仅指明了中国共产党的立场宗旨,也揭示了中国共产党作为无产阶级政党的世界使命。坚持胸怀天下包括三个方面的内容:胸怀人民、胸怀中华民族、胸怀世界。

第一,坚持胸怀人民,培育学生勇于奉献的家国情怀。中国共产党是为中国人民谋幸福的党。中国共产党自成立起就把人民的利益放在心中最高的位置,把人民对美好生活的向往当作奋斗目标。从理论上看,人民群众是历史的创造者,人民群众创造了物质财富、创造了精神财富、人民是社会革命和改革的依靠力量。从历史上看,中国共产党依靠人民群众创造历史伟业,赢得了新民主主义革命、社会主义革命和建设以及改革开放的伟大胜利。没有人民,这些成就的取得就没有依靠力量,是不可能实现的。从现实上看,党的十八大以来中国特色社会主义进入新时代,党带领广大人民群众接力奋斗,实现了第一个百年目标,党为第二个百年奋斗目标的实现贡献了新的路线图,到2035年基本实现现代化,到2050年全面建成社会主义现代化强国。将胸怀天下融入思政课教学就是要引导学生拥有勇于奉献的家国情怀,正确处理个人利益与社会利益的关系,将"小我"融入"大我"之中,用奋斗书写青春最绚丽的色彩。

第二,坚持胸怀中华民族,培育学生勇担时代使命的责任感。中国共产党是为中华民族谋复兴的党。中国共产党自成立以来就把为中国人民谋幸

---

① 习近平:《高举中国特色社会主义伟大旗帜 为全面建设社会主义现代化国家而团结奋斗——在中国共产党第二十次全国代表大会上的报告》,人民出版社,2022年,第21页。

福、为中华民族谋复兴作为自己的使命任务。近代的中国深受帝国主义的侵扰,逐步沦为半殖民地半封建社会,在这样的背景下,中国共产党应运而生,担负起实现民族独立和国家解放的历史任务。中国共产党领导中国人民取得了抗日战争的伟大胜利,击退了外敌,赢得了解放战争的伟大胜利,在中国大地上再次实现统一,建立了工人阶级领导的以工农联盟为基础的人民民主专政的社会主义国家。实现了民族的独立和国家的解放,增强了世界社会主义阵营的力量,使中华民族独立于世界民族之林。从百年前的中国到如今,实现中华民族伟大复兴一直是中国共产党的历史任务。当今的中国正处于全面建成社会主义现代化强国新时期,在新时代新征程上中国共产党为实现中华民族伟大复兴的中国梦擘画了新的路线图。相信在党的领导下,中华民族伟大复兴的中国梦一定能实现,中华民族一定能挺立于世界民族之林。中国共产党始终"坚持胸怀天下",为青年学生践行初心、担当使命作出表率,激励青年学生勇于担当"为民族谋复兴"的历史使命,自觉肩负实现共产主义的远大理想、中国特色社会主义共同理想的重任。

第三,坚持胸怀天下,培育学生具有国际视野和人类命运共同体意识。中国共产党是为人类谋进步、为世界谋大同的党。革命战争年代,中国共产党领导中国人民取得了抗日战争的伟大胜利,这不仅对中国具有重要意义,也对世界反法西斯战争的胜利具有突出贡献;21世纪以来,中国顺应经济全球化趋势,积极参与全球治理,为环境污染、全球变暖、资源浪费等全人类共同面临的问题贡献了许多中国智慧和中国方案,中国在实现自身发展的同时致力于世界和平与发展,是世界和平与发展的重要推动力量。党的十八大以来,中国在国际舞台上发挥着越来越重要的作用,大力推动"一带一路"建设,与"一带一路"沿线国家友好往来,相互合作,共同推动基础设施建设,实现了中国和世界各国的共同发展。除此以外,中国还大力推动构建人类命运共同体,主张世界各国都是一个整体,应该相互尊重、和谐共处,通过对话与交流来共同解决人类面临的共同问题。中国共产党坚持胸怀天下,在洞察国际国内发展大势的基础上,提出"两个大局"的重要论断,这要求青年学生不仅要关心家事国事,也要关心天下事。青年大学生只有具有世界眼光和人类命运共同体意识,才能更好地为国家服务、为人类进步事业作贡献。将"胸怀天下"融入思政课就是要激励学生成为既立足国内又面向世界的新青年,向世界展现中国青年的风貌。

(2)案例示范

①课程主题

《马克思主义基本原理》课程"第三章 人类社会及其发展规律"的"第一节 人类社会的存在与发展"中的第三目"人类普遍交往与世界历史的形成发展"。

②课程导入

以播放视频的方式导入。教师播放"一带一路"十周年取得的成就的视频,视频讲述了自2013年习近平总书记开创性地提出共建"一带一路"宏伟倡议以来,产生了广泛而深远的国际影响。在各参与国和有关方面共同努力下,"一带一路"建设取得丰硕成果。让学生直观感受到"一带一路"建设提出的历史意义,中国不仅致力于自身的发展,而且致力于维护世界和平与发展,以实际行动践行着"坚持胸怀天下"的观念。

在看完视频以后,教师向学生提问,中国共产党为什么会提出"一带一路"建设。这蕴含了马克思主义哲学的什么原理。——交往与世界历史理论

③内容讲解

主要分为两个部分,第一部分是马克思、恩格斯的交往理论,第二部分是世界历史理论。

首先引导学生思考和体会交往的内涵及其作用,并用案例帮助学生理解哲学语言。交往是唯物史观的重要范畴,指在一定历史条件下的现实的个人、群体、阶级、民族、国家之间在物质和精神上相互往来、相互作用、彼此

联系的活动。交往是受生产力发展水平的制约,作为人类实践活动的重要组成部分,对社会生活有着重要的影响。主要表现在促进生产力的发展、促进社会关系的进步、促进文化的发展与传播、促进人的全面发展。

接下来讲解马克思、恩格斯的世界历史理论以及交往和世界历史之间的关系。唯物史观视域中的"世界历史"是指各民族、国家通过普遍交往,打破孤立隔绝的状态,进入相互依存、相互联系的世界整体化的历史。正是资本主义生产方式的发展和交往的普遍化推动了历史向世界历史的转变。

④补充材料

·具体事例

"一带一路",全称是"丝绸之路经济带"和"21世纪海上丝绸之路",分别于2013年9月和10月首次提出。截至2023年6月底,中国与五大洲的150多个国家、30多个国际组织签署了200多份共建"一带一路"合作文件。共建"一带一路"十周年以来取得了显著而亮眼的成就,主要表现在以下方面。首先是"硬联通"方面:中老铁路、雅万高铁、比雷埃夫斯港等一批标志性项目陆续建成并投运,中欧班列开辟了亚欧陆路运输新通道,"丝路海运"国际航线网络遍及全球,"六廊六路多国多港"的互联互通架构基本形成。其次是"软联通"方面:与共建国家持续深化规则标准等领域合作,与28个国家和地区签署了21份自贸协定,与65个国家标准化机构和国际组织签署了107份标准化合作协议,与112个国家和地区签署了避免双重征税协定。再次是"心联通"方面:教育、文化、体育、旅游、考古等领域合作不断深化,已与45个共建国家和地区签署高等教育学历学位互认协议,与144个共建国家签署文化和旅游领域合作文件,设立了"丝绸之路"中国政府奖学金,打造了"鲁班工坊""光明行"等一批"小而美"合作品牌。最后是贸易投资方面:与共建国家积极发展互利共赢的贸易投资合作关系,成功举办5届中国国际进口博览会,倡导成立亚投行和丝路基金,基本形成长期、稳定、可持续、风险可控的投融资体系。与共建国家进出口总额累计达到19.1万亿美元,年均增长

6.4%;与共建国家双向投资累计超过3800亿美元,其中中国对外直接投资超过2400亿美元。

·习近平总书记金句

我们要担负起引领方向的责任,把握和塑造人类共同未来。人民渴望富足安康,渴望公平正义。大时代需要大格局,大格局呼唤大胸怀。从"本国优先"的角度看,世界是狭小拥挤的,时时都是"激烈竞争"。从命运与共的角度看,世界是宽广博大的,处处都有合作机遇。我们要倾听人民心声,顺应时代潮流,推动各国加强协调和合作,把本国人民利益同世界各国人民利益统一起来,朝着构建人类命运共同体的方向前行。

——2021年7月6日,习近平总书记在中国共产党与世界政党领导人峰会上的主旨讲话

我们将坚持以中国式现代化实现中华民族伟大复兴,继续积极推动构建人类命运共同体,以中国新发展给世界带来新机遇,为世界和平与发展和人类文明进步贡献智慧和力量。

——2022年9月16日,习近平总书记在上海合作组织成员国元首理事会第二十二次会议上的讲话

我们真诚呼吁,世界各国弘扬和平、发展、公平、正义、民主、自由的全人类共同价值,促进各国人民相知相亲,尊重世界文明多样性,以文明交流超越文明隔阂、文明互鉴超越文明冲突、文明共存超越文明优越,共同应对各种全球性挑战。

——2022年10月16日,习近平总书记在中国共产党第二十次全国代表大会上的报告

·马克思主义经典语录

生产本身又是以个人彼此之间的交往为前提的。这种交往的形式又是由生产决定的。

——《德意志意识形态》,《马克思恩格斯文集》(第一卷),人民出版社,

2009年,第520页。

⑤课程总结

在了解马克思的交往理论和世界理论的基础上,结合中国对世界和平与发展所作出的贡献,将马克思主义基本原理与中国国情相结合,深刻理解坚持胸怀天下的实践要求。中国一直主张并践行以世界眼光顺应人类进步潮流,以中国方案回应人类普遍关切、以宽广胸襟吸收人类优秀文明成果。要求学生课下搜集中国在国际事务中所起作用的案例,有条件的话鼓励学生积极参与世界青年论坛,代表中国发出自己的声音,向世界展示中国青年的形象。

三、"六个必须坚持"融入思政课教学的效果意义

高校思想政治教育工作要不断适应新形势新任务新要求,在目前的实践运用维度层面,思政课教学改革创新取得了新进展。新时代,需要我们牢牢把握好、运用好"六个必须坚持"的世界观和方法论,坚持好、运用好贯穿其中的立场观点方法,切实把党的创新理论贯彻落实到培养时代新人各方面全过程,推动思想政治教育工作内涵式建设和高质量发展,善用"大思政课"培养担当民族复兴大任的社会主义建设者和接班人,以中国式现代化全面推进中华民族伟大复兴,以实际行动谱写中华民族伟大复兴中国梦的高校立德树人新篇章。

(一)"六个必须坚持"指导下新时代思政课教学改革创新取得实效

"六个必须坚持"深刻揭示了习近平新时代中国特色社会主义思想的理论品格和鲜明特质,是我们深入理解这一重要思想的基本点。在"六个必须

坚持"的指导下,思政课教师准确把握其科学内涵和精神实质,思政课教学更加深刻透彻鲜活,新时代思政课教学改革创新有了显著发展。

1.马克思主义学院建设得到高度重视

思政课始终坚持"为党育人、为国育才"的初心使命,必须坚持人民至上,落实立德树人根本任务,马克思主义学院作为思政课教学的重要载体,在"六个必须坚持"的指导下,获得了高度重视和有效建设。习近平总书记在哲学社会科学工作座谈会上的讲话中指出:"这是一个需要理论而且一定能够产生理论的时代,这是一个需要思想而且一定能够产生思想的时代。我们不能辜负了这个时代。""一切有理想、有抱负的哲学社会科学工作者都应该立时代之潮头、通古今之变化、发思想之先声,积极为党和人民述学立论、建言献策,担负起历史赋予的光荣使命。"①全国众多高校把马克思主义学院作为重点学院,把马克思主义理论学科作为重点学科,把思想政治理论课作为重点课程,各方协同、多措并举加快推进马克思主义学院的建设。

北京大学马克思主义学院作为全国第一家马克思主义学院,新时代以来,确立了"马院姓马,在马言马"的建设原则和具有"北大气派、中国特色、世界先进马克思主义学院"的发展目标。2016年,北京大学马克思主义学院入选全国首批重点马克思主义学院。学院打造了一批独具特色的思政课品牌,举办了具有世界级影响力的学术会议,为全国高校马克思主义学院的建设开辟道路,指引方向。②2022年9月成立北京大学中共党史党建研究中心,加强了中共党史党建学科建设。南开大学马克思主义学院经过实践探索,形成了同学、同研、同讲、同行的师生"四同"思政课育人新模式,践行了习近平新时代中国特色社会主义思想"进教材、进课堂、进头脑",将百年南开"知中国,服务中国"的学术理念与南开马院科研报国的育人理念相结合,积极推

---

① 习近平:《在哲学社会科学工作座谈会上的讲话》,人民出版社,2016年,第8页。
② 北京大学马克思主义学院:《马克思主义理论教学与研究》,2021年第4期。

进全国重点马院建设。①武汉大学认真学习贯彻习近平总书记关于教育的重要论述,深入落实党中央关于加强新时代马克思主义学院建设的部署,紧扣立德树人根本任务,发挥学科专业优势,着力打造高品质思政课程、高层次学科平台、高水平师资队伍、高素质专业人才,努力建好建强马克思主义学院,培养担当民族复兴大任的时代新人。对外经济贸易大学马克思主义学院坚持"马院姓马,在马言马"鲜明导向,以习近平新时代中国特色社会主义思想为指导,贯彻落实党的二十大精神,聚焦马克思主义中国化时代化最新成果,设立"马克思主义学院成果概览"栏目,分季度阶段性推介学院教育教学、人才培养、理论研究、宣传阐释、社会服务成果,更好地发挥了学院学习研究宣传马克思主义的主阵地作用。

2.地方性红色文化资源融入思政课教学效果显著

2022年7月,教育部等十部门印发《全面推进"大思政课"建设的工作方案》(以下简称《方案》),要求改革创新主渠道教学,创新教学方法,拓展课堂教学内容。《方案》指出:"各地各校围绕新时代的伟大实践,充分挖掘地方红色文化、校史资源,将伟大建党精神和抗疫精神、科学家精神、载人航天精神等伟大精神,生动鲜活的实践成就,以及英雄模范的先进事迹等引入课堂,推动党的创新理论和历史融入各学段各门思政课。"②思政课坚持自信自立,在开发与融入红色文化资源的过程中,加强了教师与学生的自信。红色文化是在中国共产党领导下,为实现民族独立、人民解放、国家富强等进行革命、建设和改革的过程中形成的具有鲜红底色的文化遗产,是蕴含丰富的革命精神和历史文化内涵的文化资源。同时,红色文化也是鲜活的教学素材,在思政课教学中融入红色文化,丰富了教学内容,让教学更具说服力,在增长见识的过程中将学生的爱国、创新与革命精神激发出来,实现教与学的双

---

① 孙美娟、苏靖雯:《南开大学马克思主义学院:扎根中国 面向实践 服务大局》,《中国社会科学报》,2023年12月25日。

② 教社科〔2022〕3号:《全面推进"大思政课"建设的工作方案》。

重自信。

遵义师范学院自成为教育部"一省一策思政课"集体行动贵州省牵头高校以后,聚焦"红色文化融入思政课教学"这一主题,深入挖掘贵州省尤其是遵义市的红色文化资源,打造贵州省各高校思政课教学特色平台。学校在"毛泽东思想和中国特色社会主义理论体系概论"课堂教学中通过讲述红色经典案例,增加课堂的感染力和针对性,教学展示在全国高校思想政治理论课教学展示活动中获奖。同时,学校系统整合以遵义会议精神、长征精神为重点的红色资源,建设特色线上课程供同学们学习,依托当地红色遗址与纪念馆,打造红色育人"十个一"特色实践活动,将思政课教学与红色文化紧密结合起来。①《红色文化与高校思想政治教育耦合发展研究》一书指出新时代高校思想政治教育应充分继承与发扬红色文化,让红色文化在迎接外来文化的冲击与挑战的过程中彰显自身力量,与高校思想政治教育工作形成发展共同体,共同致力于推动高校思政课改革创新,提高思政课教学效能。②东华大学与全国首批"大思政课"实践教学基地——瑞金中央革命根据地纪念馆合作,开展红色专项暑期社会实践,把《新中国史人物篇——从瑞金走出的开国元勋展》《中国共产党治国理政的伟大开端——中华苏维埃共和国历史》等红色展览搬到校园,通过参观和考察让学生加深对红色文化的认知和感悟,坚定自身的理想信念。

3.新兴数字技术与思政课建设深度融合

"思政课建设长期以来形成的一系列规律性认识和成功经验,为思政课建设守正创新提供了重要基础。"③思政课坚持守正创新,在坚持马克思主义的基础上创新教学内容与教学形式,将思政课教学传统优势与数字技术高

---

① 遵义师范学院:《积极推动红色文化融入思政课教学》,《学校党建与思想教育》,2023年第21期。

② 徐初娜:《红色文化与高校思想政治教育耦合发展研究》,新华出版社,2022年。

③ 习近平:《思政课是落实立德树人根本任务的关键课程》,人民出版社,2020年,第9页。

度融合。党的二十大报告首次将"推进教育数字化"写入"办好人民满意的教育"部分,将教育、科技、人才统筹安排,提出"推进教育数字化,建设全民终身学习的学习型社会、学习型大国"①。当前,教育进入数字化发展时代,慕课、微课、教育大数据、翻转课堂、知识图谱、创客运动等一系列信息技术手段不断兴起,高校思政课教学与数字技术逐渐实现融合创新,不断满足作为信息时代成长起来的当代青年的学习需求。随着智慧树、学习通、雨课堂、大学慕课、国家智慧教育公共服务平台等网上教学平台在思政课教育教学的广泛应用,思政课教学载体实现多元化信息化,传统思政课教学中固定的课堂时间被充分延展,学生可以随时随地选择自己需要的内容进行学习,实现思政课的灵活教学。另外,教师可以引导学生及时关注社会热点话题,将动画、音频、图片等多元化数字资源上传至线上课堂空间供学生学习讨论,并且可以通过网上教学平台开展思政课线上教学,实现思想政治教育资源及时更新,增强思政课师生与生生的互动。

很多高校通过建设虚拟仿真课堂,将虚拟仿真技术与传统课堂教学相融合,通过数字技术营造生活化的教学环境,使学生身临其境地感受与学习,实现教学方法的创新发展。例如清华大学开设的"思想道德与法治"虚拟仿真实验课采用了"虚拟仿真+小班研讨"的教学方式,利用虚拟仿真技术提供画面震撼、素材丰富的视听盛宴让学生沉浸式体验,而小班研讨则有助于规避过度的"技术依赖",由教师主导课堂,引导学生思考总结课堂所感,让感性认识更好地升华为理性认识。又比如在讲解全过程人民民主问题时,教师可以采用集体共情的"多边会谈"教学方法,利用数字技术创造虚拟场景,演绎具体情境来体现全过程人民民主,激发学生的好奇心与积极性,加深学生对全过程人民民主的认知。北京理工大学发挥技术优势,建设虚拟仿真思政课体验教学中心,学生们戴上VR眼镜体验重走长征路。此外,

---

① 习近平:《高举中国特色社会主义伟大旗帜 为全面建设社会主义现代化国家而团结奋斗——在中国共产党第二十次全国代表大会上的报告》,人民出版社,2022年,第34页。

采用大数据技术支撑的知识图谱教育教学方法开始引起学校重视。北京理工大学运用党的创新理论知识图谱开展理论学习,实现学习内容系统化、逻辑化、结构化、可视化呈现,构建五维学习体系,为知识获取、知识内化、知识运用提供全方位支持。这些采用数字技术助力生活化的教学方法,使传统教学方法由单一走向多元,由平行走向融合,使教学突破传统平面化的教学模式,有助于思政课教学实现现代化。[①]

4.研学融合与研教融合协同并进

思政课坚持问题导向,教学中需要积极引导学生正确看待社会上的问题,回答学生的疑惑。通过研学融合,学生们自主思考问题,探究社会热点或关注的时事,写出高质量的调研报告,衍生出一系列成果。在研究过程中,学生发现问题,思考问题,创新与担当的能力不断增强。通过研教融合,教师将理论知识与现实问题相结合,申报课题,撰写论文,科研能力得到明显提高。同时,教师通过实践积累教学素材,应用于课堂上,教学相长。

北京师范大学青春讲师团自成立以来,秉持"学为人师、行为世范"的校训,坚持理论先锋、问题导向、青春特色,原创打造"学习党的二十大精神""学习团十九大精神""学习学校第十四次党代会精神""建团百年·强国有我""中国梦·强师行"等十余个专题宣讲,面向学校京珠两地党团班组织、全国中小学校、校友单位、基层社区等开放预约,向社会民众讲授党的理论知识,传播属于当代青年的声音,以思考彰显青年理想,以宣讲传递青年力量,积极推进学校"大思政课"工作进程,助力学校思政课教学与研究双向促进。同时,探索构建"价值塑造—能力培养—知识传授—实践训练"四位一体的青春讲师培养体系,搭建朋辈思政育人平台,实现育人与育己有机结合。厦门大学通过"问题导向、多维协同"的教学模式,使众多师生受益,教师的教学和科研能力得到增强,学生对思政课教学满意度明显上升,形成许多优秀

---

① 韩一凡:《数智生活:数字技术赋能思政课教学生活化的新指向》,《学校党建与思想教育》,2024年第1期。

的社会调查报告和丰富的研究成果。学生在课堂之余,通过接触和了解中国现实,对马克思主义理论及中国特色社会主义认同度不断提高,主动组建"农民之子"社团进行乡村调研,撰写调研报告,获评"全国百篇大学生优秀理论成果文章"。同时,学生将研究成果进一步孵化,参与各类学业、学科竞赛,获奖数十项。思政课教师不断探索和创新思政课教学方式,实现了教学效果的大幅度提升以及自身研教和社会服务能力的增强。一批思政"金课"不断涌现,教学研究不断深化,国家级名师工作室、全国高校思政课教学标兵、教师影响力人物、国家级思政精品项目、国家社科基金思政专项、教育部高校示范项目、教学教法"择优推广"项目等,彰显思政课教师教学水平的提升。与此同时,学校师生出版实践教学著作,发表相关论文百余篇,进一步实现科研与教学的双向融合。思政课教学改革经验做法得到了广泛的推广,形成良好的示范效应。

5.思政课程一体化建设不断推进

新时代,我们坚持系统观念,全面整体地看待思政课这一有机联系的系统,扎实推进思政课一体化建设,增强各门课程的整体性,提高课程之间的协同性。思政课各门课程都有各自的学科支撑,内在的理论逻辑也各不相同。每门课程的教材都有各自的概念和观点,具有系统性。例如,《马克思主义基本原理》除导论外有七章,这七章可以从马克思主义的三大组成部分马克思主义哲学、马克思主义政治经济学和科学社会主义分别概括,这一逻辑架构符合马克思主义的系统性。为了推进马克思主义中国化时代化最新成果融入思政课教育教学实践,不断推动习近平新时代中国特色社会主义思想进教材、进课堂、进学生头脑,中宣部会同教育部组织编写了第一部全面系统阐述习近平新时代中国特色社会主义思想的统编教材——《习近平新时代中国特色社会主义思想概论》。这部教材已由高等教育出版社、人民出版社联合出版,2023年8月28日起在全国发行。

高校思政课之间有着明确的性质定位,实现了功能上的互补。《马克思主义基本原理》重点讲授马克思主义世界观和方法论,有助于夯实学生的马克思主义基本理论基础。《毛泽东思想和中国特色社会主义理论体系概论》《习近平新时代中国特色社会主义思想概论》重点讲授中国共产党人坚持和发展马克思主义、推进马克思主义中国化时代化的过程以及取得的一系列重大成果。《中国近现代史纲要》侧重呈现中国近现代以来的历史发展脉络。《思想道德与法治》有助于提高大学生思想道德修养和法治思维。根据这样的课程定位,高校思政课的开课顺序就是先讲《马克思主义基本原理》《思想道德与法治》,再讲《中国近现代史纲要》《毛泽东思想和中国特色社会主义理论体系概论》《习近平新时代中国特色社会主义思想概论》等。这样的安排,有利于课程之间的衔接,符合学生的认知特点。思政课各门课程协同有序推进,助力思政课一体化建设。

6.思政课教学与社会实践密切结合

习近平总书记指出:"必须坚持在实践中发现真理、发展真理,用实践来实现真理、检验真理。"①纸上得来终觉浅,绝知此事要躬行。在"六个必须坚持"指导下,高校思政课开始注重让学生通过社会实践活动来学习领悟党的创新理论,增强对党的创新理论的政治认同、思想认同、理论认同、情感认同。学校组织学生参与社会实践、志愿服务等活动,让学生既能在课堂上学习经典理论知识,更能通过实践来运用理论,感悟党的创新理论的伟大力量,从中收获新的体验。思政课拓宽教学场域,将课堂与社会实践紧密结合,在社会实践中增长学生见识,锻炼学生本领,使思政课教学更加生动鲜活,思想政治教育效果更加显著。许多学校精心设计实践教学、实践感悟分享等课程环节,鼓励教师组织学生开展主题鲜明、简便易行的走访参观、问卷访谈等调研实践活动,带领学生走出校园,关注社会问题和民生需求,以知促行,以行求知,激发学生的积极性和奋斗意识。

---

① 习近平:《开辟马克思主义中国化时代化新境界》,《求是》,2023年第20期。

通过实践教学,思政课师生在学习的同时发挥着为社会服务的功能。北京大学深入推进内涵式思想政治实践课程改革,探索设计开放式实践教学环节,鼓励学生从问题出发,充分发挥专业所学,成立课题小组,形成高质量调查研究报告,把论文书写在祖国大地上;要求师生从行前开题、行中实践到行后总结坚持不走过场、不凑学分,在田间地头、城镇乡野的社会"大课堂"中,了解当前国情,探究基层现状,感知群众心声,真正做到联系实践,知行合一。学校充分发挥高校学科优势和人才优势,邀请院士、长江学者等知名专家带领学生团队到基层一线,围绕经济发展、社会治理、医药卫生、生态环保等领域建言献策,将思政课教学与研究的融合成果应用到国家的实际问题中,为国家建设贡献自身力量,切实贯彻实践育人。在华中师范大学,师生们经常背上行囊,奔赴全国各地的村庄进行深入调查,在田野里接受国情、民情和农情教育,探索"田野思政"育人模式。

新时代思政课教学引导学生将历史、理论与现实紧密结合起来,拓宽国际视野,使学生有目的、有意识地走出课堂、走出校园,走向社会、走向国际,深化对中国与世界的认知,通过实践,开阔眼界,增长学识,收获成长。2023年,人民网发布了高校思政课改革创新情况分析报告,在全国征集推出"北京大学'学习贯彻党的二十大精神专题讲座十六讲'系列网络视频公开课""清华大学新版'形势与政策'课""中国农业大学科技小院'大思政课'""中国人民大学'大国边疆'育人工程""哈尔滨工业大学实景课堂思政课"等20个优秀思政课程案例,高校将思政课教学与社会现实问题和当今时代精神结合,以专题形式深入研究,全面推进思政课一体化建设,通过数字技术使教学更智能,创新实践形式,使教学体验更新颖,以实现立德树人的使命。这些案例为各高校思政课改革创新提供了借鉴和启示。

科学的世界观和方法论是我们研究问题、解决问题的"总钥匙"。"六个必须坚持"是马克思主义基本原理同中华优秀传统文化精华结合、创新的重要成果,集中体现了习近平新时代中国特色社会主义思想的世界观和方法论。思想政治理论课学习贯彻党的二十大精神,必须将之作为重要内容加以重点体现。从世界观和方法论层面看,"六个必须坚持"这一理念对思政课教学改革创新具有重要的指引作用。

(二)在"六个必须坚持"指导下善用"大思政课",助力中华民族伟大复兴

习近平总书记就思政课建设多次提出明确要求,"高校思想政治工作关系高校培养什么样的人、如何培养人以及为谁培养人这个根本问题。要坚持把立德树人作为中心环节,把思想政治工作贯穿教育教学全过程,实现全程育人、全方位育人,努力开创我国高等教育事业发展新局面"①。习近平总书记对思政课的要求,也是新时代的要求。在全面建成社会主义现代化强国的新征程上,必须要以习近平新时代中国特色社会主义思想为指导,贯彻落实党的二十大精神,推动思想政治课高质量发展,培养担当民族复兴大任的社会主义建设者和接班人,以中国式现代化全面推进中华民族伟大复兴。

1.勇于"大担当",培养担当民族复兴大任的时代新人

党的二十大报告对"完善思想政治工作体系""着力培养担当民族复兴大任的时代新人"提出了更高要求。落实立德树人根本任务、培养时代新人,是新时代高校办学的首要任务和政治责任。

"思政课是落实立德树人根本任务的关键课程,思政课作用不可替代,思政课教师队伍责任重大。"②习近平总书记就思政课建设多次提出明确要求,"高校思想政治工作关系高校培养什么样的人、如何培养人以及为谁培养人这个根本问题。要坚持把立德树人作为中心环节,把思想政治工作贯穿教育教学全过程,实现全程育人、全方位育人,努力开创我国高等教育事

---

① 习近平:《把思想政治工作贯穿教育教学全过程 开创我国高等教育事业发展新局面》,《光明日报》,2016年12月9日。

② 习近平:《思政课是落实立德树人根本任务的关键课程》,人民出版社,2020年,第2页。

业发展新局面";"思想政治工作从根本上说是做人的工作,必须围绕学生、关照学生、服务学生,不断提高学生思想水平、政治觉悟、道德品质、文化素养,让学生成为德才兼备、全面发展的人才"。①习近平总书记的重要指示,为思政课培养担当民族复兴大任的时代新人指明了方向。"大思政课"的根本任务和目标是铸魂育人,善用"大思政课",必须把握关键环节,提升思政课教师的能力素养,提升思政理论课的教学质量,提升社会大课堂的育人效能,打通"三全育人"全要素全链条,切实履行为党育人、为国育才的使命,理直气壮开好思政课,彰显"大思政课"的"大"担当。

坚定不移用新时代党的创新理论铸魂育人,把思政课建设作为构建高质量教育体系和学校意识形态工作重要内容,融入学校人才培养全过程、各方面,才能充分彰显思政课政治引领和价值引领功能。放眼思政课堂内外,以伟大建党精神为源头的中国共产党人精神谱系,中国特色社会主义取得的举世瞩目的成就,特别是党的十八大以来,党和国家事业取得的历史性成就、发生的历史性变革,都为课程建设提供了有力支撑,全员全程全方位的思政育人格局逐渐形成,越来越多的青少年牢记习近平总书记的殷殷嘱托,增强了民族自豪感和自信心,未来思政工作者也将打造更多高水平的思政"金课",讲好用好新时代的"大思政课",充分发挥思政课关键课程作用。

思政课不仅仅是一门只传授理论的课程,更是一门充满家国情怀有温度的课程。习近平总书记在视察南开大学时指出,"爱国主义是中华民族的民族心、民族魂,培养社会主义建设者和接班人,首先要培养学生的爱国情怀"②。在"六个必须坚持"指导下善用"大思政课",要用好课堂教学这个主渠道,提升思想政治教育亲和力和针对性,满足学生成长发展的需求和期

---

① 习近平:《把思想政治工作贯穿教育教学全过程　开创我国高等教育事业发展新局面》,《光明日报》,2016年12月9日。
② 习近平:《稳扎稳打勇于担当敢于创新善作善成　推动京津冀协同发展取得新的更大进展》,《人民日报》,2019年1月19日。

待,"要把课堂教学和实践教学有机结合起来,充分运用丰富的历史文化资源,紧密联系中国共产党和中国人民的奋斗历程,深刻领悟马克思主义中国化的内在道理,深刻领悟为什么历史和人民选择了中国共产党和社会主义,进一步坚定'四个自信'"①。

"党的历史是最生动、最有说服力的教科书。"②红色资源是中国共产党艰辛而辉煌奋斗历程的见证,是最宝贵的精神财富。抓实铸魂工程,讲好"大思政课",离不开"大"的资源。党和人民的百余年奋斗,书写了中华民族几千年历史上最恢宏的史诗,这是讲好"大思政课"的丰厚资源。习近平总书记指出,"要用好学校思政课这个渠道,推动党的历史更好进教材、进课堂、进头脑,发挥好党史立德树人的重要作用"③。因此,当前思政课要立足实际,将思政小课堂同社会实践大课堂结合起来,引导新时代青年明晰时代新人的责任和担当,重视中华优秀传统文化、革命文化、社会主义先进文化的学习,树立文化自信,坚持自信自立,在"两个大变局"下站稳中国立场,讲好中国故事,传播好中国声音。不断加大正面宣传和舆论引导力度,形成全社会各方面关心支持办好思政课、教师认真讲好思政课、学生积极学好思政课的良好氛围。

国家民族的发展离不开青年一代矢志不渝的奋斗,离不开青年在长期奋斗中淬炼的志气,在艰难困苦中磨炼的骨气,在砥砺前行中铸就的底气。当前,坚持和发展中国特色社会主义理论与实践提出了大量亟待解决的新问题,世界百年未有之大变局加速演进,世界进入新的动荡变革期,改革发展稳定的任务艰巨繁重,前进道路上的艰难险阻前所未有。在新征程上风雨无阻向前进,更加需要加强思想政治工作、办好全社会的"大思政课",在

①　人民日报社编:《江山就是人民　人民就是江山:习近平总书记系列重要论述综述:2020—2021》,人民日报出版社,2022年,第246页。

②　习近平:《在党史学习教育动员大会上的讲话》,人民出版社,2021年,第2页。

③　习近平:《继续把党史总结学习教育宣传引向深入　更好把握和运用党的百年奋斗历史经验》,《人民日报》,2022年1月12日。

现有思政课基础上,进一步构建大视野、大空间、大情怀的"大思政课"新形态,突破传统思政课的局限性,激发广大青少年立志民族复兴的信心和决心,自觉将青少年个人的理想追求融入国家和民族的事业中,以培养更多担当民族复兴大任的时代新人,彰显思政课的大担当。

2.拓展"大视野",推动新时代思政课高质量发展

思政课从本质上说是铸魂育人的课程,具有鲜明的意识形态属性。在全面建成社会主义现代化强国的新征程上,必须以习近平新时代中国特色社会思想为指导,贯彻落实党的二十大精神,推动思想政治课高质量发展,以守正创新的思政课提高思政课教学的新鲜度和活跃度,以问题导向的思政课强化思政课教学的时效性,以系统观念的思政课发挥思政育人的整体性和有效性。

习近平总书记在看望参加全国政协会议的医药卫生界、教育界委员时指出:"'大思政课'我们要善用之,一定要跟现实结合起来";"思政课不仅应该在课堂上讲,也应该在社会生活中来讲"。[①]"大思政课"理念的提出是适应新时代思想政治教育发展形势的需要,也是新时代高校思政课改革创新的必然要求,为推动高校思政课高质量发展提供了根本遵循。新时代"大思政课"要坚持守正,才能引领正确的价值方向,"守正就是坚守真理、坚守正道。"[②]"创新就是勇于探索、开辟新境。"[③]新时代思政课坚持守正,就要将中华优秀传统文化融入讲堂、融入讲授马克思主义真理的过程中,培养既具有中国文化底蕴又具有坚定理想的社会主义建设者和接班人;新时代思政课要坚持改革创新,就是遵循思想政治工作规律、教育教学规律和学生成长规

---

① 《"'大思政课'"我们要善用之(微镜头·习近平总书记两会"下团组"·两会现场观察)》,《人民日报》,2021年3月7日。

② 中共中央宣传部编:《习近平新时代中国特色社会主义思想学习纲要》,人民出版社,2023年,第298页。

③ 中共中央宣传部编:《习近平新时代中国特色社会主义思想学习纲要》,人民出版社,2023年,第299页。

律,完善体制机制,创新方法途径,切实增强思政课时代性、针对性、实效性,大力促进思政课改革发展。新时代高校"大思政课"建设是顺应时代发展的课程,是对思想政治理论课的改革创新。讲好新时代的"大思政课"需要立足网络时代,强化互联网思维,增强传播意识、故事意识,让思想政治教育联网上线。

新时代"大思政课"是具有问题意识、突出实践导向的思政课。只有具有问题意识,才能使教学工作不断提质增效。"必须坚持问题导向。问题是时代的声音,回答并指导解决问题是理论的根本任务。"①习近平总书记在学校思想政治理论课教师座谈会上指出要"注重启发式教育,引导学生发现问题、分析问题、思考问题,在不断启发中让学生水到渠成得出结论"②。在思想政治理论课中坚持问题导向有助于提高思政课教学的实效性、培养学生的主体性以及增强师生的互动性,加强思政课教学管理与教研工作,完善教学内容,丰富教学资源,强化实践育人,提高思政课教师专职化专业化水平,深入推进思政课内涵发展,持续提升思政课吸引力感染力。在"大思政课"中坚持问题导向、关注社会现实、进行实践检验,积极回答中国之问、时代之问、学生之问,是科学理论和具体实际的紧密结合、思政教育和专业教育的互相渗透、"有字之书"和"无字之书"的有机融合,这与思政课的改革方向具有逻辑一致性和内在统一性。

坚持系统观念,是习近平新时代中国特色社会主义思想世界观和方法论的重要内容,是马克思主义科学性、实践性、发展性的重要体现,也是极具穿透力和解释力的理论分析框架。习近平总书记强调:"系统观念是具有基础性的思想和工作方法。"③党的二十大报告也强调"着力培养担当民族复兴

---

① 习近平:《高举中国特色社会主义伟大旗帜 为全面建设社会主义现代化国家而团结奋斗——在中国共产党第二十次全国代表大会上的报告》,人民出版社,2022年,第20页。
② 习近平:《思政课是落实立德树人根本任务的关键课程》,人民出版社,2020年,第22页。
③ 人民日报社编:《江山就是人民 人民就是江山:习近平总书记系列重要论述综述:2020—2021》,人民日报出版社,2022年,第272页。

大任的时代新人"[①]，这对"完善思想政治工作体系"提出更高要求。落实立德树人根本任务、培养时代新人，要求思政课建设必须在构建格局、充实内涵、强化保障等方面下功夫，加快构建起完整的"大思政课"教学体系。"大思政课"建设是一项系统工程，需要依托制度优势，充分贯彻全员、全过程、全方位育人的工作理念，夯实主体责任、优化资源整合、拓展育人空间，确保打通立德树人工作的"最后一公里"。构建"大思政课"格局，是囊括"大平台""大师资""大课堂"的总体工程，需要在顶层设计上下功夫，既要突出阶段性的工作重点，也要注重各环节的有效衔接，以系统观念、全局意识、战略思维，打造全员、全过程、全方位育人的立体结构，为落实立德树人、培根铸魂的根本任务提供有力的制度保障。将系统观念融入"大思政课"，能够强化"大思政课"内容的关联性，将各个阶段思想政治教育内容进行紧密联系，同时借鉴课程思想政治教育思维，做好对思想政治教育内容的有效渗透，实现对思想政治教育质量及教育有效性的全面提升，有利于构建全维度"大思政课"教学体系，形成思政工作整体合力，持续优化思政课教学实践策略，增强各个阶段"大思政课"育人培养教育水平，提升"大思政课"建设发展的教育质量，充分发挥思政课育人功能，为新时期"大思政课"的育人培养教育目标的实现提供切实保障。

3. 锤炼"大胸怀"，以中国式现代化全面推进中华民族伟大复兴

习近平总书记在党的二十大报告中提出的"必须坚持胸怀天下"，是当代中国的马克思主义为解决全人类共同问题，实现开放、合作、共赢的世界交往，推动建设更加美好世界的科学的世界观和方法论。作为科学的世界观和方法论，坚持胸怀天下是对中华优秀传统文化和马克思主义人类解放理论的新时代阐释，是倡导全人类共同价值和构建未来人类理想社会的中国智慧。思政课作为维护国家意识形态安全的关键课程、培养社会主义建

---

① 习近平:《高举中国特色社会主义伟大旗帜　为全面建设社会主义现代化国家而团结奋斗——在中国共产党第二十次全国代表大会上的报告》,人民出版社,2022年,第44页。

设者和接班人的基础课程,在培养具有全球思维能力的时代新人的过程中不可替代。习近平总书记说:"新时代中国青年,要有家国情怀,也要有人类关怀。"①当今时代中国日益走近世界舞台中央,培养学生胸怀天下、放眼世界与面向未来的全球思维是科学育人的重要方面。

当前,世界百年未有之大变局加速演变,世界进入新的动荡变革期,中国正处于加速民族复兴、日益走近世界舞台中央和为人类作出更大贡献的时代,是彰显奋发有为与秉持全球思维的时代,在坚持和发展新时代中国特色社会主义的理论和实践中提出了大量亟待解决的新问题,因此,培养具有全球思维能力的时代新人日益迫切。党的二十大报告指出:"我们要拓展世界眼光,深刻洞察人类发展进步潮流,积极回应各国人民普遍关切,为解决人类面临的共同问题作出贡献,以海纳百川的宽阔胸襟借鉴吸收人类一切优秀文明成果,推动建设更加美好的世界。"②

将中国共产党"坚持胸怀天下"的历史经验融入思政课,对教育青年学生爱党、爱国、爱社会主义、爱人类社会具有重要意义。坚持将胸怀天下融入思政课教学,就是激励青年学生把小我融入祖国的大我、人民的大我之中,做有理想、有本领、有担当的时代青年,引领青年学生厚植家国天下情怀;就是激励青年学生勇于担当民族复兴的历史使命,自觉肩负起实现共产主义远大理想、中国特色社会主义共同理想的重任;就是培育学生世界眼光和人类命运共同体意识,在世界百年未有之大变局的今天,从容应对各种风险挑战,推动构建人类命运共同体,为人类进步事业作贡献。

当今信息传播环境泥沙俱下,我们更应坚持胸怀天下,利用网络拓宽国际视野,辨别各种声音,提升学生分析辨明信息的能力,不闭关自守地讲思政课,越是"乱花渐欲迷人眼"就越要"乱云飞渡仍从容",要海纳百川、博采

① 习近平:《在纪念五四运动100周年大会上的讲话》,人民出版社,2019年,第18页。
② 习近平:《高举中国特色社会主义伟大旗帜 为全面建设社会主义现代化国家而团结奋斗——在中国共产党第二十次全国代表大会上的报告》,人民出版社,2022年,第21页。

众长,利用更加广阔的教学空间,营造更加有利于教学成长和人才成长的思政课教学环境,吸收借鉴有利于自身发展的国内外优秀文化,为推动构建人类命运共同体贡献力量。

后　记

　　本书是天津市2022年度哲学社会科学规划重大委托项目"习近平新时代中国特色社会主义思想的世界观和方法论研究"（TJESDZX22-01）的结项成果。"六个必须坚持"是贯穿习近平新时代中国特色社会主义思想的立场观点方法，因此深化"六个必须坚持"的思想研究，对于学习马克思主义世界观和方法论，把握习近平新时代中国特色社会主义思想的世界观和方法论，运用科学的世界观和方法论指导实践，实现马克思主义中国化时代化的理论创新与中国式现代化的实践创新都具有重要意义。探究"六个必须坚持"及其内在逻辑，分析"六个必须坚持"的中华文脉根源，挖掘"六个必须坚持"对马克思主义世界观和方法论的继承与发展，总结"六个必须坚持"的重大意义，阐释"六个必须坚持"与中国式现代化的关系，践行"六个必须坚持"融入思政课教学，有助于我们全面、系统、科学地深化"六个必须坚持"的思想研究，深刻揭示习近平新时代中国特色社会主义思想为实现中华民族伟大复兴作出的突出贡献。

　　本书从构思到完成是由王新生教授带领南开大学马克思主义学院六名青年教师集体完成的。具体分工为：导言，王新生教授撰写；第一章，孟锐峰撰写；第二章，齐艳红撰写；第三章，叶冬娜撰写；第四章，朱雪微撰写；第五章,刘明明撰写;第六章,马梦菲撰写。王新生教授提出总体写作思路并对全书统稿并完善。

感谢天津人民出版社编辑老师们的辛苦付出,感谢边晓玉、陈豪、常俊丽、郭雯楚、胡芊、蒋文君、任萍萍、王丹彤、郑梦飞、翟新丛、郑香燕等同学为项目展开做的搜集资料等工作。

本书对"六个必须坚持"的思想研究告一段落,但以此展开的马克思主义理论研究与思政课的实践探索还在继续。